LIDERANÇA INTEGRAL

Dados Internacionais de Catalogação na Publicação (CIP)
(Câmara Brasileira do Livro, SP, Brasil)

Cordeiro, José Vicente B. de Mello
　　Liderança integral : a evolução do ser humano e das organizações / José Vicente B. de Mello Cordeiro, Luciane Botto Lamoglia, Paulo R.A. Cruz Filho. – Petrópolis, RJ : Vozes, 2019.

　　ISBN 978-85-326-6013-8

　　1. Desenvolvimento 2. Liderança 3. Líderes 4. Sucesso profissional I. Lamoglia, Luciane Botto. II. Cruz Filho, Paulo R.A. III. Título.

18-22481   CDD-658.4092

Índices para catálogo sistemático:
1. Liderança : Administração   658.4092

Iolanda Rodrigues Biode – Bibliotecária – CRB-8/10014

José Vicente B. de Mello Cordeiro
Luciane Botto Lamoglia
Paulo R.A. Cruz Filho

LIDERANÇA INTEGRAL

A evolução do ser humano
e das organizações

EDITORA VOZES

Petrópolis

© 2019, Editora Vozes Ltda.
Rua Frei Luís, 100
25689-900 Petrópolis, RJ
www.vozes.com.br
Brasil

Todos os direitos reservados. Nenhuma parte desta obra poderá ser reproduzida ou transmitida por qualquer forma e/ou quaisquer meios (eletrônico ou mecânico, incluindo fotocópia e gravação) ou arquivada em qualquer sistema ou banco de dados sem permissão escrita da editora.

CONSELHO EDITORIAL

Diretor
Gilberto Gonçalves Garcia

Editores
Aline dos Santos Carneiro
Edrian Josué Pasini
Marilac Loraine Oleniki
Welder Lancieri Marchini

Conselheiros
Francisco Morás
Ludovico Garmus
Teobaldo Heidemann
Volney J. Berkenbrock

Secretário executivo
João Batista Kreuch

Editoração: Elaine Mayworm
Diagramação: Sheilandre Desenv. Gráfico
Revisão gráfica: Nilton Braz da Rocha / Nivaldo S. Menezes
Capa: Rafael Nicolaevsky

ISBN 978-85-326-6013-8

Editado conforme o novo acordo ortográfico.

Este livro foi composto e impresso pela Editora Vozes Ltda.

DEDICATÓRIAS

Aos meus pais Vicente (*in memoriam*) e Wilma, e a todos que vieram antes deles.

Aos meus filhos João Pedro e Eduardo, e a todos que virão depois.

José Vicente

Ao meu pai Dirceu (*in memoriam*) e à minha mãe Edy Maria, pelos valiosos princípios de vida que me ensinaram, pela vida.

Aos meus irmãos Denise, Fernando e Ana Lúcia, e em especial à minha filha Natália: que estes ensinamentos sejam úteis a vocês e sirvam de inspiração para sua jornada de vida.

Luciane Botto

À minha filha Julie, que me ensina a cada dia, desde o seu nascimento, o quão maravilhoso é celebrar a vida.

Paulo Cruz Filho

AGRADECIMENTOS

A publicação deste livro representa um dos momentos mais emocionantes e impactantes de nossas vidas. Em nossa jornada contamos com a inspiração, a parceria e o apoio de inúmeras pessoas que foram moldando nossos caminhos, e somos eternamente gratos a todas elas. Algumas dessas pessoas exerceram um papel fundamental durante o período de incubação e escrita desta obra, para as quais colocamos aqui algumas palavras de agradecimento, mas que representam brevemente a imensa colaboração para que este livro se tornasse realidade.

Eu, José Vicente, agradeço à minha amada Carol, esposa e mãe de meus filhos, pelo apoio e compreensão pelas muitas horas de ausência. Agradeço aos meus pais e avós por terem me criado em um ambiente de busca do conhecimento, o qual ajudou a me tornar um eterno aprendiz. Sou imensamente grato a todos os meus professores de *yoga*, meditação e autoconhecimento. Sem eles a liderança integral continuaria a ser um sonho acordado de uma tarde em meu escritório. Por fim, agradeço a todas as oportunidades e dificuldades que se colocaram diante de mim e me fizeram aprender que a felicidade não é um estado a ser buscado, mas um processo contínuo.

Eu, Luciane, agradeço à minha família, aos amigos, alunos, clientes e empresas que acreditaram e apoiaram o nosso trabalho. Em especial, gostaria de agradecer ao Dr. Don Beck, que muito nos inspirou; Veronica Knaut, Selmo Flores dos Santos, Marcos Pedri, João Alécio Mem, Armando Terribili, Luiz Carlos Beraldi e Paulo Cruz "Pai".

Eu, Paulo, dedico a concretização do sonho deste livro à minha amada esposa Eline, que me tornou em tudo o que sou hoje; ao meu pai Paulo, minha mãe Ana e meu irmão Rafael, que sempre criaram um ambiente estimulador e impulsionador para a minha evolução pessoal e profissional. Nossos sonhos compartilhados me guiam continuamente. Agradeço também a todos os nossos familiares pela compreensão e apoio nos momentos intensos de isolamento durante a escrita da obra, assim como a todos os colegas que apoiaram com sugestões e considerações inestimáveis.

E juntos gostaríamos de agradecer todo o apoio e parceria dos nossos colegas da FAE Business School e do Grupo Educacional Bom Jesus, especialmente a todos os professores, alunos e equipe que participaram e coconstruíram conosco o Integral Leadership Program (ILP) na FAE, assim como todos os alunos da disciplina Integral Leadership da Pós-graduação da FAE e nossos amigos e seguidores do blog *Guerreiro Integral*. Agradecemos também à equipe da Editora Vozes que nos apoiou espetacularmente durante todo esse processo.

E agradecemos principalmente a você, leitor, que compartilha conosco essa incrível e intrigante caminhada evolutiva dos seres humanos e das organizações.

SUMÁRIO

Prefácio – Como ler este livro?, 11

Introdução, 13

Parte I – Fundamentos da abordagem integral, 19

1 Rumo a uma Era Integral?, 21

2 Visão integral – Um modelo para entender o mundo complexo da atualidade, 39

Parte II – A liderança integral na prática, 87

3 Liderando em um mundo de complexidade e diversidade – Um *tour* pela Espiral da Consciência, 89

4 O líder integral em ação – *Spiral Wizardry* e o Modelo *Integral Works*® de liderança e gestão integral, 174

5 As cinco atitudes do líder integral, 202

6 O líder integral em sua vida – As dimensões da liderança integral, 244

7 Gestão integral da mudança, 278

Epílogo, 327

Referências, 333

Índice, 339

PREFÁCIO
COMO LER ESTE LIVRO?

Seja bem-vindo! Este livro é resultado da combinação de experiências transformadoras em nossas vidas ao longo dos últimos vinte anos. Tudo o que compõe a abordagem de *Liderança integral* vem contemplando o propósito ao qual temos nos dedicado nesse período: favorecer o desenvolvimento do potencial de contribuição de cada pessoa e de cada organização para o aprimoramento de uma sociedade mais consciente, inclusiva e integral.

Ficamos emocionados em saber que tivemos a felicidade de conhecer e de conviver pessoalmente com muitas das pessoas que estão lendo esta obra. E que muitos outros leitores ainda iremos conhecer graças às interações provenientes desta leitura. É uma honra poder aprender e compartilhar um conhecimento que literalmente transformou nossas vidas, e que esperamos que desperte em você o mesmo sentimento de fascinação pelo que é a nossa consciência e de empoderamento proveniente do potencial de liderança que temos para efetivamente fazer acontecer aquilo em que acreditamos.

Este livro é dividido em duas partes. A primeira trata dos fundamentos da abordagem integral, detalhando em dois capítulos a evolução histórica da humanidade rumo a uma Era Integral e o arcabouço teórico da abordagem integral. A segunda parte aborda a liderança integral na prática, explicando e ilustrando cada um dos níveis da Espiral da Consciência e, em seguida, descrevendo em mais quatro capítulos a aplicação do modelo de liderança integral que propomos neste livro.

Caso você esteja ansioso para saber imediatamente sobre o que é o modelo de liderança integral e sua aplicação prática, sugerimos que inicie sua leitura pela Parte II. Assim você terá prontamente um entendimento aplicável do modelo e entenderá, sem prejuízo para sua análise, no que consiste a liderança integral. Se for esse o seu caso, após a leitura sugerimos voltar para a Parte I, com o objetivo de aprofundar seu conhecimento e compreender as bases que fundamentam a liderança integral.

Na hipótese de você já conhecer a abordagem integral, tendo-a estudado por conta própria ou tendo participado conosco de programas, cursos, projetos ou sessões de *coaching*, a proposição de iniciar a leitura pela Parte II também é válida. Entretanto, caso deseje compreender linearmente toda a fundamentação do modelo, ou caso prefira retomar o conhecimento ou aprofundá-lo, nossa sugestão é que inicie a leitura normalmente pela Parte I.

Em qualquer um dos cenários, uma segunda leitura do livro permitirá um conhecimento aprofundado da nossa abordagem, pois as duas partes são fortemente relacionadas. Desejamos assim uma excelente leitura e convidamos você a compartilhar conosco suas reflexões, contribuições, questionamentos, experiências e vivências reais da liderança integral em sua vida pelo site www.integral works.com.br.

Obrigado por compartilharmos juntos esta jornada. Conte sempre conosco.

José Vicente, Luciane e Paulo

Introdução

Vivemos um momento extraordinário da história da humanidade. Testemunhamos o desenvolvimento assombrosamente significativo tanto de nossa capacidade de inovação e de criação, que é visível e palpável, quanto de nossa própria consciência, algo subjetivo e intangível. O atual acesso amplamente democrático, descentralizado e participativo ao conhecimento e à tecnologia digital de ponta faz com que as mudanças sejam exponenciais e revolucionem a lógica de se pensar o mundo como estamos acostumados. Prevê-se uma reinvenção da espécie humana em menos de um século possibilitada pela manipulação de DNA, pela neurociência e biotecnologia, pela inteligência artificial, pelas novas matrizes energéticas e pela conectividade global. Fala-se inclusive de uma aceleração de nossa evolução "por nossas próprias mãos". Pensadores e intelectuais estão ainda prevendo, com argumentos consistentes, um iminente salto evolutivo em nossa consciência, similar ao que aconteceu pouco antes da Era de Cristo, quando uma nova forma de pensar revolucionária surgiu simultaneamente no Oriente e no Ocidente.

Também vivemos um momento de crise, e isso parece inegável. Crise financeira. Crise econômica. Crise ambiental. Crise moral. Poderíamos continuar enumerando por mais algumas linhas as diversas outras crises vivenciadas pela humanidade nos dias de hoje. Afinal, o que dizer dos ataques terroristas, das guerras civis, das guerras entre gangues de tráfico de drogas e tantas outras mazelas envolvendo a morte de inocentes às quais somos expostos nos noticiários?

Para muitos, estamos "andando para trás". Não é difícil encontrar saudosistas na atualidade, principalmente entre os membros das classes mais privilegiadas no Brasil. Afinal, "como as coisas eram melhores na década de 1970!", ouve-se muito frequentemente. "Naquela época não tínhamos guerras entre traficantes e mortos por bala perdida." Ou ainda: "Tínhamos muitas notícias boas no *Jornal Nacional*, e não apenas as desgraças de hoje". Mas não é só no Brasil. Nos Estados Unidos são muitos os saudosistas do período do Pós-guerra, comumente chamado de *Baby Boom*. Muitos se recordam (e sentem saudades!) da Era Reagan.

E a gestão das organizações nisso tudo? Por um lado, percebemos o surgimento e o fortalecimento de iniciativas inspiradas no potencial de impacto positivo das organizações, como os movimentos vinculados a conceitos como valor compartilhado, capitalismo consciente, negócios de impacto social e ambiental, Empresas B, negócios com propósito, economia social e solidária, negócios sociais, entre outros. Entretanto, ouvimos o tempo todo sobre escândalos financeiros e de corrupção. De novo, não é só no Brasil. Se a Petrobras foi a petroleira da vez, processada pelos fundos de pensão estrangeiros por ter-lhes impingido perdas em função de corrupção, no final da década passada era a Enron que envergonhava o mundo com manobras contábeis, venda de ativos e adiamento de manutenções essenciais em suas instalações para maximizar os resultados de curto prazo e encher o bolso dos seus executivos com bônus milionários. Não são apenas as petroleiras (e as empreiteiras). Ouvimos a cada dia novas histórias nas quais a lógica do "bom cidadão corporativo" é violada. As organizações parecem ter alma própria, alma essa que na maioria dos casos não seria merecedora do paraíso. Novamente ouvimos vozes nos lembrando: "Antigamente isso não acontecia com as empresas!"

E a vida dessas pessoas nas organizações? Sim, uma organização é um grupo de pessoas de carne e osso que trabalha para alcançar um propósito comum. Pareceu sem sentido ou fora de uso essa definição? Não deveria! A empresa em si é uma abstração e de "concreto" temos apenas as pessoas que nela trabalham! Mas o fato é que um dos sentimentos mais difundidos atualmente é que a vida corporativa de hoje em dia assemelha-se muito a uma correria sem fim para alcançar resultados com os quais se possui pouca ou nenhuma identificação, sacrificando o lazer, a família e a saúde! O peso dos papéis desempenhados na vida corporativa tornou-se tão grande que já não é mais possível exercê-los de forma saudável. Com isso vem a fragmentação. O executivo ou a executiva chega em casa e não se reconhece no espelho: Quem é esse(a)? O marido e pai de família? A esposa e mãe? O(a) torcedor(a) do time de futebol? O(a) gestor(a) sênior da multinacional? Cada um(a) parece ser uma pessoa diferente. Dividida. Quase esquartejada. E vem o pensamento: "Ser gestor(a) em uma organização já foi muito mais simples! Que saudades daquela época em que não existia e-mail! Eu conseguia ser gestor(a) e ter uma vida pessoal rica". Para alguns, a única alternativa para se reencontrar parece ser "largar tudo", ir para a praia ou a montanha, ser dono de uma pousada e buscar a paz de espírito.

O que está acontecendo, então? Estaríamos "involuindo", condenados a ter de voltar ao passado para nos reencontrar? Sob a perspectiva da abordagem integral que norteia este livro, a resposta é um sonoro "Não"! Estamos lutando para evoluir, e estamos sim tendo resultados incríveis, mas o caminho da evolução apresenta obstáculos. A evolução pode ser definida como um aumento de complexidade, e isso vale para a evolução das espécies e também da consciência (que vamos ver mais à frente que se trata da mesma coisa!). Quanto maior a complexidade, maior a chance de criarmos e fazermos descobertas incríveis, antes inimagináveis, e maior o potencial disruptivo dessas novidades. Entretanto e ao mesmo tempo, maior a chance de alguma coisa sair errada e maior o potencial destrutivo desse erro. Você já pensou nisso? Quantas coisas podiam dar errado na Antiguidade e qual o potencial destrutivo desses erros? O homem era capaz de destruir o planeta? E nos dias de hoje? Pense agora em sua própria evolução desde o seu nascimento: Quais eram as probabilidades de erro quando você era criança e a gravidade das consequências desses erros? Era possível tirar a vida de outras pessoas? E agora na fase adulta?

Voltemos ao mundo das organizações. O que é liderança mesmo? "Processo de influenciar o comportamento dos outros para a obtenção de determinados resultados" é uma definição bastante comum, que sintetiza muitos autores da área. O que a liderança tem a ver com isso tudo que mencionamos nos parágrafos anteriores? Por que a empresa polui? Por que ela se envolve em corrupção? Por trás dessas decisões (ou da ausência delas) existem líderes. Nossas lideranças, na maior parte das vezes, não estão preparadas para o atual nível de complexidade do mundo corporativo. É preciso liderar a si próprio em primeiro lugar para depois ser capaz de liderar os outros. Mas como?

Chegamos à grande questão: O mundo precisa continuar evoluindo, e para isso precisamos dar um salto de consciência. Não podemos continuar achando que para salvar a natureza e a pele de nossos filhos e netos precisamos unicamente que sejam feitas leis mais rígidas contra as empresas que poluem e degradam o ambiente. Não devemos achar que para acabar com o capitalismo selvagem basta um novo conjunto de regras que regulamentem até onde as empresas podem ir. A solução não está fora das empresas, não está fora das pessoas! Para seguirmos no caminho de uma evolução saudável, sustentável e disruptiva, para mudarmos nossas empresas, nosso país e nosso mundo, temos de começar por nós mesmos. Você está disposto a fazê-lo?

Este livro é para quem está disposto a trilhar essa jornada. É para aqueles que já tentaram de tudo e que sentem estar no caminho, mas de alguma forma acabam em círculos, ou não conseguindo implementar na prática, em suas vidas, ou que chegam a soluções que sentem ser impossíveis de se colocar em prática. É para aqueles que entendem que sim, que existem formas de moldar um futuro benéfico e promissor, mas que sentem que "poucas pessoas pensam assim" e se perguntam o motivo. É para aqueles que já quiseram "largar tudo e abrir uma pousada na praia", mas que hoje percebem que atuar no mundo imbuído do propósito de se desenvolver e desenvolver nossas organizações é muito mais **espiritual** do que se isolar em uma vila de pescadores. É para aqueles que querem ser capazes de liderar a si próprios na busca de seu propósito de vida e liderar nossas organizações rumo a uma sociedade mais justa, sustentável e feliz. É para aqueles que acham que o melhor líder é também o melhor ser humano. Este livro é para você!

Nesse sentido, a obra se divide em duas partes. A primeira trata dos fundamentos da abordagem integral, sendo composta por dois capítulos. No capítulo 1 apresentamos uma visão histórica do processo evolutivo da humanidade, mostrando que desde os seus primórdios o homem está "condenado a evoluir". A evolução da humanidade é apresentada como um desenvolvimento da consciência, ou seja, da forma de pensar e refletir sobre a experiência – o primeiro pilar da abordagem integral. Além disso, nesse capítulo também discutimos a crise atual, caracterizando-a como uma crise de liderança e de consciência. Mostramos que a solução para essa crise não passa pelo desenvolvimento de uma nova abordagem do tipo "panaceia", mas pela conscientização de que a solução de qualquer problema exige que se considere seu contexto específico – o segundo pilar da abordagem integral.

O capítulo 2 apresenta a essência da abordagem integral, o Modelo Aqal (*All Quadrants, All Levels*) ou o IOS (*Integral Operational System*) de Ken Wilber, incorporando quadrantes (perspectivas), linhas de desenvolvimento, níveis (estágios) de desenvolvimento nessas linhas, estados de consciência e tipos. Buscamos dar um foco mais organizacional (mas não menos pessoal e existencial) à abordagem de Ken Wilber, que fundamenta nossa abordagem de liderança integral. É uma leitura indispensável para quem deseja "encaixar as peças" da liderança integral no contexto da abordagem integral de Ken Wilber.

Em seguida, a segunda parte do livro trata da liderança integral na prática, em cinco capítulos. No capítulo 3 apresentamos de forma detalhada os níveis de consciência, sempre considerando uma perspectiva de conhecimento de si próprio e do outro. Vamos possibilitar que você identifique o "centro de gravidade" do seu pensamento e, a partir desse ponto, possa identificar quais elementos estão impedindo seu desenvolvimento para níveis mais complexos. Para isso, você vai conhecer as características detalhadas de cada uma das formas de pensamento, não sem antes realizar o diagnóstico on-line para identificar quais formas de pensar são mais ativas em sua consciência hoje. A partir do conhecimento do nosso nível de consciência e do nível de consciência dos outros é possível desenvolver um foco mais empático e compassivo no que se refere aos nossos relacionamentos, sejam eles pessoais ou profissionais, aumentando a efetividade dos nossos processos de comunicação e contribuindo para relações mais saudáveis e felizes.

O capítulo 4 descreve o Modelo *Integral Works*® de liderança integral. O início do capítulo trata daquilo que Beck e Cowan convencionaram chamar de *Spiral Wizardry*. Com um foco totalmente organizacional e enfatizando os desafios de uma liderança realmente integral, a preocupação aqui é com a questão do ajuste dos diferentes parâmetros organizacionais aos níveis de consciência envolvidos. Em seguida, vamos responder a perguntas do tipo: Qual perfil de liderança é mais efetivo em equipes com pensamento tradicional? E com pensamento moderno? Qual o grau de autonomia mais adequado às pessoas com pensamento pós-moderno? Qual a relação ideal entre o nível de consciência de líderes e liderados? Não é mágica, mas parece, principalmente quando passamos meses e até anos tentando resolver problemas que acabam sendo equacionados em um par de semanas após conhecermos a abordagem integral. Não porque criamos uma nova panaceia[1] infalível, mas sim porque descobrimos uma lógica para identificar de que forma as diversas estruturas organizacionais e as diferentes abordagens para a liderança e a gestão tornam-se mais ou menos efetivas em função do contexto no qual se aplicam, ou seja, em função dos níveis de consciência envolvidos em sua aplicação.

No capítulo 5 tratamos do processo de desenvolvimento em si. Se queremos que o pensamento integral se torne mais prevalente em nossas mentes, temos de buscar formas de trazê-lo para o dia a dia das pessoas, em casa e nas organizações. O cultivo de atitudes conscientes é sem dúvida o grande *driver* do processo de desenvolvimento individual e coletivo. Trabalhamos com cinco atitudes que, mais do que dar origem a comportamentos conscientes, contribuem para o fortalecimento do simples ato de estar consciente o tempo todo, percebendo que nossa vida e nosso destino são uma sequência de escolhas que fazemos no dia a dia, quer consciente ou inconscientemente. Já que temos de escolher, vamos optar por fazê-lo de forma consciente!

O capítulo 6 apresenta o que denominamos de **kit de sobrevivência do líder integral**. Até este ponto aprendemos o que precisamos fazer. Mas temos poucas dicas sobre o "como" fazer. Não adianta sabermos que temos de estar conscientes de nossas atitudes o tempo todo se, diante de grandes desafios, nossas emoções nos dominam por completo, deixando-nos à sua mercê. Vamos falar de **maestria emocional**, como também de outras práticas, definidas por Ken Wilber como

---

1. O termo "panaceia" vem do grego. Panaceia era a deusa da cura. Por esse motivo, o termo ganhou o significado de "remédio que cura todos os males". Antes que o leitor suspeite de que estamos introduzindo a abordagem integral como mais uma panaceia, alertamos que se trata justamente do contrário. A abordagem integral para a liderança irá fornecer *insights* sobre quais técnicas e abordagens de liderança devem funcionar em diferentes contextos.

"módulos da prática de vida integral". Como lidar com nosso lado "negro", ou seja, nossa **sombra**? Como nos manter conscientes diante de situações desestabilizadoras? Como levar uma vida que facilite a **integração** de nosso **corpo, mente, emoções** e **espírito** da forma mais harmônica possível?

O capítulo 7 apresenta o processo de mudança como foco. Como se dá a mudança em nossa consciência? E a mudança da cultura organizacional? Como ela se relaciona com os níveis de consciência? O que devemos fazer para que a mudança que queremos implementar em nossas organizações não seja algo superficial ou uma "mudança sem mudança", como nos acostumamos a ver nas últimas décadas? Vamos apresentar os quatro períodos de **indução** que caracterizam um processo de mudança baseado no modelo de liderança integral. Esse capítulo tem como objetivo saber como lidar com a mudança que, devido ao conhecimento gerado pela abordagem integral, está a ponto de acontecer simultaneamente em nós mesmos, naqueles que nos rodeiam e nas organizações às quais estamos vinculados. Ou seja, vamos buscar entender como liderar um processo de mudança integral em uma organização ou em um grupo de pessoas.

Por fim, o epílogo apresenta os grandes desafios que teremos daqui para frente. Não serão poucos, mas de posse da visão e das ferramentas mais adequadas poderemos dar conta deles e mudar o mundo, transformando-o cada vez mais em um lugar onde valha a pena viver!

E então, podemos contar contigo nessa jornada?

Parte I

Fundamentos da abordagem integral

1
RUMO A UMA ERA INTEGRAL?

A história evolutiva do ser humano constitui uma intrigante e esplêndida narrativa do desenvolvimento crescente da complexidade de sua consciência e de sua capacidade de realização. À medida que a complexidade de seu pensamento foi aumentando, assim foi em relação às suas interferências em nosso planeta e no Universo. A expressão que afirma que "as coisas antes eram mais simples" anuncia nada mais do que essa constante relação. Cada vez que nossos ancestrais alcançavam novas conquistas, desafios inéditos surgiam, exigindo desse modo que novas formas de pensar despontassem em suas mentes. E esse processo evolutivo continua. Nos dias de hoje estamos inseridos em um mundo altamente complexo, consequência natural de nossa própria evolução. Ao mesmo tempo que isso nos propicia oportunidades antes inimagináveis, também nos faz enfrentar problemas econômicos, sociais e ambientais igualmente desafiadores. São situações que exigem, mais uma vez, um novo nível de complexidade no pensamento humano.

A abordagem integral se caracteriza por um pressuposto fundamental: Não conseguiremos entender, e consequentemente resolver a contento, os desafios de nosso tempo se não conseguirmos posicioná-los em sua real dimensão e abrangência. Uma abordagem integral parte do pressuposto de que todo e qualquer evento ou fenômeno, seja natural, social, cultural ou organizacional, faz parte de um processo evolutivo e tem um contexto, seja ele histórico, sociocultural, geográfico, científico, ou outro qualquer. Nesse sentido, toda vez que tratamos algo fora de seu processo de evolução ou fora de seu contexto estamos abrindo mão de utilizar uma abordagem integral. Mais à frente neste livro iremos apresentar os fundamentos dessa abordagem de forma mais completa e detalhada, mas por ora é importante introduzirmos os dois elementos fundamentais da integralidade: **evolução** e **contexto**. Comecemos pela evolução.

1.1 Evolução: Pré-história, Antiguidade, Idade Média, Modernidade e Pós-modernidade – A consciência evoluindo em sua eterna busca

Desde pequenos aprendemos que a história da humanidade se divide em eras. Entendemos que os marcos das divisões entre as diferentes eras são as invenções, revoluções e guerras que aparecem nos livros de História, mas por algum motivo tendemos a não compreender as diferentes passagens como partes de um processo evolutivo da consciência humana. Grande parte dessa dificuldade é proveniente de um fenômeno denominado em inglês de *myth of the given*[2] que, de alguma forma, nos faz idealizar uma situação futura desejável considerada "perfeita" e que sempre existiu de forma imutável ao longo do tempo. Em função da cultura ocidental ter sido construída sobre mitos como o de Adão e Eva e da existência do paraíso, até mesmo a ciência materialista parte do pressuposto (invisível à sua epistemologia) de que existe uma realidade concreta esperando para ser conhecida por meio dos sentidos. Assim, tendemos a achar que a história da civilização humana é algo desconectado da "consciência cósmica" ou absoluta, ou seja, da própria evolução do Universo. É como se a evolução do ser humano nada tivesse a ver com a evolução do Universo e que nós somente a "assistíssemos", impassíveis. Veremos mais adiante que a abordagem integral defende a ideia de que o processo de evolução da consciência humana é parte do processo de evolução da consciência cósmica.

Mas voltando à história, aprendemos que antes da invenção da escrita tudo o que conhecemos da civilização humana era denominado Pré-história. Isso porque, logicamente, sem linguagem articulada que pudesse registrar os fatos, tudo o que se sabe desse período nos é trazido por meio da arqueologia. Entretanto, muitos avanços foram feitos pela humanidade nessa época compreendida entre o primeiro *Homo* (que ainda não era o *Sapiens* e que surgiu provavelmente entre 1 milhão e 500 mil anos atrás) e o desenvolvimento da escrita na Mesopotâmia, por volta de 4000 a.C. Por esse motivo, a Pré-história é dividida normalmente em quatro períodos: Paleolítico, Neolítico, Idade do Bronze e Idade do Ferro.

O humano do início do Período Paleolítico era o *Homo Erectus*, basicamente um nômade, que vivia em cavernas e se alimentava por meio de atividades de caça e da coleta de frutas. Os grupos de *Homo Erectus* rumavam para os lugares onde a vida fosse menos ameaçadora, sem animais carnívoros grandes e com

---

2. *Myth of the given* é um termo em inglês cunhado por Wilfrid Sellars, filósofo norte-americano falecido em 1984. É frequentemente utilizado pelos autores pós-modernos para questionar a possibilidade de cognição isenta da realidade. De forma geral, toda construção teórica repousa em pelo menos um pressuposto que se toma por real (metafísico). Segundo Sellars, essa realidade metafísica subjacente poderia ou não existir (e não é isso que ele questionou), mas sua cognição isenta pelo ser humano era impossível de ocorrer.

clima menos intempere. Você consegue imaginar momentos de paz e reflexão na vida desses humanos? Difícil, não? Basicamente, a vida das pessoas de então era uma constante luta pela sobrevivência, e a expectativa de vida era de cerca de no máximo 35 anos. Nesse ponto, os primeiros humanos não eram muito diferentes dos animais e o nível de consciência médio de um adulto daquela época, ou seja, sua forma cognitiva de "ver" e compreender o mundo, pode ser denominada como **arcaico-instintiva**[3], segundo a abordagem de Ken Wilber e de Beck e Cowan, que apresentaremos em detalhe mais adiante nos capítulos 2 e 3. Os primeiros *Homo Sapiens* (*Homo Sapiens arcaico*) surgem ainda no Paleolítico, em seu período tardio, há aproximadamente 40.000 anos, período no qual a grande modificação feita pelos humanos sobre os objetos da natureza, além da caça e da coleta de frutas, era lascar pedras. Certamente em algum momento no qual desempenhava essa atividade o homem descobriu como produzir fogo e deixou de depender dos trovões para se aquecer nos períodos frios do ano. Essa descoberta foi um primeiro grande motivador para o sedentarismo, pois já não era tão imperioso fugir dos invernos. Achados arqueológicos apontam que o cérebro humano de então já possuía três camadas de crescente complexidade, que são o cérebro reptiliano, o cérebro límbico e o cérebro racional, sobre os quais detalharemos mais à frente neste livro. Entretanto, certamente nossos primeiros antepassados usavam predominantemente o cérebro reptiliano, focado prioritariamente na sobrevivência física[4].

A primeira grande revolução tecnológica da humanidade após a descoberta do fogo foi o polimento de pedras, que deu origem ao Período Neolítico, há aproximadamente 12.000 anos. Esse novo *know-how* permitia a confecção de objetos mais sofisticados e, com eles, o início do processo de domesticação de animais e do cultivo de plantas, dando origem a uma agropecuária rudimentar. Com mais esse incentivo ao estabelecimento em um local fixo, no lugar das constantes migrações verificadas anteriormente, ocorre também uma estabilização na formação dos grupos de famílias e clãs e o consequente fortalecimento dos laços emocionais entre os membros destes. Assim um segundo nível de consciência, que até então aparecia em lampejos nos momentos mais calmos da vida, passa

---

3. A análise de como essas "formas de pensar", ou níveis de consciência, ainda estão presentes em nossa realidade contemporânea está profundamente detalhada no capítulo 3 deste livro. Caso o leitor já tenha lido o capítulo 3, sugerimos escrever ao lado do nome de cada um dos níveis de consciência explicados ao longo deste capítulo 1 a cor correspondente, conforme descrito no capítulo 3 e resumido no quadro 3.1.

4. Uma constatação recente muito importante diz respeito às diferentes velocidades de evolução dos nossos aparatos físico e cultural. Tudo indica que nosso cérebro sofreu pouquíssimas mudanças em sua estrutura fundamental nos últimos 2.000 anos. Entretanto, os valores (e por consequência a cultura) evoluíram de tal forma que foram os grandes *drivers* das mudanças de comportamento ao longo desse mesmo período. Portanto, a cultura muda muito mais rápido que nossos genes!

a ser predominante ao longo da vida dos humanos adultos. Esse nível de consciência se denomina **mágico-animista**. Com ele, o cérebro límbico assume papel fundamental, uma vez que com uma maior garantia de sobrevivência física abria-se espaço para a sobrevivência emocional. Junto com a emergência desse nível de consciência surgem as primeiras manifestações religiosas, na maior parte das vezes venerando como deuses os fenômenos da natureza. Nessas tribos de humanos, uma especialização crescente de papéis começa a tomar corpo, abrindo espaço para a existência de sacerdotes (pajés), caçadores, agricultores etc.

Embora a Idade do Bronze e do Ferro, iniciada por volta de 4000 a.C., tenha exigido um crescente uso do neocórtex (ou cérebro racional, a camada mais superficial do nosso cérebro), pode-se dizer que a consciência mágico-animista continuou predominante naquele período. Como fatos marcantes dessa época tem-se um grande desenvolvimento da agricultura, favorecida pelo uso do bronze e do ferro nos utensílios, e o aparecimento das primeiras civilizações formadas por descendentes de tribos que se estabeleciam em uma mesma região geográfica. O antigo Egito, a Mesopotâmia (atual Iraque e parte do Irã) e a Índia antiga (civilizações do Vale do Indo e Védica), as primeiras civilizações das quais se tem conhecimento, surgem ainda antes de 4000 a.C. É dessa época o aparecimento das primeiras grandes cidades, como Sunu (atual Aswan) no Egito, Ur e Nipur na Mesopotâmia, e Harapa na Índia. Esse período também é marcado pelos primeiros grandes conflitos entre diferentes povos, quer fossem entre clãs e tribos dentro de uma mesma civilização ou provenientes de invasões externas. Durante a Idade dos Metais a especialização avança ainda mais na vida do homem, com funções administrativas e militares sendo criadas para dar conta das crescentes necessidades de organização e defesa.

É a invenção da escrita, que pode ter ocorrido simultaneamente na Mesopotâmia e na Índia, que marca a transição do que chamamos Pré-história para a História propriamente dita. A Idade Antiga ou Antiguidade tem início por volta de 3000 a.C. e segue até 476 d.C. Nesse ponto, um novo nível de consciência passa a dominar a vida dos adultos da época, que já podiam atingir idade tão avançada como os 80 anos, principalmente entre os membros das classes dominantes. Trata-se do nível **mítico-egocêntrico**. As civilizações do Egito, Palestina, Pérsia, Mesopotâmia e Fenícia, além das clássicas grega e romana, são os principais focos do estudo dos historiadores ocidentais. Logo no início da Antiguidade a manifestação religiosa, agora já mítico-egocêntrica, torna-se mais sofisticada, com deuses poderosos e com aspecto humano, ou metade humanos e metade animais, assumindo o lugar dos deuses da natureza. Os deuses gregos e romanos, assim como os deuses do panteão hindu, são exemplos dessa nova religiosidade. Esse novo nível de consciência marca o início da predominância do uso do neocórtex[5] na raça humana. Uma outra característica marcante da Antiguidade é a escravidão: no embate entre os diferentes povos em sua luta pelo domínio militar e econômico, que constitui uma particularidade distintiva desse nível caracterizado pela crença "Que vença o mais forte!", os perdedores dominados terminam sendo escravizados pelos vencedores dominadores. Outro fato singular quando da predominância desse novo nível de consciência é o papel das artes, que ganha nova conotação. A civilização humana começa a produzir grandes estátuas, templos e palácios, todos denotando um grande desenvolvimento estético em relação ao nível de consciência anterior. Em muitos casos, as obras dessa época destacavam a imponência e a dominação humana sobre as outras formas de vida, enaltecendo a superioridade viril da espécie humana, como as diversas estátuas baseadas na história mitológica de Hércules. Embora nossa referência de história seja o Ocidente, é importante saber que naquele mesmo período as principais civilizações orientais conhecidas da época (Índia, China e Japão) passavam por processos similares de evolução. As principais diferenças, existentes inclusive até hoje, devem-se especialmente a uma forma de raciocínio menos dualista e de uma linguagem formada por símbolos e não por vogais[6].

Ainda durante a Antiguidade, mormente no período compreendido entre 800 a.C. e 200 a.C. conhecido como Era Axial[7], uma nova forma de pensar começou a emergir simultaneamente no Oriente e no Ocidente e tornou-se dominante em algumas pessoas, incialmente entre as elites religiosas e administrativas, alastrando-se em seguida pelos demais setores privilegiados das sociedades de então[8]. Surgia o nível de consciência **mítico-etnocêntrico**. É importante perceber que essa forma de pensar, inicialmente de elite, como todo novo nível de consciência a se desenvolver foi fundamental para criar um propósito que unisse povos descendentes de tribos diferentes que passavam a conviver em uma mesma civilização.

---

5. Até o nível de consciência mágico-animista, a parte do cérebro dominante nos seres humanos era o cérebro "emocional". Apenas a partir do desenvolvimento da consciência mítico-egocêntrica é que cada pessoa cria uma identidade distinta do grupo ao qual se vincula por meio de fortes laços emocionais. A partir desse ponto, o cérebro "racional" passa a ser acionado mais frequentemente do que os cérebros instintivo (reptiliano) e emocional (límbico).

6. A discussão filosófica sobre o que veio primeiro, o não dualismo oriental ou a linguagem por símbolos, pode ser um tema acirrado nos meios da Semântica. Preferimos tratar essa questão de forma similar à questão do ovo e da galinha.

7. O termo Era Axial foi criado pelo filósofo alemão Karl Jaspers e é tido como um grande divisor de águas na história da humanidade. Suas principais características dizem respeito ao fato de o homem ter se tornado consciente de si mesmo e de suas limitações, passando a ansiar por sua salvação pessoal, buscada através da reflexão. É o período no qual os filósofos tornam-se populares e surgem diferentes correntes de pensamento.

8. Este nível de consciência só se tornaria predominante na maioria da população mundial mais de um milênio depois.

Sua principal característica é a substituição do "Que vença o mais forte!", característico do pensamento mítico-egocêntrico, pela imposição de uma verdade absoluta externa ao grupo, normalmente de origem metafísica. Essa verdade metafísica (espiritual) foi sendo "desdobrada" com o passar do tempo, dando origem a novas verdades absolutas nas diferentes áreas de atuação das pessoas, como na agricultura, no artesanato, na criação de filhos etc.

Assim, o monoteísmo dogmático surge em substituição ao politeísmo baseado na luta pelo poder. A ideia dos judeus de serem o povo "escolhido por Deus" traduz de forma perfeita a essência do pensamento mítico-etnocêntrico. Não se tratava mais de uma busca do poder pelo poder e sim a busca do poder para fazer valer os propósitos divinos escritos no Livro Sagrado. Aliás, ainda na Antiguidade, não só o judaísmo, mas também o cristianismo e o islamismo surgem como religiões monoteístas, cada uma portadora de sua verdade absoluta, que obviamente é distinta uma da outra. Até mesmo o hinduísmo, com todo o seu panteão politeísta de deuses, acaba por agrupá-los em uma trindade manifesta de uma realidade única quando da emergência dessa nova forma de pensar. E não é só o hinduísmo que faz isso no Oriente. O próprio budismo, religião que nasce pelo questionamento aberto de todas as verdades absolutistas do hinduísmo, transforma-se em uma prática totalmente absolutista e dogmática em torno do *Canon Pali* quando de sua formalização como religião na prática *hinayana*[9]. Ou seja, no caminho da evolução da humanidade estava a consciência mítica-etnocêntrica e todos os povos teriam de passar por ela em sua jornada de desenvolvimento[10]. Para efeito de simplificação, vamos denominar essa forma de pensamento de "**tradicional**".

Quando ocorre a queda do Império Romano do Ocidente em 476 d.C., as mentes das elites políticas, econômicas e intelectuais do Mediterrâneo já funcionavam predominantemente no modo tradicional. As invasões bárbaras que marcaram a transição da Antiguidade para a Idade Média foram em parte responsáveis pela fragmentação do poder que propiciou o surgimento de um sistema

---

9. Pequeno veículo. Assim foi definido após o surgimento do budismo *mahayana* (grande veículo) que focava na compaixão por todos os seres e na busca da iluminação destes além do ideal da liberação individual do *hinayana*.

10. Uma das características mais importantes da Era Axial foi que, simultaneamente à consolidação do pensamento tradicional entre as elites intelectuais, surge entre alguns poucos elementos dessa mesma elite pensante uma lógica de pensamento que prega uma mensagem de autorreflexão e compaixão baseada na análise da própria experiência, a qual dificilmente era compreendida pela maioria da população. Claramente, o nível de consciência dos primeiros grandes filósofos gregos, de Confúcio, Buda e de Jesus, estava além do nível tradicional que se popularizava então. Em nossa opinião, naquele momento surgia o pensamento racional-analítico, que não se disseminou e consolidou no lugar do pensamento tradicional em função da falta de demandas naquele contexto. Ele voltaria a se manifestar no Ocidente de forma consistente apenas ao final da Idade Média.

econômico-político-social feudal, no qual os senhores donos da terra cediam parte dela para seus servos a cultivarem. Esse sistema, no qual o foco do poder saía das cidades para o meio rural, predominou em todo o centro-sul da Europa, mas também em formatos um pouco distintos em regiões da Ásia, como partes da China e do Japão durante a Idade Média.

Nesse ponto é importante notar que a predominância de uma visão de mundo tradicional entre as elites não implica na existência de um sistema político-econômico do mesmo nível. Veremos ao longo deste livro que os sistemas político-econômicos vigentes tendem a estar alinhados com o nível de consciência médio da população e não com o das elites intelectuais. Ou seja, as elites intelectuais (e "empreendedoras") tendem a estar sempre um passo de complexidade à frente dos sistemas políticos e econômicos.

Na prática, ainda durante a Idade Média, os reinos escandinavos se estruturavam de forma distinta do resto da Europa. A crença no poder divino do rei, um conceito mítico-egocêntrico que é adaptado para a lógica tradicional na maioria dos reinos que surgiram à época, ainda estava presente. Entretanto, o sistema político-econômico-social nórdico baseou-se em uma lógica mais urbana, na qual agricultura, artesanato e comércio se suportavam mutuamente. Esse modelo somente viria a emergir no resto da Europa na segunda metade da Idade Média, com o início da formação dos Estados Modernos. No sistema feudal do centro-sul da Europa, a Igreja Católica exerceu papel fundamental na articulação do poder dos senhores feudais e dos reis e imperadores que começaram a crescer em número à medida que os séculos se passavam. Tratava-se de um sistema no qual a consciência tradicional da nobreza e das elites religiosas e militares impunham um sistema socioeconômico fundamentado na exploração da mão de obra, típico do nível de consciência **mítico-egocêntrico**. De fato, o poder divino e o poder secular se misturavam a ponto de parecerem uma coisa só. Não existia separação entre Igreja e Estado, e como este último era fraco, principalmente na primeira metade da Idade Média, muitas vezes a Igreja era o próprio Estado. Sem dúvida, essa predominância da Igreja sobre o Estado na Idade Média ocidental foi uma das principais razões pelas quais a emergência de um novo nível de consciência foi tão reprimida, acabando por ser adiada. Na Escandinávia, ao contrário, o surgimento antecipado de um sistema político-econômico tradicional (mítico-etnocêntrico) viabilizou o surgimento de elites com um pensamento racional-instrumental, o passo seguinte no desenvolvimento da consciência. Afinal, àquela época no centro-sul da Europa o questionamento dos dogmas da Igreja era motivo para levar pessoas à forca ou à fogueira. O período das Inquisições pode ser apontado como o ápice dessa repressão ao novo nível de consciência que queria emergir, e que constituiria a base do Iluminismo.

Como seria de se esperar, o pensamento **racional-instrumental**, característico da física newtoniana e da ciência moderna, já estava presente há bastante tempo em segmentos restritos da sociedade medieval. Afinal, tanto nas batalhas das Cruzadas quanto nas guerras entre os reinos as "forças de Deus" sabiam que não bastava estar a serviço de uma causa divina. Era preciso usar as melhores armas e ter as melhores táticas de guerra. Como havia pessoas dedicadas a pensar nessas técnicas e estratégias, era de se esperar que daí surgisse um novo nível de consciência.

Entretanto, nenhum movimento incentivou tanto o desenvolvimento de uma consciência racional-instrumental quanto o reerguimento do comércio motivado pelo fortalecimento dos reinos europeus no final da Idade Média, em meados do século XVI. A expansão do comércio criava a demanda por uma nova forma de pensar, algo que faltou ao longo da Antiguidade tardia e da Idade Média europeia, e cuja ausência evitou a transferência do pensamento racional presente na filosofia grega, no pensamento de Buda, Confúcio e de Jesus, para outras áreas do saber humano que não a Filosofia, impedindo sua popularização.

Com as necessidades do comércio vieram as necessidades de novas tecnologias, especialmente aquelas relacionadas à navegação. E, com o advento delas, os dogmas tradicionais começam a ruir um a um: a Terra era redonda e não plana, girava em torno do Sol ao invés de ser o centro do Universo e assim por diante. O comércio foi essencial para o fortalecimento e a consolidação do pensamento racional-instrumental e a consolidação de sistemas político-econômicos tradicionais baseados no conceito de nação. Sua importância é tão evidente que o momento da queda do Império Romano do Oriente e o bloqueio de Constantinopla, que era o caminho natural para as Índias, pelos turcos otomanos é considerado o marco de transição da Era Medieval para a Era Moderna. A necessidade de se descobrir novas rotas para chegar ao Oriente (às Índias) e obter as tão valiosas especiarias era tão grande que o *know-how* científico (e racional-instrumental) foi utilizado ao extremo e sem qualquer limitação dogmática, viabilizando a Era das Grandes Navegações e o advento da Modernidade. É justamente em função de sua associação com o pensamento moderno que, a partir deste ponto, iremos nos referir à consciência racional-instrumental como sendo "**moderna**".

O surgimento da máquina a vapor e da indústria, ocorridos no século XVIII, tornam-se as mais marcantes materializações da consciência moderna. O poder econômico flui das nações navegadoras para as nações industriais. Portugal e Espanha, que eram potências na navegação, mantinham uma lógica econômica ainda mítica-egocêntrica, pois exploravam as matérias-primas de suas colônias por serem mais fortes, embora suas indústrias navais e suas escolas de navegação já fossem ícones do pensamento racional-instrumental. Essas duas potências perderam espaço para nações industriais como Inglaterra e França, que atuavam com um modelo político-econômico cada vez mais tradicional (mítico-etnocêntrico) impulsionado por uma elite de pensamento moderno (racional-instrumental) bastante ativa. A popularização da educação básica e o desenvolvimento da educação superior ocorridos no centro-norte da Europa e na América do Norte na segunda metade do século XIX marcam a consolidação dos sistemas político-econômicos tradicionais, "puxados" pela consciência empreendedora moderna presente na elite industrial. A lógica de desenvolvimento econômico e social baseada no tripé "indústria-educação-nação" permaneceu dominante pelo menos até o final do século XX, quando a globalização, a difusão da tecnologia da informação e os danos causados pela industrialização a qualquer preço motivaram o surgimento e a popularização de um novo nível de consciência (que mais à frente apresentaremos como pós-moderno) e a consolidação de um sistema político-econômico moderno[11].

Se o advento da consciência moderna foi reprimido durante séculos no Ocidente, sua ascensão ao *status* de pensamento dominante foi um movimento exacerbado, mais ou menos como se quisesse compensar tanto tempo de repressão, do qual ainda sofremos as consequências nos dias de hoje. Ken Wilber enfatiza que, de forma simultânea aos benefícios trazidos para as ciências e a qualidade de vida das pessoas, a Modernidade traz consigo o chamado "Erro do Ocidente", que na verdade foi o erro das civilizações europeias que viveram o subjugo da Igreja. No contexto do aparecimento da consciência moderna, quando advém o Renascimento, o (re)florescimento da arte não sacra e o Iluminismo, tudo aquilo ligado à religião e à espiritualidade passa aos poucos a ser associado à repressão das Inquisições, sendo tomado como mito ou dogma. A única verdade defensável passa a ser aquela comprovável pela ciência e, portanto, tangível e material, dando origem ao materialismo científico. Se hoje convivemos com poluição, desigualdade de renda, ameaças relacionadas às mudanças climáticas e ao envenenamento do solo e da água, devemos muito ao fortalecimento exacerbado do pensamento moderno e sua consolidação como o modo "racional" ou "científico" de ver as coisas ao longo do século XX. Por trás de todas essas ameaças encontramos as tiranias do valor para o acionista (no nível microeconômico) e do crescimento do PIB (no nível macroeconômico), verdadeiras "vacas sagradas" da mentalidade moderna aplicada aos negócios. Mas toda forma de pensamento, até

---

11. É importante notar que, sob uma perspectiva integral, não faz sentido caracterizar o início da Idade Contemporânea com a Revolução Francesa ou com a Revolução Industrial, uma vez que a forma de pensamento racional-relativista ou moderna ainda seria predominante por séculos. Sob essa perspectiva, faria sentido apontar o surgimento de uma Idade Pós-moderna (ou a Era do Conhecimento) a partir da queda do Muro de Berlim, por exemplo.

mesmo a consciência moderna, manifestada em suas versões mais agudas como o materialismo científico e o capitalismo selvagem, tem os seus dias contados como dominante. Foi justamente sua popularização entre as massas, especialmente nos países desenvolvidos, que motivou o surgimento de uma nova forma de pensar.

É a partir da constatação de que o materialismo científico também se baseia em pressupostos (e não na realidade comprovável)[12] que uma nova forma de pensamento começou a se fortalecer e a se tornar dominante, especialmente entre aqueles com mais anos de estudo: a **racional-relativista**. Para esse novo nível de consciência, aquilo que vemos não é uma realidade "lá fora", que espera para ser conhecida pelos nossos sentidos, mas a interpretação da realidade que fazemos com base em valores adquiridos em nossa família, escola, profissão etc. Tendo suas origens na Física Quântica e na Teoria da Relatividade, o pensamento pós-moderno deixa o contexto das ciências estritamente naturais por volta da metade do século XX e, por conta disso, surgem a Teoria dos Sistemas, os movimentos ecológicos de preservação da natureza, a filosofia e a arte pós-moderna, o feminismo, o pluralismo e os movimentos de valorização das minorias. O mundo desenvolvido entra na Pós-modernidade e por isso iremos denominar (por enquanto) de "**pós-moderna**" essa forma de pensamento.

É bastante frequente encontrarmos autores pós-modernos que se autoatribuem uma visão sistêmica, holística e integral. De fato, a forma de pensamento pós-moderna (racional-relativista) se caracteriza por ser inegavelmente pluralista, considerando muito mais do que uma única perspectiva quanto a um fato. Entretanto, conforme veremos em mais detalhes no restante deste livro, o pensamento pós-moderno é apenas parcialmente sistêmico e holístico e está longe de ser verdadeiramente integral. De maneira resumida, podemos dizer que o grande problema do pensamento pós-moderno é achar que toda verdade é construída culturalmente. E que, portanto, não existe nenhuma verdade absoluta. Além disso, esse modelo de pensamento continua acreditando ser ele a forma "certa" de pensar, como ocorre com o pensamento moderno, o tradicional e os demais pensamentos menos complexos apresentados anteriormente. Não é um modo de pensar etnocêntrico ou absolutista ("Meu povo, minha raça ou meu time são os melhores e estão 'certos'!") ou então materialista ("Não acredito em nada que

---

12. A popularização da Física Quântica e da Relatividade nos meios científicos naturais e a popularização da Semântica e da Hermenêutica nas ciências sociais mostrou que, na verdade, todo o raciocínio materialista científico baseia-se em pressupostos definidos com base nas capacidades limitadas dos sentidos dos seres humanos. Portanto, dizer que só se acredita no que se vê deixa de ser uma afirmação "isenta" do ponto de vista científico, pois na verdade carrega o pressuposto de que só é real aquilo que pode ser captado pela visão humana. Por esse ponto de vista, uma mesa de madeira é sólida e opaca, o que hoje sabemos ser falso, pois a maior parte da mesa é formada pelos espaços vazios entre os elétrons que circulam em torno dos núcleos atômicos.

meus olhos não possam ver ou que não possa ser comprovado pela ciência!"), mas é uma forma de pensar que não aceita que os outros níveis de consciência tenham suas verdades absolutas, sejam elas metafísicas, científicas ou sociais e que sua própria verdade absoluta é, de fato, relativa!

Com a consolidação do pensamento pós-moderno entre as elites dos países desenvolvidos, consolidou-se o sistema político-econômico moderno (capitalismo democrático) nessas nações a partir de meados do século XX. Para lembrar: as elites intelectuais estão sempre um passo à frente do sistema político-econômico estabelecido (falaremos mais sobre as elites intelectuais nas próximas páginas). A crise do capitalismo democrático, evidenciada pela sucessão de crises econômicas a partir do final do século XX, é um marco de que existe um novo sistema político-econômico pós-moderno emergindo. Ao mesmo tempo, evidencia a ascensão de uma nova forma de pensar entre as elites intelectuais. Vamos chamar essa nova consciência de "**integral**".

Aqui devemos fazer uma pausa importante para reflexão. Como Ken Wilber gosta de dizer, se você leu este texto até este ponto e continua motivado a continuar lendo, pelo menos um pouco dessa nova forma de pensar já está ativa em você! Então chegou a hora de lhe fazermos uma pergunta: A história que contamos nas páginas anteriores faz sentido para você? Se sim, convidamo-lhe a seguir nesta jornada conosco.

O processo de desenvolvimento da humanidade apresentado nas páginas anteriores é uma história constante de transcendência e inclusão. A transcendência ocorre sempre que o modo de pensar dominante em um dado momento da história não é mais capaz de resolver os problemas que se apresentam. Como ilustra a frase popularmente atribuída a Albert Einstein, "um problema não pode ser resolvido pela mesma forma de pensamento que o criou". O ser humano começa então a experimentar e acaba encontrando uma nova perspectiva de onde "enxergar" as questões (ou uma nova "lente", por meio da qual fazê-lo) e uma nova forma de pensar que dá origem a novas abordagens para enfrentar e solucionar os problemas. A inclusão ocorre simultaneamente ao processo de transcendência, uma vez que a nova maneira de pensar é mais complexa que a anterior mas a inclui, ou seja, a forma de pensar anterior ainda faz parte do arcabouço de *sensemaking* da pessoa ou da organização em questão. Esse processo de transcendência e inclusão define a evolução dos níveis de consciência. Nesse sentido, os níveis anteriores de consciência, especialmente aqueles que foram dominantes recentemente, ficam disponíveis para serem acessados se as condições ambientais o demandarem. Esse ponto faz uma distinção importante entre o desenvolvimento saudável e o desenvolvimento patológico. No desenvolvimento saudável eu transcendo minha forma anterior de pensamento, me desidentificando com a mesma, mas incluindo-a sem reprimi-la, ou seja, aceitando-a como um aspecto do meu "eu". No desenvolvimento patológico, eu transcendo a forma de pensar anterior por meio de sua negação, ou seja, reprimindo-a. Esse fato, como veremos no capítulo 4, contribui para que fiquemos "presos" a um determinado nível de consciência, impedindo nosso avanço para formas de pensar ainda mais complexas.

Tudo isso que vale para a humanidade também vale para cada um de nós. Ao longo de nossas vidas, nosso modo de pensar evolui, ou seja, transcende e inclui formas menos complexas, tornando-se cada vez mais complexo. Cada um de nós começou como bebês de pensamento arcaico-instintivo. Teve a predominância do modo de pensar mágico-animista nos primeiros anos da infância e teve sua fase do "eu quero" motivada pela mente mítico-egocêntrica a partir dos seis anos. Depois disso, muitos de nós fomos sendo expostos a condições que nos permitiram desenvolver maneiras de pensar cada vez mais complexas: tradicional, moderna, pós-moderna, integral. Portanto, a evolução da nossa consciência individual é um espelho da evolução da consciência humana na Terra[13].

1.2 Contexto: as crises da atualidade – Diferentes contextos e um chamado a evoluir

Com base no que vimos expondo, estamos vivendo um momento crucial da humanidade. Na verdade, tão crucial quanto vários outros ao longo da história, onde uma mudança na consciência humana termina por induzir mudanças nos sistemas sociais, políticos e econômicos. Entretanto, é importante lembrar que essa mudança não é homogênea. Vimos que as elites intelectuais tendem a estar sempre à frente dos sistemas políticos, econômicos e sociais. Vimos que desde meados do século passado essas mesmas elites começaram a transcender a consciência moderna (racional-instrumental) e pensar de acordo com a lógica pós-moderna (racional-relativista/pluralista).

Esse movimento vem convertendo os sistemas políticos e econômicos dos países do chamado Primeiro Mundo para uma nova lógica capitalista. Um capitalismo mais equitativo, acompanhado por um sistema político mais alinhado com as ideias da social-democracia. Nesse sistema, a iniciativa privada é prioritariamente responsável pela produção de bens e serviços em geral e o governo pela oferta de educação, segurança e saúde à população. Ou seja, a associação de políticas econômicas "ortodoxas" com políticas sociais "progressistas". Um sistema que tem

---

13. O processo de evolução dos níveis de consciência desde o nascimento de uma pessoa e sua relação com a evolução da sociedade humana será explorado em detalhes no capítulo 3.

muito a ver com a chamada "Terceira Via", tão discutida no final do século passado por Bill Clinton, Tony Blair e Fernando Henrique Cardoso. Esse sistema político-econômico vem acompanhado pela formação e consolidação de blocos de comércio, com a crescente liberalização das trocas internas entre esses blocos e novas regras para câmbios entre diferentes blocos.

Como era de se esperar, esse não é um processo uniforme, contínuo e ininterrupto. As forças que se opõem ao pensamento pós-moderno, sejam elas modernas ou tradicionais, vêm provocando paradas e retrocessos no processo de estabelecimento do capitalismo pós-moderno[14]. Mas, em geral, pode-se perceber que esse sistema vem tornando-se cada vez mais hegemônico nos países ricos. E então surge a questão: E as elites? O pensamento atual das elites intelectuais dos países ricos começa a se aproximar da lógica integral. Não são poucos os eventos nos dias de hoje que vêm questionando fortemente a lógica do pensamento pós-moderno. O terrorismo islâmico na Europa e na América do Norte é um deles. Fica cada vez mais claro que a abordagem pós-moderna não lida de forma adequada com tal questão e acaba sendo um possível fator catalisador para o fortalecimento de células terroristas com consciência mágica-egocêntrica apoiadas em conceitos tradicionais (e fundamentalistas) islâmicos. De fato, cada vez mais vozes se opõem à visão pós-moderna e politicamente correta em relação aos problemas do mundo contemporâneo, sem retroceder a visões modernas ou tradicionais. Iremos aprofundar esse ponto mais adiante neste livro. Por ora, é importante notar que a intelectualidade pós-moderna começa a perceber que sua forma de pensar pluralista pode não ser a solução para os problemas da humanidade. E é isso que fomenta o surgimento do pensamento integral, como veremos mais à frente.

A constatação da inexistência de soluções do tipo *one size fits all* é uma grande alimentadora do pensamento integral. E nos ajuda a consolidar o segundo componente fundamental de toda abordagem integral: o fato de que todo fenômeno ocorre em um **contexto** específico. Além das idas e vindas que ocorrem no Primeiro Mundo e que impedem a consolidação de um sistema político e econômico pós-moderno, é imperioso notar que os países em desenvolvimento ainda se encontram bastante distantes dessa realidade. Com a maioria de sua população operando com consciência tradicional, enormes contingentes com pensamento mítico-egocêntrico e elites intelectuais navegando pela Modernidade, não chega a ser uma surpresa a ascensão de governos populistas. Pior ainda é parte desses governos populistas chegar ao poder com o apoio do *establishment* internacional

---

14. O *Brexit* e a eleição de Donald Trump nos Estados Unidos são as maiores evidências recentes desse fato. Abordaremos tal questão detalhadamente mais à frente.

por se "venderem" como sendo democráticos e social-democratas. São muitas vezes retrocessos apresentados como avanços e que ganham a simpatia da elite intelectual dos países ricos justamente em função de sua verve pós-moderna pluralista. Sob uma perspectiva evolutiva e integral, em termos de sistemas econômicos e de governo, a maior necessidade dos países em desenvolvimento nos dias de hoje é consolidar um sistema moderno e democrático, onde as instituições funcionem e a iniciativa privada possa empreender e gerar inovação e riqueza. Ou seja, esses países precisam consolidar o capitalismo moderno e não instalar o capitalismo pós-moderno. Aqui entra em ação o segundo componente fundamental, parte essencial do pressuposto de toda a abordagem integral: o **contexto**.

O contexto dos países em desenvolvimento é diferente do contexto dos países desenvolvidos. Mais uma vez, tal constatação emerge do pensamento integral ao enfatizar que cada problema específico demanda soluções específicas. Torna-se cada vez mais claro que o "primeiro mundo" não conseguirá resolver os problemas do "terceiro mundo" implantando seus sistemas políticos e econômicos pós-modernos. Que o digam a "Primavera Árabe" no Egito e na Síria e as tentativas de "democratização" do Iraque.

E o Brasil? Onde nos encontramos em meio a essa questão de consciência e sistemas político-econômicos? Conforme iremos detalhar mais à frente, temos uma característica peculiar que nos difere da maioria das demais nações em desenvolvimento. Nossa distribuição de renda historicamente desigual faz com que tenhamos, ao mesmo tempo, elites intelectuais pós-modernas (pluralistas), elites político-econômicas modernas, a maioria da população pensando de forma tradicional e um grande contingente de adultos com consciência mítico-egocêntrica. Uma má distribuição de renda vem normalmente acompanhada de má distribuição de níveis de consciência e isso torna nossa situação especialmente complexa. O mosaico de níveis de consciência distintos em nosso país faz com que tenhamos internamente problemas típicos de países em desenvolvimento, mas também muitos pontos próximos à realidade dos países desenvolvidos. Temos dentro de nós a Bélgica e a Índia, como já dizia Edmar Bacha há mais de trinta anos. Se a consciência integral ainda é rara por aqui quando comparada aos países mais desenvolvidos, ela não é menos necessária. Muito pelo contrário. Nossas características únicas no que se refere à distribuição de formas de pensar faz com que precisemos cada vez mais de mentes integrais em meio às nossas elites intelectuais, artísticas, econômicas e políticas, pois nossos problemas precisam mais do que nunca de soluções integrais e não de pessoas pensando de acordo com a lógica pós-moderna (pluralista) e propondo soluções "de primeiro mundo" para problemas "do terceiro mundo", e vice-versa.

1.3 A evolução no contexto atual: complexidade, transcendência e inclusão

De acordo com a abordagem integral, o Universo evolui por meio de um aumento da complexidade. Esse aumento de complexidade pode ser visto na evolução das espécies. De organismos unicelulares surgiram bactérias, algas, plantas e animais invertebrados. O surgimento dos vertebrados levou a evolução dos répteis e das aves para os mamíferos até os primatas. Dos primeiros primatas até o primeiro *Homo Sapiens* a natureza deu outro salto quântico evolutivo. Esse *breakthrough* não se refere apenas à forma física, mas principalmente à consciência. Se nossos aparelhos respiratórios, digestório e circulatório são mais complexos que os dos demais primatas, o que falar do nosso cérebro e de nossa forma de pensar?

A evolução da consciência humana é espelhada pela evolução dos sistemas sociais correspondentes. Nossos ancestrais caçadores e coletores viviam em bandos nas cavernas. O cultivo dos primeiros frutos e vegetais levou à formação de tribos e suas aldeias. A criação de gado e o plantio de cereais levaram à composição das primeiras vilas e aos primeiros estados. O avanço na agricultura e o advento do comércio trouxeram os primeiros impérios e, o surgimento da indústria, as primeiras nações modernas. Recentemente, o advento da tecnologia informatizada vem viabilizando o fenômeno da globalização, esse tão aclamado "mundo sem fronteiras".

Sim, então estamos evoluindo desde os primórdios. Mas isso é tudo? Que evolução é essa que nos traz tantos problemas? É lógico que a evolução não é linear. Às vezes um pequeno retrocesso é importante para viabilizar um avanço posterior. Entretanto, temos de ter cuidado com os grandes retrocessos, vide as "trevas" da Idade Média e a reação desmedida a elas. Uma das regrinhas principais da lógica integral de se pensar é a de que quanto maior é a complexidade, maior a chance de algo dar errado. E o "errado" tem também cada vez mais potencial de ser "muito errado" quanto maior a complexidade da situação. Para exemplificar, podemos falar das guerras da Antiguidade, da Idade Média e da Idade Moderna. Os armamentos utilizados foram evoluindo em poder de destruição, mas ainda assim nenhum deles seria capaz de ameaçar a vida na Terra como um todo. A partir da construção da primeira bomba atômica na Segunda Guerra Mundial, esse cenário mudou radicalmente. Hoje sabemos que o arsenal atômico dos Estados Unidos, Rússia, China e outras potências, estáveis já há algum tempo, tem potencial para destruir a Terra mais de uma centena de vezes. Esse cenário obviamente requer formas de pensar cada vez mais complexas no sentido de manter esse equilíbrio sem que uma catástrofe nuclear aconteça. Se a mentalidade dos generais das guerras do Peloponeso prevalecesse nos líderes das grandes potências de hoje, o mundo já tinha ido pelos ares!

Portanto, bem-vindo à Era Pós-moderna e seus problemas cada vez mais complexos! E problemas complexos irão requerer cada vez mais soluções igualmente complexas. De fato, uma solução efetiva para um problema complexo típico dos dias de hoje pode muitas vezes parecer simples. Mas o processo de se chegar até ela envolveu, muito provavelmente, uma maneira de pensar mais complexa. No âmbito das organizações, um exemplo representativo é o do modelo *just-in-time* japonês, frequentemente apontado como uma solução simples para o complexo problema que envolve o atendimento da demanda às custas da manutenção de elevados níveis de estoque. Embora o sistema *Kanban*, formado inicialmente por cartões de papel com informações do que deveria ser produzido, seja algo intrinsicamente simples, ele jamais seria concebido por mentes que abordassem o problema do estoque e da demanda sob o ponto de vista mecanicista típico das formas de pensar tradicional e moderna. Foi necessária uma grande dose de pensamento sistêmico, típico do pensamento pós-moderno, para que novas inter-relações entre essas variáveis pudessem ser percebidas e uma solução tão simples fosse concebida. Pensar de forma integral é levar em conta toda a complexidade do mundo atual, fugindo de dogmas, panaceias e soluções *one size fits all*. Para contradizer aqueles que ainda acham que problemas complexos têm soluções simples, nada mais atual do que a histórica frase de Henry Louis Mencken, jornalista, crítico, satirista e acadêmico da área de Linguística norte-americano, pronunciada na metade do século passado: "Para todo problema complexo existe uma solução simples, elegante e completamente equivocada".

Transcender e incluir. É assim que as espécies evoluem. É assim que as sociedades evoluem. É assim que as tecnologias evoluem. Uma molécula é mais complexa que um átomo. Ela o transcendeu, mas o incluiu, pois as moléculas são formadas por átomos. Um mamífero é mais complexo que um réptil. Ele transcendeu o cérebro reptiliano, desenvolvendo sobre ele um cérebro "límbico", o cérebro emocional. Entretanto, a estrutura do cérebro reptiliano continua presente no cérebro do mamífero, controlando seus padrões automáticos, hábitos e instintos de sobrevivência. Os primatas e alguns outros mamíferos mais evoluídos desenvolveram uma outra camada, o neocórtex, fonte da racionalidade, da linguagem conceitual, verbal e simbólica, especialmente no caso do homem. Entretanto, nós também transcendemos e incluímos os cérebros reptiliano e límbico. Eles continuam lá, "por baixo" do neocórtex, dando origem a nossas emoções e instintos de sobrevivência.

Evoluir não é necessariamente um processo prazeroso. Muito pelo contrário. Se não sentirmos que algo está errado ou inadequado, não iremos desenvolver uma nova forma de pensar, um novo nível de consciência. Isso vale para países, organizações e também para cada um de nós. Ou seja, aqui entra o lado bom da crise. Toda crise é uma oportunidade de evolução. Se pressentimos que algo vai mal em nosso modo de lidar com a realidade, isso é um sintoma de que devemos buscar novas maneiras de fazê-lo. Assim se fazem as principais inovações que temos conhecimento no meio empresarial. No fundo, o surgimento de um novo nível de consciência é uma inovação existencial, uma inovação ontológica e epistemológica do ser humano! Portanto, antes que continuemos a amaldiçoar a crise, viva a crise! Precisamos dela para evoluir!

A crise atual é uma crise de consciência. É o resultado da insistência do uso de formas de pensar que não são suficientes para resolver os problemas que a geraram. A visão de mundo racional-analítica, típica do pensamento moderno que tantos benefícios trouxe à humanidade nos últimos seis séculos, esperneia para não ser alijada de seu pedestal. Hoje em dia, em muitas situações nos países desenvolvidos ela é uma visão ultrapassada, mas ainda com muito poder político, que nega a interdependência entre os componentes dos mais diversos sistemas ao tentar otimizar cada parte de forma isolada. É o que ocorre na questão do desenvolvimento a qualquer custo, destruindo o meio ambiente e os recursos naturais. Também é o que ocorre com o executivo que sacrifica sua vida e seus relacionamentos em nome de uma riqueza material sempre crescente.

Por outro lado, em muitas situações nos países em desenvolvimento ela é uma visão que faz falta. Quantas tragédias humanas ainda ocorrem na África em função da prevalência de visões de mundo pré-racionais? A recente epidemia de ebola no oeste africano mostrou que o que sobra e causa problemas nas sociedades mais ricas é o mesmo que falta nos países pobres da África: racionalidade instrumental.

O que mais vemos nos dias de hoje é o fortalecimento de argumentos pluralistas construídos dentro de uma lógica pós-moderna de respeito às diferenças, mas que acabam por tentar eliminá-las por meio de uma nova forma de dogmatismo: o politicamente correto. Por essa lógica, por exemplo, eu devo respeitar as diferenças, mas não posso admitir respeitar a opinião daqueles que não as respeitam, por exemplo. Ou seja, toda diferença deve ser respeitada, menos aquela que se refere ao próprio ato de respeitar as diferenças. Ken Wilber destrói de maneira contundente o caráter absolutista do pensamento pós-moderno, qual seja, o de que toda verdade é socialmente (e culturalmente) construída. Afinal um postulado não pode ter exceções. E ao formulá-lo, os pós-modernos esquecem que, em sua visão de mundo, o fato de que toda verdade é socialmente construída seria uma verdade absoluta, e não fruto das lentes pelas quais eles próprios enxergam a realidade. Talvez daí decorra o grande narcisismo e arrogância de boa parte dos pensadores pluralistas.

Fatos recentes da história dos Estados Unidos e da Europa, assim como no Brasil com a recente polarização política a partir de 2013, mostram um fortalecimento não saudável do pensamento tradicional e do pensamento moderno racional de direita. O primeiro se refere às diversas iniciativas de cunho anti-imigração, antiglobalização e antipluralismo, além do pensamento "fundamentalista de esquerda" que renasce em formato populista especialmente na América Latina. E o segundo enfatiza questões como "não existe aquecimento global", "a poluição e a contaminação não são problemas", "vamos maximizar a produtividade por meio dos recursos naturais". Ambos, em sua versão mais desequilibrada possível, estão se fortalecendo em função das vulnerabilidades do pensamento pós-moderno. Deixar que essas formas de pensamento assumam papel hegemônico seria um grande retrocesso.

Mas, para que lideremos um processo de mudança genuíno, consciente e integral, antes precisamos ser capazes de liderar a nós mesmos. Para isso, o autoconhecimento é um pré-requisito fundamental. A abordagem integral nos fornece um modelo para que possamos conhecer a nós mesmos, aos outros e ao ambiente no qual nos inserimos para então sermos capazes de utilizar as abordagens mais adequadas a cada situação. Apenas com este autoconhecimento seremos capazes de superar a crise existencial pós-moderna, amparada no conflito entre TER e SER. A busca incessante de ter fundamenta-se basicamente na ignorância daquilo que somos e o antídoto para essa ignorância é o autoconhecimento e a autoliderança. Temos de ser capazes de mudarmos a nós mesmos antes de querermos produzir mudanças em nossas organizações e no mundo de modo mais amplo.

Sabemos que todo processo evolutivo não é linear. Sabemos que muitas vezes será necessário dar um passo atrás para depois seguir dando dois passos à frente. Mas não podemos nos permitir dar dois passos atrás. Por isso temos de desenvolver uma forma de pensamento que transcenda e inclua o pensamento pós-moderno. Por isso temos de pensar de forma integral. E, principalmente, transformar esse pensamento em ação em nossas vidas e em nossas organizações! É disto que falamos neste livro. Esse é o convite que reforçamos agora! Vamos em frente?

2
VISÃO INTEGRAL
UM MODELO PARA ENTENDER O MUNDO COMPLEXO DA ATUALIDADE

No primeiro capítulo vimos que o atual momento da humanidade, caracterizado por avanços e oportunidades extraordinárias, mas igualmente por crises e conflitos, demanda o desenvolvimento de uma nova forma de pensar. Esta se constitui no pensamento integral, que pode ser aplicado a todas as áreas de atuação dos seres humanos, desde a educação, a saúde e a espiritualidade até a gestão das organizações e a área de negócios. Em qualquer dessas áreas precisamos cada vez mais de lideranças com pensamento integral, capazes de considerar a crescente complexidade da evolução humana. O objetivo deste livro é justamente permitir que você, leitor, conheça o que significa ser um líder integral e quais conhecimentos, habilidades e atitudes precisará desenvolver para se tornar um deles em sua área de atuação.

Antes de mais nada é fundamental perceber que, quando mencionamos o papel do líder, não estamos falando apenas de pessoas que ocupam cargos de gestão e que possuem subordinados. O papel de líder é parte essencial da função do gestor, mas não é necessário exercer funções de gestão para ser um líder. Liderar, de forma bem ampla, significa mobilizar as pessoas a fim de que elas deem o melhor de si para o alcance de objetivos comuns. Portanto, a liderança é certamente exercida por um professor em sala de aula, por profissionais da área de saúde em um hospital e por um pai ou uma mãe em seu ambiente familiar. Nesse sentido, o conceito de liderança constitui-se de forma amplamente vasta e abrange na literatura. Um estudo realizado por Winston e Patterson[15] revelou que mais de noventa variáveis já foram utilizadas para definir no que consiste

---

15. WINSTON, B. & PATTERSON, K. An Integrative Definition of Leadership. In: *International Journal of Leadership Studies*, vol .1, n. 2, 2002, p. 6-66.

a liderança. Ao propor uma definição inclusiva de liderança baseada em todas essas variáveis, os autores destacam que um líder se constitui em uma ou mais pessoas que selecionam, equipam, treinam e influenciam um grupo de liderados com diferentes habilidades, capacidades e talentos, que por escolha própria dispensam sua energia física, emocional e/ou espiritual em um esforço coletivo e concentrado para atingir os objetivos da coletividade. Para isso, ainda segundo os autores, o líder constitui uma visão de futuro alinhada com suas crenças e valores, as de seus liderados e as da organização, considerando assim a diversidade sem deteriorar a essência individual de cada pessoa. O líder exerce desse modo um papel de facilitador, alinhando uma diversidade de recursos e pessoas para atingir um ou diversos objetivos compartilhados.

Uma vez compreendido o significado do papel do líder, precisamos definir o que é um líder integral. Para isso, é preciso que conheçamos em maior profundidade a abordagem integral. Conforme vimos no primeiro capítulo, uma abordagem verdadeiramente integral precisa levar em conta diferentes perspectivas. Essas perspectivas constituem-se em **contextos** distintos, decorrentes de processos de desenvolvimento em um ambiente em constante **evolução**. A abordagem integral de Ken Wilber, que inspirou nossa abordagem para a liderança integral, tem sua origem na chamada "quarta força" da Psicologia, denominada Psicologia Transpessoal[16]. Tal abordagem, surgida no final da década de 1960, valeu-se de parte dos trabalhos de teóricos associados às outras "forças", como Jung, Maslow e Frankl, a fim de direcionar o foco dos seus estudos para a consciência humana e seus estados não convencionais.

Com a publicação de seus dois primeiros livros no final da década de 1970[17], Wilber tornou-se um dos ícones da Psicologia Transpessoal, junto com Stanislav Grof[18]. Entretanto, logo no início da década de 1980, Wilber se afastou da Psicologia Transpessoal em função do que chamou de "visão retrorromântica"[19] da mesma, dando origem ao que ele viria denominar "Psicologia Integral"[20]. Foi

---

16. A "primeira força" seria a Psicanálise, originada por Freud e Jung. A "segunda força" é a abordagem behaviorista, comandada por Skinner. Por fim, a "terceira força" seria a abordagem humanista, cujo marco inicial é atribuído aos trabalhos de Maslow.

17. WILBER, K. *The Spectrum of Consciousness* (*O espectro da consciência*, no Brasil), de 1977, e *No Boundary*: Eastern and Western Approaches to Personal Growth (*Consciência sem fronteiras*, no Brasil), de 1979.

18. GROF, S. *The Adventure of Self-Discovery*. Albany/NY: Suny Press, 1987.

19. Iremos discutir essa questão mais à frente. Basicamente, Wilber passou a enfatizar que a visão de Grof e outros autores transpessoais, bem como sua própria abordagem nos dois primeiros livros (que ele posteriormente chamaria de Wilber-I), confundia os estágios pré-convencionais com estágios pós-convencionais.

20. Nesse ponto vale mencionar que, de forma mais ou menos simultânea, Stanislav Grof também denominou como Psicologia Integral a sua abordagem para a Psicologia Transpessoal. Entretanto, suas teorias diferem fundamentalmente no que se refere à visão do processo de desenvolvimento humano, como veremos adiante.

na década de 1990 que sua abordagem, inicialmente focada apenas em questões ligadas à psicologia, ganhou *status* de teoria mais abrangente, principalmente a partir da publicação de *Sex, Ecology and Spirituality*, em 1995. Em 2000, ao publicar *A Theory of Everything* e fundar o Integral Institute, Wilber expandiu o alcance de sua teoria para áreas tão aparentemente distantes como negócios, política, ciência e artes, dando origem a uma abordagem integradora de toda a atividade humana. Mas quais os fundamentos da abordagem integral de Ken Wilber? Iremos apresentar o Sistema Operacional Integral (IOS – *Integral Operational System*) como sendo constituído por cinco componentes: i) **quadrantes** ou **perspectivas**; ii) **linhas de desenvolvimento**; iii) **níveis** ou **estágios de desenvolvimento**; iv) **estados de consciência**; e v) **tipos**.

2.1 Holarquias e os quatro quadrantes

Antes de apresentar os quatro quadrantes da realidade na visão de Wilber, é fundamental mencionar que talvez o pilar mais importante de todo o Sistema Operacional Integral de Wilber é o conceito de holarquia. Esta é uma definição distinta do conceito de holismo. O pensador norte-americano foi um entre vários teóricos que nunca se sentiu muito à vontade com a concepção de holismo, tornado tão popular pelas correntes de pensamento pós-modernas em oposição ao pensamento reducionista da Modernidade. O holismo, apoiado na popularização da Teoria dos Sistemas, surgiu em oposição ao reducionismo. Contrariando a visão cartesiana até então predominante de que a otimização das partes conduziria à otimização do todo, a Teoria dos Sistemas trazia como um de seus principais conceitos a lógica de que ótimos globais seriam obtidos a partir de subótimos locais. Portanto, a visão sistêmica resultava que um sistema (fosse ele um ser vivo ou uma organização) deveria ser analisado e "otimizado" sob uma lógica que o enxergasse em sua "inteireza", ou seja, sob uma perspectiva holística e não fragmentada. Esse movimento trouxe grande interesse (científico e popular) por tudo aquilo que focava o todo: alimentos integrais[21], tratamentos "holísticos" e abordagens sistêmicas para a resolução de problemas. A ideia do foco na totalidade ao invés das partes serviu de princípio fundamental a uma nova abordagem para a espiritualidade, o movimento *New Age*, que surgiu nas décadas de 1960 e 1970 (e se popularizaria radicalmente a partir da década de 1980) em contraponto ao ateísmo materialista, utilizando-se principalmente de conceitos trazidos de tradições orientais como o *yoga* e o budismo.

---

21. O termo holismo é a tradução do inglês *wholism*, que quer dizer "focado no todo". Em inglês, alimentos integrais são chamados de *whole foods*.

Entretanto, muitos daqueles que se interessaram inicialmente pelas abordagens holísticas perceberam que estas, embora buscassem romper com a lógica reducionista cartesiana, pareciam não se interessar pela compreensão do relacionamento entre um determinado todo e suas partes. Arthur Koestler[22] foi um desses inconformados que acabou desenvolvendo uma nova abordagem, a qual denominou Teoria dos *Hólons* ou holarquia. O elemento central da nova teoria de Koestler enfatizava o fato de que nada que se referisse a organismos vivos existiria por si só, sendo sempre uma parte de um todo maior. Esse todo, por sua vez, também seria parte de um outro todo ainda maior, organizando-se em uma hierarquia natural denominada holarquia. Para Koestler[23], isso seria verdadeiro tanto no que se referia aos átomos que seriam partes de moléculas e às moléculas que seriam parte de células (e estas partes de órgãos que seriam partes de seres vivos) como em sistemas sociais como as organizações, nas quais departamentos seriam partes de empresas que seriam parte de corporações. Todos os sistemas existentes formariam estruturas holárquicas, com diferentes níveis, indo dos elementos de níveis inferiores (átomos e departamentos) até os elementos de níveis superiores (seres vivos e corporações). Esse conceito, fundamentalmente hierárquico, chamou a atenção de Wilber, que via nas abordagens holísticas uma predominância do mesmo *flatland* que pautava o materialismo científico em função da recusa dos holísticos em aceitar a existência de hierarquias de valor. Foi após conhecer o trabalho de Koestler que Wilber se inspirou para criar a abordagem Aqal, cujo pilar inicial são os quatro quadrantes.

Para Wilber, todo *hólon*, ou seja, todo elemento da realidade que é ao mesmo tempo um todo e uma parte, pode ser abordado por meio de quatro perspectivas distintas. Tais perspectivas são geradas pelo cruzamento de dois eixos – interior/exterior e individual/coletivo – e ajudam a entender a razão para a existência de tantas teorias complementares e contraditórias nas mais diversas áreas do conhecimento. A figura 2.1 apresenta os quatro quadrantes aplicados aos seres humanos sob uma perspectiva que enfatiza as ciências naturais[24] nos aspectos objetivos (quadrantes do lado direito).

---

22. Jornalista, escritor e ativista político judeu-húngaro, radicado na Grã-Bretanha na década de 1940. Publicou dezenas de livros entre novelas, documentários e outras obras de não ficção, destacando-se em áreas tão distintas como a ciência, a política, a psicologia e a sociologia.

23. KOESTLER, A. *The Ghost in the Machine*. Nova York: Macmillan, 1967.

24. A análise integral dos quatro quadrantes pode ser conduzida a partir de diferentes perspectivas. Como nosso foco de análise são as pessoas interagindo em seus ambientes familiares e organizacionais, utilizamos como base a perspectiva das ciências sociais. Para mais exemplos de aplicações em diferentes perspectivas, vale consultar a obra de Ken Wilber (2000).

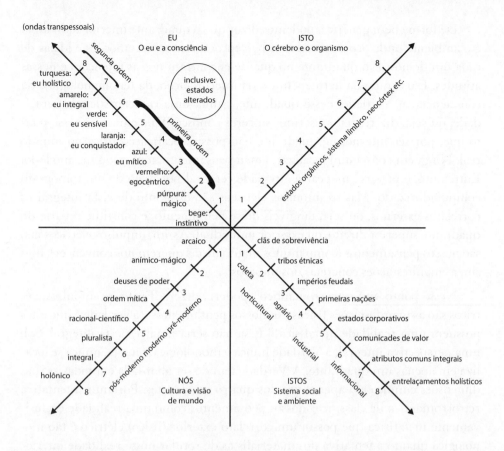

Figura 2.1: Os quatro quadrantes aplicados aos seres humanos, com foco nas ciências naturais.
Fonte: WILBER (2000).

O quadrante superior esquerdo apresenta o interior individual de cada ser humano. É um quadrante subjetivo, introspectivo e intencional, que Wilber define como sendo o domínio do nosso "eu". Este é o terreno no qual se desenvolvem os diversos níveis de consciência de que falamos até agora. É também o quadrante no qual nos desenvolvemos ao longo das diversas linhas de evolução, entre as quais podemos citar: cognitiva, emocional, espiritual, ética, sinestésica etc.[25] Somente cada um de nós tem acesso ao conteúdo interno de nossa mente, embora seja possível auferir qual nível de consciência predomina em uma determinada pessoa em função do seu comportamento. Este aparece no quadrante superior direito quando enfocamos o ser humano sob uma perspectiva das ciências sociais no que se refere aos aspectos individuais, como mostra a figura 2.2 sobre a aplicação dos quatro quadrantes às organizações.

---

25. Vale lembrar que os níveis de consciência são na verdade uma linha de desenvolvimento biopsicossocial, de acordo com Wilber (2000), Beck e Cowan (1996) e Graves (1973).

De forma bem genérica, podemos dizer que o quadrante interior individual é o ambiente onde ocorrem todas as percepções, sensações, emoções e ideias de cada um de nós. É o quadrante no qual se encontram nossas intenções e nossas atitudes. É o campo da hermenêutica, da interpretação, da fenomenologia e da consciência. A Verdade, nesse quadrante, ganha uma característica de veracidade, ou seja, diz respeito a sermos sinceros conosco. Vale enfatizar nesse ponto que, por ser interno, tal quadrante não possui localização física no mundo real. Ninguém conseguirá localizar o meu pensamento, tocá-lo ou mesmo lê-lo. Entretanto, é possível mapear a atividade cerebral por meio de um tomógrafo computadorizado. Mas os impulsos elétricos são do ponto de vista integral os correlatos externos, ou seja, tangíveis desse pensamento, e constituem parte do quadrante superior direito, ou exterior individual. Assim, impulsos elétricos não são nossos pensamentos (como muitos materialistas querem nos convencer), mas sim as manifestações concretas dos mesmos.

Nesse ponto, um retrorromântico[26] poderia dizer: "Exato, os impulsos elétricos são as manifestações físicas dos nossos pensamentos e a verdade é que estes possuem uma realidade metafísica!" Essa não seria uma resposta integral. Sob uma perspectiva integral, a Verdade nunca é monológica, ou seja, nunca se localiza em apenas um quadrante. A Verdade tem de ser abordada em todas as suas dimensões e nunca em apenas um dos quatro quadrantes. Portanto, a tentativa retrorromântica de classificar nossos pensamentos como uma realidade exclusivamente metafísica que possui um correlato exterior (físico) elétrico é tão monológica quanto a tentativa dos materialistas de rotular nossa realidade interior como sendo um mero reflexo de uma verdade exclusivamente eletroquímica. No primeiro caso, trata-se de uma tentativa de dominância do quadrante superior esquerdo. No segundo caso, seria uma tentativa de dominância do quadrante superior direito, justamente aquele onde ocorre todo o desenvolvimento biológico de cada indivíduo. Em ambos os casos, trata-se de um "absolutismo de quadrante", no jargão integral.

O quadrante inferior esquerdo também é subjetivo e interior. Entretanto, ele trata de uma realidade coletiva e não individual. É o espaço onde existem os valores compartilhados, ou seja, as culturas, sejam elas familiares, organizacionais, regionais ou nacionais. É importante notar que nenhum desenvolvimento ético, por exemplo, pode se dar em um vácuo de padrões e valores. É possível mapear o desenvolvimento das diferentes culturas nesse quadrante dependendo dos valores

---

26. A visão retrorromântica será detalhada adiante. Basicamente, ela parte do pressuposto de que nossa alma viveria em um paraíso antes de nascermos e, quando encarnamos, continuamos nesse paraíso, só que agora sem nos darmos conta. Essa visão é contrária à visão integral de Ken Wilber.

compartilhados pelos seus membros, como mostra a figura 2.1. Aliás, já descrevemos o processo de desenvolvimento cultural da humanidade de acordo com a abordagem integral no capítulo anterior, quando mostramos a predominância de valores modernos e pós-modernos nos adultos dos países desenvolvidos em contraste com a predominância de valores tradicionais e modernos nos países em desenvolvimento, e valores ainda egocêntricos e tradicionais nos países mais pobres.

As culturas estão fortemente relacionadas com os valores das pessoas, mas é sempre importante distinguir valores praticados e defendidos de valores com os quais se simpatiza. Uma forma de diferenciar esses dois "tipos" de valores é dividi-los em relação ao conteúdo e ao processo de pensamento das pessoas que os possuem. Iremos entrar mais profundamente nessa questão adiante no terceiro capítulo, mas os valores em geral podem ser divididos em valores relacionados ao que pensamos e valores relacionados a como pensamos. Como exemplo, tomemos uma pessoa que defende um determinado valor como a sustentabilidade, mas suas escolhas tanto no que se refere à alimentação quanto ao uso de meios de transporte não têm a sustentabilidade em seus pilares, uma vez que essa pessoa não pensa de maneira sustentável (não é o "como" do seu pensamento). A dificuldade de muitas pessoas em praticar o chamado *walk the talk*[27] dá-se justamente em função de o valor relacionado a uma questão exigida, por exemplo de seus familiares ou funcionários, não ser um valor no nível de "como" a pessoa pensa, mas sim em relação ao "o que" ela pensa!

Os níveis de consciência de que falamos anteriormente estão diretamente ligados ao "como". Portanto, um menino de sete anos nascido na Escandinávia irá provavelmente defender fortemente os valores pluralistas e sustentáveis ("o que") tão fortemente presentes na cultura daqueles países e associados ao nível de consciência pós-moderno. Mas jamais esses valores estarão incorporados em sua forma de pensar ("como"), uma vez que crianças de sete anos em países escandinavos estão começando a desenvolver mais fortemente o nível de consciência tradicional (deixando de ter grande predominância do nível mítico-egocêntrico), mas ainda têm raros lampejos dos níveis de consciência moderno e pós-moderno, que só começarão a ser desenvolvidos de forma mais consistente a partir do final da adolescência.

Uma outra forma de distinguir esses dois níveis de valores seria colocar em uma mesma sala para conversar um hipotético senhor de cinquenta anos dono de um negócio de varejo em Teerã e um também hipotético fazendeiro na casa dos quarenta anos do cinturão do milho norte-americano, cuja fazenda vem

---

27. Em inglês significa "fazer o que se prega".

passando de pai para filho desde o início do século XX. Seus valores no nível de "o que" são totalmente distintos. O primeiro crê em Alá, Maomé e no Alcorão, professando a fé islâmica, acha que os Estados Unidos são o grande satã do mundo e crê ser fundamental que as mulheres da família andem com as cabeças cobertas. O segundo, por outro lado, crê no Deus do Velho Testamento, em Jesus e na Bíblia Sagrada, pensa que o Irã é um antro de pessoas loucas e fanáticas que deveria ser destruído e acha que o trabalho enobrece o homem. Provavelmente, se não fossem contidos, os dois homens se engalfinhariam e chegariam às vias de fato. Mas apesar do conteúdo de seus pensamentos e dos seus valores serem totalmente diferentes, ambos têm algo extremamente importante em comum: o nível de consciência tradicional (mítico-etnocêntrico), ou seja, pensam de forma dogmática em relação à grande maioria das coisas, defendendo uma verdade absoluta imposta externamente por alguém (normalmente "sagrado").

O importante, no que tange aos valores compartilhados no quadrante inferior esquerdo (tanto na figura 2.1 quanto na figura 2.2 a seguir), é que esse quadrante é intersubjetivo e diz respeito ao "encaixe" cultural e à compreensão mútua. Ninguém é uma ilha isolada e nossa introspecção e a própria análise dos nossos pensamentos e atitudes (que ocorrem no quadrante superior esquerdo) será feita com base em um padrão de normas de conduta dos grupos nos quais estamos inseridos, representados pelo quadrante inferior esquerdo. Uma mesma pessoa vivenciará

	INTERIOR (subjetivo)	EXTERIOR (objetivo)
INDIVIDUAL	Valores e *mindsets* das pessoas	Comportamentos das pessoas
COLETIVO	Cultura organizacional	Sistemas organizacionais (estruturas, processos, práticas)

Figura 2.2: Os quatro quadrantes de Wilber aplicados às organizações (ou a qualquer outro sistema social). Fonte: Elaborado pelos autores com base em WILBER (2000).

diferentes realidades de quadrantes inferiores esquerdos dependendo de quantos grupos ela está inserida. Ela estará se relacionando com uma cultura em casa, com outra no trabalho e com outra ainda em seu grupo principal de amigos. Em cada grupo com o qual se relaciona, seus pensamentos e atitudes serão avaliados com base em códigos de conduta coletivos diferentes, e na maioria das vezes informais. Isso quase com certeza acabará levando a comportamentos diferentes (quadrante superior direito, individual exterior) e a desempenhos coletivos distintos (quadrante inferior direito, coletivo exterior) dos diversos grupos.

Por falar no quadrante inferior direito (coletivo exterior), este é o quadrante dos sistemas sociais e ambientais. É aqui que os valores compartilhados em um grupo se transformam em ações tangíveis. Se uma nação é mais rica, industrializada e globalizada do que outra, isso se deve em parte ao fato de os valores compartilhados pelas pessoas que vivem nesses países serem distintos (quadrante inferior esquerdo, coletivo interior). Os diversos processos industriais e de serviços de cada uma dessas nações (quadrante inferior direito, coletivo exterior) irão refletir essas diferenças de valores (quadrante inferior esquerdo, coletivo interior). Quem já alugou um carro no Brasil e no exterior percebe claramente como uma diferença cultural impacta na qualidade dos processos. Até bem recentemente o tempo gasto na retirada e devolução de um automóvel no Brasil era de três a cinco vezes o tempo gasto nos Estados Unidos, por exemplo. Isso ocorre porque por mais que as empresas brasileiras se esforçassem para melhorar seus processos, elas permaneciam presas à crença de que toda pessoa que alugava um carro iria enganar a locadora se tivesse oportunidade. Portanto, o foco da locadora brasileira tendia a ser o controle. Por outro lado, na cultura americana predomina a crença de que, até que se prove o contrário, ninguém quer enganar ninguém. Comparando os processos de devolução de automóveis em ambas, enquanto no Brasil era necessário acompanhar a inspeção do veículo, devolver as chaves ao inspetor e apenas ao final dela ir ao balcão para autorizar o pagamento e ser liberado, nos Estados Unidos bastava deixar o carro em uma vaga com a chave no contato e seguir viagem.

Aqui fazemos uma menção ao saudoso Professor João Benjamim Cruz Junior que, com sua didática impecável, mostrava que apesar de ter feito diversas mudanças estruturais e investido verdadeiras fortunas em processos de educação, industrialização e infraestrutura ao longo do século XX, o Brasil se mantinha como uma nação pobre no início do século XXI. Essa dificuldade, segundo ele, era fruto do caráter "raso" das intervenções feitas. Construíram-se escolas, pontes, estradas e fábricas, mas pouco se fez para mudar a cultura nacional, que permaneceu muito similar à do início do século XX. Ou seja, atuou-se diretamente no quadrante inferior direito (coletivo exterior) sem ter a preocupação de intervir no quadrante inferior esquerdo (coletivo interior), ignorando a relação entre ambos.

O mesmo que vale para as nações, que são talvez os maiores e mais difusos grupos existentes, vale também para os menores agrupamentos de seres humanos, como as famílias. Uma determinada família pode ter como valor compartilhado a crença de que "a boa vida é uma questão de berço". Logicamente, os membros dessa família terão seus pensamentos e atitudes (quadrante superior esquerdo) avaliados à luz desses valores compartilhados (quadrante inferior esquerdo) desde cedo e, em maior ou menor grau, tenderão a alinhá-los com tais valores. Assim, aqueles membros que não se rebelarem tenderão a aplicar um esforço no máximo moderado nos estudos e em seguida no início de suas carreiras profissionais. Por outro lado, se uma outra família tem como valor a crença de que "o sucesso é resultado do empenho e do esforço no desenvolvimento de habilidades" (cultura familiar, que se localiza no quadrante inferior esquerdo, coletivo interior), seus membros tenderão a se aplicar muito mais nos estudos e no trabalho no início de suas carreiras (comportamento que está no quadrante superior direito). É interessante perceber que os valores familiares tenderão a legitimar e contribuir para o desenvolvimento de valores individuais similares (e consequentemente atitudes) nos membros de cada família (quadrante superior esquerdo, individual interior), que terminarão determinando os comportamentos distintos (quadrante superior direito, individual exterior).

Consequentemente, aquele que se empenhou mais nos estudos e no início de sua carreira (membro da família com a crença no "empenho e esforço") tenderá a ter mais sucesso profissional do que o membro da outra família (com a crença no "berço de ouro"). Logicamente, o quanto os valores individuais de cada membro desses grupos serão influenciados pelos valores familiares dependerá, entre outras coisas, de características genéticas de cada um (quadrante superior direito, individual exterior, quando analisados por um prisma das ciências naturais) e das experiências vivenciadas, algo que envolve as atitudes prévias (também no quadrante individual exterior sob um prisma das ciências sociais) e a reação dos outros a tais comportamentos (quadrante coletivo exterior sob o mesmo prisma).

Um livro sobre liderança não poderia deixar de abordar a questão dos quatro quadrantes nas organizações. Aliás, nosso objetivo é que você aprenda a utilizar a abordagem dos quatro quadrantes para efetivamente analisar e solucionar problemas complexos em sua organização. Para isso, iremos nos basear na figura 2.2, que apresenta os quatro quadrantes com o lado direito enfatizando as ciências sociais (uma organização é um fenômeno social). Iremos utilizar esses quadrantes em nossa aplicação da abordagem integral às organizações.

Mas antes que algum leitor possa manifestar confusão em relação às diferenças entre os quatro quadrantes da figura 2.1 e os da figura 2.2, cabe ressaltar que em ambas os quadrantes do lado direito referem-se à realidade mensurável, ou seja, objetiva e tangível, e os quadrantes do lado esquerdo à realidade não mensurável e, portanto, subjetiva e intangível. Para eliminarmos qualquer dificuldade de compreensão, voltemos à essência da abordagem integral: integrar diferentes teorias, considerando que cada uma delas, embora seja real (ou seja, verdadeira), é parcial (isto é, abarca apenas uma ou duas perspectivas sob as quais se pode apreender a realidade).

Para isso, apresentamos a figura 2.3 com uma visão geral de diferentes teorias e epistemologias distribuídas nos quatro quadrantes. Primeiramente é importante notar que todo o lado direito (exterior) é basicamente monológico, empírico, positivista e focado no tangível, ou seja, na **forma**. Para as abordagens desse lado, só interessa aquilo que possa ser mensurado, seja um comportamento, um impulso elétrico ou um resultado financeiro. De forma oposta, todo o lado esquerdo é interpretativo, hermenêutico, fenomenológico e focado no intangível, ou seja, na **consciência**. Para as abordagens desse lado, interessa aquilo que é sentido, percebido e pode ser avaliado apenas de forma subjetiva.

	INTERIOR (subjetivo)	EXTERIOR (objetivo)
INDIVIDUAL	• Interpretativo • Hermenêutico • Consciência Sigmund Freud C.G. Jung Jean Piaget Aurobindo, Plotino, Buda INTENCIONAL	• Monológico • Empírico, Positivista • Forma Empirismo Behaviorismo Ciências Naturais (Física, Biologia etc.) Neurologia COMPORTAMENTAL
COLETIVO	CULTURAL Thomas Kuhn Jean Gebser Max Weber	SOCIAL Teoria de Sistemas Karl Marx Auguste Comte

Figura 2.3: Diferentes teorias e epistemologias e os quatro quadrantes da abordagem integral.
Fonte: Elaborado pelos autores com base em WILBER (2000).

Assim começamos a perceber as diferenças entre, por exemplo, a primeira e a segunda forças da Psicologia. Não se trata de saber quem está mais certo, Freud ou Skinner, mas de perceber que enquanto a psicanálise freudiana (e também a jungiana) trata do paciente sob uma perspectiva do quadrante superior esquerdo (interior individual), o behaviorismo de Skinner enfoca a melhora da pessoa sob uma perspectiva do quadrante superior direito (exterior individual). Além da Psicanálise, podemos citar outras abordagens do quadrante interior individual tão diversas quanto o processo de desenvolvimento cognitivo de Piaget, a fenomenologia de Husserl e a abordagem budista para a ampliação da consciência.

Por outro lado, o foco de todas as ciências naturais são os quadrantes exteriores do lado direito. Aqui cai por terra o conceito de que o holismo da abordagem de sistemas seria uma abordagem integral. De fato, a Teoria dos Sistemas rompeu com a ideia, dominante tanto nas ciências naturais quanto nas ciências sociais, de que era necessário dividir a realidade para compreendê-la e de que para se chegar a um ótimo de um sistema qualquer bastaria otimizar suas partes. Entretanto, ela parte do quadrante superior direito (exterior individual) para o quadrante inferior direito (exterior coletivo), continuando sem abordar os aspectos subjetivos da consciência. Este também é o foco do positivismo de Comte e do materialismo histórico de Karl Marx. Aliás, o campo de estudo de praticamente toda a Sociologia é exatamente o quadrante exterior coletivo. A grande maioria dos seus autores não está interessada nas atitudes e nos valores que estão por trás do comportamento, mas apenas em considerar tais comportamentos como fenômenos coletivos tangíveis.

Por fim chegamos às abordagens e teorias do quadrante inferior esquerdo, ou seja, o quadrante interior coletivo. A abordagem weberiana (e todas as abordagens sociológicas que se desenvolveram a partir dela) se apresenta como exceção no campo sociológico por considerar fenômenos subjetivos na definição de categorias. Além dela, diversas abordagens focadas no estudo da Linguística e da Hermenêutica encontram-se neste quadrante. Pode-se destacar aqui o trabalho do linguístico, filósofo e poeta Jean Gebser, que caracterizou as diferentes estruturas de consciência ao longo do desenvolvimento das sociedades humanas. Esse quadrante é fértil para os teóricos das áreas ligadas à Linguística e à Hermenêutica porque eles foram talvez os primeiros a questionar o conceito cartesiano de existência de uma realidade concreta exterior esperando para ser conhecida pelas pessoas.

Para os teóricos desse quadrante, dependendo dos valores dominantes nos grupos sociais (e linguísticos) ao qual se pertence, a "leitura" de uma determinada situação exterior poderá ser diferente para pessoas distintas. Na prática, como os filtros culturais afetam a percepção da realidade das pessoas, indivíduos com diferentes valores e histórias de vida percebem de forma diversa uma mesma situação, dando origem a realidades distintas. O sucesso dos países orientais a partir do crescimento exponencial da complexidade tecnológica na indústria pode ser, em parte, explicado pela sua cultura menos dualista que a ocidental. Para os orientais, que foram alfabetizados em idiomas não silábicos, a compreensão de uma fala depende do contexto. Portanto, para eles é mais fácil aceitar que diferentes pessoas estão vendo coisas diferentes e que se eu quero um resultado realmente único em um processo preciso fazer algo mais do que escrever um procedimento operacional padrão detalhado e apresentá-lo para aqueles que irão executar as atividades em questão.

O conceito de paradigmas é a grande contribuição de Thomas Kuhn à ciência, levando a questão das diferentes percepções aos pressupostos científicos. Kuhn comprovou que a física newtoniana, base das ciências naturais, não fora construída originalmente apenas a partir de observações concretas. Na verdade, toda a teoria científica que moldou a ciência ocidental tinha pressupostos em sua base, sendo estes questionados pela Física Quântica e a Teoria da Relatividade. Sem dúvida, os pressupostos da abordagem newtoniana podem ser resumidos no fato de que, para ela, somente é considerado real do ponto de vista científico aquilo que pode ser apreendido e medido pelos órgãos dos sentidos dos seres humanos. Por isso a Física Quântica e a Relatividade apresentaram inconsistências com a física newtoniana, uma vez que esta não funcionava para coisas muito pequenas (campo da Física Quântica) e para coisas muito grandes (campo da Teoria da Relatividade). Assim, sempre que o conjunto de pressupostos que rege a ciência muda (como ocorreu com a Física Moderna), surge um novo paradigma científico. Um paradigma é, portanto, um conjunto de pressupostos (relacionados a valores ou filtros, ou seja, à cultura) de uma área de conhecimento. Assumir sua existência ainda é algo bastante difícil para as mentes ocidentais, que foram educadas desde pequenas em uma lógica cartesiana na qual existe uma única realidade objetiva e exterior.

Trazendo essa discussão conceitual para o campo da prática empresarial, um exemplo clássico da dificuldade de percepção dos paradigmas é a mudança ocorrida na área de organização industrial a partir do desenvolvimento da produção enxuta no Japão. A indústria japonesa (e depois a sul-coreana e em pouco tempo a chinesa) tornou-se líder em produtividade e qualidade em termos mundiais por ter "recuperado" as mentes dos operadores, que haviam sido excluídas do processo produtivo pela abordagem fordista-taylorista. Eles se tornaram assim os principais atores na detecção, resolução e prevenção de problemas nos processos industriais. Por mais que isso seja de conhecimento geral, a grande maioria das empresas ocidentais que tenta implementar a **produção enxuta** foca em copiar as técnicas utilizadas pela Toyota para resolver problemas, mantendo seus operadores funcionando como meras engrenagens de uma máquina.

Isso ocorre porque, para elas, a produção industrial é uma área na qual algumas poucas pessoas "pensam e não fazem", como os engenheiros de produto que projetam os produtos, e os engenheiros industriais que projetam os processos, e muitas outras "fazem e não pensam", como os operadores. Esses pressupostos encontram-se profundamente enraizados na cultura gerencial ocidental. Ocorre que essa lógica é o cerne do pensamento de Ford e Taylor, que caracteriza o **paradigma fordista-taylorista**, o qual surgiu praticamente junto com a indústria em substituição à pré-industrialização extensiva que caracterizava o **paradigma artesanal** de produção, no qual o artesão era responsável por projetar o produto e o processo, bem como executar todas as operações para chegar ao produto final (o artesão "pensava e fazia" no paradigma anterior). Ou seja, o que vem ocorrendo nos últimos trinta anos na área industrial é uma segunda mudança paradigmática (a primeira foi a mudança do paradigma artesanal para o paradigma fordista-taylorista). Aquilo que se convencionou chamar de **produção enxuta** seria na verdade um novo paradigma no qual os operadores "fazem" mas também "pensam", contribuindo para o projeto de produtos e processos. Esse novo conjunto de pressupostos foi desenvolvido simultaneamente na prática pela indústria japonesa ao adotar as técnicas da produção em massa americana em uma cultura não dualista e, na teoria, pela abordagem sociotécnica. Além disso, representa uma forma completamente distinta e mais competitiva (e mais integral também) de organizar a produção. Se muitas empresas ocidentais não chegam nem perto de suas concorrentes japonesas no que tange ao desempenho de suas operações produtivas, isso se deve muito provavelmente ao seu foco exclusivo nos quadrantes exteriores (lado direito), copiando comportamentos e ferramentas e negando a mudança paradigmática no que se refere aos pressupostos fundamentais que norteiam a organização da produção presentes no quadrante cultural, inferior esquerdo (coletivo interior).

Vamos aproveitar a questão da organização da produção e retornar à questão das empresas para "mergulhar" um pouco mais fundo na aplicação dos quatro quadrantes às organizações.

2.1.1 Os quatro quadrantes e as organizações

Voltemos agora à figura 2.2, reproduzida abaixo, na qual os quatro quadrantes enfocam a realidade organizacional. Esse modelo serve também para qualquer outra realidade social e a grande diferença para os quatro quadrantes apresentados na figura 2.1 é que, na figura 2.2, os quadrantes do lado direito enfocam comportamentos individuais (superior esquerdo) e processos e sistemas sociais (inferior esquerdo), enquanto na figura 2.1 o foco recai sobre sistemas naturais, especialmente no quadrante superior esquerdo.

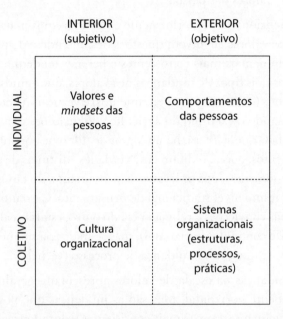

Figura 2.2 (reproduzida): Os quatro quadrantes de Wilber aplicados às organizações (ou a qualquer outro sistema social). Fonte: Elaborado pelos autores com base em WILBER (2000).

O indivíduo na organização apresenta duas perspectivas, representadas pelo quadrante superior esquerdo (individual interior) e pelo quadrante superior direito (individual exterior). Se por um lado o primeiro contém os valores, crenças e atitudes desse indivíduo, o segundo abrange suas decisões, ações e comportamentos na empresa. Ao observarmos tal questão sob a ótica dos quadrantes, fica claro que os comportamentos são, ou deveriam ser, reflexos dos valores, crenças e atitudes individuais. Portanto, se uma empresa pretende que seus funcionários se comportem, por exemplo, como se fossem donos da empresa, não basta criar programas de remuneração variável baseados nos resultados. Embora esses programas possam contribuir para desenvolver uma cultura de comprometimento e engajar os funcionários na busca pelas metas da empresa, na maior parte das vezes os mesmos irão criar motivações temporárias para o comportamento de dono, ou seja, o funcionário irá se engajar motivado apenas pela "cenoura" da remuneração variável (um mecanismo behaviorista do quadrante individual exterior); mas quando a empresa tiver uma perda financeira motivada por uma crise econômica e tiver de cessar com o prêmio, por exemplo, o engajamento corre o risco de ser reduzido. O que se conclui nesse ponto é que, para que as mudanças comportamentais sejam duradouras, as mesmas devem ser acompanhadas por mudanças nos valores, crenças e atitudes individuais. E então surge a pergunta: Como mudar os valores das pessoas?

Como já mencionamos anteriormente e detalharemos mais à frente no terceiro capítulo, os valores envolvem questões de conteúdo e de processo. As mudanças comportamentais mais consistentes e perenes tendem a ocorrer quando são abordados os dois tipos de mudanças nos valores, que vamos chamar de mudanças horizontais (conteúdos dos pensamentos) e verticais (processos dos pensamentos). Retomando o exemplo do agricultor do meio-oeste norte-americano e o comerciante da Grande Teerã, há uma grande diferença quanto aos conteúdos de seus pensamentos, pois acreditam em "verdades" distintas de acordo com seus contextos e religiões, mas seus processos de pensamento são tão similares a ponto de estarem no mesmo nível tradicional de pensamento. Caso um desses personagens trocasse suas convicções e religião pela do outro, estaria realizando somente uma mudança de conteúdo (horizontal), mas se manteria no mesmo de nível de consciência, sem realizar uma mudança de processo (vertical)[28].

De fato, mudanças na escala de valores apresentam, geralmente, pelo menos um componente horizontal. Mas são as mudanças que possuem ambos os componentes que se mostram as mais consistentes e duradouras. No caso de um funcionário da empresa em questão com pensamento tradicional (dimensão vertical), isso significaria desenvolver dois valores ao mesmo tempo. Por um lado, um valor relacionado ao pertencimento e respeito pelo grupo e pelo que a empresa representa para a comunidade e o país, que são valores tradicionais com o mesmo nível de complexidade dos valores previamente possuídos pelo funcionário e que poderiam não fazer parte do conjunto de crenças anterior dele. E, por outro lado, desenvolver um valor relacionado ao aperfeiçoamento constante e à competição como forma de alcançar o sucesso. Esse é um valor moderno, ou seja, mais complexo que os valores tradicionais já possuídos previamente pelo funcionário. No caso desses valores, seria necessário que fossem incorporados nos processos de pensamento do indivíduo em questão, mudando sua maneira de pensar e não apenas incorporando um novo conteúdo, mantendo a forma de pensar tradicional.

---

28. Para melhor entender o uso das noções de horizontal e vertical, pode-se aplicar a metáfora da escada. Usa-se a noção de horizontal porque as mudanças de conteúdo se mantêm em um mesmo "degrau", são conteúdos que pertencem a um mesmo nível ou estágio ("degrau") do processo de pensamento, por exemplo. Quando se muda de "degrau", ou seja, quando se realiza uma mudança vertical, desloca-se de um processo de pensamento para outro, de um nível de consciência para outro, por exemplo.

O desenvolvimento do primeiro valor seria uma mudança horizontal, ou seja, de conteúdo, envolvendo o valor de respeito pelo grupo, que seria uma nova crença, enquanto o desenvolvimento do segundo valor seria uma mudança vertical, relativa aos processos de pensamento. É importante perceber que se os valores relacionados ao aperfeiçoamento constante e à competição como forma de promover a melhoria forem incorporados apenas como conteúdos, a mudança em questão será apenas horizontal, mesmo que inclua valores mais complexos. É inegável que os programas de remuneração variável auxiliarão no desenvolvimento do segundo valor, assim como o *role model* dos líderes da organização que atuam nesse sentido. Mas para consolidar a mudança a empresa terá que se preocupar com os valores efetivamente compartilhados pelos seus funcionários, tanto no que se refere à mudança vertical quanto no que diz respeito à mudança horizontal. Aí entramos no quadrante inferior esquerdo, que é o quadrante cultural.

Se o funcionário descrito nos dois parágrafos anteriores acaba de entrar na empresa e os valores que se pretende que sejam absorvidos por ele estão difundidos pelos demais funcionários e são vivenciados no dia a dia da empresa, será natural que ele sofra um processo de aculturação. Aos poucos, o funcionário perceberá que "o jeito com que fazemos as coisas por aqui" é o comportamento que conduz aos melhores resultados e está permeado pelos valores da empresa. Por outro lado, se a mudança que a empresa deseja ver no funcionário em questão é algo que ainda não está internalizada e deveria ocorrer simultaneamente na maioria dos colaboradores, estamos diante de um processo de mudança cultural (de valores compartilhados, ou seja, no quadrante inferior esquerdo). Esse processo de mudança cultural também deverá ter uma dimensão horizontal e uma dimensão vertical e deve ser conduzido por mudanças de sistemas e de processos, mas não apenas por estes. Mudar a cultura da empresa vai exigir trabalhar os valores dos colaboradores no nível do intangível, além de utilizar programas e técnicas que exijam comportamentos em sintonia com os valores buscados. Assim, percebemos que toda e qualquer mudança cultural exigirá um monitoramento no nível de valores intangíveis "verticais" ou de processo (níveis de consciência) e "horizontais" ou de conteúdo (relacionados aos "quês"), além do uso de programas e técnicas. Ou seja, será necessária uma atuação em todos os quadrantes para que a mudança cultural aconteça.

Nesse aspecto, é fundamental identificar quais os valores (lado esquerdo, intangível) necessários para se implementar diferentes técnicas (lado direito, tangível) e vice-versa, para que a mudança de comportamento e de processos seja consistente e se converta em resultados perenes para a organização. O mundo empresarial está cheio de casos de implantação de sistemas de CRM (*Customer Relationship Management*) que não funcionaram porque a empresa contratou a implementação do *software*, mas não se preocupou em desenvolver nos funcionários que o utilizariam os valores atrelados à gestão do relacionamento com os clientes. São valores modernos ligados ao atendimento de necessidades dos clientes, e que são normalmente ausentes na maioria dos funcionários que trabalham na área, cuja consciência encontra-se predominantemente no nível tradicional.

Também são fartos os relatos de fracasso na implementação de programas de melhorias com a participação de operadores em empresa industriais. Nesse caso, em geral as empresas falham em perceber que os funcionários do nível operacional só irão se comprometer realmente com a identificação, análise e participação na solução de problemas se começarem a desenvolver o nível de consciência moderno (a maioria dos operadores em nossa indústria opera nos níveis egocêntrico e tradicional). Portanto, implementar programas de melhorias exige uma série de mudanças no nível de consciência dos operadores envolvidos (vertical), o que por sua vez exigirá mais do que a realização de "Semanas *Kaizen*" duas vezes por ano com os operadores se preparando e buscando melhorias exclusivamente para apresentar nessas datas, ao invés de mudar sua forma de ver o processo produtivo em todos os demais dias do ano.

Aprofundando um pouco mais a questão cultural, você já parou para pensar por que duas empresas que possuem um mesmo conjunto de equipamentos e pessoas com o mesmo nível educacional em uma área industrial têm muitas vezes desempenhos tão distintos? É a cultura que está por trás disso! Para ilustrar essa questão, uma experiência vivida pelo José Vicente constitui um caso interessante:

> *Certa vez, quando atuava como coordenador de qualidade em uma empresa do setor de bebidas, tive a oportunidade de visitar uma planta fabril de um concorrente da organização na qual trabalhava, onde os equipamentos não só eram exatamente os mesmos da nossa fábrica como tinham tido seu startup apenas vinte dias depois do nosso (e já haviam passado mais de dois anos desde que ambas as linhas começaram a funcionar). O que mais me chamou a atenção foi que, apesar dos operadores terem a mesma formação básica (todos tinham 2º grau completo e curso técnico na área), os índices médios de produtividade das linhas eram bem diferentes: 86% no caso do nosso concorrente e 60% no nosso caso. Levou algum tempo para que eu conseguisse inferir sobre as principais causas de tamanha diferença de desempenho, apesar dos recursos similares. O número de paradas com duração significativa em ambos os casos era similar e o tempo de reparo dessas falhas também era parecido. Entretanto, percebi que o número de paradas de curta duração ou "microparadas" era muito maior na nossa empresa. Por trás desse fato tangível (as microparadas), estava a diferença entre as culturas. Na cultura organizacional do nosso concorrente, mesmo uma pequena falha demandava que fossem identificadas suas causas fundamentais, caso a mesma se repetisse com frequência. Mesmo que para isso*

a empresa deixasse de bater a meta mensal de volume de produção, como chegara a ocorrer por duas ou três vezes. Em nossa empresa, apesar do discurso ser de que era importante tratar as não conformidades, todos sabiam que "microparadas" deveriam ser tratadas como tal, ou seja, tentava-se um reset do equipamento o mais rápido possível para que a linha voltasse a produzir e o volume do mês pudesse ser batido, sem que as causas para as mesmas fossem identificadas. De fato, era a cultura de focar resultados de curto prazo em detrimento dos resultados de longo prazo que gerava a diferença de desempenho (mesmo no curto prazo!!!) entre as duas empresas!

O caso relatado mostra que os resultados tangíveis de uma empresa não dependem apenas dos demais elementos tangíveis do sistema organizacional dessa empresa, ou seja, tudo aquilo que está nos quadrantes do lado direito. Na situação abordada, praticamente todos os recursos transformadores eram iguais em seus aspectos tangíveis. Entretanto, a cultura diferente (quadrante inferior esquerdo, coletivo interior) fazia com que os comportamentos dos funcionários apresentassem diferenças sutis, mas que tinham um impacto bastante relevante nos resultados que eram, por sua vez, nem um pouco sutis e totalmente tangíveis. Iremos voltar a todas essas questões mais à frente, quando focarmos especificamente as questões ligadas à liderança sob uma ótica integral.

Por fim, vale mencionar um último aspecto crucial nos processos de alterações cultural, horizontais e verticais: a importância da mudança dos comportamentos individuais das pessoas que compõem a organização (quadrante superior direito, individual exterior). Como o Professor Liker[29] enfatiza em seu trabalho sobre necessidade de mudança cultural para a implementação da produção enxuta, para transformar uma cultura temos de modificar todos os comportamentos associados aos valores em questão. Na maioria dos processos de mudança organizacional, as lideranças tendem a exigir dos liderados que mudem seus comportamentos apenas nas situações que influenciam diretamente o resultado desejado. Em outras situações nas quais o resultado diretamente desejado não é influenciado pelo comportamento, mas estão em jogo os mesmos grupos de valores no quadrante superior esquerdo (individual interior), esses mesmos líderes não se importam em monitorar o comportamento dos seus liderados e acabam até mesmo servindo como exemplo contrário ao comportamento relacionado àquele valor, minando a mudança integral.

Para exemplificar o exposto no parágrafo anterior, tomemos uma situação na qual uma empresa focada em *design* de *websites* vem sofrendo muitas reclamações

---

29. LIKER, J. & CONVIS, G. *The Toyota Way to Lean Leadership*: Achieving and Sustaining Excellence through Leadership Development. Nova York: McGraw Hill Professional, 2011.

de seus clientes em função do atraso na entrega de seus projetos. Como forma de melhorar o resultado, os gestores decidiram vincular parte do bônus do final do semestre ao cumprimento dos prazos de entrega pelas suas equipes. Nesse caso, foi introduzido um mecanismo de incentivo para motivar o comportamento desejado (quadrante superior direito, individual exterior). Entretanto, para que o cumprimento dos prazos passe a ser o *modus operandi* natural das equipes de projeto, é fundamental que um valor (quadrante superior esquerdo, individual interior), que podemos definir como sendo a "percepção da importância do tempo para si e para os outros", seja desenvolvido na mente de cada um dos funcionários.

Ocorre que se os mesmos líderes que estabeleceram a vinculação entre o cumprimento do prazo nos projetos e o bônus continuarem se atrasando para todas as reuniões e extrapolando o horário previamente definido, seus liderados continuarão se atrasando todos os dias para as reuniões e terminando-as depois do horário, incentivando em cada qual um comportamento (quadrante superior direito, individual exterior) que vai diretamente contra o valor que se precisa desenvolver para consolidar o cumprimento dos prazos de entrega nos projetos (quadrante superior esquerdo, individual interior). Portanto, para se desenvolver um determinado valor é fundamental incentivar todos os comportamentos que estão relacionados a esse valor e não apenas aqueles que interessam em função de produzir diretamente os resultados desejados, mantendo intactos outros comportamentos que minem o valor em questão, mesmo que não influenciem diretamente no resultado esperado. No caso da empresa de *design* de *websites*, e da imensa maioria das empresas brasileiras, seria crucial que os líderes não se atrasassem mais para as reuniões e as terminassem sempre no horário marcado. Além disso, seria extremamente efetivo, por exemplo, também vincular o cumprimento do horário das reuniões ao bônus semestral, gerando um reforço nos demais comportamentos que contribuem para o desenvolvimento do valor que seria responsável por garantir a entrega dos projetos no prazo.

Iremos entrar em detalhe sobre o processo de mudança cultural e de níveis de consciência nos capítulos 3 e 7. Entretanto, é fundamental ter em mente desde já que todo processo de mudança integral e, consequentemente, consistente e que produza resultados sustentáveis no longo prazo deve seguir os passos sequenciais mencionados a seguir, e que constam das figuras 2.4, 2.5 e 2.6. São seis passos que alternam ações sobre os quadrantes do lado direito e do lado esquerdo: i) defina os resultados desejados em termos de processos e sistemas organizacionais (quadrante inferior direito, coletivo exterior); ii) defina quais comportamentos individuais (quadrante superior direito, individual exterior) precisam ser desenvolvidos para entregar os resultados desejados nos processos organizacionais (quadrante inferior direito, coletivo exterior); iii) identifique quais são os valores individuais (quadrante superior esquerdo, individual interior) associados a esse comportamento que precisam ser desenvolvidos pelos funcionários em questão; iv) identifique TODOS os processos e práticas organizacionais (quadrante inferior direito, coletivo exterior) cujo desempenho é afetado pelos valores identificados em "iii"; v) atue sobre TODOS esses processos de forma a motivar comportamentos (quadrante superior direito, individual exterior) em sintonia com os valores que se deseja desenvolver (quadrante superior esquerdo, individual interior); vi) à medida que cada funcionário incorporar os comportamentos (quadrante superior direito, individual exterior) e começar a desenvolver os valores desejados (quadrante superior esquerdo, individual interior), um reforço cultural (quadrante inferior direito, coletivo interior) começará a permear os resultados dos processos desejados, tornando os resultados desejados em processos e sistemas a manifestação natural da cultura vigente e consolidando a mudança pretendida (quadrante inferior esquerdo, coletivo exterior).

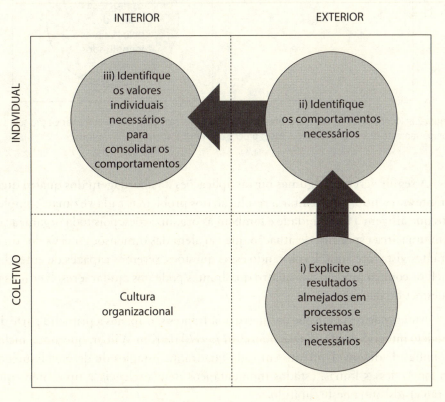

Figura 2.4: Identificação dos valores necessários para produzir comportamentos individuais compatíveis com o desempenho pretendido em processos e sistemas. Fonte: Elaborado pelos autores.

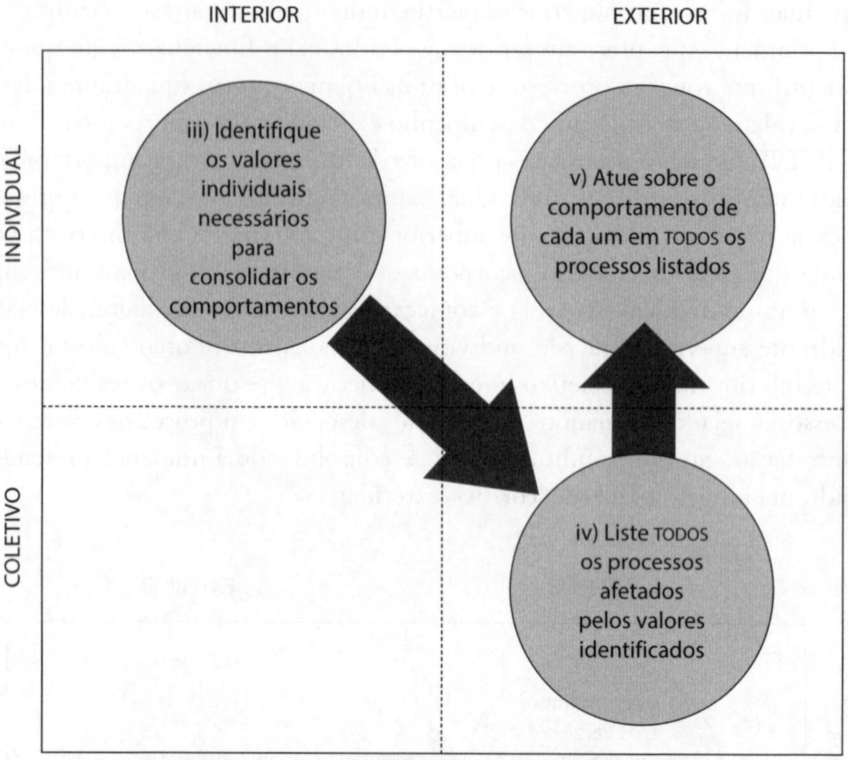

Figura 2.5: Identificação de TODOS os processos afetados pelos valores que se quer mudar e ação sobre o comportamento de cada um em TODOS esses processos. Fonte: Elaborado pelos autores.

A seguir veremos algumas outras aplicações da abordagem dos quatro quadrantes no sentido de facilitar a resolução dos problemas cada vez mais complexos que afligem a humanidade e também as organizações, pois toda organização tem uma área específica de atuação que vai além das dimensões sociais dos quadrantes vistas até aqui. Explorando essas questões, seremos capazes de entender melhor como o modelo dos quatro quadrantes pode nos ajudar a resolver nossas questões do dia a dia.

Antes, vale ressaltar que os quatro quadrantes são apenas a primeira parte do modelo integral Aqal (*All Quadrants, All Levels*) de Ken Wilber, que ainda inclui as linhas de desenvolvimento em cada quadrante, estágios de desenvolvimento ao longo dessas linhas, estados momentâneos de consciência e tipos, itens que serão vistos ainda neste capítulo.

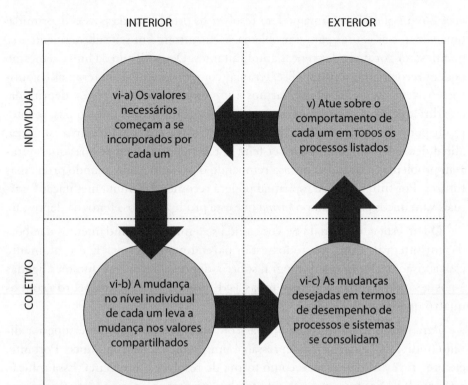

Figura 2.6: Consolidação dos valores individuais desejados e compartilhamento deles pelo grupo, consolidando os resultados desejados em processos e sistemas. Fonte: Elaborado pelos autores.

2.1.2 Os quatro quadrantes na saúde, nas políticas públicas e... na política!

Antes de chegarmos ao mundo macro, vamos voltar à nossa vida particular e ver de que forma a abordagem dos quatro quadrantes pode nos ajudar em nosso dia a dia! Você deve conhecer alguém com depressão, pois não são poucos os artigos que encontramos nos principais jornais e revistas do mundo apontando-a como "o mal do milênio" ou "mal da pós-modernidade". Qual o tratamento mais efetivo para a depressão? A resposta a essa pergunta vai depender fundamentalmente da pessoa para qual você a formulou. Um psiquiatra provavelmente vai dizer que a depressão só pode ser combatida com remédios, pois trata-se de um desequilíbrio eletroquímico no cérebro do doente, sendo que os antidepressivos estão ficando cada vez mais avançados e muito provavelmente em pouco tempo os laboratórios farmacêuticos estarão produzindo a "pílula da felicidade". Por outro lado, ao fazer essa mesma pergunta a um psicólogo, muito provavelmente você ouvirá que só a terapia poderá resolver os problemas da pessoa deprimida, uma vez que as causas para o problema se encontram em seu subconsciente e se manifestam por meio de crenças autolimitantes. Dependendo da linha, o mesmo poderá recomendar a psicanálise, terapias comportamentais ou terapias cognitivas. Provavelmente, se perguntarmos a um ente querido da pessoa deprimida, este dirá que para se curar a pessoa tem de procurar novas companhias, se interessar por coisas novas e praticar atividades físicas e em contato com a natureza, afinal de contas ninguém pode ser feliz se relacionando com pessoas que só trazem problemas e ficando em casa remoendo o passado e imaginando problemas futuros. Por fim, um guru espiritual poderá recomendar muita meditação[30] e rituais xamânicos para anular o *karma* que está produzindo os efeitos da depressão.

Quem está certo afinal? Se você ainda se lembra dos fundamentos da abordagem integral, dirá que todos estão parcialmente certos! E é exatamente essa a visão da abordagem integral sobre a depressão e outras questões ligadas à nossa saúde pessoal. Vejamos todas as diferentes opiniões de acordo com os quatro quadrantes.

Para o psiquiatra que lida apenas com questões do quadrante superior direito (individual exterior), a depressão é um problema eletroquímico. Portanto, ele prescreve antidepressivos como forma de resolver o problema. Essa solução está errada? Diríamos que não está totalmente errada, mas não está totalmente correta. Está parcialmente correta. Em grande parte dos casos de depressão, especialmente os mais graves, não utilizar antidepressivos no tratamento pode ser um erro com consequências muitas vezes fatais. Mesmo aqueles que defendem o tratamento por meio de terapia sabem que se o paciente estiver muito mal a terapia não fará efeito. Por isso os remédios fornecem o alívio de curto prazo necessário para as outras abordagens fazerem efeito. Agora, se você acredita que a única causa da depressão é um desequilíbrio eletroquímico que não possui nenhuma relação com a forma de a pessoa encarar a vida e os seus problemas e que acontece totalmente ao acaso, sugerimos que você preste muita atenção neste livro, e se prepare para rever suas "verdades". Você está dominado por uma forma de pensar monológica do quadrante superior esquerdo (individual exterior) com características dogmáticas. Ao fazer esta afirmativa, ressaltamos que não estamos defendendo que pessoas não possam herdar por meio de seus genes uma propensão à depressão. Isso é absolutamente possível. Mas a depressão, assim como a maioria das doenças, dificilmente se instala devido a uma única causa localizada em apenas um dos quadrantes. Destacamos assim a solução dada por Rudolph E. Tanzi, que afirma que a depressão precisa de uma predisposição genética para

---

30. Falaremos mais sobre meditação ao longo deste capítulo.

ocorrer, mas que depende do uso repetitivo de "caminhos neuronais" patológicos provocados por crenças, comportamentos e pensamentos pouco saudáveis[31].

Se focarmos agora na solução proposta pelo psicólogo, veremos que ela tende a ser efetiva no longo prazo, desde que no curto prazo o caráter agudo do problema tenha sido endereçado pela solução do psiquiatra. Mas será que somente a tentativa de entender como os fatos do passado foram assimilados e ressignificá-los (depois de administrar os antidepressivos) irá conduzir à cura total do paciente? Veja que, nesse caso, nós teríamos abordado o problema em ambos os quadrantes superiores (individuais), o exterior/objetivo (direito) e o interior/subjetivo (esquerdo). Se essa pessoa continuar a conviver com pessoas que não lhe agregam nada e somente lhe trazem problemas, reclamando da vida o tempo todo, a resposta é, muito provavelmente, não! Isso mostra que devemos ir além dos quadrantes individuais (superiores) e focar também nos quadrantes coletivos (inferiores).

Assim, procurar novas companhias, resgatar velhas amizades saudáveis e conviver com grupos que tragam positividade e realismo em relação à vida também é parte de um tratamento de longo prazo visando curar a depressão. Nessa conjuntura, estamos falando de inserir a pessoa em culturas que não alimentem pensamentos depressivos, que evitem o retorno destes (quadrante inferior esquerdo, coletivo interior). Por fim, se parte dessas atividades em grupo envolver a prática de esportes ou outras atividades físicas (quadrante inferior direito, coletivo exterior), o "ataque" ao problema estará completo (será um ataque integral!). Nesse sentido, reproduziríamos em uma situação individual da área de saúde as seis etapas descritas anteriormente e mostradas nas figuras 2.4, 2.5 e 2.6.

Vale ressaltar que o uso da abordagem dos quatro quadrantes não implica a utilização igualitária de mecanismos de cada um dos quatro quadrantes. O primeiro passo na verdade é investigar, considerando os quatro quadrantes, qual deles deve estar contribuindo mais para o problema ou em qual deles se encontra a causa mais fundamental do problema. Isso também não quer dizer que devemos atuar apenas no nível desse quadrante, mas que, eventualmente, poderemos dar mais ênfase a um deles em determinados momentos.

Continuando na questão da saúde, gostaríamos de lhe fazer uma pergunta: O que causa a gripe? Se você, baseando-se nos conceitos mais fundamentais da medicina atual, respondeu que é o vírus *Influenza*, nós o convidaríamos a rever

---

31. Rudolph E. Tanzi, um dos maiores neurocientistas da atualidade, que afirma que a depressão precisa de uma predisposição genética para ocorrer, mas que depende do uso repetitivo de "caminhos neuronais" patológicos provocados por crenças, comportamentos e pensamentos pouco saudáveis. É a repetição desses pensamentos que cria o desequilíbrio eletroquímico, e não o contrário. TANZI, R. & CHOPRA, D. *Super Brain*: Unleashing the Explosive Power of your Mind to Maximize Health, Happiness and Spiritual Well-Being. Potter/Ten Speed/Harmony/Rodale, 2012.

a sua resposta. Não que o vírus não seja uma das causas fundamentais da gripe. Mas convenhamos, você já pegou a gripe H1N1? Ficou doente na primeira epidemia neste milênio no Brasil, no inverno de 2009? Conhecemos pessoas que adoeceram já na primeira epidemia e outras que, como o José Vicente, "pegaram" a gripe mais recentemente. Agora vamos a outra pergunta, que na prática é mais válida para quem mora em São Paulo ou no Sul do Brasil, onde o inverno mais frio produziu as maiores epidemias: Você acha que já entrou em contato com o vírus *Influenza* H1N1? Temos certeza de que tivemos contato com o vírus em Curitiba no inverno de 2009. Mas não adoecemos, mesmo não havendo vacina. Por que isso ocorreu? Porque não é só o vírus *Influenza* H1N1 que causa a gripe.

A exposição ao vírus é uma das causas da gripe, no quadrante superior direito, individual exterior. Uma segunda questão fundamental é como está sua imunidade quando o vírus entrou em contato com sua mucosa bucal. Você estava com suas células NK (*natural killers*) de prontidão? Seus linfócitos-T estavam preparados para enfrentar o vírus *Influenza*? A essa altura você pode estar questionando que, embora o sistema imune seja realmente parte fundamental do processo de adoecimento, ele ainda está no quadrante superior direito, individual exterior! Exato, mas a questão aqui vai além. Hoje sabemos que o estado de espírito e o humor, bem como a alimentação e o descanso, exercem papel fundamental no fortalecimento do sistema imunológico. Portanto, o fato de praticar meditação, não se apegar excessivamente aos problemas (quadrante superior esquerdo, individual interior) além de ter hábitos saudáveis irá influenciar de forma crítica as chances de você adoecer de gripe em uma epidemia. Os hábitos saudáveis como comer bem, dormir bem e ter bons relacionamentos se encontram no quadrante superior direito, individual exterior, por se tratarem de comportamentos. Entretanto, tais hábitos dependem fundamentalmente de atitudes, crenças e valores que se encontram no quadrante superior esquerdo, individual interior, que poderão influenciar de forma crítica as chances de se adoecer de gripe em uma epidemia.

É importante mencionar aqui que somente os hábitos saudáveis e a prática da meditação normalmente não serão suficientes para combater o vírus. Após a epidemia de 2009, muitas pessoas se recusavam a tomar vacina ou recorrer a algum medicamento antiviral eficaz contra os vírus da gripe. Faziam isso alegando que os laboratórios farmacêuticos tinham criado o vírus H1N1 para vender remédios e vacinas, com base nas frequentes teorias da conspiração e em alguns casos de *fake news* que surgiram nas redes sociais. Muitas delas diziam que iam meditar mais, descansar mais e não iriam pegar a gripe. Entretanto algumas pegaram. Convenhamos que essa abordagem nada tem de integral, por mais "espiritual" que possa parecer. Quanto mais integral nosso "ataque" ao vírus, mais ele tenderá a ser efetivo. No caso, evitar aglomerações e participar de campanhas de vacinação (quadrante inferior direito, coletivo exterior) ajuda bastante a tornar nosso "ataque" ao vírus mais efetivo. É a vacinação que reforça nossa defesa, capacitando a maioria dos nossos linfócitos-T a atuar em nosso favor contra os vírus, reforçando o exército formado pelas células NK[32].

Ao falarmos de vacinação, entramos na área de políticas públicas e aqui cabe uma breve explicação sobre como utilizar a abordagem dos quatro quadrantes de forma distinta em situações naturalmente coletivas, e outras onde existe um indivíduo que interage com o coletivo. Sean Esbjörn-Hargens, doutorado pelo California Institute of Integral Studies e um dos mais ativos membros da comunidade integral mundial, escreveu o livro mais profundo e completo sobre a aplicação da abordagem dos quatro quadrantes na resolução de problemas organizacionais, chamado *Tetra-dynamics*: Quadrants in Action[33]. Ele é, sem sombra de dúvida, a maior autoridade no uso dessa abordagem desenvolvida por Ken Wilber, tendo-a aplicado em projetos de consultoria em grandes organizações, prefeituras e governos de todo o mundo, inclusive no Brasil[34].

Ele diferencia os *hólons* individuais dos *hólons* coletivos e, no caso dos últimos, enfatiza que a aplicação correta da metodologia dos quatro quadrantes seria utilizar apenas os dois quadrantes coletivos. Entretanto, ele abre a possibilidade de utilização dos dois quadrantes individuais nesses casos para se referir a um dos membros do *hólon* coletivo em uma abordagem típica de um estudo de caso ou de *persona*, como utilizado no *design thinking*. Neste livro, seguimos a abordagem desenvolvida por Sean e, portanto, quando falamos dos quatro quadrantes aplicados às organizações, enfatizamos que nos referíamos a um ou alguns membros específicos da organização de forma isolada quando mencionamos os quadrantes superiores ou individuais. Quando nos referimos à aplicação da abordagem dos quatro quadrantes às políticas públicas, estamos considerando os *hólons* coletivos envolvidos (comunidades carentes, população de um país, estado ou cidade, crianças em idade escolar) e, eventualmente, iremos nos referir a *hólons* individuais que formam parte desses *hólons* coletivos.

Um programa para redução da vulnerabilidade em comunidades de baixa renda pode ser um exemplo interessante de aplicação dos quatro quadrantes às

---

32. As células NK (*natural killers*) são um subtipo de linfócito-T (e são, portanto, glóbulos brancos) que receberam esse nome por atacarem todo e qualquer vírus ou célula cancerosa que identificam, sem necessidade de um antígeno específico, como no caso dos demais linfócitos-T. A vacinação capacita os demais linfócitos-T a se juntarem às células NK para lutarem contra os vírus da gripe.

33. ESBJÖRN-HARGENS, S. *Tetra-dynamics*: Quadrants in Action. Sebastopol/CA: MetaIntegral Foundation, 2012.

34. Sean vem trabalhando em projetos de consultoria para a Natura desde 2013.

políticas públicas. Limitemos incialmente nosso foco nos dois quadrantes coletivos inferiores. Políticas de renda mínima, como o Bolsa Escola e o Bolsa Família, representam uma atuação direta no quadrante inferior direito (coletivo exterior). Da mesma forma, a exigência de presença das crianças dessas famílias atendidas na escola também se encontra entre as medidas relacionadas ao mesmo quadrante, sendo uma contrapartida para que a família receba a bolsa. Ocorre que a grande mudança esperada se dará no coletivo interior dessas crianças, que por terem frequentado a escola poderão desenvolver valores, atitudes e habilidades que deverão capacitá-los a ter uma renda maior do que aquela que seus pais conseguiram, saindo da situação de vulnerabilidade na qual sua família se encontrava. Observando agora uma dessas crianças que frequentou a escola (um *hólon* individual em meio ao *hólon* coletivo formado pela comunidade), a educação que irá receber dará origem a valores, atitudes e habilidades distintas que produzirão comportamentos peculiares para tirá-la da situação de vulnerabilidade. Nesse caso, é extremamente importante monitorar a evolução desses valores e habilidades (quadrante superior esquerdo, individual interior) para além das notas das crianças (quadrante inferior direito, coletivo exterior), tendo em vista que a mudança consistente somente ocorrerá se houver uma mudança cultural. Intervenções como essas exigem que aqueles que elaboram as políticas tenham conhecimentos que vão além dos quatro quadrantes unicamente, entrando na questão das linhas e os diversos níveis de desenvolvimento, especialmente os níveis de consciência, que veremos mais à frente.

Antes disso e já que falamos de políticas públicas, gostaríamos de adiantar um pouco sobre política integral antes de complementarmos o sistema operacional integral de Ken Wilber. Para começar, revisitemos os quatro quadrantes e questionemos: Onde estão os pensamentos de direita e de esquerda nesse modelo? O leitor mais afobado poderá pensar que tal divisão clássica entre direita e esquerda já não faz mais sentido. Mais adiante abordaremos essa questão porque acreditamos (e torcemos) para que ao menos o conflito entre as posições mais extremadas dessas visões, especialmente a radicalização recente que presenciamos tanto no Brasil quanto em muitos países no exterior, perca o sentido e deixe de ser prejudicial para o desenvolvimento integral da humanidade. Mas esse não é o caso agora, pois os posicionamentos políticos de esquerda e direita continuam vivíssimos, embora muitas vezes sejam confundidos por seus defensores[35].

---

35. Não é raro nos dias de hoje vermos partidos "de esquerda" levantando bandeiras históricas dos partidos "de direita" e vice-versa. Em parte, isso decorre dos níveis de consciência envolvidos na defesa das causas com origem em cada um dos lados ao longo do tempo. Além disso, existem outras dimensões envolvidas na política como, por exemplo, a diferença entre liberdade econômica e liberdade individual, explorada no gráfico de Nolan (https://www.nolanchart.com/), desenvolvido em 1969. Segundo David Nolan, a pessoa

Em sua essência, o pensamento puro de esquerda é aquele que acredita que a totalidade ou a maior parte dos problemas da sociedade tem sua causa nos quadrantes do lado direito. Ken Wilber não atentou para esse fato quando criou o modelo, e por diversas vezes se retratou mencionando que, se tivesse percebido antes este ponto, teria invertido os lados de seus quadrantes. Aprofundando a questão, os esquerdistas defendem a ideia de que se um jovem comete um crime é porque o Estado deixou de lhe oferecer escola e oportunidades de trabalho aos seus pais e a ele mesmo, fazendo com que ficasse desempregado e acabasse entrando no mundo do crime. Da mesma forma, a pobreza é fruto da ausência do Estado em propiciar aos seus cidadãos uma educação de boa qualidade que lhes permita conquistar trabalhos dignos. Ou seja, as causas de praticamente todos os problemas da sociedade encontrar-se-iam na ausência de ações dos governos nos quadrantes objetivos do lado direito. O indivíduo é uma *tabula rasa* quando nasce, não tendo qualquer conteúdo, para o bem ou para o mal, cabendo ao Estado prover sua família com as condições para que ele se desenvolva e possa agregar valor à sociedade.

Por outro lado, o pensamento de direita parte do pressuposto de que o jovem se torna criminoso porque lhe faltaram valores básicos que guiassem seu comportamento no sentido de estudar para aprender uma profissão e não se aproximar de criminosos, mesmo morando em área de risco. Ou seja, se o jovem se tornou um criminoso é porque ele é uma pessoa fraca ou de má índole, e nasceu em uma família que não lhe passou os valores necessários para se desenvolver como ser humano. Para o pensamento "puro" de direita, a ausência das ações sociais do Estado não tem nada a ver com a pobreza e a criminalidade. Percebe-se que todas essas questões se encontram nos quadrantes do lado esquerdo, ou seja, internos/subjetivos. Para o pensamento de direita, o papel do Estado em relação à criminalidade, por exemplo, não seria de causa, mas de contramedida: coibi-la rigorosamente, prendendo aqueles que infringem a lei e punindo-os com rigor. Por isso afirmamos que os direitistas acreditam que os problemas da sociedade têm sua causa nos quadrantes do lado esquerdo, enquanto os esquerdistas acreditam que os mesmos problemas têm causalidade nos quadrantes do lado direito. Quem está com a razão, afinal?

---

que defende as liberdades individuais e as liberdades econômicas é definida como "libertária". O "direitista clássico" (conservador) seria aquele que defende as liberdades econômicas, mas é contra as liberdades individuais. Por outro lado, os que são a favor de grande liberdade individual, mas são contra as liberdades econômicas, seriam os socialistas modernos "de esquerda". Há ainda os que são contra as liberdades individual e econômica, que seriam os populistas, estatistas ou totalitários. Nesta categoria costumam aparecer pessoas que se dizem "de direita" e "de esquerda", mas que na verdade seriam populistas ditatoriais e totalitários. Por fim, aqueles que são parcialmente a favor tanto das liberdades individuais quanto das liberdades econômicas seriam os centristas. Ficou curioso para saber o seu tipo? Faça o teste no site indicado!

Se você vem tentando responder as várias perguntas que vimos fazendo ao longo deste texto, já deve imaginar que qualquer um dos lados não está oferecendo uma solução integral para o problema. Suas verdades são parciais. Ou seja, talvez o que faça mais sentido do ponto de vista integral é dizer que parte das causas está nos quadrantes do lado direito (aquelas defendidas pelos esquerdistas) e parte está no lado esquerdo (aquelas defendidas pelos direitistas). Para comprovar o bom-senso dessa alternativa, que pode parecer meio "em cima do muro", vejamos alguns fatos. O Brasil é hoje um país com menor analfabetismo, maior escolaridade, maior renda *per capita* e distribuição de renda infelizmente ainda similar à da década de 1970. Se a tese esquerdista (da dominância dos quadrantes do lado direito) estivesse certa, teríamos de ter taxas de homicídios menores agora do que na década de 1970, certo? Mas não temos. Entre 1980 e 2010 a taxa de homicídios por 100 mil habitantes aumentou 124% no país[36]. Ou seja, de alguma forma houve uma deterioração de valores (quadrantes do lado esquerdo) que nada tem a ver com o aumento da pobreza para que a criminalidade aumentasse. Será que os direitistas estariam então totalmente certos?

Ocorre que se tomarmos o período de maior crescimento econômico, melhora na distribuição de renda e maior aumento da escolaridade recente no Brasil, compreendido entre 2004 e 2013, essas mesmas taxas de criminalidade se mantiveram estáveis, insinuando que ao menos os fatores do lado direito têm o poder de frear o aumento da criminalidade, apesar de uma perceptível continuidade na deterioração dos valores chamados "tradicionais" pelos conservadores.

Estudos de caso funcionam muito bem nessa situação. Se somente o lado direito (o defendido pelos esquerdistas) importasse, não teríamos grandes expoentes da ciência, do direito e dos negócios que saíram da miséria. Realmente o que se percebe na maioria desses casos é que, apesar da pobreza (muitas vezes extrema), a família da pessoa em questão tinha valores fortes e os passou para o filho. Ao mesmo tempo, não teríamos tantos filhos de famílias ricas e que tiveram acesso a melhor educação, saúde e cuidados, envolvidos com o tráfico de drogas e outros crimes, sem falar nos crimes do colarinho branco. Por outro lado, se somente o lado esquerdo contasse (o defendido pelos direitistas), teríamos de ter muito mais casos de mobilidade social em nosso país, assumindo que, se o meio não molda o caráter, o percentual de pessoas de boa índole e força de vontade entre pobres e ricos deveria ser similar.

Assim, ficamos mais uma vez com nossos quadrantes. Quando se fala em política integral, é muito difícil afirmar que se é "de direita", "de esquerda" ou "de

---

36. Dados do Mapa da Violência de 2012.

centro". Olhar para a política sob uma ótica integral significa defender pontos de vista "de esquerda" em algumas situações e "de direita" em outras, pois a adequação de diferentes medidas vai depender do contexto. Entenda por contexto tanto as diferentes áreas de atuação, como educação, saúde e transporte, como também diferentes momentos no tempo.

Observando a situação socioeconômica do Brasil nos dias de hoje, podemos dizer que a manutenção e a ampliação da política governamental de renda mínima (Bolsa Família) é algo que deveria ser buscado, desde que se aumente o controle sobre a frequência escolar das crianças e se dê o exemplo cortando a bolsa daqueles que não estão cumprindo com os requerimentos. O Brasil não pode se dar ao luxo de perder outra geração por falta de escolaridade mínima, assim como de ter crianças fora da escola, pois estarão sempre em posição de desvantagem em relação à tentação de trilhar outros caminhos marginais.

Por outro lado, com um pouco de pensamento integral podemos questionar o pensamento politicamente correto de esquerda no que se refere à criminalidade. Será que a ausência de uma educação pública universal de alta qualidade e de outros serviços básicos providos pelo governo é a grande responsável pela manutenção dos níveis absurdos e endêmicos de criminalidade em nosso país? Existem diversos exemplos de países que estão praticamente abolindo a prisão como pena por crimes, mas a realidade desses países nada tem a ver com a realidade do Brasil. Talvez a solução para o nosso país passe por um investimento de qualidade na educação básica (que contribui para a redução da violência daqui a 10-15 anos) aliado a políticas de segurança pública que incluam a construção de mais cadeias e a aplicação "ao pé da letra" da lei, com punição exemplar mesmo para crimes simples, como foi feito no programa "Tolerância Zero" implementado por Rudolph Giuliani em Nova York no início da década de 1990. Nova York hoje é uma cidade segura e que atrai dezenas de milhões de turistas anualmente, vindos dos quatro cantos do mundo. Mas há menos de trinta anos, caminhar a noite pelo Central Park era um ato de heroísmo (ou mesmo de loucura). À época, a polícia nova-iorquina não prendia as pessoas que cometiam pequenos delitos, focando apenas nos crimes mais graves. A sensação de impunidade imperava, pois todos percebiam que a ausência de punição para os pequenos delitos era um incentivo à continuidade na prática do crime. Giuliani mudou isso por meio de um *enforcement* das leis. Por aqui, infelizmente ainda quando muito, temos penas alternativas para o cidadão pobre que não estudou e "só roubou um celular". Esse sentimento de impunidade ou de penas mais brandas pode ter como consequência um crime mais grave em uma próxima oportunidade. A solução mais avançada que envolve a readequação ou até mesmo a abolição das prisões tradicionais acontece em países mais desenvolvidos que já passaram por essa etapa de reforço das leis e de sua aplicação.

Veremos mais à frente nesta obra que uma análise da questão da política e a compreensão da tendência de redução das diferenças entre governos de esquerda e de direita irá exigir que abordemos não apenas os quatro quadrantes, mas também a questão das linhas de desenvolvimento e dos níveis de consciência. Por isso seguiremos em frente, agora apresentando os próximos componentes do modelo operacional integral para depois retornar a esse ponto.

2.2 Linhas de desenvolvimento

Conforme pôde ser visto na figura 2.1, cada um dos quadrantes apresentados e discutidos até este ponto apresenta uma realidade hierárquica ligada aos processos de evolução da consciência, ou seja, em cada quadrante existem linhas de desenvolvimento ao longo das quais é possível localizar um determinado *hólon* em um determinado nível de desenvolvimento em um dado momento. Como a partir de agora iremos começar a subdividir e categorizar a realidade em mais aspectos além dos quatro quadrantes, é importante mencionar que tudo aquilo que iremos apresentar não tem a intenção de ser a realidade propriamente dita, ou seja, o terreno, mas apenas um mapa do mesmo. Existem mapas geopolíticos, climáticos, de relevo, econômicos e assim por diante, mas nenhum deles apresenta de forma absolutamente fidedigna aquilo que será encontrado por aquelas pessoas que resolverem percorrer a região retratada pelos mapas. Portanto, é muito importante ter em mente que a abordagem integral pretende servir como mapa, um mapa bastante completo e fidedigno, mas ainda assim é um mapa e não o terreno propriamente dito.

O conceito de linhas de desenvolvimento remonta às Inteligências Múltiplas, uma teoria desenvolvida pelo psicólogo Howard Gardner, da Harvard University, no início da década de 1980. Antes de Gardner, a única forma de se avaliar a inteligência de uma pessoa era por meio dos testes de QI (Quociente de Inteligência), criados pelo psicólogo francês Alfred Binet no início do século XX. O teste de QI enfatiza o que hoje se conhece por inteligência lógico-matemática. À época em que desenvolveu seu teste, Binet argumentou que o aprendizado de símbolos e raciocínios lógico-matemáticos apresentavam maior dificuldade do que o aprendizado da linguagem e, portanto, o teste forneceria uma boa medida sobre quais alunos seriam mais ou menos inteligentes. Algumas décadas mais tarde, a teoria dos estágios de desenvolvimento de Jean Piaget deu sustentação às hipóteses de Binet, tornando seu teste muito popular no sentido de avaliar o nível de inteligência de uma pessoa.

Gardner começou estudando as variações do conceito de inteligência em diferentes culturas, chegando a uma definição genérica de inteligência. A essa altura, para Gardner, a inteligência humana seria a capacidade de resolver problemas e desenvolver soluções valorizadas em determinado contexto social. A partir dessa definição, Gardner procurou investigar o trabalho dos gênios e acabou concluindo que a genialidade humana seria bem mais específica do que generalista, contrariando os trabalhos prévios de Binet e Piaget. Em seu livro *Estruturas de mente*[37] ele define sete tipos distintos de inteligência: i) visual; ii) musical; iii) verbal; iv) lógico-matemática; v) interpessoal; vi) intrapessoal; e vii) corporal. Logo em seguida à publicação desse trabalho, ele acrescentou mais dois tipos de inteligência[38]: viii) naturalista e ix) existencialista, totalizando nove tipos distintos de inteligência.

Se tomarmos o quadrante superior esquerdo (individual interior), uma pessoa tem a possibilidade de se desenvolver ao longo de sua vida em diversos aspectos distintos. Wilber acabou fundindo algumas das inteligências propostas por Gardner em uma única linha de desenvolvimento e terminou por dividir outras em mais de uma linha, com o intuito de dar destaque à questão do desenvolvimento da consciência de forma mais ampla. Ele apresenta sete, oito ou nove linhas de desenvolvimento, dependendo do trabalho em questão. Em geral, as linhas utilizadas na abordagem integral são: i) cognitiva; ii) moral; iii) emocional; iv) interpessoal; v) necessidades; vi) estética; vii) psicossocial; e viii) espiritual. Dessa forma, tomando uma pessoa como o *hólon* sob análise, dentro do quadrante superior esquerdo ou individual interior/subjetivo, cada um de nós possuiria nove linhas de desenvolvimento, conforme mostrado na figura 2.7.

Essa multiplicidade de linhas de desenvolvimento também está presente nos demais quadrantes e, quando aplicados ao ser humano, pode assumir tanto a forma apresentada anteriormente na figura 2.1 como qualquer outra. Na figura 2.1, o quadrante superior direito (individual exterior) apresenta a hierarquia de desenvolvimento do cérebro, o quadrante inferior esquerdo (coletivo interior) mostra os estágios de evolução cultural e o quadrante inferior direito (coletivo exterior) apresenta os estágios de evolução sob o ponto de vista social. Por exemplo, o quadrante individual exterior poderia focar no desenvolvimento celular e apresentar a hierarquia átomo-molécula-célula-organismo. Mais uma vez cabe ressaltar que, como estamos falando de mapas, temos a possibilidade de escolher qual dimensão estará sendo retratada nos mesmos, sem que tenhamos a ambição de estar navegando pelo terreno real.

---

37. GARDNER, H. *Estruturas da mente* – A teoria das inteligências múltiplas. Porto Alegre: Artmed, 1994.

38. GARDNER, H. *Inteligências múltiplas* – A teoria na prática. Porto Alegre: Artmed, 1995.

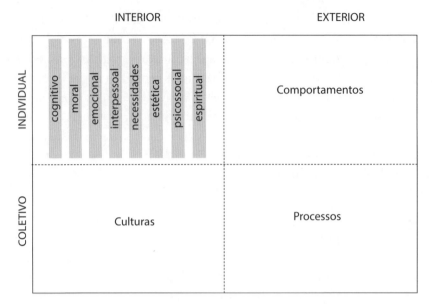

Figura 2.7: Linhas de desenvolvimento dentro do quadrante individual subjetivo. Fonte: Elaborado pelos autores com base em WILBER (2000) e GARDNER (1995).

2.3 Estágios (níveis) de desenvolvimento

Quando nos referimos aos níveis de desenvolvimento nas linhas ligadas à evolução da consciência humana (quadrante superior esquerdo, individual interior), é usual dividi-los em três grandes estágios, que internamente apresentam outras subdivisões ou subníveis. Esses estágios, apresentados na figura 2.8 com algumas das linhas de desenvolvimento que mencionamos, seriam: i) Estágio I: pré-convencional; ii) Estágio II: convencional; e iii) Estágio III: pós-convencional. De forma geral, o primeiro estágio (pré-convencional) inclui todos os níveis que ocorrem previamente ao desenvolvimento da racionalidade e da personalidade. O segundo estágio (convencional) corresponde aos diversos níveis de desenvolvimento sob o domínio da racionalidade e da personalidade egoica e, por fim, o terceiro estágio, denominado pós-convencional, inclui todos os níveis de desenvolvimento que transcenderam e incluíram os níveis de desenvolvimento do segundo estágio, ou seja, são pós-racionais ou integrais.

Assim, a figura 2.8 apresenta um psicógrafo integral, no qual os estágios (ou níveis) de desenvolvimento de um determinado indivíduo são mostrados. A pessoa hipotética dessa figura apresenta um elevadíssimo desenvolvimento cognitivo, acompanhado de desenvolvimentos em torno da média nas dimensões emocional e espiritual.

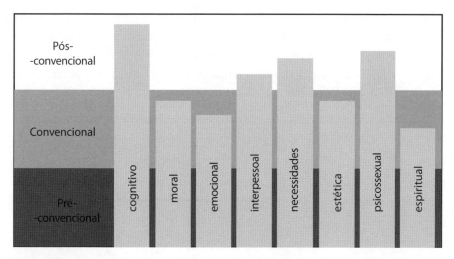

Figura 2.8: Psicógrafo integral, apresentando oito linhas de desenvolvimento e seus estágios de desenvolvimento no quadrante superior esquerdo (individual interior) para uma pessoa hipotética. Fonte: Adaptado pelos autores a partir de WILBER (2000).

Para muitos, constitui-se em surpresa o fato da visão de mundo ou perspectiva integral ser considerada pós-convencional ou pós-racional (e, portanto, hierarquicamente superior às visões do nível racional), especialmente para aqueles nos quais predomina o nível de consciência pós-moderno/pluralista, que normalmente se sentem desconfortáveis com hierarquias. É importante mencionar que "hierarquia", neste ponto, não quer dizer superioridade em termos absolutos, mas apenas a presença de uma maior complexidade de formas de pensamento. Embora não seja usual, é possível utilizar a mesma forma de divisão no que se refere às diferentes culturas (quadrante inferior esquerdo, coletivo interior), às diferentes formas de organização das sociedades (quadrante inferior direito, coletivo exterior) e mesmo aos diferentes comportamentos humanos (quadrante superior direito, individual exterior). Se você já se familiarizou um pouco com o *mindset* pós-moderno e sua lógica politicamente correta, deve imaginar a razão pela qual mesmo a maioria dos teóricos da abordagem integral não ousou adotá-lo. Se o fizessem, muito provavelmente sofreriam acusações de discriminação e preconceito, de estarem sendo eurocêntricos por "rotularem" culturas, sociedades e comportamentos tribais como sendo inferiores aos dos mundos moderno e pós-moderno.

Utilizando o psicógrafo, é possível caracterizar as linhas de desenvolvimento de pessoas completamente diferentes. Na figura 2.9, apresentamos o psicógrafo de um "gênio do crime" (9a) e de um monge em retiro permanente em um mosteiro do Himalaia há três anos (9b). Reparem a linha "cognitiva" super desenvolvida do criminoso (que poderia ser um de nossos políticos) chegando ao nível pós-convencional, e as linhas "moral" e "espiritual", com nível de desenvolvimento pré-convencional. No caso do monge, podemos notar o super desenvolvimento da linha espiritual, provavelmente às custas de um desenvolvimento pré-convencional da linha interpessoal.

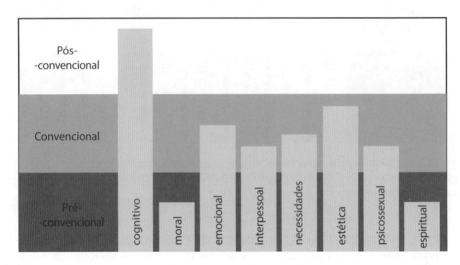

(2.9a)

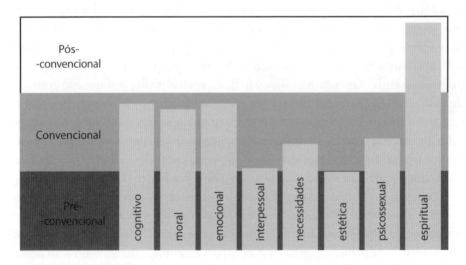

(2.9b)

Figura 2.9: Psicógrafos de um "gênio do crime" (2.9a) e de um monge em retiro (2.9b). Fonte: Elaborado pelos autores.

Voltando ao quadrante superior esquerdo (individual interior), uma das linhas que acabou se tornando bastante aceita nos meios organizacionais, principalmente graças ao trabalho de Don Beck e Chris Cowan, é a linha de desenvolvimento biopsicossocial, a qual equivale aos níveis de consciência mencionados no início e ao longo deste livro e detalhados no terceiro capítulo. Essa linha de desenvolvimento incorpora características de algumas das linhas já mencionadas, como a psicossocial, a interpessoal, a de necessidades e de desenvolvimento moral. Como iremos abordá-la em detalhe no próximo capítulo, passaremos a seguir para um ponto importantíssimo da abordagem integral, que diz respeito à distinção entre os estágios de desenvolvimento da consciência e os estados de consciência.

2.4 Estados de consciência

Antes de descrevermos os estados de consciência, precisaremos resgatar o conceito anterior dos estágios de desenvolvimento e antecipar alguns detalhes sobre a linha dos níveis de consciência (biopsicossocial) para deixar bastante clara a distinção entre os estados de consciência e os estágios de desenvolvimento da consciência.

Então vamos lá. Quem se encontraria em um estágio ou nível mais complexo ou avançado na linha de desenvolvimento biopsicossocial (ou seja, quem possui um nível de consciência mais complexo): um monge budista que reside em Dharamsala e trabalha na equipe do Dalai Lama ou um executivo sênior norte-americano de uma das potências globais da área de tecnologia da informação, que preside a filial da empresa na Índia e reside em Nova Déli?

Sem dúvida, como falamos de níveis de consciência, aqueles mais espiritualizados já devem estar com uma resposta pronta "na ponta de língua": "É lógico que o monge budista!" Evidentemente, a resposta correta depende de conhecermos de forma mais específica características do monge e do executivo. Mas de uma forma geral, partindo do pressuposto que se trata de um monge que nasceu em Dharamsala, morou a vida inteira nessa cidade e só acompanhou o Dalai Lama em duas viagens internacionais, e de um executivo que nasceu e cresceu em Nova York, graduou-se na Califórnia e fez um mestrado na França, tendo morado em diversos locais do globo, com amizades em diversos países e resolvendo problemas que envolvem todas as filiais da empresa, diríamos que as chances de o executivo ter um nível de consciência mais complexo do que o monge seriam de, no mínimo, 95%. Por trás dessa resposta está a distinção entre **estágios** ou estruturas permanentes e **estados** temporários. O próprio Ken Wilber, em seus primeiros trabalhos, tendia a colocar os estados mais elevados de consciência no topo de uma escala contínua na qual se encontravam os demais estágios de desenvolvimento da consciência. Nesses modelos, denominados Wilber I, Wilber II e Wilber III, pelo próprio autor, a distinção entre estados e estágios de consciência ainda permanecia confusa[39].

Quando nos referimos aos estágios de desenvolvimento da consciência estamos falando, por exemplo, dos níveis de consciência egocêntrico, tradicional, moderno, pós-moderno e integral, e dos estágios pré-convencional (que abarca todos os níveis menos complexos que o egocêntrico e o próprio nível egocêntrico), convencional (que abarca os níveis tradicional, moderno e pós-moderno) e pós-convencional (que abarca os níveis de consciência integrais). Tais estágios se referem ao desenvolvimento biopsicossocial de que falamos nos parágrafos anteriores e, portanto, exigem muito mais do que o simples alcance de estados profundos de meditação, embora o desenvolvimento nessas dimensões possa ser facilitado pela prática meditativa. Os estágios ou níveis são estruturas permanentes, patamares de desenvolvimento alcançados por uma determinada pessoa ou cultura na linha de desenvolvimento biopsicossocial (ou qualquer outra).

Conforme já abordamos no primeiro capítulo e veremos em detalhe no terceiro capítulo, para que uma pessoa mude o "centro de gravidade" do seu pensamento de um nível de consciência menos complexo para um nível de consciência mais complexo, é necessário que os problemas que se apresentam para serem resolvidos por ela não encontrem solução pela forma de pensamento do nível menos complexo, exigindo que a pessoa comece a testar novas formas de pensar e "ler" a situação. Ocorre que um monge budista como o que descrevemos dificilmente irá se expor a tais situações, além de muito provavelmente ter um contato mais "fundamentalista" com sua religião, decorando escrituras e orientando praticantes de meditação que vão a Dharamsala meditar com o Dalai Lama.

Por outro lado, o executivo que descrevemos deve ter saído de sua graduação com o centro de gravidade de sua consciência no nível "moderno". Após trabalhar bastante tempo nos Estados Unidos, foi fazer o mestrado na França durante um ano sabático, para voltar e ser escolhido para gerenciar uma operação no Brasil, depois para ser vice-presidente de operações em Portugal, e então ocupar o mesmo cargo na Espanha, antes de ser escolhido CEO da empresa na Índia. Se ao longo de sua passagem pelo Brasil e por Portugal ele já devia operar predominantemente na consciência pós-moderna, em função de ter entendido as diferenças culturais e atuado de forma efetiva em meio a elas (aliás, provavelmente ele já saiu do mestrado na França operando neste nível), ao enfrentar o desafio

---

39. No modelo Wilber III já havia distinção entre estados e estágios, mas Wilber não parecia interessado em aprofundá-la.

mais complexo da presidência na Índia ele teria grandes chances de começar a pensar sob um prisma integral, se ainda não o tivesse começado a fazer antes, principalmente por ter entre os seus diretores um devoto de um guru védico que o apresentou à meditação e às práticas de *hatha yoga*. Embora essa história seja, na verdade, um *mix* de *cases* reais (não existe uma pessoa com a história igual à do executivo e nem outra exatamente com a história do monge), ela trata de experiências de vida típicas que conduzem uma pessoa ao limiar do nível moderno de consciência (monge) e ao nível integral de consciência (executivo).

Obviamente, o monge é capaz de alcançar profundos estados meditativos, coisa que o executivo não consegue fazer. Alcançar tais estados ajudou o monge a passar, por exemplo, do nível de consciência tradicional para o moderno. Mas, para seguir em frente, ele teria de se expor a problemas de crescente complexidade, especialmente no que se refere às relações sociais, algo que sua realidade atual não permite.

Assim, vimos que para que possamos avançar para formas de pensamento cada vez mais complexas, alcançando os estágios integrais de desenvolvimento biopsicossocial, precisamos simultaneamente nos expor a situações que demandem formas de pensar mais complexas que aquelas utilizadas atualmente e ter experiências frequentes de estados expandidos de consciência, que podem ser obtidas pela meditação, como no caso do monge, ou até mesmo por meio da prática de esportes. Sendo assim, fica claro o motivo pelo qual cada vez mais empresas se interessam em fazer com que seus funcionários pratiquem meditação (ou *mindfulness*, como ela vem sendo chamada no meio corporativo). Alcançar estados expandidos de consciência é um dos principais objetivos das práticas meditativas, contribuindo para um maior autoconhecimento, controle de emoções, empatia e melhores relacionamentos. Além disso, irá facilitar o processo de mudança nos estágios da consciência por meio de *insights*, algo igualmente desejável considerando que o ambiente no qual nós e nossas organizações atuam tende a se tornar cada vez mais volátil, incerto, complexo e ambíguo (Vuca).

Antes de abordarmos os estados expandidos de consciência, precisamos caracterizar os estados **convencionais** de consciência. Estes são: vigília, sono REM e sono profundo. Os estados denominados **expandidos** seriam estados de "super-vigília" ou "super-atenção", enquanto alguns estados podem ser descritos como estados de consciência **reduzida** ("sub-vigília" ou "sub-atenção"), como a embriaguez e os cansaços físico e mental, a monotonia e, em outro extremo, a agitação provocada por acessos de raiva ou de euforia.

Os estados de vigília também podem ser classificados não apenas em relação à qualidade de atenção, mas no tocante ao foco da atenção. Eles podem ser divididos em estados de consciência e de autoconsciência[40]. No primeiro caso, a atenção tem um foco qualquer proveniente do meio exterior, em geral aos estímulos dos cinco sentidos, ou mesmo lembranças do passado ou preocupações em relação ao futuro. Existe atividade da consciência, mas esta não percebe que está atuando. Alguns exemplos seriam: "estou com fome"; "estou com dor de cabeça"; "estou preocupado com a prova de amanhã"; "estou com raiva pelo que ele fez ontem". Por outro lado, nos momentos de autoconsciência a pessoa é capaz de refletir sobre sua própria experiência mental: "Por que estou sentindo raiva?" "Será que minha preocupação se deve ao fato de eu não estar seguro em relação a algum ponto da matéria?" "Essa dor de cabeça sempre aparece quando eu tenho uma reunião com meu chefe. O que será que a está provocando?" A autoconsciência é fundamental para nos conduzir aos estados expandidos de consciência.

Para muitas pessoas, falar em expansão da consciência remete aos estados induzidos por drogas como a maconha, a mescalina e o LSD. O teólogo, filósofo e discípulo mais famoso do mestre zen-budista D.T. Suzuki, Alan Watts, talvez tenha sido o responsável por popularizar essa noção em relação ao termo, além de tornar o zen-budismo popular no Ocidente. Watts fez várias pesquisas sobre o efeito do LSD sobre o estado de consciência dele próprio e de seus colegas, concluindo que o mesmo "abria as portas da percepção" para uma realidade supraconsciente. Entretanto, não é necessário e nem recomendável utilizar LSD ou qualquer outra droga para alcançar esses estados, como o próprio Watts veio a divulgar depois. A prática da meditação é talvez a forma mais difundida de alcançar estados expandidos de consciência, mas não a única.

Basicamente, existem dois tipos de prática meditativa: concentração e atentividade[41]. No primeiro tipo, o exercício consiste em o praticante focar sua atenção em um único "objeto" ou "âncora", e retornar sua atenção ao mesmo sempre que a consciência divagar. O objeto pode ser a própria respiração, uma imagem, um mantra (que pode ser pronunciado verbalmente ou apenas mentalmente), um som, uma imagem mental ou até mesmo um cheiro. À medida que o praticante vai aperfeiçoando sua capacidade de concentração no objeto da meditação, ele consegue alcançar estados de superconsciência denominados *samadhi* ou *dhyanas*. O número de níveis de *samadhi* ou *dhyanas* depende da escola de meditação, mas de forma geral as descrições desses estados variam desde a percepção de um

---

40. Nomenclatura extraída de TANZI & CHOPRA (2012).

41. Esta classificação foi retirada do livro *A mente meditativa* (1988) de Daniel Goleman, baseado em sua tese de doutoramento sobre as características e efeitos sobre a mente e o espírito humanos das mais diversas práticas de meditação existentes desde a Antiguidade até a Pós-modernidade. O trabalho em questão foi a semente para o desenvolvimento posterior do conceito de Inteligência Emocional, que o alçou à categoria de *best-seller* na área de negócios e gestão.

estado de "calma total, sem preocupações", passando pelo "êxtase" e chegando à absorção total da consciência pelo objeto de meditação.

No segundo tipo, o da atentividade, o foco da atenção se dá sobre elementos que não permanecem fixos ao longo do tempo. A pessoa observa o fluxo de seus pensamentos, suas emoções ou qualquer atividade mental que surja na consciência, sendo que seu objetivo é não se apegar ou rejeitar aquilo que percebe, deixando o pensamento, a emoção ou o que quer que surja na consciência ir embora e ser substituído por um próximo pensamento ou emoção. A meditação da atentividade permite que o praticante alcance os mesmos estados de *samadhi* que a meditação de concentração, porém seu objetivo mais importante é a obtenção de *insight*s sobre a natureza da existência e a consequente iluminação[42]. Para que isso ocorra, o praticante deve conseguir estabilizar o primeiro nível de *samadhi* por meio de uma prática de atentividade, para em seguida inserir mentalmente questões sobre a natureza daquilo que é percebido (sensações físicas, pensamentos, emoções etc.) e a natureza daquele que percebe, questionando a realidade inerente a tais percepções.

Para aqueles que acham que a meditação e a busca da iluminação são privilégios das religiões orientais, vale mencionar que a meditação e a contemplação estão presentes também em todas as grandes religiões "ocidentais", como o cristianismo, o judaísmo e o islamismo. No caso do cristianismo, um dos equivalentes mais conhecidos do estado iluminado "oriental" é a "Perfeita Alegria" descrita por São Francisco de Assis.

Embora a meditação e a contemplação sejam vistas como as principais formas de se acessar estados de superconsciência, elas não são as únicas. De fato, toda e qualquer atividade que produza esses estados irá envolver o desenvolvimento de uma "atenção relaxada". E isso tem mais chances de ocorrer quando nos engajamos em situações de grande desafio em atividades nas quais temos grande maestria. Foi o psicólogo húngaro Mihaly Csikszentmihalyi que definiu o estado de *flow* ou "fluxo" a partir desses dois parâmetros, ou seja, atenção relaxada e desafio com maestria[43].

---

42. De acordo com as filosofias orientais, a iluminação é o processo de libertação da "escravidão" da pessoa em relação à sua mente. A pessoa iluminada não sofre mais em função de seus processos mentais e alcança um estado de equanimidade permanente independente das circunstâncias. Ainda de acordo com o budismo e o hinduísmo, o estado iluminado é permanente e vai muito além dos estados alcançados mesmo no mais profundo dos *samadhis*. Entretanto, mesmo nos meios budistas e hinduístas ainda se faz muita confusão entre iluminação (nirvana, *moksha*) e as experiências temporárias obtidas em processos de absorção meditativa (*satori*, *samadhi*). Esse assunto será abordado em detalhe nesta obra mais à frente. Desde já é importante mencionar que a iluminação descrita pelo budismo e o hinduísmo, em função de seu caráter perene, seria algo na interface entre o que definimos como "estado" de consciência e os "estágios" ou níveis de desenvolvimento.

43. CSIKSZENTMIHALYI, M. *Flow*: The Psychology of Optimal Experience. Nova York: Harper Perennial, 2008.

Embora qualquer pessoa possa vivenciar um estado de *flow*, é entre os esportistas de alto desempenho que se encontram os principais relatos. Recentemente, o estado de *flow* vem se tornado mais popular, sendo comum mesmo entre corredores de rua amadores que treinam seriamente. Sua popularização chegou ao ponto de criar um termo próprio dos corredores para descrevê-lo: *runners' high* ou "barato do corredor". Se o leitor pratica corrida e em algum dia de prova ou mesmo de treino mais desafiador sentiu uma sensação momentânea de "eternidade" ou "ausência de tempo", trata-se do *flow*. Em geral, a pessoa que passa por um estado de *flow* pouco consegue lembrar da experiência em si. O ponto comum entre as lembranças descritas é uma sensação de êxtase. Um dos episódios muito populares de *flow* entre os esportistas brasileiros ocorreu no Grande Prêmio do Japão de Fórmula 1 em Suzuka, no ano de 1988. Ayrton Senna havia entrado na última volta para garantir seu primeiro título mundial e, como era bastante espiritualizado, começou a agradecer a Deus enquanto guiava a quase trezentos quilômetros por hora. Foi então que ele afirmava ter sentido Deus com ele, ao seu lado, no *cockpit* de seu McLaren. Assim como os estados meditativos profundos, o acesso frequente a estados de *flow* também contribui para a mudança do centro de gravidade da consciência do praticante na direção de formas mais complexas de pensamento.

Para voltarmos à questão da relação entre os estados de consciência e os estágios de desenvolvimento (ou níveis de consciência), precisamos nos aprofundar um pouco mais nos conceitos utilizados por Ken Wilber para definir os diferentes estados expandidos de consciência. Por enquanto é importante ter em mente que, embora tanto o meditador quanto aquele que vivencia um estado de *flow* não consiga precisar em detalhe o que ocorreu durante sua experiência (se atendo principalmente à sensação de êxtase), o que ocorreu sempre tenderá a ser interpretado com base no nível de consciência do praticante. Recentemente, Wilber[44] denominou de "estados místicos" os estados expandidos de consciência que apresentamos anteriormente, classificando-os em misticismo da natureza (no qual se encontram a maior parte das experiências de *flow*), misticismo da divindade (o caso do *flow* de Ayrton Senna no GP de Suzuka em 1988), misticismo sem forma e misticismo não dual.

No primeiro tipo de experiência, tem-se uma percepção de união com os elementos da natureza com os quais se está em contato, sejam as montanhas, o ar, o mar ou uma floresta. No misticismo da divindade experimenta-se uma

---

44. WILBER, K. *A visão integral* – Uma introdução à revolucionária abordagem integral. São Paulo: Cultrix, 2008.

sensação de amor infinito proveniente de um santo ou santa, de um ente querido amado ou de outro ser divino. Já no misticismo causal (ou sem forma), percebe-se o vazio inerente a todas as coisas, ou seja, experimenta-se o fato de que nenhum ser ou coisa possui uma essência própria e todo o Universo deriva de uma mesma fonte essencial. Por fim, no tipo de estado de consciência expandida mais sutil, qual seja, o misticismo não dual, a pessoa vivencia a si própria como parte da experiência na qual todas as coisas surgem e desaparecem, caracterizando um estado de fruição e comunhão com tudo o que existe no Universo.

A figura 2.10 apresenta a Matriz Wilber-Combs[45], que busca demonstrar a relação entre os diferentes estados expandidos de consciência e sua interpretação por pessoas centralizadas em diferentes estágios de desenvolvimento. Para explicá-la brevemente, convidamo-lhe a imaginar uma mesma experiência de pico (ou de estado expandido) vivenciada por uma pessoa de educação católica, na qual ela veja uma luz branca que parece ter a forma de uma pessoa ou um ser de luz e que, em seguida, ela própria se funde com essa luz em uma sensação de amor e felicidade infinitos. Imaginando agora que essa pessoa tenha o centro de gravidade de sua consciência no nível egocêntrico, ela tenderá a interpretar a imagem vista como um Jesus mágico que anda sobre as águas, multiplica os peixes e os pães e ressuscita os mortos. Se, por outro lado, o nível de consciência predominante da pessoa for o tradicional, ela perceberá Jesus como um julgador universal, capaz de salvar aqueles que nele creem e que seguem o único livro que contém a verdade absoluta (a Bíblia). Se a pessoa estiver no nível moderno de consciência, ela tenderá a ver Jesus como um humanista universal, pregando o amor e a verdade para todos os povos independentemente de seu credo e origem, e lutando pela salvação não só no céu, mas também aqui na Terra. Já no nível pós-moderno ou pluralista, a pessoa perceberia Jesus como um entre os vários mestres espirituais existentes, cuja missão seria guiar os seres humanos em seu processo de retorno à consciência divina. Naturalmente, ela saberia que Jesus seria sua referência de mestre espiritual, mas jamais a referência de uma pessoa nascida e criada no Japão ou na Índia, pois estes teriam outros mestres espirituais de suas tradições e culturas, que ofereceriam caminhos distintos, mas igualmente adequados, à busca da salvação. Por fim, se o centro de gravidade dessa pessoa encontra-se em um nível integral de consciência, ela veria Jesus como uma manifestação da mesma consciência expandida acessível a todos os seres humanos. Uma consciência de luz e amor que a tudo inclui e que é resgatada do espaço-tempo com a transcendência do ego.

---

45. Ibid.

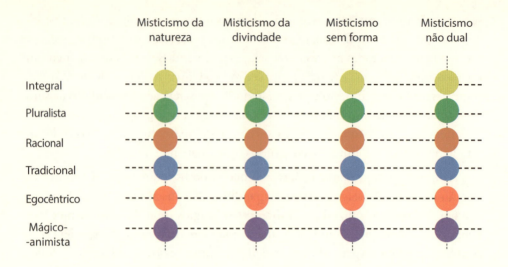

Figura 2.10: Matriz Wilber-Combs. Adaptada de WILBER (2008).

Como podemos notar, de acordo com a Matriz Wilber-Combs, a experiência vivenciada (o estado) é sempre interpretada de acordo com a estrutura da consciência (o estágio) do indivíduo que a vivencia. Aqui fica claro o porquê de pessoas no nível tradicional/fundamentalista em culturas diferentes possuírem visões tão distintas e conflitantes acerca da Verdade. Para o cristão fundamentalista, Jesus Cristo é o único filho de Deus e as experiências místicas deste deverão fortalecer ainda mais seu etnocentrismo. O mesmo vale para o islâmico no mesmo nível de consciência, que vê Maomé como o último profeta e, portanto, detentor da palavra suprema de Alá. Ao contrário do que uma pessoa no nível pós-moderno/pluralista de consciência imagina, ter uma experiência mística não irá fazer com que o cristão tradicional/fundamentalista se torne mais tolerante com islâmicos e praticantes de candomblé, e nem transformar o islâmico tradicional/fundamentalista em alguém mais compreensivo com os cristãos e os judeus, por exemplo. Muito pelo contrário; eles se tornarão ainda mais intolerantes com aqueles que não comungam das mesmas crenças absolutistas simplesmente porque, para eles, suas experiências místicas comprovam e reforçam sua doutrina por serem, em sua percepção, absolutamente verdadeiras.

Aqui cabe um comentário final sobre a prática da meditação. Vimos presenciando nos últimos anos uma forte popularização das práticas de *mindfulness* nas empresas, motivadas pelo exemplo de alguns dos líderes do mercado de tecnologia, como a Google e a Microsoft. *Mindfulness* é um termo em inglês, de fato uma tradução da expressão em sânscrito que significa "atenção plena", tendo sido popularizado pelo Dr. Jon Karbat-Zinn ao criar o Centro de *Mindfulness* para Redução de Estresse da Faculdade de Medicina da Universidade de Massachussets, em 1979[46]. Desde então, Karbat-Zinn realizou e publicou centenas de trabalhos comprovando os benefícios da meditação para a saúde dos doentes e de pessoas saudáveis. Sem dúvida, ele foi o grande pioneiro e um dos principais responsáveis pela popularização da meditação no meio organizacional nos dias de hoje.

2.5 Tipos

A essa altura o leitor pode estar se perguntando: "Será que o único fator que influencia a forma como eu percebo um estado expandido de consciência é meu estágio de desenvolvimento?" A resposta para essa pergunta, de acordo com a abordagem integral, é um sonoro "Não!" E não precisamos nos referir à forma como os diferentes níveis de consciência percebem experiências místicas. Se observarmos o comportamento de uma pessoa bastante introvertida cujo centro de gravidade está no nível tradicional de consciência e o compararmos com o de outra pessoa mais extrovertida no mesmo nível de desenvolvimento, encontraremos diferenças significativas. A personalidade diferente de cada uma delas irá, inclusive, influenciar a maneira pela qual ambas fazem a "leitura" do que ocorre à sua volta. Mas suas interpretações serão, em maior ou menor grau, absolutistas! Portanto, dando sequência aos elementos que compõem o sistema operacional integral, passamos pelos quadrantes, abordamos as diferentes linhas de desenvolvimento, destrinchamos os estágios de desenvolvimento em cada uma dessas linhas e abordamos a questão dos estados de consciência para chegar ao último elemento que faltava, qual seja, o **tipo**!

A personalidade é um exemplo de tipo e a classificação de Myers-Briggs (ou seu indicador MBTI – *Myers-Briggs Type Indicator* – como é mais frequentemente referenciado) é talvez a mais conhecida entre os sistemas de tipificação da personalidade humana. O sistema, baseado nas teorias de Carl Gustav Jung, parte da análise de quatro dicotomias na personalidade humana, quais sejam: i) extroversão *versus* introversão; ii) percepção sensorial *versus* intuição; iii) pensamento *versus* sentimento; e iv) julgamento *versus* percepção. Dependendo do resultado de uma pessoa em cada uma das quatro dicotomias, ela poderá ter sua personalidade classificada em dezesseis diferentes tipos (cada tipo é dado por um código de quatro letras, que são as combinações dos dois resultados possíveis em

---

46. KARBAT-ZINN, J. *Wherever You Go, There You Are*: Mindfulness Meditation in Everyday Life. Nova York: Hachette Books, 2005.

cada uma das quatro dicotomias)[47]. Entretanto, o MBTI não é o único sistema para classificar as diferentes personalidades. Um outro sistema, bastante similar ao MBTI, é o Eneagrama, que trabalha com nove tipos distintos de personalidade, os quais podem ser decompostos em dezoito subtipos laterais[48].

Mais do que se aprofundar em um dos dois sistemas apresentados no parágrafo anterior (o que recomendamos fortemente que você faça ao terminar de ler este livro), o mais importante a essa altura é compreender que, dependendo de características de tipo mais ou menos fixas, como a personalidade, a passagem de cada pessoa pelos diferentes níveis de desenvolvimento irá apresentar características distintas. Assim, um ISTJ (introvertido/sensível/pensador/julgador) que se encontre no estágio tradicional de consciência tenderá a ser muito mais rígido e fundamentalista do que um ENTP (extrovertido/intuitivo/pensador/perceptivo) operando no mesmo nível, por exemplo. Ou seja, ao contrário dos estágios presentes nas diversas linhas de desenvolvimento vistas anteriormente, que são dimensões "verticais", os tipos são características "horizontais" de cada pessoa, algo que irá caracterizá-la e distingui-la em sua passagem pelos diversos níveis de consciência.

Nesse momento é importante lembrarmos mais uma vez que estamos falando de um mapa da consciência e da evolução humana, e não do território. Isso significa que nenhum tipo de personalidade será totalmente "horizontal". Isso significa ainda que, à medida que progredimos ao longo das linhas de desenvolvimento, algumas de nossas características de tipo (como a personalidade) podem se alterar. Este é, aliás, o foco do Eneagrama sob uma perspectiva integral, conforme apresentado por Rhodes (2013).

Além disso, é importante lembrar que existem outros aspectos de tipo que vão além da questão da personalidade. As características de uma cultura nacional/regional também são exemplos de tipo. Uma dimensão cultural importante no sistema de índices proposto por Hofstede et al. é a masculinidade/feminilidade, medida pelo índice "MAS"[49]. A masculinidade (alto MAS) se reflete por meio da predominância da assertividade, competitividade e do autoengrandecimento das virtudes próprias. Por outro lado, a feminilidade (baixo MAS), enquanto traço cultural, está relacionada com a predominância da modéstia e do cuidado com o

---

47. Mais informações sobre o MBTI estão disponíveis em www.myersbriggs.org

48. Para mais informações sobre o Eneagrama, recomendamos: RHODES, S. *The Integral Enneagram*: A Dharma-based Approach for Linking the Nine Personality Types, Nine Stages of Transformation & Ken Wilber's Operational System. Geranium Press, 2014.

49. HOFSTEDE, G.; HOFSTEDE, G.J. & MINKOV, M. *Cultures and Organizations*: Software of the Mind. Nova York: McGraw-Hill Books, 2010.

próximo. Os Estados Unidos, assim como os demais países de cultura anglo-saxônica como o Reino Unido, a Austrália e a África do Sul, são exemplos de países de elevada masculinidade. Por outro lado, os países nórdicos e, principalmente a Suécia, são exemplos de países de baixa masculinidade. Isso significa dizer que a grande maioria dos suecos no nível pós-moderno/pluralista de desenvolvimento tenderá a ser menos assertiva e mais focada no cuidado com o próximo do que a maioria dos norte-americanos com o mesmo nível de desenvolvimento, em função da maior masculinidade da cultura dos últimos[50]. No que tange à cultura, assim como a personalidade, mudanças nessa dimensão horizontal também serão verificadas em função da progressão vertical. Por exemplo, à medida que a maior parte da população norte-americana se aproximar do nível de consciência pós-moderno/pluralista, com o país deixando de ter os altos contingentes nos níveis moderno/racional e tradicional/fundamentalista de hoje em dia, os índices de MAS da cultura do país como um todo tenderão a reduzir.

Outro exemplo de questão de tipo no âmbito do modelo integral é a própria diferença de gênero. Conforme apresentado por Carol Gilligan[51] em seu livro *In a Different Voice*, embora tanto homens quanto mulheres passem pelos mesmos estágios de desenvolvimento moral (definidos por ela como sendo: i) egocêntrico; ii) etnocêntrico; iii) mundicêntrico; e iv) integrado), cada gênero tem uma "voz própria", ou seja, a "voz masculina" tende a se expressar com um foco maior em autonomia, justiça, direito, ação e conformidade com as normas, enquanto a "voz feminina" tende a enfatizar as relações, a consideração pelos outros, a responsabilidade, a comunhão e as conexões, independente do estágio de desenvolvimento no qual a pessoa se encontre. Assim, os homens teriam uma tendência natural para o individualismo, enquanto as mulheres para as relações. Dessa forma, um homem no estágio etnocêntrico de desenvolvimento moral tenderá a se mostrar mais individualista do que uma mulher no mesmo estágio. O homem nesse estágio poderá até mesmo, em alguns momentos, aparentar ser mais individualista que uma mulher no estágio egocêntrico.

Com isso, concluímos a apresentação dos diversos elementos da abordagem integral e podemos passar para o capítulo 3, no qual serão apresentados com mais detalhes os diversos níveis de consciência (estágios de desenvolvimento, lembra?), dimensão fundamental para o desenvolvimento de uma abordagem efetivamente integral de liderança. Nesse momento, o convidamos para acessar o site www.integralworks.com.br e responder ao *assessment* de níveis de consciência on-line

---

50. Acesse www.geerthofstede.com para conhecer as seis dimensões/índices propostos para as culturas nacionais e as seis dimensões/índices para as culturas organizacionais propostas por Hofstede et al.

51. GILLIGAN, C. *In a Different Voice*. Cambridge/Mass.: Harvard University Press, 2009.

que disponibilizamos para você. De posse dos resultados, você poderá fazer o *tour* do capítulo 3 de forma muito mais consciente. Recomendamos que você faça agora o teste, pois logo depois de ler o próximo capítulo você, provavelmente, apresentará vieses de preferência na hora de responder as questões, uma vez que estará buscando identificar a que nível de consciência corresponde cada afirmativa.

Parte II

A LIDERANÇA INTEGRAL NA PRÁTICA

3

LIDERANDO EM UM MUNDO DE COMPLEXIDADE E DIVERSIDADE
UM *TOUR* PELA ESPIRAL DA CONSCIÊNCIA

Ao estudarmos e avaliarmos a evolução da humanidade desde o surgimento do homem como a conhecemos hoje, percebemos que se trata de uma evolução da consciência humana. O momento atual em que vivemos, tipicamente caracterizado como volátil, incerto, complexo e ambíguo, também se configura pelo desenvolvimento exponencial dos nossos níveis de consciência, ou seja, da maneira como pensamos. E da mesma forma, as crises que nos acompanham, e que caracterizam historicamente a sociedade humana, definem-se essencialmente por serem crises de liderança e de consciência. As soluções para nossas crises contemporâneas envolvem, impreterivelmente, a conscientização de se considerar seus respectivos contextos específicos em uma abordagem inclusiva e integral.

Entretanto, em um mundo inundado por correção política, falar em níveis de consciência não se constitui como uma das tarefas mais fáceis. Essa tendência de correção política gera a dificuldade de se "classificar" as pessoas, principalmente quando a classificação envolve algum tipo de *ranking*. E o pensamento politicamente correto, dominante em certos contextos no mundo atual, tem verdadeiro horror às hierarquias. Esse era um dos motivos pelos quais nós, os autores, não "abríamos totalmente o jogo" a respeito das abordagens que estávamos utilizando em trabalhos de consultoria ou de capacitação em grandes organizações multinacionais no final da primeira década do século XXI. Entretanto, a abordagem integral não trata de ranquear pessoas, mas de identificar formas de pensamento distintas. O outro motivo era o receio de parecermos meio "místicos". "Essa abordagem tem bastante 'incenso'", diziam alguns gestores de recursos humanos e colegas professores e consultores com os quais conversávamos a respeito na época. De fato, em uma cultura materialista, falar em "evolução da consciência" ou ainda "evolução do espírito" não é algo que soe realmente "sério".

Entretanto, fomos tomando cada vez mais coragem de expor a abordagem dos níveis de consciência, a partir dos excelentes resultados que seu emprego proporcionava às organizações, bem como pela entusiasmada receptividade que obtivemos ao utilizá-la de forma mais explícita em nossas aulas de graduação e pós-graduação, bem como em *workshops*, especialmente sobre gestão do conhecimento no chão de fábrica no Brasil, Estados Unidos e Europa. Até que, em 2011, chegamos ao ponto de colocar a "espiral" dos níveis de consciência[52] no nome de um programa de desenvolvimento de lideranças sob nossa coordenação, executado por uma equipe de professores da FAE Business School em uma multinacional do setor automotivo na região metropolitana de Curitiba. O sucesso desse e de outros programas similares levou ao lançamento de uma disciplina de pós-graduação na FAE Business School em 2014[53], originalmente chamada Integral Management, embrião da atual Integral Leadership. No ano seguinte começamos a implementar, juntamente com uma equipe de professores da FAE Business School, programas de desenvolvimento de lideranças *in company*, totalmente fundamentados na abordagem integral. A essa altura, o grande sucesso da abordagem nas organizações e na academia nos mostrava que, apesar da correção política endêmica dos dias de hoje, a existência de "hierarquias" de níveis de consciência (com alguns processos de pensamento mais complexos que outros) começa a ser percebida como natural pela grande maioria das pessoas, especialmente aquelas com elevado nível educacional (e, normalmente, muito do pensamento integral já presente em suas mentes), desde que apresentadas de forma apropriada aos seus conceitos e chamadas a refletir sobre eles. Do mesmo modo, apesar de todo o alardeado materialismo, percebemos uma crescente ansiedade desse mesmo público em trazer "o espírito" de volta às suas vidas pessoais e profissionais, de preferência de forma integrada às questões mais "tangíveis". Na esmagadora maioria das vezes, ao invés de se tornar uma ferramenta para rotular, discriminar e manipular, como aparenta ser aos olhos do politicamente correto patológico, o conhecimento dos níveis de consciência traz um aumento considerável da empatia, da flexibilidade e, principalmente, da efetividade como líder.

---

52. Essa espiral é proposta por BECK, D. & COWAN, C. *Spiral Dynamics: Mastering Values, Leadership and Change – Exploring the New Science of Memetics.* Cambridge/Mass.: Blackwell Business, 1996.

53. Lecionada simultaneamente por José Vicente e Luciane em suas primeiras versões, e hoje lecionada por nós três.

Embora não seja o único modelo a mapear os níveis de consciência, visões de mundo ou escalas de valores biopsicossociais[54], a Dinâmica da Espiral dos Níveis de Consciência é sem dúvida o mais popular na área das ciências sociais aplicadas e um dos poucos que consegue enfatizar aspectos subjetivos/interiores e objetivos/exteriores tanto nos indivíduos como em uma coletividade. Isso significa que, ao ser combinado com a abordagem integral e o Modelo Aqal (*All Quadrants, All Levels*)[55], esse modelo permite a análise dos aspectos intencionais (quadrante superior esquerdo, individual interior/subjetivo), culturais (quadrante inferior esquerdo, coletivo interior/subjetivo), comportamentais (quadrante superior direito, individual exterior/objetivo) e sociais (quadrante inferior direito, coletivo exterior/objetivo). Podemos citar também os sistemas ou linhas de desenvolvimento de Suzanne Cook-Greuter, Robert Kegan, Pascual-Leone, Jenny Wade, Jane Loevinger, Carl Rogers e James Mark Baldwin como sendo focados em estágios de desenvolvimento da personalidade ou do ego. Ainda temos outros sistemas que enfatizam linhas de desenvolvimento um pouco menos próximas, mas que apresentam similaridades muito consistentes de seus estágios de desenvolvimento com os níveis de consciência, como o de Kohlberg (desenvolvimento moral), Piaget (desenvolvimento cognitivo), Habermas (desenvolvimento sociocultural), Gebser (também desenvolvimento sociocultural) e Maslow (hierarquia de necessidades).

A totalidade dos sistemas mencionados no parágrafo anterior e ainda alguns outros mais focados em questões como o desenvolvimento espiritual, o desenvolvimento da identidade de gênero e o desenvolvimento de papéis sociais foram mapeados e avaliados por Wilber em sua obra *Integral Psychology*[56]. Foi baseado nessa vasta gama de modelos e abordagens que Wilber desenvolveu sua própria escala de visões de mundo ou níveis de consciência, que acabou ficando muito parecida com a escala da Dinâmica da Espiral, detalhada a seguir.

3.1 Origens e fundamentos da Dinâmica da Espiral – O modelo de Graves

As origens da Dinâmica da Espiral (SD – *Spiral Dynamics*) remontam ao período do pós-Segunda Guerra Mundial. Naquela época, o Dr. Claire Graves, professor de Psicologia na Union College, no estado de Nova York, ensinava aos seus alunos de graduação e de pós-graduação as diferentes teorias de desenvolvimento psicológico. Ao final de cada trimestre, depois de conhecerem as obras

---

54. Sobre esses conceitos, consultar o segundo capítulo deste livro.

55. Conforme proposto por Ken Wilber e explicado no segundo capítulo deste livro.

56. WILBER, K. *Integral Psychology*: Consciousness, Spirit, Psychology, Therapy. Boston: Shambhala, 2000.

de autores tão distintos como Freud, Jung e Maslow, os alunos questionavam Graves sobre qual dos modelos abordava de forma mais precisa o desenvolvimento da consciência humana. Graves percebeu então que todos eles trabalhavam questões importantes do desenvolvimento humano, mas estavam longe de serem modelos completos. Assim, iniciou uma pesquisa com seus próprios alunos, começando em 1952 e durando mais de trinta anos, até bem pouco antes de sua morte, em 1986. Ao contrário dos trabalhos predominantes na Psicologia da época, que enfatizavam as doenças e distúrbios psicológicos e seus tratamentos, Graves estava interessado no estudo das pessoas psicologicamente saudáveis[57].

Inicialmente, a cada início de trimestre, Graves aplicava aos seus alunos um trabalho que consistia em escrever um ensaio respondendo a seguinte pergunta: "O que é um adulto psicologicamente saudável?" Os alunos não sabiam que faziam parte de uma pesquisa para não interferirem de forma consciente nos resultados. Depois de alguns anos, Graves e outros professores da Union College consolidaram os resultados das respostas de centenas de trabalhos e se surpreenderam aos constatar que quase dois terços dos respondentes davam respostas que podiam ser agrupadas em duas alternativas: i) "Uma pessoa adulta psicologicamente saudável é aquela que se dispõe a se sacrificar pelo bem da maioria" e ii) "Uma pessoa adulta psicologicamente saudável é aquela capaz de se autoexpressar diante dos demais". Esse resultado continuou sendo confirmado pelas pesquisas nos anos seguintes e revelava uma dicotomia, que logo seria endereçada por Graves, dando origem ao padrão cíclico de oscilação entre sacrifício e autoexpressão ao longo do processo de desenvolvimento da consciência humana, típico da SD[58].

Com o tempo, Graves começou a identificar subpadrões dentro dos dois padrões iniciais de respostas. O grupo que apontava que uma pessoa adulta psicologicamente saudável se sacrificava pelos outros se dividia em dois subgrupos: i) os que estavam dispostos a se sacrificar por uma recompensa no longo prazo, mesmo que fosse após a morte – esse subgrupo caracterizava o nível de consciência que, até aqui, denominamos "tradicional" e que, a partir deste capítulo, iremos

---

57. GRAVES, C. *Let us Bring Humanistic and General Psychology Together*. Nova York: National Institute of Mental Health, 1973. • BECK, D. & COWAN, C. *Spiral Dynamics*: *Mastering Values, Leadership and Change* – Exploring the New Science of Memetics. Cambridge/Mass.: Blackwell Business, 1996. • RIBEIRO, L. *Decidir e implementar em um mundo complexo, veloz e incerto* – O modelo gravesiano (espiral dinâmica) aplicado ao *coaching*, a processos de mudança e à arteciência da liderança produtiva. Belo Horizonte: Leitura, 2007.

58. GRAVES, C. *Let us Bring Humanistic and General Psychology Together*. Op. cit. É a alternância entre o sacrifício pelo bem do grupo e a autoexpressão que, em um processo de desenvolvimento, vão ganhando características cada vez mais inclusivas (e consequentemente mais abrangentes e "largas") e dão ao processo de desenvolvimento da consciência o formato de uma espiral.

associar à cor AZUL[59]; e ii) os que estavam dispostos a se sacrificar para obter uma recompensa de curto prazo como, por exemplo, a aceitação pelos grupos dos quais faziam parte – esse subgrupo caracterizava o nível de consciência que, até aqui, denominamos "pós-moderno" e que, a partir deste capítulo, iremos associar à cor VERDE. Por outro lado, o grupo que dizia que uma pessoa adulta psicologicamente saudável deveria ser capaz de se autoexpressar diante dos outros também se dividia em dois subgrupos: i) os que se autoexpressavam de modo planejado, mesmo que pudessem causar problemas aos demais – este subgrupo caracterizava o nível de consciência que, até aqui, denominamos "moderno" e que, a partir deste capítulo associaremos à cor LARANJA; ii) os que se autoexpressavam de forma que ninguém fosse prejudicado – este subgrupo caracterizava o primeiro subnível do nível de consciência que, até aqui, denominamos "integral" e que, a partir deste capítulo iremos definir como um nível de consciência próprio e associar à cor AMARELA[60].

À medida que sua pesquisa continuava, Graves conseguiu ter mais de uma resposta da maioria de seus alunos ao longo dos quatro anos de graduação ou dois anos de pós-graduação (caracterizando um estudo longitudinal), o que permitiu a ele verificar que vários dos respondentes apresentavam mudanças em seus padrões de resposta no período em questão. Ainda mais importante, ele percebeu que as mudanças também seguiam um padrão. Os alunos que apontavam que o adulto psicologicamente saudável era aquele que se sacrificava pelos demais visando recompensas de longo prazo (AZUL), em geral passavam a apontar (depois de um, dois ou três anos) que um adulto psicologicamente saudável seria aquele capaz de se expressar de forma planejada (LARANJA). Por sua vez, parte daqueles que apontavam a capacidade planejada de autoexpressão como a característica principal de um adulto saudável (LARANJA), passava a apontar como característica de um adulto psicologicamente saudável a capacidade de se sacrificar pelos outros em troca da aceitação destes (VERDE). Não surpreendentemente, parte significativa dos que apresentavam esta última resposta (VERDE) como sendo característica de um adulto psicologicamente saudável também mudavam seu padrão de resposta, passando a apontar a capacidade de autoexpressão sem prejuízo dos demais como a principal característica de um adulto psicologicamente saudável (AMARELO). Por fim, Graves percebeu que alguns poucos daqueles que apontavam que um adulto

---

59. Nesse ponto, sugerimos que o leitor que ainda não está familiarizado com as cores dos níveis de consciência tenha em sua mão uma cópia do quadro 3.1 apresentado neste capítulo, e retorne ao capítulo 1 à medida que sinta necessidade de relembrar o período histórico referente a cada uma das cores (ou níveis de consciência).

60. GRAVES, C. *Let us Bring Humanistic and General Psychology Together*. Op. cit. • RIBEIRO, L. *Decidir e implementar...* Op. cit.

psicologicamente saudável seria capaz de se autoexpressar sem prejudicar os demais (AMARELO) também mudavam seu padrão de resposta, passando a apontar que um adulto psicologicamente saudável deveria se sacrificar pelo bem de toda a humanidade, sem esperar recompensas. Esses últimos resultados, que contrariavam todos os modelos de desenvolvimento psicológico disponíveis até então, acabaram dando origem a um segundo subnível do nível de consciência denominado integral até esse ponto, mas que a partir de agora chamaremos de nível TURQUESA.

Com os resultados de seus quase trinta anos de estudos longitudinais, o Dr. Claire Graves foi talvez o primeiro pesquisador a desenvolver uma "Teoria de Tudo", de fato, uma teoria integral. Como fundamentos de sua teoria, podemos enumerar: i) a natureza humana é dinâmica e cria novos níveis de consciência ou formas de pensamento de acordo com as mudanças nas condições de vida; ii) a ativação de um novo nível de consciência ou forma de pensamento modifica a estrutura psicológica da pessoa para que ela se adapte às novas condições de vida; iii) novas condições de vida têm o potencial para dar origem a novos níveis de consciência de forma infinita (ou seja, não existe uma "linha de chegada" no desenvolvimento humano, como vários modelos de desenvolvimento psicológico afirmavam anteriormente); e iv) cada pessoa ou cultura pode responder de forma positiva apenas aos estímulos adequados ao seu nível de consciência[61].

Após caracterizar o que passamos a chamar de níveis de consciência AZUL, LARANJA, VERDE e AMARELO, Graves resolveu investir seu tempo naquele aproximadamente um terço de respostas que não se encaixaram em nenhum dos quatro níveis citados. Revendo as repostas e entrevistando vários dos respondentes, Graves e o grupo de pesquisadores da Union College acabaram por alocar a quase totalidade deste um terço restante de respostas em um único grupo que definia um adulto psicologicamente saudável pela sua capacidade de autoexpressão de forma impulsiva e a qualquer custo. Tal grupo, cujas respostas inicialmente assemelhavam-se a atos de rebeldia, não se encaixando em nenhum dos quatro padrões identificados anteriormente, caracteriza o que denominamos até aqui como sendo o nível de consciência mítico-egocêntrico e que, a partir deste capítulo, associaremos à cor VERMELHA. Para completar, Graves percebeu que a grande maioria daqueles que começavam seus programas de graduação no grupo VERMELHO passou a estar incluída no grupo AZUL depois de um ou dois anos, o que, junto aos resultados já encontrados anteriormente, evidenciava uma sequência de desenvolvimento da consciência humana: do VERMELHO para o AZUL, deste para o LARANJA, daí para o VERDE e depois para o AMARELO, indo daí para o nível

---

61. GRAVES, C. *Let us Bring Humanistic and General Psychology Together*. Op. cit. • BECK, D. & COWAN, C. *Spiral Dynamics...* Op. cit.

TURQUESA. Essa sequência deixava clara a natureza alternada do processo evolutivo da consciência humana, oscilando entre um nível de consciência focado em autoexpressão (VERMELHO-LARANJA-AMARELO) e outro focado no sacrifício para o bem da coletividade (ROXO-AZUL-VERDE-TURQUESA), sendo tanto a autoexpressão quanto o sacrifício cada vez mais abrangentes e inclusivos, ganhando o formato de um desenvolvimento em espiral.

No início dos anos de 1970, Graves conseguiu comprovar por meio da continuidade de suas pesquisas com alunos e ex-alunos que o grupo formado pelos níveis de consciência AMARELO e TURQUESA apresentava grande diferença em relação aos grupos com nível de consciência VERDE, LARANJA, AZUL e VERMELHO. Ele conduziu novos experimentos nos quais alocava diversos desafios a diferentes grupos, homogêneos e heterogêneos, e mapeava os resultados obtidos. Com esses procedimentos, Graves percebeu que os grupos homogêneos formados por pessoas com pensamento AMARELO tinham melhor desempenho que os demais em praticamente todos os tipos de desafio, chegando a soluções melhores e mais rápidas. Cada um dos demais grupos homogêneos apresentava bom desempenho em apenas um ou dois tipos de desafio, com seu desempenho, em geral, piorando à medida que a complexidade do problema aumentava. Os grupos formados por pessoas com pensamento predominantemente AMARELO, por sua vez, tendiam a ter bom desempenho em todos os tipos de problemas, com sua *performance* chegando a melhorar à medida que a complexidade aumentava. Porém, mais importante que isso era o fato de que esses grupos pareciam operar em uma lógica muito similar aos demais quando estavam diante de um problema mais simples. Mais adiante, Graves percebeu que as pessoas com o centro do seu pensamento em TURQUESA tinham capacidades similares. Essas constatações levaram-no a dividir os diferentes níveis de consciência em duas camadas. A primeira camada seria formada pelo que ele veio a chamar de "níveis de sobrevivência" (uma vez que a sobrevivência é a principal busca desses níveis de consciência), sendo composta pelos níveis VERMELHO, AZUL, LARANJA e VERDE. Já a segunda camada seria formada pelos "níveis de existência" (tendo em vista que a mente humana já superou as questões de sobrevivência ao alcançar essas formas de pensamento), sendo composta (à época) pelos níveis AMARELO e TURQUESA[62].

Ao comparar seu modelo de níveis biopsicossociais de consciência com outros modelos "desenvolvimentistas" de áreas como a Sociologia e a Antropologia, Graves chegou à conclusão de que antes do nível VERMELHO de consciência deveriam existir ainda dois níveis menos complexos. Tais níveis equivalem ao que

---

62. São diversos os autores que apontam o surgimento de um novo nível de consciência ou forma de pensamento no final do século XX, que Ken Wilber, Beck e Cowan associaram à cor CORAL.

denominamos no início deste livro como sendo os níveis de consciência arcaico-instintivo (que denominaremos BEGE a partir deste ponto) e mágico-animista (que chamaremos de ROXO). A partir dessas conclusões teóricas, Graves buscou comprovar empiricamente a existência desses níveis. Para isso, realizou pesquisas em presídios, asilos e tribos indígenas que viviam isoladas, terminando por validar seu modelo teórico[63].

Agora que já introduzimos os principais níveis de consciência disponíveis para a humanidade, vale lembrar que a escala de cores não foi criada por Graves, e sim por Beck e Cowan, dois de seus alunos e discípulos que popularizaram seu trabalho ao criar a Dinâmica da Espiral. Eles também denominaram cada nível de consciência como sendo um ᵛMEME[64]. Graves denominava os níveis de consciência por meio de uma combinação de duas letras, a primeira indicando a condição específica de vida que o despertava e a segunda referindo-se às características da resposta específica para enfrentar a nova condição. Assim, o quadro 3.1 apresenta cada um dos níveis de consciência, contrapondo a denominação que apresentamos no início do livro, o código de letras de Graves, a cor equivalente no modelo da Dinâmica da Espiral de Beck e Cowan, a denominação dada por Beck e Cowan e a cor equivalente no modelo integral de Ken Wilber.

Ao adotar o sistema de cores no modelo da Dinâmica da Espiral, Beck e Cowan se preocuparam em alocar cores cujo significado remetesse às características dos níveis de consciência. Por exemplo, o BEGE estaria relacionado à cor das savanas, *habitat* dos primeiros seres humanos, e o LARANJA à cor do aço nos fornos siderúrgicos, símbolo da Era Industrial. Além disso, eles procuraram garantir que os níveis de consciência focados na expressão do ser fossem associados a cores "quentes" (VERMELHO-LARANJA-AMARELO) e os níveis de consciência focados no sacrifício pelo grupo fossem associados a cores "frias" (ROXO-AZUL-VERDE-TURQUESA). Por outro lado, ao adaptar o sistema de cores para os níveis de consciência em seu modelo, Wilber teve a preocupação em reproduzir a sequência de cores do arco-íris. Como Wilber também usa uma escala de cores, iremos nos referir tanto às cores da Dinâmica da Espiral quanto às do modelo de Wilber ao caracterizarmos, na sequência deste capítulo, os diferentes níveis de consciência. Entretanto, após sua apresentação em detalhes, passaremos a utilizar as cores da SD.

---

63. GRAVES, C. *Let us Bring Humanistic and General Psychology Together.* Op. cit. • RIBEIRO, L. *Decidir e implementar...* Op. cit.

64. De acordo com Beck e Cowan (1996), um ᵛMEME é como um arquivo fechado que contém instruções. Quando esse arquivo é aberto, libera seu conteúdo na mente humana, redefinindo a forma de pensar e os sistemas de tomada de decisões dessa pessoa de acordo com suas características.

Níveis de consciência (formas de pensamento), conforme descritos no capítulo 1	Código de acordo com Graves	Cor de acordo com Beck & Cowan (Dinâmica da Espiral – SD) – ᵛMEMES	Denominação dada por Beck & Cowan (Dinâmica da Espiral – SD)	Cor de acordo com o modelo integral de Ken Wilber
Arcaico-instintivo	A-N	BEGE	Senso de sobrevivência (*Survival sense*)	INFRAVERMELHO
Mágico-animista	B-O	ROXO	Ordem tribal (*Kin spirits*)	MAGENTA
Mítico-egocêntrico	C-P	VERMELHO	Ser egocêntrico (*Power gods*)	VERMELHO
Mítico--etnocêntrico ("tradicional")	D-Q	AZUL	Ordem absolutista (*Truth force*)	AMBAR
Racional--instrumental ("moderno")	E-R	LARANJA	Ser empreendedor (*Strive drive*)	LARANJA
Racional-relativista ("pós-moderno")	F-S	VERDE	Ordem igualitária (*Human bond*)	VERDE
Integral-cognitivo	A'-N'	AMARELO	Ser integrado (*Flex flow*)	AZUL–ESVERDEADO
Integral-holístico (ou Integral--holárquico[65])	B'-O'	TURQUESA	Ordem global (*Global view*)	TURQUESA

Quadro 3.1: Comparação entre as diferentes terminologias utilizadas pelos principais autores da área de Níveis de Consciência. Fonte: Elaboração dos autores.

3.2 A Dinâmica da Espiral em ação

A essa altura, é importante mencionar que a sequência de desenvolvimento da consciência humana dada por "BEGE-ROXO-VERMELHO-AZUL-LARANJA-VERDE--AMARELO-TURQUESA" apresenta características fundamentais que merecem destaque, apesar de algumas delas já terem sido mencionadas quando da apresentação do trabalho do Dr. Graves. Essas características podem ser resumidas em: i) condições para o surgimento de um novo nível de consciência; ii) centro

---

65. Preferimos utilizar o termo "holárquico" no lugar do termo "holístico", principalmente em função deste último ter tido seu significado distorcido pelas abordagens New Age e Teorias de Sistemas advindas do nível VERDE de consciência. Conforme foi descrito anteriormente, uma estrutura fundamentada em hólons é, essencialmente, hierárquica, ao contrário do significado do termo "holístico" para o nível VERDE de consciência, que enfatiza apenas a questão do todo *versus* partes, eliminando a questão hierárquica.

de gravidade da consciência e condições gerais para mobilidade entre os vários níveis; e iii) capacidade de resposta de cada nível de consciência aos estímulos externos. Abordaremos cada um desses itens nos próximos parágrafos.

Um novo nível de consciência surge quando o contexto externo, dado pelas condições de vida na qual o indivíduo ou a cultura se inserem, muda o suficiente para que as formas de resolver problemas do nível até então prevalente percam sua efetividade. De forma geral, esse processo se dá, na maioria das vezes, como um efeito colateral do *modus operandi* do nível de existência dominante até então. As coisas vão bem até um determinado momento em que o acúmulo dos efeitos adversos das abordagens correntes para a resolução de problemas torna-se ele próprio um problema. E então passa a valer a célebre frase atribuída a Albert Einstein: "Nenhum problema pode ser resolvido pelo mesmo nível de consciência que o criou". Para exemplificar, podemos tomar o caso da transição do nível de consciência AZUL para o LARANJA. Quando a lógica AZUL para a resolução de problemas – ou seja, alinhar os comportamentos, procedimentos e processos com aquilo que é considerado como sendo correto por uma autoridade superior (seja um chefe hierárquico, um código de conduta, ou um livro sagrado) – deixa de ser efetiva e faz com os problemas permaneçam sem resolução, não adianta buscar seguir de forma ainda mais literal o padrão de regras em questão. Sua perda de efetividade está, muito provavelmente, relacionada ao fato de se estar resolvendo problemas de crescente complexidade com base em uma lógica maniqueísta de certo e errado, o que acaba potencializando ainda mais o aumento da complexidade dos problemas que se apresentam, contribuindo para a mudança do contexto. Assim, para vencer a crise instalada pela permanência dos problemas ao longo do tempo será necessário deixar de lado as regras rígidas definidas pelo "livro" e buscar formas inteiramente novas de se comportar, definir procedimentos e processos, de preferência baseando-se em uma lógica orientada pelo pensamento científico, rompendo com todo e qualquer dogma que pudesse balizar a lógica anterior. Naturalmente, após um longo tempo utilizando a lógica LARANJA, novos problemas irão surgir, em parte decorrentes da própria lógica LARANJA de resolver problemas, fazendo com que esta deixe de funcionar. O exemplo, nesse caso, é bem conhecido de todos: a natureza sendo envenenada, a distribuição de renda piorando e a vida das pessoas tornando-se um verdadeiro inferno em função das demandas do trabalho. Novamente, de nada vai adiantar usar ainda mais a abordagem anterior para resolver esses problemas. Então partimos para a caixa de ferramentas do nível VERDE, que traz a Teoria dos Sistemas, a sustentabilidade, a inclusão dos excluídos, o diálogo, a decisão por consenso e a valorização da qualidade de vida como formas de endereçar os problemas criados pela mente LARANJA. É importante ressaltar novamente que, nesse processo de evolução contínua, não existe uma linha de chegada pré-definida, ou seja, ao substituir a antiga forma de existência por meio da resolução de seus problemas aparentemente insolúveis, o novo nível de consciência irá sempre criar novos problemas, que deverão ser solucionados por uma nova forma de pensar. Esse processo é, por definição, infinito. O nível CORAL de consciência, que estaria surgindo para resolver os problemas criados pelo nível TURQUESA, não deverá ser, de forma alguma, o último nível a ser conhecido.

Um outro fato fundamental acerca do conceito de níveis de consciência diz respeito às diferenças entre este e a maioria dos valores descritos por autores das áreas relacionadas às culturas nacional e organizacional. Como já mencionamos anteriormente, os níveis de consciência dizem respeito ao "como" do pensamento de uma pessoa. Ou seja, estamos falando do processo de pensamento em si, e não do seu conteúdo. No capítulo 2, ao apresentarmos a abordagem integral de Ken Wilber, demos o exemplo do agricultor do meio-oeste norte-americano e o comerciante da Grande Teerã mostrando que, embora os conteúdos de seus pensamentos sejam quase que totalmente distintos (e consequentemente seus valores relacionados a "o que" pensam, pois não concordam praticamente com nenhuma "verdade"), seus processos de pensamento (ou seja, "como" pensam) tendem a ser muito similares. É importante retomar essa questão neste momento, especialmente no que se refere à utilização da abordagem dos níveis de consciência em organizações.

Todas as organizações são constituídas por um sistema próprio e específico de costumes e valores compartilhados pelos seus membros, e que a diferencia de outras organizações: a cultura. A figura 3.1 apresenta o típico modelo de cultura organizacional em três níveis, conforme proposto por Schein[66]. Os artefatos representam as estruturas e processos visíveis dentro da organização, que muitas vezes são difíceis de serem decifrados, mas são manifestações tangíveis de crenças compartilhadas intangíveis. Os valores expostos representam as estratégias, metas, filosofias e todas as justificativas para elas, ou seja, porque a organização pretende conquistar determinado mercado e assim por diante. Representam valores que a empresa gostaria que fossem compartilhados por todos os seus colaboradores. Por fim, os valores subjacentes representam as crenças, pensamentos e percepções dadas por certo dentro da empresa, e que são a fonte última dos valores e das ações da organização.

---

66. SCHEIN, E.H. *The Corporate Culture Survival Guide*. São Francisco: Jossey-Bass, 2009b.

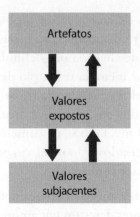

Figura 3.1: Os três níveis de cultura de acordo com SCHEIN (2009, p. 21).

Quando incluímos os níveis de consciência em tal modelo, precisamos dividir os valores subjacentes em dois níveis distintos, conforme mostramos na figura 3.2. O primeiro, que poderíamos chamar de "conteúdos subjacentes", incluiria os conteúdos intangíveis compartilhados. Aqui teríamos crenças como "quem está comprometido com a organização trabalha depois do horário regular" ou sua oposta "quem fica trabalhando depois do horário todos os dias tem baixa produtividade durante o expediente normal e desperdiça seu tempo na empresa". Elas dizem respeito a "quês" e, logicamente só poderiam ser valores compartilhados em organizações (ou pelo menos em áreas funcionais) distintas. Entretanto, no segundo nível, crenças totalmente distintas poderiam estar sendo motivadas por processos de pensamento similares compartilhados pelos funcionários de ambas

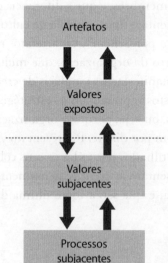

Figura 3.2: Quatro níveis de cultura, incluindo os níveis de consciência. Fonte: Os autores, com base em SCHEIN (2009).

100

as organizações, como por exemplo: "Se quero ser promovido e ter acesso ao que a vida oferece de melhor, devo buscar maximizar minha produtividade de forma a ajudar a organização a alcançar suas metas e vencer a concorrência". Nesse caso, percebe-se que ambas as culturas compartilham processos de pensamento LARANJA, embora possuam conteúdos distintos.

Um outro ponto crítico a se mencionar ao caracterizar a Dinâmica da Espiral é quanto à diferença existente entre o surgimento de um novo nível de consciência em uma pessoa ou em uma organização e o fato desse nível de consciência ser aquele predominante naquele indivíduo ou organização. É esperado que uma determinada condição contextual provoque o surgimento de uma nova forma de pensar em uma pessoa ou organização. Porém, também é absolutamente esperado que essa nova forma de pensar leve algum tempo para se consolidar na mente do indivíduo ou na cultura da organização antes de se tornar um traço dominante. Por exemplo, uma pessoa que pense predominantemente sob uma perspectiva LARANJA poderá, diante de um cenário mais complexo, diverso e dinâmico, começar a incluir elementos do pensamento VERDE em sua psique. Entretanto, no início, essa forma de pensar aparecerá em apenas alguns momentos, como uma alternativa periférica. Deverá haver uma crescente exposição às características do novo contexto, bem como aos problemas criados pelo pensamento LARANJA, para que o pensamento VERDE assuma, aos poucos, um papel dominante na mente do indivíduo (dizemos que o VERDE substituiria o LARANJA como o centro de gravidade do pensamento da pessoa ou da organização). Quando isso ocorrer, dois processos distintos e alternativos poderão acontecer, um saudável e outro considerado patológico. A alternativa saudável é aquela na qual a pessoa (ou a organização) incorpora os fundamentos do nível VERDE de existência ao seu pensamento, transcendendo e incluindo as características do pensamento LARANJA. A versão patológica do desenvolvimento ocorre quando essa pessoa passa a negar as formas de pensamento ligadas ao nível LARANJA e passa a ficar exageradamente apegada às formas de pensar do nível VERDE. A diferença principal entre essas duas pessoas é que, quando submetida a situações que "pedem" exclusivamente o pensamento LARANJA, a pessoa que teve o desenvolvimento saudável continuará tendo acesso à forma de pensar LARANJA e tenderá a se sair bem. Por outro lado, a pessoa que teve o desenvolvimento patológico e negou o pensamento LARANJA acabará tentando resolver a situação com "ferramentas" VERDES não apropriadas. Além disso, tal pessoa tenderá a rejeitar e a se afastar de pessoas operando em LARANJA, em uma conhecida manifestação do efeito sombra, no qual a pessoa rejeita ou tem raiva dos outros que manifestam os conteúdos do seu subconsciente que ela própria negou.

Talvez o fato mais importante relacionado ao conhecimento dos níveis de consciência seja a questão das diferentes respostas de cada cor a um mesmo estímulo externo. Nossa forma de pensar e existir influencia de maneira crítica o modo como nós "enxergamos" o mundo e respondemos aos fatos que ocorrem conosco. A essa altura, aqueles que trabalham na área organizacional não terão dificuldade em se dar conta de como a maioria das técnicas e métodos divulgados pelos "gurus" da gestão e da liderança são apresentadas como remédios para todo e qualquer mal, independente de cultura, setor de atuação, tamanho, tempo de vida da empresa etc. O problema é que eles não são panaceias e seu sucesso irá depender, inevitavelmente, dos níveis de consciência envolvidos, além de outras características contextuais. Isso quer dizer, por exemplo, que nem todas as equipes se motivarão com um líder democrático e que o novo programa de inovação de alto envolvimento não conseguirá transformar todos os funcionários em intraempreendedores inovadores. Veremos que as tendências setoriais, "puxadas" pelos níveis de consciência nas empresas líderes dos setores, não devem ditar a regra sobre como devemos nos organizar ou qual perfil de líderes e liderados devemos buscar para nossa organização. Por outro lado, o chamado *perfect fit* entre nível de consciência e os parâmetros organizacionais, além de difícil de ser obtido, pode ser contraproducente em função das chances de provocar uma situação de "conforto" excessivo. Veremos mais à frente que, em geral, o ideal é criarmos pequenas lacunas entre o *design* organizacional e o nível de consciência predominante, pois só assim diminuímos as chances de causar desmotivação para aqueles que possuem nível de consciência mais complexo que a média do grupo, além de impor aos demais um desafio alcançável[67]. Além disso, mantemo-nos em dia com nosso compromisso com a evolução da consciência!

Após a apresentação dos conceitos básicos que fundamentam a abordagem dos níveis de consciência da Dinâmica da Espiral de Beck e Cowan, já podemos começar nosso *tour* por cada um desses níveis, apresentando suas principais características e sempre enfatizando uma perspectiva de liderança, ou seja, de líderes e de liderados[68].

BEGE: A consciência arcaica-instintiva

A consciência BEGE surge com os primeiros seres humanos há dezenas de milhares de anos. Na verdade, algo muito próximo dela já existia nos primatas

---

67. Grandes lacunas entre o nível de consciência vigente e o *design* organizacional tendem a criar uma dissonância difícil de ser superada. As pessoas envolvidas não conseguem sequer entender o que a organização pretende. Lacunas médias, por outro lado, podem não provocar tamanha dissonância ou falta de compreensão, mas podem causar grande estresse.

68. Todo o conteúdo do restante deste capítulo baseia-se em Graves (1970, 1973), Beck (1992) e Beck e Cowan (1996), além da nossa experiência em ensino, pesquisa e consultoria.

a partir dos quais os primeiros humanos evoluíram. O pensamento BEGE faz uso principalmente do cérebro reptiliano, embora o cérebro límbico e o neocórtex (cérebro racional) já estivessem presentes nesses primeiros humanos e dispunham praticamente da mesma estrutura que possuem nos dias de hoje. Entretanto, independentemente do fato de você achar que fomos criados por Deus ou somo frutos de um acidente cósmico, foi a partir do surgimento dos primeiros humanos que as estruturas dos cérebros límbico e racional começaram a ser ativadas no sentido de desenvolver novos níveis de consciência e de existência, enquanto estruturas similares em primatas, baleias e golfinhos permaneceram sob domínio de um nível de consciência similar ao BEGE.

O contexto para a consciência BEGE e seu estágio inicial

O nível de consciência BEGE equivale praticamente a uma forma automática de existência. Ainda sob domínio do cérebro reptiliano (instintivo), a pessoa busca a sobrevivência em seu nível mais básico, qual seja, o físico. Sob o comando da consciência BEGE, o foco principal é a satisfação das necessidades fisiológicas, como fome, sede, conforto térmico, sono e sexo (procriação). Os primeiros seres humanos formavam bandos para garantir melhores condições para a satisfação dessas necessidades e o pensamento BEGE, apesar de primitivo, era seu grande diferencial em relação aos demais animais, principalmente seus predadores e suas caças. Ou seja, o ambiente ou as condições de vida que motivaram o surgimento de BEGE foram justamente a necessidade de sobreviver e se alimentar em um mundo no qual existiam muitos outros animais mais fortes e mais rápidos.

Nos dias de hoje, a entrada no nível BEGE ocorre no momento do nosso nascimento, ou mesmo antes, na vida intrauterina. Os pais devem proteger o bebê recém-nascido, pois ao sentir sede ele tenta levar à boca qualquer coisa que esteja molhada e ao sentir fome ele tenta comer o que estiver pela frente. As emoções ainda são bastante sutis quando comparadas à força dos instintos, e essa situação permanece aproximadamente até os dois anos de idade.

A consciência BEGE em seu auge: características

Embora todos nós tenhamos o nível BEGE "adormecido" em nossa psique, situações desesperadoras nas quais não se tem o que comer ou beber podem ativar tal nível em seres humanos adultos. Quando, nos dias de hoje, assistimos cenas chocantes de crianças e adultos passando fome em regiões da África e pessoas tentando sobreviver em meio à guerra civil na Síria, podemos ter certeza de que para a grande maioria deles o nível de existência dominante é o BEGE.

Até mesmo atletas ou aventureiros que se dispõem a participar de corridas de aventura em grandes savanas, florestas e montanhas relatam sentir um aguçamento dos sentidos, como o olfato e a audição, o que seria uma manifestação do nível de consciência BEGE em função de tais pessoas estarem em uma situação na qual "lembranças" dos tempos paleolíticos presentes em nosso DNA e em nosso subconsciente são ativadas.

Encontra-se ainda o nível BEGE dominante em adultos no caso de mendigos com problemas mentais nas grandes metrópoles, hospitais psiquiátricos e pessoas em estágios avançados de Alzheimer.

Em função da prevalência dos instintos sobre as emoções e a razão, o nível BEGE é essencialmente amoral. Ele busca a sobrevivência física a qualquer custo e sem se ater a julgamentos complexos de valor. O indivíduo não tem a percepção clara de separação em relação ao restante do mundo, ou seja, não se percebe totalmente como uma entidade independente, havendo pouquíssima compreensão da dimensão "espaço-tempo".

Beck e Cowan (1996) apontam que, em um discreto apoio ao "mito do nobre selvagem", um sistema BEGE saudável pode se interligar com a natureza e acessar percepções que a maioria das pessoas não tem mais contato, a não ser que regridam seu centro de gravidade ao nível BEGE novamente ou o acessem temporariamente em função de condições específicas como as citadas acima.

Muitas das pessoas que passam por situações de inanição, seja na infância ou já na idade adulta, poderão manter o nível BEGE desproporcionalmente forte, apesar de não ser mais o nível dominante em sua psique. Esse fato, por exemplo, poderá impedir a progressão do centro de gravidade dessas pessoas para níveis mais complexos. Por exemplo, a progressão até o nível VERMELHO de consciência pode se tornar quase impossível para alguém cujo centro de gravidade permanece em ROXO com um BEGE ainda muito forte.

Implicações para a liderança

Liderar o nível de consciência BEGE não é algo comum em nossas organizações, a não ser que você trabalhe com ajuda humanitária direta em instituições como a Cruz Vermelha ou o Médicos Sem Fronteiras. Nestes e em outros casos, como na prestação de serviços de enfermagem a idosos ou a viciados em drogas em estágios terminais, o liderado não será outro membro da organização, mas as pessoas em situações extremas que justificam a atuação da mesma. Nessas situações, oferecer cuidadosa e carinhosa assistência é normalmente a melhor opção, uma vez que o nível BEGE sequer consegue pedir ajuda em muitas situações.

Segundo Beck e Cowan (1996), para o nível BEGE existem basicamente dois estados mentais essenciais em relação ao conforto, quais sejam, o conforto em si e o desconforto. Nas situações em que o nível de consciência BEGE está presente de forma relativamente fixa, um sistema específico de cuidados deve ser empregado. Remédios, comida e higiene devem ser administrados e não apenas oferecidos, pois os conceitos de bem-estar e saúde não estão presentes nesse nível de consciência. O aumento da expectativa de vida das pessoas ao redor do mundo, somado aos crescentes problemas com drogas, tendem a fazer aumentar a quantidade de pessoas operando no nível BEGE de consciência. Por outro lado, questões como a fome na África e as intermináveis guerras no Oriente Médio levantam questionamentos sobre o quanto o resto do mundo ainda irá aceitar conviver com tantos humanos colocados de forma não natural no modo de consciência BEGE.

A transição de BEGE para ROXO: condições e processo

No passado longínquo do alvorecer de nossa espécie, o processo de transição do nível de consciência BEGE para o nível de consciência ROXO foi motivado por uma série de ameaças à sobrevivência dos bandos de humanos em função da competição mais acirrada por comida, território e parceiros. Na maioria dos casos, muito provavelmente esse processo teve origem a partir de mudanças climáticas que provocavam a escassez dos alimentos habituais e o aparecimento de novos predadores.

A partir do atendimento pleno dos instintos de sobrevivência do nível BEGE, novas conexões nervosas são ativadas e criam uma consciência da separação física entre o eu, o outro e a natureza. Com isso, torna-se possível transcender os comportamentos baseados exclusivamente em condicionamentos e questionar o motivo pelos quais as coisas ocorrem, estabelecendo as primeiras relações de causa e efeito e relegando à magia tudo aquilo que não podia ser explicado. O ser humano atinge o nível de consciência BEGE-roxo[69].

Nos dias de hoje, quando o centro de gravidade da mente dos bebês deixa o nível de consciência BEGE e começa a flertar seriamente com o ROXO, surge a percepção dos perigos e ameaças impostos pela natureza e pelas outras pessoas. A criança então começa a estabelecer fortes vínculos emocionais, inicialmente com a mãe, em seguida com o pai e o restante da família. O cérebro emocional

---

69. Os momentos de transição entre dois níveis de consciência normalmente se caracterizam pela dominância de um determinado nível, seja anterior ou posterior, que tem uma influência maior no indivíduo do que o outro. Representaremos graficamente essa condição colocando o nível de consciência dominante com a fonte em versalete.

assume o papel central, deixando o cérebro reptiliano com as funções automáticas. O mundo ROXO começa a se apresentar, tendo a união com os familiares e os mistérios da natureza e da vida um novo papel de destaque.

O contexto para o nível de consciência ROXO e seu estágio inicial

Historicamente, as condições de vida que favoreceram a transformação dos lampejos do modo ROXO de pensar em estruturas mais permanentes de pensamento nos humanos foram o acirramento da competição por comida, abrigo e procriação. Os bandos de seres humanos de aproximadamente 10.000 anos atrás começaram a estabelecer relações de causa e efeito entre suas ações e consequências, bem como entre os fatos ocorridos na natureza. Se o ambiente que prevalecia até então foi amigável o suficiente para que aqueles seres de porte relativamente pequeno garantissem sua sobrevivência e estabilizassem a forma de pensar BEGE, a própria sobrevivência e crescimento da população de humanos (além de outras eventuais questões climáticas) fizeram com que a busca de alimentos e abrigo ficasse mais difícil. Agora, em uma mesma região, tinha-se mais bandos de humanos, cada bando com mais pessoas e, em geral, a disponibilidade de caça e coleta permanecia a mesma. Com isso, era necessário aumentar a eficiência dessas atividades. Para tal fim, novas ferramentas, agora já de pedra polida, foram desenvolvidas a partir da observação das relações de causa e efeito já mencionadas. Naquele mesmo período, os confrontos entre diferentes bandos que buscavam explorar uma mesma área aumentavam, dando origem a uma maior coesão interna dos mesmos. Surgiam os conceitos de família, clã e tribo.

O tipo de relação de causa e efeito estabelecida pela mente ROXA é frequentemente mágico. Por exemplo, uma tribo celebra uma grande caçada. Muito tempo já havia passado desde a última vez que se conseguira tanto alimento, pois fazia muito tempo que não chovia e, com a mata seca, os animais menores que atraíam os maiores que eram caçados simplesmente desapareciam. Na festa, os membros mais velhos, aliviados pelo grande suprimento de comida, dançam de forma extática, em comemoração. Ao término da dança começa a chover, como não ocorria depois de muito tempo. Assim, cria-se o ritual da dança da chuva!

As raízes do animismo encontram-se no estágio de entrada do nível ROXO de consciência, ou seja, o que chamamos de pensamento bege-ROXO. Esse nível também é um marco inicial do processo de mudança na forma de organização dos seres humanos, tornando-se crescentemente mais complexa: dos bandos de homens das cavernas não muito diferentes dos demais mamíferos para tribos organizadas com uma hierarquia baseada no respeito aos mais velhos e aos espíritos dos antepassados.

Nos dias de hoje, o subnível bege-ROXO marca, normalmente, a transição do que costumamos chamar de bebê para uma criança propriamente dita (por volta de um ano e meio a dois anos). A criança começa a perceber que determinados comportamentos fazem com que ela receba comida e carinho, e passa a repeti-los. O pensamento simbólico tem início e o menino ou a menina começa a chamar conscientemente pela "mamã" ou pelo "papá". Essa mesma criança passa a se apegar a bichinhos de pelúcia ou determinados brinquedos específicos, aos quais atribui vida própria. Com o tempo eles começam a perceber que as pessoas e os animais são seres sencientes, diferentes dos objetos. Além disso, personagens mágicos que habitam a mente das crianças, como o Papai Noel e o Coelho da Páscoa, são frutos do pensamento mágico-animista característico do nível ROXO de consciência.

A consciência ROXA em seu auge: características

O nível ROXO de consciência representa, no modelo de Graves, a primeira oscilação da espiral para o lado do "sacrifício". Isso implica uma grande ativação do lado direito do ainda pouco utilizado neocórtex frontal, em associação com o cérebro emocional ou límbico. Como manifestações externas, percebe-se um grande apego emocional a lugares e objetos, bem como aos familiares mais próximos. Esse nível de existência é o berço da superstição nos seres humanos, assim como do totemismo, xamanismo, fetiches, bruxaria e encantos. Segundo Beck e Cowan (1996), um rico conjunto de mitos, lendas e parábolas surge no contexto dos grupos, de forma que a distinção entre o que é um fato real histórico e o que é fantasia é bastante incerta. Nesses mesmos grupos, as pessoas que têm habilidades em perceber nuanças emocionais e ajudar na melhoria de relacionamento ganham papel de destaque, uma vez que contribuem de forma decisiva para a manutenção da coesão interna, que é crítica para a sobrevivência do grupo. São os xamãs, curandeiros e pajés das tribos indígenas de outrora, e as cartomantes e feiticeiros de magia negra nos dias de hoje.

Toda a lógica de raciocínio do nível ROXO de consciência é pré-escrita. Embora haja pessoas alfabetizadas que operam no nível ROXO de consciência nos dias de hoje, as relações de causa e efeito mágico-animistas dispensam o raciocínio mais estruturado, que vai começar a aparecer mais nitidamente no nível de consciência VERMELHO e principalmente no nível AZUL, e que é necessário para o desenvolvimento da escrita. É interessante mencionar que a passagem por um processo como o de alfabetização na infância praticamente garante a mudança do centro de gravidade da criança do ROXO para o VERMELHO, se a mesma já não tiver ocorrido antes. Em geral, o pensamento ROXO é dicotômico, embora ainda não possa ser descrito como maniqueísta ou fundamentalista. As pessoas estão "aqui" ou "não estão aqui", são "dos nossos" ou "dos outros" e a percepção de tempo é muito mais circular do que linear, com eventos do passado, presente e futuro se misturando sem que possam ser distinguidos de forma apropriada.

A espiritualidade é um aspecto fortemente presente no nível de existência ROXO, sendo que a maioria das religiões parece ter uma origem similar baseada em lendas mágico-animistas. Beck e Cowan citam, por exemplo, a questão do grande dilúvio, que encontra suporte em provas geológicas. O que teria sido um período de grandes enchentes acabou sendo percebido como uma demonstração da ira divina dos deuses da natureza, que passada de geração em geração acabou sendo incorporada à espiritualidade AZUL de algumas religiões, entre elas a judaica e a cristã. Aliás como já vimos, na mente mágica da consciência ROXA fatos e fantasias se misturam naturalmente, sendo as grandes lendas da religião as maiores evidências dessa incapacidade de distinção. Em geral, o nível ROXO de consciência baseia suas crenças metafísicas em deuses ligados à força da natureza. Assim, coexistiam o Deus Sol, a Deusa Lua e assim por diante.

Em geral, a consciência ROXA não consegue conceber a vida fora do grupo de pertencimento. O grupo a que a pessoa pertence, seja uma tribo indígena de um local ainda hoje remoto ou os primeiros semitas que habitavam o Oriente Médio, é considerado como "as pessoas", sendo que aqueles que estão fora são "os outros", "não pessoas" ou mesmo "demônios estrangeiros". Essa característica, embora sirva para fortalecer os laços emocionais que unem o grupo, também contribui para isolá-lo dos demais. Algumas vezes tal mentalidade acaba gerando conflitos entre diferentes clãs em uma tribo sob a justificativa de promoção de uma "limpeza étnica".

Na visão ROXA, a vida de uma pessoa pertence à sua tribo, em uma lógica de sacrifício pelo grupo. Beck e Cowan apontam os pilotos kamikazes japoneses suicidas como exemplos desse comportamento. Aqui vale uma distinção em relação ao comportamento do terrorista suicida moderno (o "homem-bomba"), que apresenta uma lógica mais racional e menos "de sangue", sendo habitualmente descrito como uma manifestação patológica de uma mente VERMELHA em uma cultura AZUL.

A magia ROXA também está presente na medicina. Ao contrário das preces do nível AZUL pela melhora da saúde ou das pesquisas científicas do nível LARANJA por novos remédios ou mesmo engenharia genética como forma de curar e evitar doenças, o nível ROXO de consciência desenvolve sua medicina em torno da manipulação das energias vitais do corpo por meio de toque, massagens e remédios naturais. Tanto a medicina ayurvédica indiana, a medicina tradicional chinesa e a acupuntura quanto a medicina tibetana têm suas origens nesse nível de consciência e hoje gozam de reconhecimento da comunidade médica na maioria dos países. Em geral, o nível ROXO se baseia em tabus e superstições para guiar o comportamento das pessoas do grupo. Muitas vezes, eles se fundamentam em questões reais, como por exemplo o costume de não comer carne de porco trazido pelos judeus e mulçumanos dos períodos mais remotos da Pré-história. Embora estes sejam ensinados como sendo vontade dos deuses (e depois de Javé ou Alá, no nível AZUL), tinham fundamento na questão da impossibilidade de se manter a carne de porco adequada para consumo sem uma refrigeração que não estava disponível à época.

Embora a maioria das pessoas adultas que vivem nas sociedades contemporâneas tenha muito pouco de ROXO em sua forma de pensar habitual, evidências desse nível de consciência estão mais presentes do que se imagina. O hábito de fazer o sinal da cruz ao passar em frente a uma igreja, a medalhinha da sorte levada junto à carteira e as fotos das crianças da família junto ao pequeno altar de casa são evidências de que esse modo de pensar ainda está ativo em nós. Algumas situações ou condições de vida que representam grande ameaça ou até desespero, como estresse elevado, medo de doenças e crianças em perigo, acabam por fazer aflorar ainda mais o pensamento ROXO, deixando-o na "superfície" de nosso ser. Muitas vezes são situações positivas, como a celebração do batismo de um filho ou mesmo o fato de se apaixonar novamente, que trazem à tona de nosso ser a essência do pensamento ROXO, com todos os seus rituais e superstições.

Apesar de não ser frequente no meio empresarial, é possível encontrarmos pessoas bloqueadas no nível de consciência ROXO nos dias de hoje. Isso se deve, na maioria das vezes, ao fato de o indivíduo não ter satisfeito todas as suas necessidades físicas. Portanto, pessoas em condição de pobreza extrema, com constante ameaça de não ter o que comer, por mais que desenvolvam vínculos afetivos com o grupo, típicos do nível ROXO de consciência, tenderão a ficar bloqueados nesse nível e não conseguir avançar para o nível VERMELHO de consciência.

Implicações para a liderança

Assim como o nível BEGE, o nível de consciência ROXO não é frequentemente encontrado em nossas organizações. Novamente, isso será mais provável de acontecer se sua empresa atuar em áreas onde tenham ocorrido grandes catástrofes e trabalhar com ajuda humanitária. Uma vez que o suprimento de comida e abrigo esteja garantido nessas regiões, a mente das pessoas sob situações de grande estresse tenderá a estabilizar seu centro de gravidade no nível ROXO, em função das prováveis perdas de familiares e amigos queridos.

Por outro lado, tende a ser bastante comum a presença fortemente manifesta do pensamento ROXO não central, ou seja, com o centro de gravidade em VERMELHO OU AZUL, principalmente em regiões onde a mão de obra é abundante e pouco qualificada, sendo ainda mais provável de ocorrer quando a força de trabalho em questão pertence a um mesmo grupo étnico ou cultural. Quando prevalece uma situação de uniformidade étnica e cultural em equipes de trabalho operacionais em regiões pouco favorecidas, é possível que, no ambiente de trabalho, o nível de consciência predominante das pessoas seja o ROXO. Em qualquer um desses casos é importante ter em mente que o paternalismo e o nepotismo são questões absolutamente naturais para os envolvidos no que se refere à escolha daqueles que deverão liderá-los. Embora este não deva ser o critério mais importante a se utilizar quando da escolha de uma liderança em um ambiente como o descrito, vale a pena se aprofundar e conhecer os laços que unem as pessoas, bem como quais os rituais e tradições de sua cultura, para identificar aqueles que são percebidos como líderes "naturais" pelo grupo. Se ficar na dúvida entre dois potenciais líderes igualmente competentes, não hesite em escolher aquele que é o líder "de sangue". Se for optar por outra alternativa, tome o cuidado de não violar os códigos de gênero, idade e papéis da comunidade. Por exemplo, a escolha de uma mulher jovem, por mais competente que seja, para uma função de supervisão em uma equipe formada por membros de uma comunidade local com pensamento ROXO fortemente ativo e valores patriarcais seria altamente contraproducente. Em qualquer caso em que a liderança formal não coincida com a liderança natural, é importante ter em mente que esta última continuará a exercer um papel de liderança. Por esse motivo, deverá ser consultada e ouvida pela liderança formal. Além disso, é crucial que a organização respeite e incentive os rituais da comunidade local, realizando ritos de passagem e outras celebrações quando apropriado.

Seja nos casos em que o centro de gravidade dos liderados encontra-se no nível ROXO ou nos casos em que o ROXO é muito forte em grupos com centro de gravidade no nível AZUL, elementos como comunicação, questões de disciplina e padronização, bem como eventuais esquemas de recompensa financeira devem ter como alvo o grupo inteiro. Recompensas individuais tendem a enfraquecer a coesão do grupo e isolar o beneficiado. Nos casos em que o pensamento VERMELHO é dominante e o pensamento ROXO é secundário, é importante estar atento à possível existência de conflitos intertribais ou mesmo interclãs nas equipes de trabalho. Grande parte dos gerentes vindos de economias desenvolvidas ou em processo de desenvolvimento tende a ignorar esse tipo de situação quando atuam em economias menos desenvolvidas e com a presença dos níveis ROXO e VERMELHO ainda muito ativas.

A transição de ROXO *para* VERMELHO: *condições e processo*

Ao longo da história, normalmente em situações nas quais a percepção de segurança afetiva pelos membros do grupo estava preenchida e era estável, o questionamento da validade das superstições e rituais grupais do nível ROXO por uma nova forma de pensar, focada na autoexpressão e na conquista individual, foi um dos caminhos que levaram ao esgotamento do pensamento mágico-animista. O outro, talvez mais frequente, foi a competição entre tribos diferentes que buscavam usufruir de um mesmo espaço geográfico, ou mesmo a luta entre clãs de uma mesma tribo pela sua hegemonia. Em ambos os casos, a assertividade crescente do pensamento ROXO-vermelho exerce papel fundamental, levando os mais agressivos e determinados à vitória sobre aqueles que se mantinham apegados às tradições e aos rituais do grupo.

No estágio ROXO-vermelho, a pessoa começa a sonhar em agir diretamente sobre a natureza e os outros. Beck e Cowan afirmam que os indivíduos começam a enxergar fraquezas em seus líderes e concluem que os espíritos que regem a natureza não são tão fortes assim e podem até ser gerenciados. Eles começam a testar a força desses espíritos por meio de pequenos desafios e ignorando maus presságios. Os mais audaciosos confrontam os limites do mito e do tabu, "pagando para ver" se os espíritos vêm dominá-los. Nesse momento surge o ego e, consequentemente, a forma egocêntrica de pensamento, a primeira manifestação de autoexpressão da mente humana!

As crianças de cinco ou seis anos dos dias de hoje começam a duvidar da existência do Papai Noel e do Coelho da Páscoa. Percebem que a mãe e o pai não são infalíveis e cometem erros. Nessa idade, a maioria das crianças passa a ter o centro do seu pensamento em VERMELHO. Entretanto, as primeiras manifestações do nível VERMELHO de consciência nos pequenos costumam vir bem mais cedo, acompanhadas por comportamentos egoístas e clamores de "eu quero" por volta dos dois ou três anos. Ao invés de se comportar com o intuito de preencher suas necessidades emocionais de carinho da parte dos pais como antes, a criança começa a balizar suas escolhas por aquilo que lhe dá maior prazer. Mais tarde, com o aumento da produção de hormônios no início da adolescência, o nível VERMELHO volta a assumir um papel de predominância, manifestando-se por meio da rebeldia típica dessa idade, alternando-se com os momentos de opção pelo "que é certo" e pela aceitação pelos grupos de interesse característicos do nível AZUL.

O contexto para o nível de consciência VERMELHO e seu estágio inicial

Uma das consequências da vida mais calma e estável conseguida após várias centenas de anos de predomínio do nível ROXO de consciência, associada à sua forte inclinação para a procriação como forma de perpetuação da espécie (a esmagadora maioria das mulheres tinha mais de dez filhos), foi o aumento da população e, consequentemente, da competição por território e comida. É justamente essa nova modalidade de conflito, qual seja entre tribos ou clãs de seres humanos, que cria as condições favoráveis ao surgimento e fortalecimento do nível VERMELHO de consciência.

Inicialmente, a consciência roxa-VERMELHA implica uma mudança de foco da magia do nível ROXO para a assertividade machista do nível VERMELHO de consciência. Ao invés de cultuar os espíritos da natureza, os primeiros humanos que alcançavam esse nível começam a cultuar deuses com aparência física e emocionais de humanos. São deuses que lutam, amam, matam e se vingam e estão presentes em determinada fase da história de povos provindos de lugares tão distintos quanto a Europa (Grécia e Roma antigas), Ásia (hinduísmo e budismo tibetano primitivos e seus panteões de deuses) e América do Sul e Central (incas e astecas, por exemplo). As tradições orais dos povos, antes focadas em criar harmonia entre os membros do grupo, agora se transformam em histórias fantásticas sobre feitos heroicos de seus líderes, seja dizimando seus inimigos ou triunfando contra as forças da natureza.

Os clãs de humanos, que até então eram comandados por líderes operando em ROXO que buscavam as decisões por consenso, começam a se submeter a decisões unilaterais advindas do pensamento VERMELHO dos seus líderes. O poder passa a ser atribuído ao mais forte, e não àquele que "domina os espíritos". Ao mesmo tempo, o desejo sexual assume papel central na vida dos adultos governados crescentemente pelo pensamento VERMELHO. Em situações de guerra onde o nível VERMELHO é dominante, até hoje são comuns os casos de estupros e violência sexual contra as mulheres do povo inimigo. À época, a escravidão dos derrotados era a norma para essa nova maneira de pensar.

Na infância, a partir do momento em que a criança sente como garantida a estabilidade proveniente da segurança afetiva de seus pais, o pensamento VERMELHO começa a despontar, fazendo com que o menino ou a menina lutem por escolhas próprias e comportamentos de independência. Um ponto importante durante a predominância do nível roxo-VERMELHO nas crianças diz respeito ao papel dos pais ao lidar com os ímpetos de independência e rebeldia de seus filhos. Pais muito opressores e autoritários podem fazer com que seus filhos reprimam o conteúdo desse nível de consciência para continuarem se desenvolvendo e convivam com acessos de raiva por toda a sua vida. Por outro lado, pais excessivamente protetores podem dificultar o amadurecimento de seus filhos por não lhes permitir independência para enfrentar seus "monstros".

A consciência VERMELHA *em seu auge: características*

Em geral, o pensamento VERMELHO traz consigo a primeira manifestação de um ego independente ou de uma personalidade consolidada. Por esse motivo, esta forma de pensar costuma ser denominada de egocêntrica, com o indivíduo se libertando do pensamento imposto pelo grupo e passando a buscar a satisfação de suas vontades próprias.

Uma das principais características do pensamento VERMELHO é a tendência de culpar pessoas ou fatores externos por seus fracassos. A predominância de lócus externos é nítida em crianças e adultos quando esse nível de consciência prevalece. O longo prazo é algo que ainda não aparece no *modus operandi* do nível VERMELHO de consciência. Em geral, as habilidades de planejamento estão ausentes ou são muito precárias e o foco no curto prazo é praticamente total. Esse fato talvez seja o grande reforçador do comportamento de vítima desse nível de consciência, pois faz com que seja frequente uma luta ou disputa ter resultado distinto do esperado ou do prometido. O hedonismo tende a ser quase que perene, com a pessoa preferindo "curtir" uma situação até o último momento ao invés de se preparar para um desafio que se aproxima.

Como o mundo é dividido entre os fracos e os poderosos, as relações entre pessoas com esse nível de consciência tendem a ser um jogo de poder, onde o mais forte sempre vence. Como exemplos de grupos onde predominam o pensamento VERMELHO nos dias de hoje temos as máfias, gangues de rua e equipes de artes marciais. No passado, os Vikings, Gengis Khan e Átila o Huno foram exemplos nítidos de manifestações desse nível de consciência, assim como os grandes impérios coloniais e o sistema feudal da Europa Medieval (os dois últimos frutos da engenhosidade do nível de consciência AZUL com o objetivo de dominar os níveis de consciência VERMELHO e ROXO). As sociedades com culturas associadas ao nível VERMELHO de consciência tendem a ser extremamente desiguais, com muitos tendo muito pouco e poucos tendo muito. Nos dias de hoje, seja entre adultos ou crianças, o pensamento VERMELHO geralmente desperta sonhos de grandiosidade e heroísmo. Esta é a razão do sucesso dos super-heróis entre as crianças e do comportamento inconsequente dos adultos operando nesse nível de consciência.

Para a consciência VERMELHA a culpa não existe, uma vez que os erros são sempre consequências das ações de terceiros. Entretanto, a vergonha deve ser evitada. Assim, pior do que simplesmente perder uma batalha, uma luta ou uma partida de futebol, é perdê-la sem lutar. Para evitar o sentimento de vergonha, a mente que opera no VERMELHO tende a lutar até o fim, conferindo a esse nível de consciência uma característica de agressividade inerente.

Com sonhos de grandeza e sem culpa, ser o maior traficante de uma determinada cidade pode ser o ápice do "plano de carreira" de um jovem adulto com o centro de gravidade de seu pensamento no nível VERMELHO de consciência, que cresceu em meio à pobreza e à falta de recursos. Ao mesmo tempo, para o pré-adolescente com um pico hormonal baseado em VERMELHO, a suspensão por indisciplina na escola é vista como algo positivo por ser um sinal de independência em relação às regras impostas pelos "caretas". É comum julgar o comportamento das outras pessoas como sendo "ao meu favor" ou "contra mim", sem uma outra alternativa intermediária. Além disso, todo e qualquer compromisso com uma causa ou pessoa sempre virá acompanhado da pergunta: "O que eu ganho com isso?" Geralmente, o compromisso com um grupo se mantém enquanto houver ganho individual para o sujeito operando em VERMELHO. Quando o ganho não é mais percebido, a lealdade dessa pessoa para com o grupo deixa de existir e ela poderá agir de forma a ser percebida pelos outros como traidora.

Em função de seu foco no curto prazo e na ausência de culpa, o nível VERMELHO de consciência é aquele mais sujeito aos problemas com a dependência de álcool ou de drogas. Por serem questões de longo prazo, a dependência em si sequer é vislumbrada e, quando se concretiza, já é tarde demais para ser controlada.

Aproximadamente 20% da população adulta do mundo[70] ainda opera predominantemente no nível VERMELHO de consciência, sendo esse percentual muito maior entre os países mais pobres da África e da Ásia, e consideravelmente menor nos países desenvolvidos. Embora seja bastante frequente a caracterização desse nível de consciência como algo distante, principalmente nos meios mais intelectualizados como as universidades, o pensamento VERMELHO ainda está muito presente em nós. Possivelmente, a rejeição natural ao nível VERMELHO de consciência está fortemente relacionada ao fato de suas características "negativas" serem enfatizadas na maioria dos textos e palestras que abordam essas questões. Além disso, o fato de a maioria dos adultos com alto nível sociocultural nos dias de hoje terem tido uma educação fundamentada em preceitos do nível AZUL de consciência em sua infância, com forte repressão às manifestações de rebeldia típicas do nível VERMELHO, faz com que sombras reprimidas desse nível de consciência sejam frequentes, gerando rejeição[71].

De fato, em paralelo ao hedonismo, à assertividade agressiva e à ausência de culpa, a injeção de orgulho e desejo provenientes desse nível de consciência é algo que nos energiza e tende a nos deixar mais criativos. Em situações organizacionais

---

70. WILBER, K. *Integral Spirituality*: A Startling New Role for Religion in the Modern and Postmodern World. Boston/Londres: Integral Books, 2006.

71. A questão das sombras nos níveis de consciência é abordada em detalhes no capítulo 6 deste livro.

ou políticas em que o nível de consciência AZUL é dominante em sua forma não saudável (dogmatismo excessivo, maniqueísmo, fundamentalismo violento) e as condições de vida não possibilitam o surgimento do nível LARANJA, as maiores chances de se escapar de tal condição se dá por meio de uma "descida" ao nível VERMELHO de consciência. A excessiva submissão às vontades do grupo em situações onde existe predomínio de VERDE, característica típica de muitos membros da geração *Boomer*, possivelmente ocorre em função dessa repressão ao VERMELHO durante a infância. Até mesmo o fortalecimento recente do pensamento politicamente correto parece ter forte relação com tal repressão ao nível VERMELHO de consciência, além da forte rejeição ao nível LARANJA.

As artes marciais e os esportes são as manifestações mais saudáveis do nível VERMELHO de consciência na atualidade. Em locais onde existam jovens em situação de risco social, a promoção de atividades esportivas com a devida filiação desses jovens a equipes pode ser o meio mais eficaz de evitar que se envolvam com atividades ilícitas e banditismo. Como esse nível não está sujeito à culpa, a simples prisão do indivíduo que comete um crime operando em VERMELHO não deverá ser suficiente para regenerá-lo. Por essa razão, a maioria dos criminosos (que normalmente tem seu centro de gravidade em VERMELHO) continua praticando crimes enquanto estão presos e acabam sendo reincidentes ao sair. Assim, o uso de práticas esportivas e de artes marciais nas prisões pode ser uma forma interessante de despertar o nível VERMELHO saudável nos criminosos e abrir caminho para o nível AZUL de consciência. Para eles, se a culpa chegar a despontar, as religiões com forte apelo dogmático e absolutista desempenham um papel importante, e tendem a se tornar um caminho natural para a regeneração.

É nesse nível de consciência que uma característica importante do processo de desenvolvimento da consciência humana começa a aparecer de forma mais nítida, que são os bloqueios ao desenvolvimento que ocorrem tanto individualmente quanto em situações de grupo e organizacionais. A pessoa que não "esgotou" todas as questões do nível ROXO de consciência, ou seja, na prática a pessoa que continuou sendo guiada em parte pelos instintos de sobrevivência física de BEGE e nunca consolidou totalmente a questão dos vínculos emocionais do nível ROXO de consciência, tenderá a ter seu desenvolvimento estagnado no nível VERMELHO de consciência, não conseguindo operar a partir de AZUL. Ela será capaz de consolidar o nível VERMELHO, mas não de transcendê-lo. Esse processo é comum entre pessoas que quando crianças foram abandonadas pelos pais e não criaram fortes vínculos emocionais, passando para a rebeldia do nível VERMELHO de consciência sem incluir totalmente o nível ROXO e, por isso, apresentando um padrão de desenvolvimento doentio. Para "liberar" o caminho do desenvolvimento de sua consciência essas pessoas deverão, normalmente, fazer tratamento psicoterápico e/ou psiquiátrico, enfatizando justamente essas questões relacionadas aos vínculos emocionais que não foram consolidados.

Implicações para a liderança

Ao contrário dos níveis BEGE e ROXO, o nível VERMELHO de consciência é frequentemente encontrado em sua forma predominante em nossas organizações. Grande parte dos efetivos operacionais (seja na indústria ou em operações de serviço) com menos escolaridade tende a ter a predominância do pensamento VERMELHO no Brasil e na maioria dos países em desenvolvimento. Embora agir com educação e disposição para ouvir seja importante na atuação com equipes nas quais predomina esse nível de consciência, essas pessoas precisam sentir que sua liderança possui poder sobre elas. Assim, práticas unicamente voltadas à participação em decisões ou autonomia elevada tendem a ser contraproducentes, pois podem ser percebidas como sinais de fraqueza. A supervisão direta é, sem dúvida, o mecanismo de coordenação mais efetivo para lidar com liderados operando no nível VERMELHO de consciência.

A ideia de que o bom chefe é aquele que "funga no cangote" do subordinado é bastante verdadeira neste caso. Movida pela necessidade de satisfazer seus desejos de curto prazo, a consciência operando em VERMELHO tenderá a realizar suas tarefas em uma velocidade menor e com qualidade inferior sempre que não estiver sendo vigiada de perto por uma autoridade a qual seja atribuído o poder. Isso ocorre em função de sua frequente entrega às distrações voltadas para a maximização do prazer de curto prazo. Por exemplo, poder portar um *smartphone* com acesso à internet em seu posto de trabalho representa uma constante tentação de fuga de uma realidade operacional repetitiva e monótona acessando uma rede social, um site pornográfico ou de fofocas, e não um benefício que fará com que o funcionário se motive e atue de forma mais comprometida. Esse ponto também é válido na escola das crianças. Muita liberdade e pouca supervisão tendem a dificultar o aprendizado pelos mesmos motivos que prejudicam a produtividade do operador pouco qualificado em idade adulta.

Promessas de promoção futura ou de bônus anual de produtividade como prêmios pelo bom desempenho também tendem a não funcionar em função da dificuldade de se pensar no longo prazo. Assim, o pagamento de adicionais semanais ou quinzenais pelo alcance de metas tende a ser muito mais efetivo como mecanismo para motivar o bom desempenho. De fato, quanto mais próxima a recompensa, maior a probabilidade de percepção de ganho e, consequentemente, maior a tendência ao engajamento.

De forma similar, a ameaça de castigos e a proibição de fazer coisas de que se gosta tendem a não funcionar de forma efetiva com crianças em torno dos cinco anos de idade, pois o nível AZUL de consciência ainda não está presente. Prêmios de curto prazo pelo bom desempenho são, novamente, muito mais eficazes em promover bons comportamentos e consolidar bons hábitos. Portanto é melhor dizer: "Se você fizer com capricho e empenho toda a lição eu te levo no jogo de futebol amanhã" do que "Se você não caprichar na tarefa de casa vai ficar de castigo sem jogar *videogame* até o final do mês".

Tanto as equipes de trabalho com predomínio do nível VERMELHO quanto as turmas de alunos da pré-escola ou das últimas séries do Ensino Fundamental (estas últimas têm períodos significativos de predomínio do pensamento VERMELHO em função de picos hormonais na pré-adolescência e início da adolescência) tendem a desafiar o poder de seus líderes (supervisores e professores, respectivamente) de tempos em tempos. Nesses momentos, o líder não pode fraquejar, sob pena de perder o controle sobre o grupo de forma definitiva. No ambiente organizacional, especialmente no chão de fábrica das indústrias de montagem, hoje já não tão frequentes nos países desenvolvidos, são comuns os enfrentamentos de grupos de trabalhadores contra a supervisão ou a gerência. É este exatamente o nível de consciência que levou Frederick Taylor[72] a caracterizar os três tipos de vadiagem existentes da parte dos operadores, quais sejam: i) a vadiagem natural, chamada de preguiça por Taylor, e que está diretamente relacionada com a incapacidade de pensar em longo prazo e ceder a pensamentos hedonistas para fugir de uma realidade monótona; ii) a vadiagem intencional, ou "cera", normalmente um "teste" feito por um ou mais trabalhadores no sentido de verificar se a supervisão tem a operação sob controle; e iii) o boicote, no qual os operadores escondiam da supervisão e da gerência formas mais produtivas de realizar o trabalho.

Nos dias de hoje, é importante termos em mente que, dependendo do contexto de nossa atuação como gestores, poderemos ter de liderar uma mão de obra com o perfil muito similar àquele encontrado por Taylor no início do século XX nos Estados Unidos. Se esse for o seu caso, convém deixar de lado os modismos relacionados à crescente autonomia e às equipes autogerenciáveis (funcionais quando a mão de obra opera entre os níveis LARANJA e VERDE de consciência)

---

72. O sistema de Administração Científica proposto por Taylor em seu livro *The Principles of Scientific Management* (1911) unia a essência do pensamento LARANJA (aplicado pela gerência no *design* do sistema e focado em determinar formas progressivamente mais produtivas de realizar o trabalho) com uma forte base prática do pensamento conformista AZUL (especificamente em sua implementação pelos supervisores ou "capatazes", que deveriam garantir que todos os operadores realizassem suas atividades de acordo com os padrões pré-definidos pela gerência como sendo o *One Best Way*), executado por uma mão de obra operando no nível VERMELHO.

e resgatar alguns dos métodos seculares de Taylor. Entretanto, se pretendemos agir como líderes integrais, é fundamental que sedimentemos o caminho para permitir o desenvolvimento dessa mão de obra para o nível AZUL de consciência. Para tanto, é fundamental que a liderança enfatize a missão e os valores da organização para o nível operacional, começando a incutir nos operadores a noção de certo e errado, uma das bases do pensamento AZUL. Ao mesmo tempo, é importante fazer com que esses operadores sejam qualificados (isso pode significar não só treinamento técnico, como também educação básica, pois possivelmente o trabalhador cujo centro de gravidade de sua consciência está em VERMELHO não completou o ensino básico), aprendam a ler e a interpretar os padrões de trabalho e comecem a se responsabilizar pelo cumprimento dos mesmos, reduzindo a necessidade de supervisão direta. Em tal situação, os padrões deixam de ser um instrumento para uso da supervisão e passam a ser um instrumento para uso da operação. Quando essas medidas são associadas à criação de equipes de trabalho e à implementação de medidas punitivas para os erros cometidos, visando estabelecer a ausência de erros e o cumprimento das metas como fonte de premiação para a equipe e os melhores funcionários, o nível AZUL começa a despertar na força de trabalho e um novo horizonte de possibilidades se apresenta à organização.

A transição de VERMELHO para AZUL: condições e processo

Com o passar do tempo, é natural que as conquistas viabilizadas pelo nível de consciência VERMELHO se tornem lugar-comum. Na evolução da humanidade, essas conquistas deram origem a sistemas político-econômicos muito mais complexos do que os antigos clãs que se associavam em tribos (expressões do nível ROXO de consciência), e que começam a precisar de estabilidade e previsibilidade para seu bom funcionamento. As tribos do Paleolítico deram origem a povos e suas civilizações, onde atividades como o comércio e os serviços prosperavam, dando origem às primeiras grandes cidades. Com a invenção da escrita, leis começaram a ser formuladas para balizar os comportamentos que seriam adequados para o convívio em sociedade entre seres humanos. As tábuas da lei com os Dez Mandamentos recebidas por Moisés no Monte Sinai diretamente de Javé são um ícone desse processo de mudança de mentalidade. Sai o "olho por olho, dente por dente", típico do pensamento VERMELHO, e entra em cena o *compliance* com o que é correto de acordo com a Palavra de Deus. As preocupações com o longo prazo começam a ocupar espaço no neocórtex dos seres humanos e, para isso, a imposição de um propósito maior, proveniente de uma autoridade externa, ganha importância. No lugar dos espíritos da natureza (ROXO) e do politeísmo dos deuses de poder (VERMELHO), surge o monoteísmo etnocêntrico (AZUL).

No início, esse deus único atuava como os deuses de poder, com acessos de poder, raiva e vingança caracterizando o estágio VERMELHO-azul, como no episódio em que Javé manda Abraão matar seu próprio filho como prova de fidelidade. Aos poucos ele vai se tornando menos irado e mais incondicionalmente ao lado do seu povo, como quando ajuda o pequeno Davi a vencer o gigante Golias, quatorze gerações depois de Abraão. Com a consolidação do pensamento de longo prazo, surge a preocupação com o futuro e aquilo que acontece após a morte volta a ser fonte de grande especulação para os seres humanos, dando origem a um novo pulso de religiosidade coletiva. Por isso, conformar-se à ordem vigente passa a se constituir o caminho natural para uma vida correta. Nesse sentido, a repressão da busca imediata pelo prazer de curto prazo em nome de um futuro (que pode ser eterno) melhor para si mesmo e para o seu povo constitui-se na essência do novo pensamento que começava a surgir.

A preocupação com o que os outros sentem ganha importância e a culpa começa a assumir um papel fundamental na psique humana. A passagem do nível VERMELHO para o nível AZUL de consciência é muito bem caracterizada no filme *Ben-Hur*, até hoje o maior vencedor do Oscar com 11 estatuetas (marca igualada por *Titanic* e *O senhor dos anéis*, mas nunca ultrapassada desde 1959). Traído pelo irmão adotivo, vendo sua nobre família ser destruída e perder as posses e sendo transformado em escravo de Roma, Judá Ben-Hur rema em navios de escravos por anos, cai nas graças de um rico comerciante, torna-se gladiador e passa a cultivar um requintado sentimento de vingança (VERMELHO) contra o irmão adotivo, que quando consumada não o satisfaz. Então ele encontra Jesus Cristo em pleno calvário, o que o faz perdoar os seus agressores e tornar-se um pregador da Palavra de Deus (AZUL).

Nas crianças, os primeiros indícios do pensamento AZUL surgem diante da necessidade de desempenhar papéis em sociedade por volta dos sete anos. São esses papéis que começam a trazer para a psique infantil a preocupação com o longo prazo: "Será que eu vou bem na prova?" "Papai e mamãe não vão ficar felizes se eu fizer bagunça na escola!" "Estou preparado para o jogo da semana que vem?" "Se eu jogar mal meus amigos não vão mais gostar de mim!" A necessidade de ser aceito pelos diversos grupos com os quais se relaciona reforça o ímpeto de conter os desejos imediatistas e egocêntricos em nome de algo maior. Isso não quer dizer que o nível de consciência AZUL se tornará predominante já no início da fase escolar. De fato, ele tende a se tornar prevalente apenas na pré--adolescência, quando muito, pois ainda sofrerá "ataques" regressivos do pensamento VERMELHO durante a puberdade.

A participação em uma comunidade religiosa monoteísta pode funcionar como um grande catalisador desse processo, incluindo pensamentos como: "Se eu bater nele vou acabar indo para o inferno!" "Vou perdoá-lo mesmo sabendo que ele pegou minha chuteira, pois a Bíblia diz que devemos dar o perdão aos que nos ofendem". O foco da criança começa a desviar-se de si própria e voltar-se para o grupo, que agora é mais amplo que o círculo familiar, sendo formado pelos colegas da escola, os amigos da rua, os que torcem pelo mesmo time de futebol, até chegar aos que nasceram no mesmo país e têm uma história em comum.

O contexto para o nível de consciência AZUL e seu estágio inicial

Com a consolidação das conquistas sobre os inimigos, a vida do dia a dia passa a ganhar importância central. Novas sociedades começam a emergir com diversos papéis diversificados, todos seguindo regras específicas que agora podem ser escritas e comparadas com o comportamento daqueles que devem se submeter a elas. O estágio vermelho-AZUL de consciência foi crucial para a expansão e a consolidação das fronteiras do Império Romano. Com o despertar da consciência vermelho-AZUL, as preocupações em buscar a estabilidade interna começam a superar o foco em vencer os inimigos. Essa necessidade advém, mais uma vez, da crescente complexidade dos sistemas humanos que começam a ser criados e que já não mais podem ser gerenciados adequadamente com uma lógica de curto prazo. Porém, o nível VERMELHO continua bem ativo para, se for necessário, acionar a lógica de "vencer o inimigo" a qualquer custo em nome da preservação da estabilidade.

Em geral, surge uma crescente preocupação em purificar os pensamentos impuros e converter ou mesmo eliminar aqueles que pensam diferente, o que para o novo nível de consciência que surge significa "pensar de forma errada". De acordo com Beck e Cowan, esse nível de consciência é extremamente ativo e predominante em meio às militâncias políticas radicais, uma vez que juntam a necessidade de reforçar a crença no que "está certo", típica de AZUL (seja essa crença marxista ou fascista), com o ímpeto de "lutar para vencer o inimigo", típico de VERMELHO. Esse nível de consciência está fortemente ativo nos dias de hoje tanto entre os sionistas e palestinos radicais da Faixa de Gaza como nos neonazistas *skinheads* das grandes metrópoles norte-americanas e europeias (e também nas brasileiras!). Também é o nível de consciência predominante nos elementos mais radicais de ambos os lados dos conflitos de rua em manifestações políticas recentes no Brasil, como nos protestos do movimento "Passe livre" e por ocasião das passeatas contra e a favor do *impeachment* da ex-presidente Dilma Rousseff.

A culpa começa a exercer um papel cada vez mais fundamental na psique humana e é sua predominância sobre a necessidade de vencer os inimigos que irá marcar a consolidação do nível AZUL de consciência sobre o nível VERMELHO. Depois de surgir de forma pontual e não predominante ainda na pré-escola, quando a criança começa a se relacionar com a questão do certo e do errado, o nível de consciência AZUL tende a ir se tornando cada vez mais forte à medida que a criança se aproxima da pré-adolescência. É quando ela começa a se engajar em causas vistas como justas e focadas na busca da igualdade como, por exemplo, a questão da sustentabilidade ambiental. Entretanto, não se engane! O pré-adolescente ou o adolescente jamais estará efetivamente operando a partir do nível VERDE de consciência, onde as causas sociais e ambientais são características. Ele estará, de fato, abraçando uma "causa VERDE" mas processando-a de forma vermelho-AZUL (ou seja, terá um conteúdo do pensamento VERDE, com uma forma de pensar ainda muito menos complexa, qual seja, vermelho-AZUL). Muitos dos ambientalistas vistos em conflito com autoridades ao redor do mundo ainda operam, de fato, no nível vermelho-AZUL.

A consciência AZUL em seu auge: características

Quando o nível AZUL de consciência passa a ser o centro de gravidade do pensamento, a pessoa sente que sua vida tem sentido e é guiada por um claro propósito, seja ele religioso, político, sentimental ou profissional. A capacidade de lidar com ideias mais complexas e abstratas é drasticamente aumentada, o que faz surgir uma nova forma de motivação: a pessoa passa a se engajar em atividades para realizar seu propósito e não apenas para conseguir recompensas imediatas (VERMELHO) ou a aceitação do seu grupo mais próximo (ROXO). Para isso, ela terá de desenvolver relações de causa e efeito entre suas atividades realizadas no presente e o alvo que busca atingir no futuro, algo que só é possível a partir do nível de consciência AZUL. Atualmente, aproximadamente 40% dos adultos do mundo operam predominantemente a partir do nível AZUL, sendo este o nível de consciência com maior ocorrência[73]. Entretanto, esse percentual tende a ser um pouco maior nos países em desenvolvimento, como o Brasil, e menor nos países mais desenvolvidos.

Com a predominância do nível AZUL, a pessoa precisa se purificar em relação às suas formas antigas de pensamento (VERMELHO) e encontrar um novo significado e propósito em uma nova religião, um novo partido político, um novo relacionamento ou um novo emprego. E é com essa sensação de purificação e perdão em relação às crenças e atitudes anteriores que o nível AZUL de consciência se estabiliza. Entretanto, como Beck e Cowan enfatizam, apesar de revigorante,

---

73. WILBER, K. *Integral Spirituality...* Op. cit.

a ascensão do pensamento AZUL não significa uma ruptura com o *status quo* (não à toa denominamos essa forma de pensar como "tradicional" no início deste livro), sendo na maioria das vezes conservadora (podendo ser moderada) em termos políticos, seja de direita ou de esquerda. Mais uma vez, é importante distinguir os **processos** de pensamento relativos aos níveis de consciência do **conteúdo** dos pensamentos em si. Nos dias de hoje, são frequentes os políticos, ativistas, artistas e jornalistas defendendo ideias "progressistas" típicas do pensamento VERDE (pluralismo, proteção e *empowerment* de minorias desfavorecidas, multiculturalismo etc.) por meio de formas de pensar (e agir) que indicam claramente a predominância do nível AZUL de consciência, em função do caráter dogmático e maniqueísta de suas colocações. Como veremos mais adiante, a adesão "apaixonada" do nível AZUL de consciência por algum dos "ismos" característicos do pensamento VERDE tem fortalecido e conferido características de verdade absoluta a um dos maiores males intelectuais do novo milênio: a correção política.

O pensamento AZUL normalmente chega para colocar ordem no lugar do caos, que provavelmente foi causado pelos excessos de conflitos e rebeldia, típicos do nível VERMELHO, ou por um nível LARANJA doentio, caso em que frequentemente se dá uma regressão na consciência. A ordem típica do nível de consciência AZUL é necessária para combater a desordem social. No nível político-econômico, as pessoas tendem a aceitar o autoritarismo AZUL para remediar os problemas causados pelos excessos de liberdade e rebeldia VERMELHOS (muitas vezes defendendo "ideias VERDES") e também pelo fracasso de iniciativas capitalistas "selvagens", típicas do nível de consciência LARANJA em sua forma doentia. Na adolescência, AZUL começa a despontar alternando-se com VERMELHO, mas em geral, para aqueles que ingressam na faculdade (para muitos, alguns anos antes), em algum momento a busca por uma profissão e um "lugar de respeito" na sociedade terminam por reprimir os atos de rebeldia e fazem com que o jovem ou a jovem passem a *comply* com as regras do profissional correto.

A lógica do pensamento AZUL é naturalmente hierárquica, onde a autoridade absoluta dita o que é o caminho correto, seja Deus, o Livro Sagrado, os ensinamentos do Mestre, o Comandante em chefe ou mesmo o manual de normas. As autoridades "mortais" superiores se subordinam à autoridade absoluta e, embaixo dessas uma cadeia hierárquica de comando e controle se estabelece, com a subordinação ao superior sendo um traço fundamental do sistema. Ir contra a autoridade imediata significa ir contra a autoridade absoluta e, portanto, ir contra a ordem e a lei máxima. Em geral, aquilo que o nível de consciência VERMELHO tentava resolver no curto prazo com artimanhas ou enfrentamento direto, o nível de consciência AZUL tenderá a resolver por meio de uma vida em conformidade com os padrões de correção, cumprindo as obrigações e pagando suas dívidas, com paciência e fé, atuando muitas vezes de forma diplomática.

No que se refere ao temperamento, as pessoas cujo centro de gravidade encontra-se em AZUL têm, em geral, um perfil dogmático e absolutista. Tendem a repetir muitas vezes a mesma coisa, como se estivessem "pregando". (E de fato estão!) Sua interpretação das regras é, na maioria das vezes, literal, sem margens a diferentes interpretações. A convivência com pessoas com predominância de AZUL é tranquila, desde que haja concordância entre as partes. Aqui é importante ressaltar mais uma vez que tal concordância não se dá no nível da forma de pensamento (ou seja, ter predominância do nível de consciência AZUL), mas no conteúdo do mesmo. Duas pessoas operando em AZUL com conteúdos de pensamento distintos, ou seja, discordando entre si em algum assunto importante, como no exemplo dos hipotéticos fazendeiro norte-americano e comerciante iraniano apresentado no capítulo 2, tenderão a permanecer em conflito constante, o que provavelmente não ocorreria se o interlocutor operasse em um nível mais complexo, principalmente VERDE, AMARELO ou TURQUESA. Entretanto, é importante ressaltar que as pessoas operando em níveis de consciência mais complexos com desenvolvimento saudável construíram uma sólida base ética e moral ao passar por AZUL, seja essa base judaico-cristã, islâmica, confuciana, hindu, budista ou mesmo secular, baseada em valores ligados ao patriotismo. De fato, as pessoas precisam dessa base para se desenvolverem de forma saudável, com seu centro de gravidade passando por LARANJA, VERDE e assim por diante. O possível desenvolvimento fundamentado na rejeição dos processos de pensamento focados no que é certo ou errado irão certamente dar origem a um pensamento LARANJA patológico e antiético (BECK & COWAN, 1996).

Esse processo doentio de desenvolvimento é bastante comum na sociedade brasileira nos dias de hoje. Se cansamos de ouvir o noticiário sobre Operação Lava Jato, escândalos de corrupção e coisas do gênero, estes são uma evidência da atuação do pensamento LARANJA patológico e antiético, no qual vale tudo para se alcançar os objetivos definidos. As origens dessa distorção estão muito provavelmente no nível AZUL e no fato deste não ter sido consolidado de forma adequada, o que é bastante provável em nosso país em função da "Lei de Gérson" e do "jeitinho brasileiro". A pessoa operando em AZUL e precisando "esgotar" a resolução de problemas pela lógica do *compliance* encontrará um verdadeiro "campo minado" em nosso país, pois estará frequentemente diante de situações onde os preceitos morais de correção não se aplicam ("Lei de Gérson") e também diante de fatos que evidenciam que a lei não é para ser levada "ao pé da letra" ou não é para todos ("jeitinho brasileiro"). Um outro ponto diz respeito ao próprio processo de desenvolvimento dessa pessoa na Espiral dos Níveis de Consciência.

As "pendências" em AZUL darão origem a um pensamento LARANJA patológico e bloqueado, sem condições de acesso ao nível VERDE de consciência. Abordaremos esse problema de forma mais direta mais à frente neste livro.

É importante ressaltar que a distinção entre o certo e o errado na lógica do pensamento AZUL é sempre muito clara e sem margens para questionamentos. Não existem zonas "cinzas" entre o bem e o mal, a verdade e a mentira. Em ambientes onde AZUL é fortemente predominante, a pessoa acusada de violar "a lei" é considerada culpada até que se prove o contrário. Por exemplo, em uma empresa com valores muito fortes e enraizados relacionados à forma de pensar AZUL, se a suspeita de um comprador ter favorecido um fornecedor em troca de benefício próprio tornar-se pública, o mesmo tende a ser demitido mesmo antes que se consiga provas concretas.

O pensamento AZUL tende a atribuir uma razão e um propósito a todos os fatos do dia a dia. As coisas não acontecem de forma fortuita. Tudo tem "um porquê". Se um empresário se envolve em um novo negócio e perde seu capital, seu fracasso pode ser atribuído ao fato de ele, por exemplo, ter violado "a lei sagrada da Bíblia e se divorciado da mãe de seus filhos para casar com uma mulher mais nova". Em geral, essas relações de causa e efeito são lineares e sem defasagens no tempo.

As organizações sob domínio do nível de consciência AZUL tendem a ter uma estrutura organizacional piramidal hierárquica, com funções rigorosamente especificadas e bem-definidas. A ascensão na hierarquia, em geral, pressupõe determinados "títulos" ou atributos, o que torna a mobilidade restrita. Por exemplo, uma empresa centenária do setor químico exige que todos os seus diretores tenham graduação ou pós-graduação na área de Engenharia Química ou Química Industrial, com exceção da área administrativo-financeira. Além disso, é preciso ter concluído um mestrado para ocupar uma dessas posições. É importante destacar que esses títulos ou atributos são mais importantes do que a competência demonstrada pelos funcionários ou os resultados obtidos pelos mesmos. Por outro lado, se o nível de consciência predominante entre os funcionários também for o AZUL, essa falta de mobilidade não deverá ser um fator de desmotivação para eles, pois o nível de consciência AZUL tende a se conformar com o papel que existe para ele, uma vez que tudo é definido e organizado de acordo com uma lógica e um propósito "divino" e externo à sua vontade. Em geral, aqueles que operam nesse nível de consciência buscam um emprego de longo prazo que ofereça segurança e estabilidade. Para eles, a ausência de regras detalhadas e o excesso de autonomia tendem a ser extremamente estressantes. Esse nível de consciência tende a realizar suas atividades com um senso de dever e obrigação, seja com o Estado, com a Igreja ou com a organização. O uso de uniformes, códigos de vestimentas e a realização de eventos onde predominam a pompa são bem-vistos e representam a manutenção da ordem natural das coisas. O Exército, os trens alemães, a Igreja Católica e muitas indústrias criadas no final do século XIX ou no início do século XX são exemplos de organizações nas quais predomina uma cultura com valores do nível de consciência AZUL.

Implicações para a liderança

Vivemos em uma época em que a palavra burocracia ganhou conotação pejorativa, sendo frequentemente associada a regras e procedimentos injustificados, morosidade, ineficiência e baixo nível de serviço aos clientes. Entretanto, é importante ter em mente que, originalmente, o termo foi cunhado por Max Weber para descrever a forma mais eficiente de organização no início do século XX, baseada no emprego de funcionários especializados escolhidos por critérios racionais para desempenhar da melhor forma possível as atividades preestabelecidas de um sistema produtivo, fosse ele estatal ou privado. Portanto, a burocracia, em seu conceito original, é a essência organizacional do nível de consciência AZUL, no qual a organização é vista como uma máquina e os funcionários são partes da mesma, seja nas atividades produtivas (vistas aqui como uma evolução natural da abordagem original de Taylor em seu *Princípios da administração científica*, onde a crescente padronização de processos deveria substituir progressivamente a supervisão direta) ou nas atividades administrativas (conforme estruturado por Fayol). Dessa forma, devemos entender por burocracia um sistema no qual as atividades estejam claramente definidas e as pessoas responsáveis por realizá-las tenham conhecimento e estejam aptas a fazê-lo. Esse conceito, embora distante da definição pejorativa, não chega a se aproximar de forma alguma dos modismos organizacionais focados em elevados graus de autonomia e baixa estruturação de atividades que vem se tornando populares mesmo em contextos onde a dinâmica ambiental e o nível de consciência não os recomendariam.

Diversas pesquisas realizadas por José Vicente ao longo dos últimos dez anos evidenciaram a predominância do nível de consciência AZUL em meio aos efetivos operacionais das grandes empresas brasileiras industriais e de serviços. Essa predominância tende a ser maior nas regiões Sul e Sudeste do que no Nordeste, onde o nível de consciência VERMELHO ainda parece predominar. Essas mesmas pesquisas evidenciaram uma forte correlação entre a qualificação da mão de obra e o nível de consciência hegemônica, sendo o pensamento AZUL predominante na quase totalidade dos ambientes operacionais nos quais é exigido o Ensino Médio completo. Uma outra constatação dessas pesquisas é de que a exigência de escolaridade nos efetivos operacionais de nossas empresas vem aumentando significativamente nos últimos 25 anos, sendo acompanhada por uma elevação do nível de consciência médio dos trabalhadores. Esse fato vem motivando uma gradativa mudança de abordagem na estrutura organizacional dessas áreas, deixando de lado uma lógica fundamentada principalmente na supervisão direta ("fungando no cangote"), passando a predominar o foco na padronização de processos como mecanismo de coordenação mais utilizado.

Entretanto, durante período similar em grande parte da Europa e dos Estados Unidos, a elevação da escolaridade e dos níveis de consciência do pessoal nas áreas operacionais vem trazendo o nível predominante que outrora estava em AZUL para azul-LARANJA e LARANJA e, em alguns casos, até mesmo para LARANJA-verde. Nesses locais, a padronização de habilidades e de resultados vem tomando o lugar não só da supervisão direta, mas também (em parte) da padronização de processos como mecanismos de coordenação predominantes. Isso tem dado origem à organização desses operadores em equipes autogerenciáveis e grupos semiautônomos que, aos poucos, vão se tornando os desenhos organizacionais mais populares.

Muitas das empresas que protagonizaram a introdução desses arranjos organizacionais em suas matrizes possuem filais no Brasil e vêm introduzindo esses mesmos arranjos mais recentemente em nosso país. E é justamente aí que temos um sério problema. Se a adoção de esquemas de trabalho em equipe com grande autonomia no nível operacional é capaz de engajar e comprometer uma força de trabalho com centro de gravidade em LARANJA, contribuindo para o fortalecimento e posterior consolidação do nível VERDE de consciência nos envolvidos, quando esses mesmos esquemas são adotados com uma mão de obra com centro de gravidade em AZUL os resultados são muito inferiores. Esse fato também é demonstrado por algumas das minhas (José Vicente) pesquisas realizadas com empresas da cadeia automotiva da região metropolitana de Curitiba[74].

No nível de consciência AZUL, a autonomia é percebida como algo negativo, como falta de clareza de objetivos e desconhecimento dos processos por parte da gerência. Assim, talvez a principal recomendação a ser dada para o líder incumbido de gerenciar pessoas com nível de consciência predominante em AZUL seja a de ter em mente que essas pessoas precisam de objetivos claros e procedimentos bem-definidos e estruturados para que possam desempenhá-los com rigor. O mesmo nível de consciência AZUL capaz de prover os cidadãos alemães e japoneses com os trens mais pontuais do mundo já desde a segunda metade do século

---

74. Entre esses trabalhos podemos citar: "Proposta de uma abordagem integral para a organização da produção" (2010); "Proposta e aplicação de um modelo de análise para a gestão do conhecimento em programas de produção enxuta" (2012); "Organização e gestão do conhecimento no chão de fábrica no setor de autopeças" (2014).

XX é também capaz de produzir elevados percentuais de não conformidades em uma linha de produção, especialmente quando pressionado a propor inovações que geram frequentes alterações nos procedimentos-padrão da operação.

A palavra de ordem no que diz respeito a liderar o nível de consciência AZUL é "estabilidade". Ou seja, o líder deve fornecer todas as condições para que seus liderados cumpram rigorosamente com os procedimentos operacionais, sendo que as constantes mudanças desses procedimentos no sentido de inovar vão absolutamente contra tal orientação. Assim, antes de pensar em equipes autogerenciáveis e grupos semiautônomos e seus benefícios em termos de flexibilidade e inovação, torna-se conveniente produzir "pequenas lacunas" entre a estrutura e o sistema de gestão e o nível de consciência AZUL, por exemplo, por meio da introdução gradual da gestão do sistema de controle de qualidade para a operação, com a responsabilização das equipes pelos resultados deste e a vinculação de prêmios e recompensas financeiras a elas. Dessa forma, torna-se possível mostrar ao operador que, ao menos de vez em quando, garantir a execução do padrão operacional pode não garantir a percepção de qualidade do cliente, evidenciando a necessidade de mudanças e inovações de processos em função das mudanças no ambiente.

Uma discussão acadêmica acirrada, que mobilizou grande parte da área de gestão de operações nas décadas de 1990 e 2000, aparenta ter sido desnecessária quando observada do ponto de vista dos níveis de consciência. De um lado, o Professor Womack do MIT e seus discípulos no Lean Institute[75] (e todos os defensores da abordagem enxuta de produção, em geral) argumentavam sobre a superioridade do sistema de produção enxuto baseado nos grupos de trabalho enriquecidos (com autonomia limitada) fundamentados no sistema Toyota de produção, enquanto do outro lado o Professor Sandberg, do Swedish Institute for Work Life Research de Estocolmo[76] e seus seguidores (o que incluía todos os defensores das abordagens de trabalho baseadas nos princípios sociotécnicos de Eric Trist e seus colegas no Tavistock Institute) defendiam a supremacia das equipes de trabalho semiautônomas, típicas da produção reflexiva de base sociotécnica. O que fica claro quando se observa essa questão sob um prisma integral é que, na verdade, tratava-se de mais uma tentativa de ambos os lados de impor uma verdade parcial como sendo total ou integral. Sem dúvida, os grupos semiautônomos seriam muito mais efetivos no ambiente produtivo escandinavo onde a mão de obra do chão de fábrica operava (já na década de 1970) predominantemente em LARANJA-verde, laranja-VERDE ou mesmo VERDE. Isso desde que

---

75. WOMACK, J.P.; JONES, D.T. & ROOS, D. *A máquina que mudou o mundo*. Rio de Janeiro: Campus, 1992.

76. SANDBERG, A. *Enriching Production*: Perspectives on Volvo Uddevalla Plant as an Alternative to Lean Production. Estocolmo: Avebury, 2007.

as condições externas demandassem produtos com maior grau de customização, como os automóveis de luxo de hoje em dia, o que não ocorria à época, quando toda a autonomia era utilizada para fabricar uma variedade baixíssima de modelos que poderia ser produzida em uma planta fordista-taylorista. Por outro lado, no ambiente de alto volume de produção e elevada padronização da indústria automotiva de então, no qual o nível de consciência predominante tanto no chão de fábrica norte-americano quanto japonês era o AZUL ou AZUL-laranja, a introdução de uma autonomia exagerada não se mostraria efetiva, sendo este, portanto, o ambiente ideal para os grupos enriquecidos de trabalho baseados no sistema Toyota original. Não é à toa que, nos dias de hoje, a Toyota Motors, que pelo discurso de Womack mostrava-se definitivamente comprometida com os grupos enriquecidos de menor autonomia, vem introduzindo inovações organizacionais tão radicais quanto a montagem em docas, com equipes de trabalho de elevada autonomia se responsabilizando por toda uma subetapa do processo produtivo. Essas inovações têm sido fundamentais no sentido de reter a mão de obra japonesa mais qualificada dos dias de hoje, operando em LARANJA-verde e laranja-VERDE, com o intuito de fabricar automóveis com qualidade e customização crescentes[77].

O estabelecimento de uma "visão de futuro" e de uma "missão ou propósito" da organização, unidade de negócio ou área funcional e sua comunicação para os liderados deve ser o ponto de partida das ações de um líder diante de liderados com o centro de gravidade em AZUL. Esses pilares conferem aos liderados o senso de propósito que viabiliza seu engajamento. Na sequência, esses macro-objetivos devem ser desdobrados e convertidos em objetivos mais detalhados, com metas, prazos para seu alcance, planos de ação e, principalmente, regras para sua execução e a implementação dos processos. Quanto mais estruturada a gestão, mais confortável o nível de consciência AZUL tende a se sentir, abrindo espaço para todo o seu comprometimento com a qualidade e o rigor da operação. O objetivo maior da mente operando em AZUL é evitar a culpa relacionada ao erro. Entretanto, por mais estável que seja o ambiente no qual se opera, é fundamental que a burocracia AZUL não se torne um fim em si mesma e, por consequência, doentia. Para isso, é importante que os processos sejam permanentemente revisados pelo *staff* de engenharia industrial ou de sistemas e métodos quanto à sua capacidade de entregar aos seus clientes o produto ou serviço dentro das especificações necessárias. Com o passar do tempo, em algum momento, a lógica de ter poucas pessoas definindo o que deve ser feito e como deve ser feito (*staff* LARANJA) começa a perder efetividade em função das constantes

---

77. Desde o início da década de 1990, a Toyota vem implementando algumas inovações organizacionais que parecem contradizer seu sistema de produção enxuta. As plantas da subsidiária TMK (Toyota Motor Kyushu) que produz peças, motores e veículos vêm sendo as pioneiras dessas inovações dentro do Grupo Toyota.

mudanças no ambiente. Um mundo mais dinâmico e complexo começará a demandar que parte dos processos sejam especificados por seus próprios operadores. Esse é um dos caminhos para a chegada do nível LARANJA ao nível operacional das empresas, como será visto na sequência.

A transição de AZUL para LARANJA: condições e processo

O surgimento do pensamento AZUL-laranja está diretamente relacionado à percepção pelo indivíduo de que a verdade absoluta pregada pela autoridade máxima pode não ser tão absoluta assim. A pessoa começa a perceber que existem formas mais eficientes e eficazes de lidar com algumas situações, sendo estas contrárias às verdades absolutas obedecidas quase que cegamente até então. Ela começa a testar tais abordagens e, aos poucos, verifica por si só que "existe vida" fora do absolutismo e do dogmatismo.

Ao longo da história, o pensamento LARANJA esteve presente desde muito cedo, talvez desde a Antiguidade. Por exemplo, como mencionado anteriormente no primeiro capítulo, na Era Axial de Karl Jaspers, que começa em 800 a.C. e que demanda, além da consolidação do pensamento AZUL, o surgimento do pensamento LARANJA ainda que em lampejos entre alguns poucos membros das elites intelectuais. Entretanto, não havia demandas ambientais que dessem suporte à sua consolidação. Durante a Idade Média, o nível de consciência LARANJA ficou restrito a uma minoria intelectual, que muitas vezes era obrigada a negar em público suas formas de pensamento sob o risco de literalmente ir parar na fogueira. Nenhum fator foi isoladamente mais indutor da consolidação da forma de pensar LARANJA do que o desenvolvimento do comércio e a crescente necessidade de aprimoramento das embarcações. O "surgimento" de um mundo maior e mais imprevisível tirou o pensamento científico das sombras e o colocou a serviço da humanidade. Investir em projetos como a circunavegação tinha como pré-requisito implícito a negação de que a Terra era plana. Daí a negar que a Terra era o centro do Universo foi um passo, o que fez com que os dogmas da Igreja, que limitaram os europeus durante séculos, caíssem um após o outro. Estava aberto o caminho para a popularização do nível azul-LARANJA de consciência.

Da mesma forma, ao longo das nossas vidas o pensamento LARANJA surge bem cedo, normalmente durante a adolescência, mas leva algum tempo a mais para se consolidar. Wilber[78] aponta que, de forma similar ao fato de as religiões monoteístas terem sido a grande "correia transportadora" da humanidade até o

---

78. WILBER, K. *Integral Spirituality...* Op. cit.

nível AZUL de consciência, o ensino superior seria "o grande motor" para trazer a humanidade até o nível LARANJA de consciência, em função de sua característica estar associada ao pensamento científico, questionando abertamente todo e qualquer dogma. Assim, é frequente que o pensamento AZUL-laranja se consolide durante os anos de universidade, sendo igualmente pouco frequente sua consolidação em jovens que não passaram pelo ensino superior.

Seja ao longo da história ou ao longo de nossas vidas, o nível de consciência AZUL-laranja começa a se consolidar a partir do momento em que o ambiente oferece desafios que o pensamento dogmático e absolutista do nível AZUL não consegue mais superar. Quando o jovem recém-graduado busca evoluir em sua carreira se empenhando e trabalhando mais do que os outros, totalmente obcecado por qualidade e produtividade, aos poucos ele percebe que existem novas formas antes desconhecidas de pensar sobre como melhorar o trabalho, e que conduzi-lo assim aumenta a eficiência e faz com que se tenha maior sucesso. Em geral, a pessoa continua sendo cordial e respeitosa com seus superiores, mas começa a ser exigente demais e impetuosa com seus subordinados. Esse nível de consciência de transição entre AZUL e LARANJA é o campo preferencial dos jovens "tiranos" *workaholics*. Aos poucos, o foco no longo prazo e na redenção após a morte começa a ser substituído por uma tendência em conquistar as melhores coisas da vida enquanto estiver vivo. A dedicação ao trabalho movida por um propósito maior, coletivo e imposto externamente começa a ser substituída por uma orientação individualista, focada em provar para si próprio sua capacidade de alcançar resultados cada vez melhores e usufruir em vida dos seus benefícios. Bem-vindos ao pensamento LARANJA!

O contexto para o nível de consciência LARANJA e seu estágio inicial

Em termos históricos, o nível de consciência LARANJA é produto de cinco forças principais que foram ativadas ao final da Idade Média e início da Idade Moderna com o movimento conhecido como Iluminismo, a maioria sendo consequência da progressiva expansão do comércio, da urbanização e do surgimento do Estado nacional (BECK & COWAN, 1996):

- economia de mercado, conforme posteriormente descrita por Adam Smith em seu livro *The Wealth of Nations*, de 1776;
- utilitarismo enquanto filosofia política;
- "estreitamento" da visão científica com a ascensão de um método científico objetivo e positivista;

- popularização da tecnologia, com crescente mecanização do trabalho, substituindo a força do homem;

- ascensão do conceito de "indivíduo", com garantias de liberdade de expressão e escolha, direitos civis e autonomia pessoal.

A impressão em grande volume da Bíblia torna os textos sagrados acessíveis a qualquer um, e não mais apenas aos padres e pastores. As pessoas, em geral, tornam-se sedentas por leitura, a ponto de este ser um dos *drivers* da maior cisão da história da Igreja, com a criação da Igreja Luterana por Martinho Lutero em 1517. Em sua fase inicial azul-LARANJA, a pessoa operando a partir dessa transição para o nível LARANJA de consciência tende a respeitar a autoridade quando esta está presente, mas começa a desmerecer essa mesma autoridade quando ela está ausente.

Esse processo tende a ser bastante comum com os jovens profissionais nas empresas nos dias de hoje. Em departamentos em que a maioria do pessoal opera no nível de consciência AZUL, como auditoria, manutenção e operações, a pessoa tende a ter um comportamento muitas vezes agressivo e hostil, mas que acaba sendo autorregulado porque ela percebe que sua rejeição da autoridade máxima irá implicar na perda do apoio daqueles que continuam operando na lógica de verdades absolutas do nível AZUL de consciência. Por isso, na maioria das vezes, a pessoa operando em azul-LARANJA irá manifestar seu descrédito em relação à autoridade absoluta por meio de sarcasmo e manipulação dos fatos, sem confrontá-la diretamente. Nesse ponto, surge o conceito de risco calculado e a "mensagem divina" na percepção do nível azul-LARANJA torna-se distinta daquela do nível AZUL: agora, Deus quer que a humanidade seja bem-sucedida e não apenas que ela o obedeça! Com esse conceito foi consolidada a ética protestante, característica fundamental e distintiva das futuras nações que se formariam no norte da Europa.

De forma geral, a presença das cinco forças apresentadas anteriormente no ambiente sociocultural dos dias de hoje é fundamental para que um grande contingente de pessoas possa alcançar o nível LARANJA de consciência em sua plenitude. Veremos mais adiante que a abundância dessas forças foi responsável pelo grande desenvolvimento econômico do norte da Europa e da América do Norte (Estados Unidos e Canadá) ao longo do século XX. Por outro lado, o caráter precário e instável dessas mesmas forças no ambiente sociocultural do sul da Europa e da América Latina explica a ausência de grandes contingentes operando no nível LARANJA de consciência e, consequentemente, a defasagem dessas regiões em termos de desenvolvimento econômico. Ainda mais problemático, como veremos mais adiante, é o fato de a passagem "suave" pelo nível LARANJA de consciência – sem "esgotar" o uso de seus princípios baseados na competição e na autorresponsabilização por uma melhoria constante de desempenho – fazer com que ocorra um bloqueio no nível seguinte, qual seja o VERDE, algo bastante característico dos países mencionados (sul da Europa e América Latina).

À medida que as pessoas vão passando a pensar de forma "independente" (as aspas aqui se referem ao fato de a independência do pensamento ser uma percepção própria e não necessariamente real), elas começam a combater aquilo que Beck e Cowan denominam *know-your-place-ism*[79]. Esta foi a origem de grande parte dos conflitos de geração entre jovens universitários ou recém-formados e seus pais mais velhos, muitas vezes ainda operando em AZUL, especialmente nas décadas de 1990 e 2000 no Brasil. Uma outra característica marcante dessa fase inicial do nível LARANJA de consciência é a tendência de culpar os outros pelos seus erros (afinal, "se eu estou errando é porque eu não deveria ter a chance de escolher como fazer"). Muitas vezes a responsabilidade pelo erro é "empurrada" hierarquia acima, quando a chefia opera em AZUL e está disposta a assumir a "culpa", ou abaixo, culpando os subordinados pela falha. Por outro lado, o sucesso das pessoas que operam nesse nível de consciência tende a ser apresentado como mérito próprio. O desenvolvimento de uma *accountability* genuína surge apenas com a superação desse estágio, e é uma das características mais marcantes do pensamento LARANJA saudável em seu ápice.

Em função das características descritas no parágrafo anterior, a fase inicial do nível LARANJA de consciência tende a ser de isolamento em termos interpessoais, com as pessoas nesse nível sendo muito críticas e discriminadoras no que tange a construir relações pessoais baseadas em confiança mútua. Entretanto, como Beck e Cowan pontuam, é frequente que elas tendam a ser cercadas por pessoas dispostas a dizer sempre "sim".

A consciência LARANJA em seu auge: características

Talvez a primeira grande diferença entre a forma de funcionamento da mente operando em LARANJA em relação àquelas operando em AZUL seja a maneira como cada um se relaciona com a verdade. Se para a mente operando em AZUL a verdade é absoluta, ou seja, existe apenas uma única forma correta (e constante, fixa) de se agir para cada situação, para o nível de consciência LARANJA existem várias formas aceitáveis de se agir em relação a uma determinada situação, mas uma delas é a melhor do ponto de vista dos resultados a serem obtidos. Por isso,

---

79. Como o pensamento AZUL se fundamenta nos diversos "ismos" (cristianismo, judaísmo, islamismo; nacionalismo, etnocentrismo, moralismo etc.) e, em geral, todos esses pregam alguma forma de "conhecer qual o seu lugar", referindo-se ao comportamento esperado das pessoas, a "ignição" do pensamento LARANJA tende a fazer com que as pessoas em azul-LARANJA queiram "detonar" esses padrões defendidos por aqueles que operam predominantemente em AZUL.

Beck e Cowan denominam a forma de pensamento do nível AZUL como absolutista e a do nível LARANJA como multiplista. Assim, o fluxo das relações de causa e efeito no tempo perde sua característica linear e sequencial, com um evento precedendo e causando o outro, típico do nível AZUL, para assumir uma característica de simultaneidade de eventos e relações de causa e efeito cruzadas no nível de consciência LARANJA. Por conta disso, o dogmatismo AZUL vai dando lugar ao pragmatismo LARANJA à medida que a consciência muda seu centro de gravidade.

Por consequência desse foco pragmático, a submissão a uma autoridade absoluta constituída com base em dogmas (seja religioso, sociocultural ou político) perde completamente o sentido. São os resultados e as ações bem-sucedidas que definem o que é certo e não mais as orientações de figuras autoritárias. Os melhores resultados são conseguidos por meio de experimentos (normalmente conduzidos por alguma metodologia fundamentada no método científico, seja em economia, sociologia ou no mundo dos negócios) e a realização destes confere experiência à pessoa. A culpa sai de cena, sendo o fracasso uma possível consequência de uma avaliação equivocada do risco de uma empreitada. Pessoas com seu centro de gravidade em LARANJA são frequentemente simpáticas (especialmente quando têm algum interesse em seu interlocutor), mas ainda não desenvolveram a empatia necessária para "andar com os sapatos" dos outros, algo que somente ocorrerá quando o nível VERDE de consciência despertar.

Em geral, as pessoas operando em LARANJA aparentam ser materialistas e gostarem de ostentar bens materiais. Entretanto, vale ressaltar que essa não é uma característica fixa de toda pessoa operando em LARANJA, existindo muitas variações culturais neste ponto. Por exemplo, para alguns intelectuais operando em LARANJA, a ostentação de seu próprio conhecimento e de sua capacidade de publicar em periódicos em que somente os maiores pesquisadores do mundo o fazem pode ser muito mais aguda do que sua necessidade de adquirir (e ostentar) bens materiais. Ao mesmo tempo, em algumas culturas orientais, como a japonesa, dificilmente as pessoas bem-sucedidas tornam-se esbanjadoras materialistas, como é frequente na cultura ocidental e, especialmente, na norte-americana. Talvez a palavra em inglês *achievement* (realização, alcance de objetivos ambiciosos em tradução livre) seja o termo que melhor descreva as características desse nível de consciência, que no caso seriam contrastadas com aquelas representadas pelo termo *compliance* (conformidade com as normas, também em uma tradução livre), típico da mente que opera em AZUL. Atualmente, estima-se que 30% dos adultos de todo o mundo operem predominantemente no nível LARANJA de consciência[80]. Esse percentual tende a ser bem menor nos países mais pobres da

---

80. WILBER, K. *Integral Spirituality...* Op. cit.

África e da Ásia, um pouco menor nos países em desenvolvimento como o Brasil, e maior em alguns países desenvolvidos como os Estados Unidos e a Austrália.

Como consequência de tudo isso, o foco da mente que opera em LARANJA é ter sucesso e se tornar vencedora. Seja em um indivíduo ou em uma organização, o nível de consciência LARANJA estará sempre tentando otimizar o desempenho dos processos sob sua responsabilidade, utilizando técnicas de análise e solução de problemas cada vez mais sofisticadas, tendo em vista manipular recursos materiais e mesmo pessoas para melhorar os resultados. O lema "fazer o que é correto", típico do nível AZUL de consciência, é substituído por "fazer o que funciona", fato que, frequentemente, torna secundária a dimensão ética em processos de tomada de decisão.

Ao contrário da mente operando em AZUL, que deseja estabilidade e padrões de processo claramente definidos, o nível LARANJA precisa ser envolvido nas decisões sobre como as coisas devem ser feitas. Além disso, para a mente operando em LARANJA é fundamental ter o crédito pela realização de um bom trabalho. Embora esse nível de consciência seja capaz de apreender relações de causa e efeito não lineares e com defasagem de seu impacto nos resultados de longo prazo, existe a clara tendência de se privilegiar os resultados no curto prazo. "Em longo prazo estaremos todos mortos." A histórica frase de Lord Keynes utilizada à época justamente para combater os excessos de uma das teorias que mais favoreceram o despertar e a consolidação do nível LARANJA na humanidade[81] caberia muito bem nesse caso, mas justamente para apresentar o ponto de vista do próprio nível LARANJA. "Esqueçam a recompensa no pós-morte ou no amanhã. Eu quero é aqui e agora!"

Uma das evidências da presença do nível LARANJA de forma dominante é a necessidade de mostrar superioridade em relação aos demais. Para uns, é ter o modelo mais caro de automóvel ou de relógio, usar ternos Armani e comer em restaurantes chiques. Para outros, basta demonstrar ser o melhor em seu campo de atuação e falar abertamente sobre suas últimas conquistas. Além disso, a mente operando em LARANJA tende a ser prodigiosa no que se refere à capacidade de expressar que conhece sobre um determinado *metier*, mesmo que tal conhecimento seja superficial. Tal capacidade deve-se ao fato de esse nível de consciência ter facilidade para identificar os pontos mais importantes em um determinado contexto por meio do foco nos itens que mais afetam os resultados, utilizando a

---

81. A mão invisível do mercado na teoria do *laissez-faire* de Adam Smith, que faria com que a economia voltasse a crescer no longo prazo com o aprofundamento da recessão e o barateamento dos custos de produção e investimento.

lógica da Análise de Pareto[82]. Isto também torna possível um rápido aprendizado mais profundo sobre tal área, se isso for necessário. Todas as características do modo de pensar LARANJA apontadas até aqui, quando juntas, contribuem para a formação de um sentimento de "eu me garanto" na pessoa, que normalmente permite que ela aceite desafios e adquira um verdadeiro gosto por competir e tentar melhorar seu desempenho de forma constante.

Talvez a última e mais importante conquista do nível de consciência LARANJA para o desenvolvimento da humanidade seja a *accountability*, ou a responsabilidade incondicional, como definiu Fred Kofman. Ela é a última porque normalmente seu aprendizado exige não apenas aceitar desafios e conquistá-los, como também fracassar diversas vezes e aprender a não culpar os outros ou as circunstâncias pelo seu fracasso. É apenas quando a pessoa desenvolve a capacidade de ser integralmente responsável pelos resultados de suas escolhas que ela consolida em si o poder de atuar como agente de mudança e abre caminho para a chegada de um nível VERDE de consciência saudável.

As patologias do nível LARANJA de consciência são bastante conhecidas e contribuem com grande parte dos problemas vividos pela humanidade nos dias de hoje. Já mencionamos a busca do resultado a qualquer custo e violando quaisquer preceitos éticos como sendo uma delas. Esse pragmatismo "selvagem" tende a tratar pessoas como recursos (e números) e a produzir grandes problemas na vida pessoal daqueles que o vivenciam. Sem falar nos problemas de saúde, uma vez que esse nível de consciência tende a ser movido pelo estresse, que aumenta sua capacidade de foco em um primeiro momento. Porém, com o tempo, esse foco começa a se dar em detrimento dos relacionamentos pessoais, sejam amigos, cônjuges ou filhos. Então vem o divórcio, a úlcera, a percepção de que perdeu o crescimento dos filhos (e que eles podem ter se perdido no caminho em função disso) e, eventualmente, um ataque cardíaco.

Um outro problema que pode ocorrer com grande frequência no nível LARANJA é a dificuldade de mudar do lócus externo para o lócus interno. Muitas pessoas assumem o gosto pelos desafios, pela competição e pela melhoria contínua típicos do nível LARANJA, mas não chegam ao estágio de assumir a responsabilidade por suas derrotas, não desenvolvendo a *accountability*. Elas continuam "terceirizando" a responsabilidade por seus fracassos e isso tenderá a impedir seu desenvolvimento saudável.

Em geral, quanto melhor tiver sido a passagem pelo nível AZUL de consciência, menores as chances de se desenvolver formas patológicas do nível LARANJA.

---

82. A Regra de Pareto, ou Regra 80-20, diz que na maior parte dos fenômenos humanos 20% das causas dão origem a 80% dos efeitos. Essa regra foi formulada com base no estudo do sociólogo e economista franco-italiano Vilfredo Pareto no final do século XIX, que explicava a desigualdade da distribuição de renda nos países europeus.

Entretanto, se a passagem por AZUL tiver se dado de forma superficial demais (sem uma efetiva conformidade com aquilo que é percebido como correto) ou tiver tido "profundidade excessiva" (excesso de dogmatismo e de culpa), as chances de se produzir um LARANJA doentio aumentam. No primeiro caso, a pessoa que teve um AZUL superficial terá grandes chances de jamais desenvolver a *accountability* e permanecerá estagnada em LARANJA (muitas vezes como um líder tirano) até que mudanças no ambiente causem uma "descida" para o nível AZUL ou uma "subida" para um nível VERDE, com fortes tendências a se tornar um "pluralista-autoritário" paralisado pela correção política (provocada pelas sombras vindas do nível AZUL). No segundo caso, a pessoa que vivenciou um AZUL excessivamente dogmático e fundamentalista tenderá a ter o comportamento típico do "vale-tudo" para se obter resultados otimizados, tomando as verdades do nível LARANJA de forma absolutista e inquestionável, ficando bloqueada nesse nível e causando muitos problemas a si e aos outros, como no caso da pessoa que acaba perdendo o crescimento dos filhos, se divorciando e causando danos às demais pessoas e ao meio ambiente durante sua atuação como líder.

Em nível macro, os resultados da determinação, independência e pragmatismo do nível LARANJA também se manifestam por meio de grandes conquistas e desastres iminentes. Se por um lado devemos ao pensamento LARANJA a Revolução Industrial e toda a base do desenvolvimento científico e material que hoje torna a vida da esmagadora maioria dos seres humanos muito mais segura e longeva, também devemos a esse nível de consciência as tragédias ecológicas, a crescente desigualdade na distribuição de renda e as doenças causadas pelo estresse que vem assumindo caráter endêmico na maioria dos países desenvolvidos e em desenvolvimento.

Implicações para a liderança

A maioria dos livros sobre liderança nos dias de hoje se utiliza de uma linguagem e tem uma abordagem destinada a pessoas operando a partir do nível LARANJA em diante. As únicas exceções são alguns dos livros com foco em "autoajuda"[83], pois em função de sua linguagem quase dogmática têm como alvo o público AZUL-laranja, principalmente.

---

83. O termo "autoajuda" costuma englobar uma grande variedade de temas, sendo que muitos tratam de obras com conteúdo e profundidade que são rotulados dessa forma em função dos críticos literários desconhecerem a abordagem profunda que está sendo utilizada. Muitos livros de filosofia budista acabam sendo equivocamente classificados dessa maneira. Neste livro, a definição de autoajuda que utilizamos é simples e direta: abordagem que se propõe a traduzir conceitos e práticas complexas em algumas poucas regras de conduta, a maioria delas focadas no autoconhecimento e no autodesenvolvimento.

O aceno com a chance de mobilidade na hierarquia, de preferência em forma de uma rápida ascensão, costuma ser um dos mecanismos mais efetivos de motivação para a mente que opera em LARANJA. Promoções horizontais com aumento salarial são outra forma de promoção que se constitui em ferramenta eficaz para o engajamento do nível de consciência LARANJA quando a empresa opera com uma hierarquia mais *flat* (uma tendência), e promoções verticais muito frequentes sejam impeditivas. Outro item importante como componente motivacional é a remuneração variável. Ambas, promoções e participações nos resultados, sinalizam para a pessoa operando em LARANJA que se ela exceder em seu desempenho a recompensa será rápida, ativando e aguçando seu instinto competitivo focado na melhoria contínua de desempenho. Entretanto, para esses mecanismos funcionarem, é preciso que o foco da medição e da avaliação de desempenho seja o mais individual possível. Logicamente que, quanto mais alto na hierarquia, mais haverá a tendência de que os resultados gerais da empresa sejam os itens a serem avaliados para fins de promoção e bônus. Entretanto, em níveis mais baixos, esse foco individualizado no desempenho dos processos que estejam realmente sob a responsabilidade da pessoa avaliada (e não de pares do mesmo nível hierárquico, por exemplo) é fundamental, uma vez que o nível de consciência LARANJA não gosta de "carregar pesos mortos". Portanto, a presença do nível LARANJA na organização provoca um esforço de individualizar ao máximo a avaliação de desempenho e as recompensas.

De forma geral, pessoas com seu centro de gravidade em LARANJA gostam de ter liberdade para definir como irão buscar seus resultados e, portanto, não tendem a funcionar bem em ambientes com muita padronização e normatização e pouca liberdade de criação. Nesse nível, o uso de mecanismos de coordenação como a padronização de resultados (estabelecimento de metas a serem alcançadas; "o que você vai fazer com o processo para ele gerar esse desempenho é problema seu!") e a padronização de habilidades (exigência de elevado nível de formação e capacitação para ocupar um determinado cargo) tornam-se mais efetivos do que a padronização de processos (mais eficaz em AZUL) e a supervisão direta (mais eficaz em VERMELHO). Em ambientes nos quais elevados graus de padronização são uma necessidade (como nas áreas operacionais na indústria automotiva ou de eletroeletrônicos), é preciso envolver diretamente o pessoal do estrato operacional no qual o nível LARANJA é dominante na elaboração e na gestão do sistema de padronização, juntamente com os sistemas de melhoria contínua.

Quando o nível de consciência LARANJA é dominante em ambientes laborais sem remuneração variável (ou apenas remuneração variável baseada no desempenho coletivo), poucas oportunidades de promoção e elevada normatização, os efeitos sobre os resultados serão evidentes: produtividade e qualidade em queda, baixo engajamento, alto *turnover* e elevado absenteísmo. É papel do gestor que lidera equipes com seu centro de gravidade no nível LARANJA garantir a meritocracia, ou seja, premiar o desempenho dos *high performers*, desligar os *low performers* e criar um ambiente de oportunidades de melhoria e crescimento para aqueles de *performance* intermediária. Para que isso seja possível, é altamente recomendável fazer uso dos incentivos e recompensas, bem como dos mecanismos de coordenação mencionados nos parágrafos anteriores.

Um dos maiores cuidados na implementação desses sistemas de incentivo, recompensas e coordenação adequados ao nível LARANJA é evitar a contaminação do processo por questões políticas. A presença ainda muito ativa de alguns valores ligados ao nível de consciência AZUL em empresas cujo centro de gravidade de sua cultura está no nível LARANJA pode fazer "o tiro sair pela culatra". Conhecemos vários casos de funcionários que obtiveram exatamente os mesmos resultados de alguns de seus pares em avaliações anuais de desempenho mas, ao contrário destes, deixaram de ganhar seus bônus. Em um caso real de nosso conhecimento, uma meta não atingida por um funcionário que demonstrou elevado comprometimento (por exemplo, trabalhando mais de dez horas por dia ao longo de todo o ano, algo valorizado em muitas culturas focadas em valores do nível LARANJA) acaba sendo relevada, ao contrário do outro funcionário com os mesmos resultados, porém sem ter demonstrado o mesmo nível de comprometimento em termos de horas trabalhadas (eventualmente, até por ser mais produtivo!). Por mais que a política e a manipulação façam parte do repertório do nível de consciência LARANJA, quanto mais a meritocracia se basear em questão intangíveis e subjetivas, mais provável será que o nível LARANJA em questão assuma uma forma não saudável, podendo comprometer os resultados da organização no longo prazo.

Portanto, no que tange à verificação do alcance das metas estabelecidas, é importante ser fiel aos números, "jogando" exatamente da forma como o nível LARANJA se sente à vontade, ou seja, focando exclusivamente no que é tangível, no caso, os resultados que atestam ou não o cumprimento da meta. É importante ter em mente que a versão saudável do nível LARANJA tenderá sempre a buscar evidências tangíveis de desempenho, seja seu, dos seus líderes ou liderados. Quando a pessoa que opera em LARANJA começa a se interessar por questões intangíveis, esse fato deveria "soar o alarme" de deterioração do ambiente, que pode estar se tornando propício para a manipulação política.

Jack Welch talvez seja o melhor exemplo público de liderança ética operando no nível LARANJA de consciência. Sua abordagem envolve todos os elementos que citamos acima como sendo componentes de uma meritocracia saudável. Além disso, sua atuação como líder sempre foi um modelo de *accountability* que, como já mencionamos, seria a última grande conquista da consciência no nível LARANJA.

138

Um cuidado importante a ser tomado diz respeito à amplitude das políticas de avaliação de desempenho e recompensa financeira que serão utilizadas na empresa. Mesmo em uma empresa onde a cultura é caracterizada pela forte presença de valores como "competir para vencer", "ter espírito de dono" e "não há nada que não possa ser melhorado", típicos do nível de consciência LARANJA, é importante ter em mente que os valores em questão servirão para balizar, mas não serão capazes de uniformizar (ainda bem!) os níveis de consciência em todas as áreas e níveis hierárquicos da empresa. Se os valores do nível LARANJA geram alguma "atração" no sentido de fazer com que os trabalhadores atualmente operando em AZUL tendam a transcender esse nível rumo a LARANJA, isso não quer dizer que todo o efetivo operando em AZUL está pronto para a transição. Como veremos em detalhes mais à frente, a pessoa operando em AZUL deve "esgotar" sua capacidade de resolução de problemas por esta forma de pensamento e começar a testar novas maneiras de fazê-lo. Aí, o fato de estar na empresa em questão será crucial para que ele tenha a oportunidade de experimentar o pensamento LARANJA. Porém, a maioria do efetivo dos níveis mais operacionais, por exemplo, tenderá a permanecer operando no nível AZUL (alguns ainda estarão operando em VERMELHO-azul ou vermelho-AZUL), o que implica a necessidade de formas distintas de avaliação de desempenho e recompensa financeira para esses respectivos níveis operacionais.

Um desenho organizacional interessante para esses casos seria, por exemplo, a criação de *status* diferenciados para os operadores no plano de cargos e salários, submetendo-os a políticas distintas[84]. As equipes de operadores, seguindo alguns princípios das equipes semiautônomas sociotécnicas, poderiam ter um líder (elegível para bônus individual de acordo com o desempenho da equipe) e facilitadores específicos de melhorias por área (os *star points* em muitos desenhos organizacionais: um responsável por melhorias de qualidade, outro por melhorias em velocidade, um outro ainda por melhorias na área de segurança e assim por diante), os quais também poderiam concorrer ao bônus individual de acordo com o desempenho da equipe e, em especial, pelo desempenho daquela área pela qual é responsável.

Uma outra alternativa, seguindo uma lógica um pouco distinta, seria manter as funções de *star points* rotativas entre todos na equipe e criar, com base na lógica do TPM[85], diferentes níveis para os operadores, como operador 1, operador 2,

---

84. É importante mencionar que as propostas aqui apresentadas seguem uma lógica do nível de consciência LARANJA. Avaliar (e recompensar) de forma distinta pessoas de uma mesma área ou função pode ser chocante para um profissional de RH, principalmente se ele estiver operando no nível VERDE de consciência.

85. *Total Productive Maintenance*. Abordagem para a manutenção desenvolvida no Japão com base na filosofia do TQC – *Total Quality Control* (Controle da Qualidade Total).

operador-mantenedor 1, operador-mantenedor 2, e assim por diante. Nesse caso, por exemplo, os operadores-mantenedores estariam também elegíveis para bônus individual. O conceito por trás dessas diferenças nas políticas de avaliação de desempenho e recompensa reside exatamente na necessidade de se operar pelo menos em azul-LARANJA para desempenhar de forma adequada as funções de *star point* ou de operador-mantenedor. Assim, tanto a contratação como a retenção desses funcionários com forma de pensamento mais complexa no nível operacional ficariam alinhadas com seu nível de consciência. Ao mesmo tempo, os operadores sem essas funções específicas (com nível de consciência em torno de AZUL) continuariam sendo avaliados apenas com base no desempenho da equipe, sem serem elegíveis para o bônus individual, evitando uma possível grande fonte de estresse para os mesmos (no caso, ter de responder individualmente por uma dimensão do desempenho da equipe).

De forma análoga, é importante ter em mente que, embora o fato de ter os valores de uma determinada organização alinhados com o nível LARANJA de consciência acabe servindo como uma espécie de "teto" para o desenvolvimento psicossocial dentro da mesma, condições específicas de alguns projetos e áreas de atuação dentro da empresa poderão atrair o (ou mesmo servir de condições de vida e ideias para o desenvolvimento do) nível VERDE de consciência, e até mesmo níveis integrais como o AMARELO (principalmente) e o TURQUESA. Partindo do pressuposto de que a empresa tenha interesse na manutenção dessas formas distintas de pensamento, é importante que suas políticas de avaliação de desempenho e recompensas também levem em conta as características desses níveis, que veremos em detalhes mais adiante. Muitas organizações acabam não se preocupando com tal ponto (principalmente por não terem muito do pensamento integral em seus níveis hierárquicos superiores) e acabam se tornando verdadeiras "fábricas de LARANJA doentias" em função de sua cultura e práticas organizacionais se constituírem em grandes barreiras ao desenvolvimento da consciência rumo ao nível de consciência VERDE. Com o passar do tempo, tem-se um time de *workaholics* divorciados, sem amigos de verdade e com problemas gástricos e cardíacos. De fato, muitas vezes o ambiente interno dessas organizações é uma verdadeira "ilha" de LARANJAS em ambientes externos que já oferecem as condições para o surgimento do nível VERDE de consciência. Vale ressaltar que, em parte, isso também ocorre em algumas culturas nacionais, destacando-se, nesse caso, a norte-americana.

Por fim, é importante mencionar que, embora seja lembrado a maior parte do tempo pelas consequências produzidas pelos seus aspectos não saudáveis, como a destruição do meio ambiente, o aquecimento global, a desigualdade de renda e o estresse (especialmente pelo discurso proveniente do nível VERDE de consciência), devemos ao pensamento LARANJA um vasto repertório de inovações, que se tornaram verdadeiras forças atuantes sobre a evolução da consciência humana e ajudaram a tornar o mundo um lugar muito melhor para se viver. Entre elas, conforme destacam Beck e Cowan, podemos citar: i) a capacidade de resolução detalhada e disciplinada de problemas por meio da aplicação de técnicas baseadas no método científico; ii) um senso pragmático que dá poder às pessoas para que elas se livrem de mitos, tradições e crenças que limitam suas possibilidades e "abracem" a mudança; iii) uma vontade infinita para melhorar o desempenho de máquinas, processos e organizações, buscando constantemente a inovação; iv) a crença na busca da perfeição pelo ser humano, tendo por base o trabalho árduo e inteligente e a constante busca de novas soluções; e v) a promoção de um espírito competitivo que fortalece todos aqueles que desafiam os mercados, as arenas de esportes e a política com o objetivo de vencer.

A transição de LARANJA para VERDE: condições e processo

Muitos de nossos alunos de graduação e pós-graduação, após serem apresentados aos conceitos relacionados aos diferentes níveis de consciência, tendem a achar que o processo de transcendência (e inclusão) do nível LARANJA somente começa a ocorrer depois que o indivíduo conquistou alguns milhões de dólares de patrimônio, que seria o suficiente para garantir-lhe o sustento até o final da vida. Por ainda operarem no nível LARANJA, eles veem a passagem para o nível VERDE como sendo algo apenas para Bill Gates ou outros bilionários que resolveram dedicar suas vidas a uma causa nobre. Entretanto, se pudéssemos citar uma única condição necessária para que esse processo tenha início, certamente esta seria a percepção de que "eu já consegui muita coisa, mas tem muita gente que ainda não conseguiu nada". O mais importante é que esse *click* pode ocorrer com pessoas que tenham conseguido juntar R$ 100 mil em patrimônio e não ocorrer com outras que já possuem mais de US$ 1 bilhão! Não é uma questão de saldo bancário, mas de percepção sobre o quanto o sucesso individual e a segurança financeira impactam a felicidade. O despertar de LARANJA-verde na consciência humana tende a ser um processo acompanhado por um sentimento de solidão, fruto do cansaço em relação à competição constante, sempre acompanhado pela pressão por um desempenho cada vez melhor. A pessoa operando nesse nível de consciência começa a sentir-se impactada pelas necessidades das outras pessoas e começa a preocupar-se seriamente em satisfazê-las. Ela ainda mantém aquele sentimento de "eu me garanto", mas agora o simples uso dessa autoconfiança em benefício próprio parece não satisfazer mais.

Em geral, a transição de LARANJA para LARANJA-verde pode vir acompanhada de alguma crise pessoal ou profissional. Pode ser uma separação ou divórcio, a perda de um ente querido, a desilusão com a vida profissional ou a perda de um emprego. Tal crise acaba criando as condições propícias para a reflexão a respeito da importância do sucesso, das roupas e dos carros caros e do dinheiro na busca da felicidade.

A pessoa que atravessa a ponte entre LARANJA e LARANJA-verde começa a se tornar mais consciente dos seus sentimentos e dos sentimentos dos outros. A princípio ainda haverá uma grande tentação em utilizar essa nova competência em benefício próprio. Entretanto, o que tende a prevalecer é uma alternância entre o autêntico interesse pelos sentimentos dos outros e a tendência em utilizar esse conhecimento para fins de manipulação[86].

Embora as pessoas com centro de gravidade em LARANJA-verde queiram ser "bons meninos" ou "boas meninas", oferecendo-se para ajudar os outros e o grupo, em geral a oferta de ajuda ainda se dá com o foco em implementar processos e métodos sob a ótica do nível de consciência LARANJA. Por outro lado a culpa, que não era vista desde AZUL-laranja, aparece novamente como um sentimento quase que onipresente na consciência, à medida que o foco começa a se deslocar do indivíduo para o coletivo novamente. Em geral, esse novo foco coletivo traz consigo uma forte conotação de "despertar espiritual", seja com uma perspectiva ROXO/VERDE, como nos movimentos *New Age*, ou com a perspectiva AZUL/VERDE da ecologia "profunda". Junto com essa espiritualidade renascida vêm as velhas questões em uma nova roupagem: "Qual o sentido da vida?" "Qual trabalho vale a pena?" "Como eu posso dar significado aos meus anos de vida restantes?" A repetição dessas questões irá levar diretamente a uma nova forma de pensar. Bem-vindos ao nível de VERDE!

O contexto para o nível de consciência VERDE e seu estágio inicial

O sentimento de "eu me garanto", que começou a ecoar quando o centro de gravidade da consciência saiu de AZUL para AZUL-laranja, levou ao enfrentamento dos problemas sob uma nova ótica, na qual praticamente tudo era possível. Sem se limitar em função de dogmas e crenças impostas por outros, o nível de consciência LARANJA se estabilizou, a sensação de "se garantir" mostrou-se acertada e a "boa vida" foi alcançada. Casa, carro, família, sucesso profissional. Mas a que custo? O *script* do desabrochar do nível de consciência VERDE tende a assumir uma forma similar para a maioria das pessoas.

---

86. BECK, D. & COWAN, C. *Spiral Dynamics...* Op. cit.

O nível de consciência VERDE desperta quando os níveis AZUL e LARANJA chegam ao fim de seu ciclo natural. Como já vimos anteriormente, aqueles que ainda tinham "pendências" no nível AZUL dificilmente chegarão até o nível VERDE sem resolvê-las, permanecendo "presos" em LARANJA, na maioria das vezes em suas manifestações não saudáveis. As versões menos saudáveis de LARANJA tenderão a se manifestar quanto mais o ambiente externo a essa pessoa começar a demandar pelo nível VERDE de consciência. Por outro lado, aqueles que ainda tinham "pendências" no nível LARANJA conseguirão avançar mais facilmente até o nível VERDE, porém tenderão a ficar "presos" nesse nível mesmo com demandas ambientais pelo nível AMARELO, tendendo a manifestar novamente as formas menos saudáveis do nível VERDE. O principal pré-requisito para essa transição é a sensação de que se tem o bastante às custas de outros e também a percepção de falta de propósito.

Uma das primeiras causas nas quais a pessoa com o nível de consciência laranja-VERDE tende a se engajar é a desigualdade social, que está diretamente ligada ao aparecimento do sentimento de culpa, dessa vez pela miséria dos excluídos. Muitos têm mais do que o necessário e outros não têm o mínimo para uma vida digna. Para aqueles que passaram pelo auge do nível LARANJA de consciência sem deixar "pendências" nesse nível, a preocupação com os desfavorecidos vem acompanhada por uma onipresente sensação de não ser aceito pelos outros. Atuar em causas sociais e trabalhar para organizações que tenham um propósito nobre torna-se uma forma de expiar a culpa e viabilizar sua própria aceitação pelo grupo de interesse. Nessas situações, é frequente a pessoa operando sob laranja-VERDE se utilizar das mesmas técnicas e estruturas organizacionais típicas do nível LARANJA, só que agora por uma "boa causa". Por outro lado, para aqueles que tangenciaram o auge do nível LARANJA de consciência, mantendo pendências referentes a este nível, a hierarquia vertical tende a ser apontada como a causa principal para as desigualdades. Segundo Beck e Cowan (1996), muitos deles leram Karl Marx ou se aproximam de pessoas que o fizeram, passando a pregar o fim da organização hierárquica e a importância de dar voz a todos. Em qualquer um dos casos, a participação na política ganha relevância como forma de buscar reduzir as desigualdades.

O perfil da pessoa operando no nível laranja-VERDE é aquele que quer se aproximar dos outros para gerar benefício para ambos. Em geral, essa aproximação vem acompanhada de uma grande necessidade de agradar aos outros e alcançar a prosperidade para o grupo. As habilidades interpessoais, em geral, chegam ao seu ponto máximo, visto que a interação harmônica e carinhosa com os outros é talvez o maior componente para a satisfação pessoal. Aos poucos, o foco exclusivo no *bottom line* começa a dar lugar ao foco nas pessoas. Maximizar os resultados já não será a única prioridade se isso implicar em magoar aos outros. A tendência de eventualmente manipular os outros de forma educada e sensível, frequente no nível LARANJA-verde, acaba sendo substituída por uma preocupação genuína com o bem-estar das pessoas. A pessoa nesse nível ainda possui grande espírito empreendedor, típico do nível LARANJA. Só que agora precisa de outras pessoas para empreender junto com ela. O *empowerment* se torna a tônica das organizações operando nesse nível. Novos arranjos organizacionais surgem de forma que todos possam participar, mesmo que minimamente, do processo de tomada de decisão.

Juntamente com uma maior preocupação com o sentimento dos outros, a espiritualidade ganha novo impulso. Entre os norte-americanos, europeus e latino-americanos que atingem esse nível, é frequente o interesse por filosofias e práticas físico-espirituais orientais[87]. Quando o contingente de pessoas nesse nível de consciência em uma determinada localidade assume um volume significativo, meditação, *yoga*, acupuntura e medicina ayurvédica tornam-se modismos. Os *shalas*, estúdios de *yoga* e centros de meditação budista proliferam de forma que seria impossível imaginar uma década antes. Em Curitiba, cidade onde moramos, encontrar um local para a prática dos estilos mais "na moda" de *yoga* há vinte anos era uma tarefa quase impossível. Quando eu, José Vicente, me mudei do Rio de Janeiro para Curitiba no início do ano 2000, tinha começado a praticar o *power yoga* há pouco mais de seis meses. Tive de desenvolver um prática pessoal com vídeos em casa e fazer frequentes viagens a Florianópolis e ao Rio de Janeiro para continuar praticando, até ser criada a primeira escola de *yoga* com a prática do *astanga yoga*, método do qual o *power yoga* era derivado, em 2002. Até o final da década de 2010 ainda era muito difícil uma escola conseguir permanecer aberta na cidade em função da baixa demanda. Hoje, são vários os locais para a prática dos mais diversos estilos de *yoga*, bem como de meditação, *tai chi chuan* e outras filosofias orientais, sendo que os estúdios e *shalas* sofrem ampliações e remodelações frequentes, estando com suas salas sempre cheias. Assim, parece que a classe média alta curitibana chegou até o nível de consciência laranja-VERDE.

As pessoas que ficam bloqueadas nesse nível de consciência tendem a mudar de um guru para o outro de forma interminável, buscando maximizar e perenizar as sensações de êxtase em seus momentos de prática de *yoga* e meditação. Acumulam *workshops* e retiros como investimentos financeiros. Buscam a iluminação descrita pelas religiões orientais como se fosse um bem material ao invés de

---

87. O interesse pelas práticas orientais está fortemente relacionado com a permanência de LARANJA na psique. Essa parcela LARANJA continua rejeitando a religião dogmática do nível AZUL de consciência e, por esse motivo, a maioria das pessoas quando chega em tal nível opta por práticas hindus, budistas ou taoistas ao invés de práticas católicas, protestantes ou judias com as quais tiveram contato durante a infância e a adolescência.

enfrentar de forma realista suas próprias sombras. Na maioria das vezes não conseguem perceber que estão como "um cão correndo atrás do próprio rabo". São elas que inspiraram algumas obras sobre a questão do "materialismo espiritual", como o clássico *Cutting Through Spiritual Materialism*, de Chogyam Trungpa, e o excelente *Spiritual Bypassing*, de Robert Augustus Masters. Se este parágrafo o deixou desconfortável, recomendamos fortemente a leitura dessas obras.

Nas organizações, quando o centro de gravidade de sua cultura chega em laranja-VERDE, desponta uma grande preocupação com programas de bem-estar físico e psicológico como forma de evitar doenças e queda de produtividade, juntamente com a tendência pela implantação de equipes autogerenciáveis. Beck e Cowan (1996) enfatizam que, quando esses programas funcionam, engenheiros "frios" redescobrem sua humanidade (e também suas famílias) e *nerds* da área de TI descobrem como gostam de trabalhar com os seus colegas. A igualdade de gênero torna-se uma prioridade real e não apenas mais uma retórica, e a própria polícia descobre que o inimigo a ser combatido na verdade possui uma grande variedade de visões de mundo e necessidades. A humanização das forças policiais decorrentes desse novo pensamento é desejável, desde que não pretenda destruir a força estabilizadora de AZUL, centrada na crença em uma responsabilidade em relação a uma força maior que a própria organização. Esse cuidado parece não estar sendo tomado no caso do Brasil, onde as taxas de criminalidade explodiram nas últimas décadas.

Uma forma de organização tipicamente movida pelo nível de consciência laranja-VERDE são as cooperativas. A ideia de que o trabalhador é também "dono" do negócio promove um grande alívio na culpa trazida pela competição injusta defendida pelo nível de consciência LARANJA. A expansão e o grande fortalecimento desse tipo de organização no estado do Paraná ao longo da última década estão fortemente relacionados com a vontade de "mudar de vida" de alguns executivos de tradicionais corporações multinacionais, bem como pelo ambiente favorável às ideias do nível VERDE de consciência em meio às classes mais favorecidas no que se refere à demanda pelos produtos e serviços dessas instituições.

A preocupação com os desfavorecidos chega à natureza, e a noção de que um pouco de poluição e de destruição é o preço a ser pago pela geração de riqueza para o bem-estar das pessoas, típica do nível LARANJA, é substituída pelo discurso da sustentabilidade, que desponta com três pilares fundamentais: econômico, social e ambiental. A preocupação com o bem-estar econômico de longo prazo permanece, mas agora vem acompanhada pela mensuração dos seus impactos ambiental e social e da necessidade de equilíbrio entre essas três vertentes. O auge do nível de consciência VERDE se aproxima.

A consciência VERDE em seu auge: características

Quando somos perguntados sobre as principais características do nível de consciência VERDE, costumamos responder com quatro palavras: comunitário, igualitário, ecológico e consensual. Em primeiro lugar, a espiral do desenvolvimento humano se volta novamente para o foco no coletivo. Trata-se de um coletivo muito mais amplo que o grupo etnocêntrico característico do nível AZUL de consciência ou do grupo tribal típico do nível ROXO de consciência, sendo um grupo plural e diverso do qual todos potencialmente podem participar independente de nível socioeconômico, gênero, idade, raça ou credo. Assim, emerge a segunda grande característica do nível VERDE, qual seja, o fato de ser igualitário. A preocupação aqui é tratar a todos de forma similar, dando oportunidades iguais "aos diferentes". As ações do grupo, por sua vez, deverão ser focadas em proporcionar bem-estar a todos desde que não se prejudique a natureza, o que marca a terceira característica, a ecológica. Por fim, essas ações não serão impostas "hierarquia abaixo", mas discutidas com todos os membros do grupo e todos os que sofrerão algum tipo de impacto das decisões em questão, chegando a decisões por consenso (e não por maioria, pois ninguém deve ser "magoado"), nossa última característica principal. Estima-se que, atualmente, pouco menos de 10% dos adultos na Terra operem predominantemente a partir do nível VERDE de consciência[88]. Este percentual tende a ser bem mais elevado nos países desenvolvidos, chegando a alcançar a maior parte da população adulta em lugares como o Japão, a Nova Zelândia e a Escandinávia.

Em geral, o tempo e os recursos gastos nas decisões em organizações operando no nível VERDE costumam ser muito maiores do que nas empresas com culturas alinhadas aos valores do nível LARANJA, focadas em decisões tomadas pela alta hierarquia, a qual é amparada por especialistas que tornam "tangíveis" (ou seja, transformam em números, em dinheiro) todos os aspectos ligados à mesma. Entretanto, quando a cultura da organização se encontra focada nos aspectos mais saudáveis do nível VERDE e o ambiente na qual a empresa opera é complexo e dinâmico, tal tempo e recursos maiores são facilmente compensados pela facilidade e velocidade de implementação do que foi decidido. O processo decisório em algumas das grandes corporações japonesas e escandinavas já vem seguindo este padrão há pelo menos duas décadas.

A competição dentro do grupo tende a ser totalmente abandonada. Pelo menos essa é a intenção dos líderes operando a partir do nível VERDE, que corresponderá à realidade quanto mais a cultura da organização e a consciência dos

---

88. WILBER, K. *Integral Spirituality*... Op. cit.

membros do grupo como um todo estiverem alinhados com esse nível. Assim, a crença de que promover a competição interna faz com que o desempenho de todos (e consequentemente da organização) melhore continuamente, típica do nível LARANJA, é substituída pela crença na cooperação, que pode ultrapassar as fronteiras organizacionais. O conceito de *Supply Chain Management* e do desenvolvimento de parcerias GANHA-GANHA com os fornecedores é uma manifestação típica do nível VERDE de consciência que acaba sendo distorcida quando operada em um ambiente com prevalência do nível LARANJA de consciência. Nesse caso, o compartilhamento de dados que deveria ser bilateral torna-se unilateral, com o fluxo de informações sobre toda a cadeia produtiva estando disponível apenas para os elos mais fortes da mesma.

À medida que o foco na cooperação prevalece sobre a competição e o consenso substitui a fria análise econômica típica do nível de consciência LARANJA, a espiritualidade renasce com um foco não sectário e não fundamentalista. O mundo invisível volta a ser levado em conta, mas agora sem os aspectos de superstição de ROXO e de prescrição de regras fundamentalistas de AZUL. Junto com a discussão e a busca do consenso, elementos como a intuição e a sensibilidade passam a ser levados em conta no processo decisório. Nesse nível, as falhas dos outros não devem ser julgadas e apenas a tendência a julgar, típica dos níveis AZUL (em maior grau) e LARANJA (em menor grau), passa a ser condenada.

Nas organizações e nos demais grupos sociais, o uso de uniformes típicos do nível de consciência AZUL e a valorização de roupas chiques e joias da moda típicos do nível LARANJA são substituídos pela preferência por tecidos naturais e sustentáveis. Mais uma vez é importante ter em mente que, por ser um nível de consciência sacrificial e focado no grupo, discriminações contra os que se comportam de forma distinta são frequentes, embora estejam claramente contra os princípios igualitários. De fato, essas discriminações tendem a ir contra o nível LARANJA excessivamente consumista (por exemplo, os que usam caros casacos de pele animal, totalmente banidos no mundo VERDE) e o nível AZUL excessivamente dogmático (como no caso das pessoas que vestem camisetas com o desenho da bandeira do seu país, de seu estado ou com símbolos sagrados de uma determinada religião).

Ao contrário do foco exclusivo "nos fatos", típico do nível LARANJA, pessoas e organizações operando do nível VERDE de consciência tem grande preocupação com os sentimentos envolvidos. Assim, a comunicação deve ir além dos fatos e dados tangíveis e falar de sentimentos e percepções. No que tange a estas últimas, o nível VERDE de consciência é o primeiro a questionar a noção materialista-científica do nível LARANJA (oriunda do dualismo cartesiano) de que existe uma realidade concreta e absoluta distinta do eu "esperando para ser conhecida", por meio do método científico. O relativismo VERDE é uma das maiores inovações trazidas por este nível para a consciência humana. Para a pessoa operando no nível VERDE saudável, um mesmo fato será percebido de forma distinta por pessoas com valores e *backgrounds* distintos. Como todos possuímos características que nos tornam únicos, o mundo seria feito de bilhões de "verdades" relativas e não de uma única verdade absoluta.

O pluralismo cultural do nível VERDE de consciência é consequência direta do foco nos sentimentos e nos direitos das minorias. Sob essa nova lógica, discriminar alguém por causa de sua raça, gênero, opção sexual, religião e cultura é algo não apenas antiético como também prejudicial ao desempenho da organização, uma vez que a diversidade é um elemento fundamental no sentido de permitir que se perceba os problemas e as prováveis soluções para estes sob novos ângulos, trazendo importantes *insights* que acabam gerando inovações de produto e de processo. Tais inovações, nesse ínterim, tendem a ser cada vez mais focadas na promoção da sustentabilidade. Menos consumo de combustíveis fósseis, menos produção de lixo, menos emissões de dióxido de carbono, menos desmatamento etc. Junto com a Engenharia Ambiental e a Ecologia, o feminismo ganha nova força com a consolidação do nível VERDE de consciência. Nas empresas operando em VERDE, as mulheres começam a ocupar alguns dos cargos mais altos da hierarquia, ganhar os mesmos salários dos homens para posições similares e a representar um maior percentual da força de trabalho.

Thomas Kuhn foi um dos primeiros pesquisadores a trazer o conceito de relatividade para as ciências sociais. Ele chamou de "paradigma" o conjunto de pressupostos que balizam o método científico em uma determinada área de conhecimento. Para Kuhn, a revolução científica provocada pelo surgimento da Física Moderna fez com que a Teoria da Relatividade e a Física Quântica mostrassem que a física newtoniana não funcionava de forma totalmente isenta de pressupostos, gerando verdades científicas "absolutas", como advogavam os defensores do método científico até então. De fato, Newton trabalhava limitado pelos órgãos dos sentidos dos seres humanos e suas três leis da física não eram válidas para coisas muito pequenas (foco da Física Quântica) ou muito grandes (foco da Teoria da Relatividade). O foco no fato de que todo fenômeno envolve um observador não isento e o objeto observado traz em si a essência do Pós-modernismo e toda a sua bagagem teórica proveniente de áreas de estudo como a Linguística e a Hermenêutica, que se opõem radicalmente às ideias positivistas de aplicação da lógica do método científico às ciências sociais. Afinal, se nem a Física, uma ciência natural, está sujeita às regras do método científico cartesiano (como comprovado pela Física Moderna), o que dizer das ciências sociais?

Em paralelo à busca espiritual não convencional típica na maioria das pessoas operando a partir do nível VERDE de consciência, é significativa a quantidade de pessoas que, ao migrar o centro de gravidade de sua consciência de LARANJA para VERDE, mantiveram-se ou até mesmo ampliaram seu ateísmo, rotulando a espiritualidade como uma manifestação cultural sem qualquer componente real. Existencialistas e iconoclastas "des-construtivistas", como Sartre, Foucault e Derrida, levaram ao questionamento da realidade última o argumento relativista do Pós-modernismo do nível VERDE de consciência, produzindo muitos seguidores. Wilber (2000) questiona esse ultrarrelativismo típico do existencialismo e do pós-estruturalismo por meio de um argumento brilhante, característico da lógica integral e que serve de base para a crítica de outras distorções do nível VERDE de consciência que veremos a seguir: Se toda verdade é relativa e culturalmente construída, como afirma a maioria dos filósofos pós-modernos, este também deveria ser o caso desta própria afirmativa. Ou seja, se as "lentes" culturais do nível de consciência AZUL fazem com que as pessoas desse nível enxerguem sua verdade espiritual absoluta como sendo verdadeira e as "lentes" culturais do nível de consciência LARANJA fazem com que as pessoas operando em tal nível vejam como verdade absoluta apenas a dimensão material e tangível detectável pelo método científico, seriam as "lentes" culturais do nível VERDE que fariam com que essas pessoas vejam toda realidade absoluta como sendo culturalmente construída. Entretanto, sem perceber que essas próprias "lentes" verdes também são culturalmente construídas!

São muitas as fraquezas que podemos identificar nas manifestações não saudáveis do nível VERDE de consciência. Como já mencionamos antes, as manifestações mais distorcidas desse nível tendem a prevalecer nos indivíduos e organizações que tangenciaram o auge do nível LARANJA de consciência, mantendo questões daquele nível ainda não resolvidas. Tomando o caso mais simples, a tendência de não querer magoar os demais membros do grupo e somente decidir por consenso pode levar a decisões equivocadas que mais tarde causarão arrependimento. Isto tende a ser mais verdadeiro quando a busca pelo consenso pretende igualar opiniões provenientes de diferentes níveis de conhecimento acerca da matéria, bem como igualar opiniões provenientes de diferentes níveis de consciência. Como consequência, muitas vezes algumas organizações acabam tendo maus resultados e realizando movimentos regressivos na Espiral da Consciência, passando a ficar sob domínio de um nível LARANJA excessivamente assertivo e obcecado por números ou mesmo sob domínio de um nível AZUL autoritário e dogmático.

O mito do "nobre selvagem" talvez seja a faceta mais negativa do nível VERDE de consciência quando presente em excesso, e consequentemente operando em uma forma patológica. Tribos indígenas que a História comprova terem sido canibais, alimentando-se de seus inimigos e dos rivais que venciam em guerras, tendem a ser caracterizadas como inocentes e de boa índole diante do "malvado" (e assassino de inocentes) conquistador europeu em histórias contadas sob o prisma do nível VERDE de consciência. Nas grandes metrópoles de hoje, o mito do "nobre selvagem" se apresenta em sua forma "urbana", sendo extremamente prejudicial para a segurança pública. De acordo com essa versão, não existem "bandidos" e "meninos maus", mas sim meninos e meninas malcompreendidos e que cresceram abandonados pelo Estado. Um termo vem sendo utilizado para rotular essas distorções do nível VERDE, que hoje começam a ser mais conscientemente contestadas pelos níveis de consciência AMARELO e TURQUESA: a correção política. Aqui cabe uma ressalva: grande parte das críticas ao politicamente correto de hoje ainda vem dos níveis de consciência LARANJA e AZUL. Em geral, tais críticas representam o oposto do politicamente correto, qual seja, o politicamente incorreto. Se por um lado elas se constituem em excelentes fontes de humor contemporâneo, dificilmente trazem em seu âmbito propostas concretas sobre como lidar com as situações em questão, sendo, na maioria das vezes, propostas de regressão para versões igualmente não saudáveis dos níveis LARANJA e AZUL.

Quando, em sua forma exagerada e não saudável (politicamente correta), o nível VERDE tende a rejeitar e combater furiosamente aqueles que condenam seu pluralismo, mas defendem alguns "desfavorecidos" que, se tivessem poder, provavelmente condenariam seus defensores politicamente corretos à morte em função das ideias que defendem. Um exemplo clássico: ativistas operando em VERDE enfrentam manifestantes conservadores operando em AZUL ou AZUL-laranja que defendem a limitação da imigração de mulçumanos para a Europa. O enfrentamento se dá sob o argumento de que é inaceitável a posição anti-humanitária dos conservadores e por isso eles se tornam seres humanos "horríveis". Entretanto, os mulçumanos responsáveis pelo assassinato dos familiares dos imigrantes em seus países de origem e, em última análise, os causadores do problema de imigração em massa, contrários a todos os preceitos defendidos pelo nível VERDE de consciência, não são alvo de críticas ou de protestos. O mesmo vale para os cúmplices de terroristas ligados ao Estado Islâmico, que vêm assombrando a Europa de forma mais intensa na última década. O leitor deve se recordar do momento em que esses atentados terroristas começaram a se tornar mais frequentes na Europa, no início da década de 2010. Àquela época, chamou-nos a atenção uma entrevista realizada por um repórter de um canal de TV da França com um líder mulçumano responsável por uma mesquita em uma grande cidade francesa. Ao ser perguntado se incentivava os atos de violência dos seus seguidores, ele foi categórico em negar: "Jamais defendi ou preguei qualquer ato violento". Entretanto, quando perguntado se havia condenado publicamente os últimos ataques terroristas, o mesmo afirmou, entre os lábios: "Não. Se fizer isso terei uma mesquita vazia". O líder religioso aqui mencionado não foi contestado pelas autoridades e não houve protestos de ativistas e nem tentativas de fechamento de sua mesquita por defensores dos direitos humanos.

Esse episódio mostra claramente a disposição do nível VERDE excessivo e distorcido[89] em respeitar e tolerar o conservadorismo AZUL vinculado culturalmente às minorias desfavorecidas, mesmo quando ele se constitui em uma ameaça à sua sobrevivência, mas de não tolerar o conservadorismo AZUL dos seus pares "mais favorecidos". Ou seja, tolera-se tudo menos a quem não tolera tudo, criando uma verdadeira "ditadura pluralista" na qual o machista francês ou norte-americano é "um monstro", enquanto o pai de família islâmico que tem três esposas e vende a filha em casamento contra a sua vontade é apenas "um coitado, uma vítima inocente de sua cultura". Sabemos que ao contar essa história podemos nos tornar alvo de alguns dos politicamente corretos mais radicais, que defendem a ideia de que não se pode fazer julgamento de valor sobre questões que não se tenha vivenciado. Essa corrente de pensamento considera de forma literal o postulado pós-modernista de que toda a realidade é culturalmente construída e chega a ponto de relativizar toda e qualquer questão moral que se apresente. Então, para esses defensores mais radicais da correção política pós-moderna, uma pessoa não tem o direito de dizer que "um assassino estuprador é um monstro e merece apodrecer na prisão" se ela não teve a infância pobre e violenta como o bandido em questão e nunca estuprou e matou. Nos últimos anos, alguns autores vêm se juntando às vozes ligadas ao movimento integral de Ken Wilber e da Dinâmica da Espiral de Chris Cowan e Don Beck e enfatizando a tendência do pensamento VERDE não saudável ao totalitarismo. Para os que quiserem se aprofundar nessa questão, recomendamos a leitura de alguns autores que vêm "batendo de frente" com essa versão mais totalitária da correção política. Ayaan Hirsi Ali[90], por exemplo, nos traz uma visão um pouco mais realista e integral da questão islâmica na atualidade, incluindo a relação das comunidades de imigrantes e refugiados e seus descendentes na Europa, Estados Unidos e América Latina, com a população e as instituições locais. Ali fala com a propriedade de quem vivenciou a realidade de ser dada em casamento pelo seu pai a um primo

---

89. O pensamento politicamente correto ocorre em abundância entre os defensores de direitos humanos na Europa, especialmente mais ao sul, onde as lacunas no nível LARANJA fazem com que o pensamento VERDE se torne mais rígido, chegando a uma espécie de fundamentalismo típico de AZUL (processo) com base em conceitos do nível VERDE (conteúdo).

90. Autora dos best-sellers Infiel e Herege, naturalizada holandesa e, mais recentemente, norte-americana. Foi eleita uma das cem pessoas mais influentes do mundo pela Revista Time em 2005 e deixou a Holanda para morar nos Estados Unidos por ter sido jurada de morte por fanáticos islâmicos daquele país. Atualmente leciona na Universidade de Harvard.

somali que vivia no Canadá, a quem não conhecia. A caminho de Toronto, em uma escala na Alemanha, ela saiu da aeronave e acabou se exilando na Holanda. O fato é que, mesmo para o pensamento de nível VERDE mais radical, Ali teria autoridade para criticar o islã em função de ter vivenciado a experiência sobre a qual emite julgamentos, além de apresentar diversos lampejos do pensamento integral, o qual vamos entrar em detalhe logo à frente. Ali se posiciona na maior parte das vezes por meio do nível VERDE de consciência em sua versão saudável, flertando com o AMARELO em diversos momentos. Além de Ali, Jordan Peterson, um psicólogo canadense professor da Universidade de Toronto, também vem ganhando destaque no discurso contrário à correção política e apresenta traços do pensamento AMARELO em meio a um discurso predominantemente LARANJA-verde em seus livros[91]. Por fim, o marido de Ali, Niall Ferguson[92], é outro autor que recomendamos para aprofundar a crítica ao politicamente correto. Fergusson opera claramente em LARANJA, mas ao contrapor sua visão predominantemente de direita (ou seja, de causalidade nos quadrantes do lado esquerdo) com a lógica esquerdista (e VERDE) da correção política, dá origem a excelentes vislumbres típicos do nível AMARELO de consciência.

Implicações para a liderança

A percepção de que a maioria das pessoas no mundo de hoje (e provavelmente grande parte ou a maioria dos seus liderados) não opera no nível VERDE de consciência e, consequentemente, não tem a mesma lógica comunitária, igualitária, ecológica e consensual, talvez seja o maior desafio para as lideranças operando em VERDE. A tendência desses líderes é, de forma geral, achar que todos querem trabalhar em equipes com grande diversidade, autonomia e pouca hierarquia, além de ter como propósito questões que abraçam a natureza e o bem-estar social, transcendendo as áreas de atuação da organização. Em geral, quando o líder pluralista e comunitário consegue perceber a diversidade de processos

---

91. Peterson ficou bastante conhecido após ter sido entrevistado pela jornalista inglesa Cathy Newman (conhecida feminista radical) e ter conseguido desconstruir o argumento politicamente correto dela sobre o direito de transexuais serem chamados por um novo adjetivo que não seja masculino ou feminino, que recentemente ganhou força de lei no Canadá. Peterson prova a Newman que seu argumento é totalitário e fundamentalista. Ele escreveu dois livros que exploram as questões das crenças, modelos mentais e sobre como viver na Era Pós-moderna. Os livros são: *Maps of Meaning*: The Architecture of Belief (1999) e *12 Rules for Life*: An Antidote for Chaos (2018).

92. Em seu livro *Civilization*: The West and the Rest, Ferguson define os cinco *killer apps* que deram às potências ocidentais o controle das riquezas do mundo ao longo de toda a Modernidade (do século XV ao século XX). Ao mesmo tempo ele aponta as causas (muitas delas ligadas às versões menos saudáveis do pensamento VERDE) para o fato de que as potências da Pós-modernidade serão a China, o Japão, a Coreia e outros países asiáticos.

de pensamento dos seus liderados (os conteúdos ele já percebia e respeitava, por definição), provavelmente já estará operando pelo menos no nível VERDE-amarelo, com um forte componente do pensamento integral em sua psique. Como o desenvolvimento de uma abordagem de liderança integral é o principal objetivo deste livro, já apontamos nas páginas anteriores como lidar com liderados cujos níveis de consciência estejam entre o ROXO e o LARANJA.

Por outro lado, liderar pessoas operando no nível VERDE tende a ser algo natural para pessoas deste nível. No geral, o nível de consciência VERDE tenderá a trabalhar de forma mais produtiva e eficaz quando:

- for priorizado o trabalho em equipe;
- as equipes possuírem elevados graus de autonomia, principalmente no que se refere a como o trabalho deverá ser realizado, predominando como mecanismos de coordenação a padronização de resultados, a padronização de habilidades e a padronização de valores, ou seja, o alinhamento das pessoas às diretrizes da empresa por meio da cultura organizacional, que deve difundir valores que vão além dos objetivos mercadológicos da empresa, enfatizando propósitos mais "nobres", como aqueles ligados à função social e à questão ambiental;
- forem utilizados mecanismos de avaliação e recompensa que privilegiem o desempenho coletivo no lugar do desempenho individual;
- for dada "voz" a todos os membros do grupo no que se refere às decisões que poderão afetar suas vidas profissionais e pessoais.

Em nossa experiência como consultores e pesquisadores, percebemos que, de maneira geral, embora o nível VERDE de consciência aprecie fortemente que suas equipes tenham grande diversidade, sua ação nos momentos de definição de membros da equipe ou na contratação de liderados tende a ser a de optar por pessoas que concordem com a sua forma de pensamento, ou seja, o líder VERDE quer ter um europeu, dois brasileiros, dois norte-americanos, um indiano e um chinês em sua equipe, desde que todos prefiram trabalhar em equipes com autonomia sobre como realizar o trabalho. Isso implica uma tendência por contratar outras pessoas operando no nível VERDE, o que pode ser contraproducente. Por isso, é importante contrabalançar o perfil das equipes inserindo um pouco de LARANJA (para dar assertividade) e de AZUL (para garantir a adequação aos padrões de qualidade). É a diversidade de formas de pensamento que tenderá a evitar processos de tomada de decisão demasiadamente longos e a tendência a procrastinar quando o que deve ser feito implicar em desconforto no curto prazo, problemas típicos nas equipes operando em VERDE. Um problema diametralmente oposto e já mencionado ocorre quando os membros da equipe em questão operam em níveis

153

de consciência menos complexos, mas a liderança operando em VERDE acredita na supremacia inequívoca da autonomia e "empurra" esse sistema para pessoas que esperavam ter um líder que os dissesse como realizar o trabalho corretamente.

As equipes autogerenciáveis ou os grupos semiautônomos tendem a ser o arranjo organizacional preferido pelo nível VERDE de consciência e, normalmente, aquele onde as pessoas nas quais predomina essa forma de pensamento atuam de forma mais produtiva e eficaz. No âmbito de tais equipes, participar da seleção de colegas de time, definir férias e folgas e gerenciar planos de treinamento e desenvolvimento são pontos importantes para pessoas operando nesse nível, mesmo quando se encontram no nível operacional de uma fábrica ou de uma grande operação de serviços.

Além de garantir que o arranjo semiautônomo esteja sendo empregado em equipes onde o centro de gravidade do pensamento esteja realmente no nível VERDE de consciência, é importante ressaltar que, dependendo do tipo de resultado que se desejar dessa equipe quando no nível operacional, pode ser que a contratação de tal perfil de operador acabe não valendo a pena. Por exemplo, para montar itens pouco complexos com alto volume e baixa variedade, muito provavelmente será contraproducente empregar pessoas com o nível VERDE de consciência. Não é sem razão que cada vez mais presenciamos a indústria do norte da Europa e dos Estados Unidos se concentrando em produtos complexos, com volume menor e alta variedade ou customização, uma vez que a mão de obra típica das indústrias de alto volume e padronizadas, com centro de gravidade em AZUL, vem tornando-se mais escassa nessas áreas. Com isso, mais fábricas e grandes operações de serviço focadas em alto volume e baixa variedade tem migrado para os países em desenvolvimento, onde a mão de obra operando no nível AZUL ainda é abundante.

A transição de VERDE para AMARELO: condições e processo

A dúvida sobre a eficácia do trabalho em equipe como sendo a melhor forma para se resolver problemas em termos absolutos (mais um dogmatismo de VERDE) e o ressurgimento da individualidade manifestada como uma sensação de poder pessoal para fazer as coisas acontecerem é o principal *driver* do surgimento do nível de consciência AMARELO nas pessoas e organizações que operavam em VERDE. Talvez o primeiro questionamento seja sobre se os custos de ter tantos cuidados com as pessoas e suas necessidades realmente se pagam por meio de resultados concretos. Em geral, isso acontece nas organizações com fortes culturas *people driven*, quando elas passam por crises nas quais os lucros caem em função de constantes aumentos de custos que não são acompanhados por aumentos similares do lado das receitas. O problema é que na grande maioria das vezes elas acabam retrocedendo para o nível de consciência LARANJA, ao invés de avançar para o nível de consciência AMARELO.

A pessoa atravessando essa fase irá começar a testar alternativas que não exijam a participação de todos na resolução de problemas e acabará logrando êxito. Ela tenderá a perceber que existem situações em que a decisão sem consenso tomada de forma mais rápida poderá ser mais efetiva e levar a uma vantagem competitiva (mesmo que se tenha de enfrentar resistências à mudança) e que, em muitos casos, a elevada autonomia do trabalho em equipe altamente qualificada pode ser melhor substituída por arranjos com menos autonomia e qualificação. Mais importante, a pessoa começará a perceber que existem diversas maneiras de pensar sobre as coisas[93] e que algumas dessas formas distintas tendem a funcionar melhor em situações específicas. Nesse nível, surge o conhecimento intuitivo sobre os níveis de consciência que começam a ser percebidos de forma nítida. Finalmente, a complexidade ambiental começa a demandar soluções igualmente complexas e a capacidade de lidar com a ambiguidade aumenta de forma abrupta.

De acordo com Beck e Cowan, o principal marco da chegada do nível de consciência VERDE-amarelo é a perda do medo. Perda do medo de não ser aceito (VERDE), perda do medo de não vencer na vida (LARANJA), perda do medo de ir para o inferno (AZUL), perda do medo de perder a força física (VERMELHO) e perda do medo de segurança proporcionada pelos laços familiares (ROXO). Em geral, a pessoa percebe o quanto ainda existe para conhecer e explorar durante esta vida finita. A pessoa se preocupa com o grupo, mas de forma mais objetiva. Ele ou ela não rejeita a importância do pertencimento ao grupo, mas a necessidade urgente de agradá-lo começa a desaparecer. Grandes questões que estão muito além da capacidade de resolução de problemas do grupo começam a surgir. Aparece uma nova forma de pensar, a primeira denominada "de segunda camada", ou integral. Bem-vindos ao nível de consciência AMARELO! Como destaca Ken Wilber em suas obras, se você conseguiu chegar até este ponto do nosso livro, parabéns! Muito provavelmente você já possui no mínimo alguns processos da forma de pensar integral em sua consciência! Por isso, o convidamos mais uma

---

93. Apesar de ser o primeiro nível de consciência a perceber a relatividade das coisas em função dos "filtros culturais", o nível de consciência VERDE ainda não é capaz de identificar os níveis de consciência ou os diferentes processos de pensamento. A distinção que o nível VERDE é capaz de identificar está atrelada ao conteúdo do pensamento, e não aos processos. Por exemplo, para o nível de consciência VERDE clássico não há nada em comum entre os valores do agricultor do meio oeste norte-americano e os do comerciante iraniano, mencionados no início deste livro.

vez a seguir em frente, lembrando que um dos principais objetivos deste livro é justamente torná-lo um líder com pensamento integral!

O contexto para o nível de consciência AMARELO e seu estágio inicial

De acordo com Beck e Cowan (1996), o conjunto dos níveis BEGE AO VERDE corresponde à primeira camada[94] do desenvolvimento humano, a qual eles denominam como sendo a fase do "homem de ação", e que seria a culminação da nossa natureza de primatas. Eles pontuam que, ao assistir ao noticiário da noite parece que, apesar de toda a sofisticação tecnológica de nossa sociedade, nossas hierarquias, os papéis de gênero, as estruturas políticas e a propensão à violência permanecem bastante similares àqueles dos nossos antepassados.

O surgimento, difusão e posterior consolidação gradual de cada um dos níveis de consciência é um grande salto qualitativo dado pela humanidade. Mas, como Graves tratou de enfatizar desde o início da divulgação de suas pesquisas, a transição do nível VERDE para o nível AMARELO nos leva dos **níveis de consciência de sobrevivência**, característicos da primeira camada, para os **níveis de consciência de existência**, característicos da segunda camada. Os problemas caracterizados pelas condições de vida enfrentadas pelo nível VERDE de consciência seriam, de certa forma, de natureza similar àqueles enfrentados pelos níveis anteriores, ressoando com eles, mas com complexidade crescente. Entretanto, como enfatizam Beck e Cowan[95]: "Os níveis de consciência quase que iniciam novamente, como se fosse a repetição dos mesmos temas musicais, só que em uma nota diferente. Os níveis de segunda camada não erram as harmônicas como os níveis de subsistência (primeira camada), eles podem cooperar sem cantar sozinhos".

O nível de consciência AMARELO vai introduzir um novo nível de complexidade nos processos de pensamento, muito além dos níveis mais complexos da primeira camada. A existência de megaorganizações e megapopulações é consequência do fato de os problemas de subsistência da primeira camada terem sido compreendidos, e muitas vezes, resolvidos. Nesse sentido, novos megaproblemas surgirão, caracterizando um novo tempo que demanda novas formas de pensamento.

Os eventos caóticos e as grandes questões surgidas nas últimas décadas do século XX e nas primeiras décadas do século XXI superam a capacidade de resolução de problemas dos processos e organizações que foram criados pela

---

94. O termo em inglês *First Tier* é utilizado por Graves, Beck e Cowan, Wilber e os demais autores ligados à abordagem integral para designar todo o *range* de níveis de consciência desde o BEGE até o VERDE.

95. BECK, D. & COWAN, C. *Spiral Dynamics...* Op. cit., p. 274 [Tradução livre dos autores].

humanidade até hoje. Percebemos atualmente uma variedade de crises: econômica, política, social, ecológica, de saúde, previdenciária e raciais. Essas crises decorrem justamente da forma como os problemas que se apresentavam foram sendo resolvidos até hoje pelos níveis de consciência de primeira camada. Por isso, Graves afirmava que o pensamento mais complexo de primeira camada, qual seja, o VERDE, deveria abrir passagem para o primeiro nível de consciência de segunda camada: o AMARELO.

As condições de vida que despertam o nível de consciência AMARELO estão diretamente relacionadas com os efeitos cumulativos das abordagens de resolução de problemas dos níveis de consciência de primeira camada. Esses efeitos cumulativos vêm colocando em risco a viabilidade da vida na Terra, nos níveis micro e macro. Se em nossas vidas pessoais encontramos cada vez mais dificuldades em compatibilizar trabalho e lazer, família e sucesso profissional, saúde e desempenho no trabalho, paralelamente nossas organizações encontram-se encurraladas entre entregar valor para os acionistas e cumprir suas missões, maximizar o valor para o cliente e gerar lucro, maximizar sua produtividade e agir de forma sustentável do ponto de vista socioambiental.

No nível governamental, as questões não são menos dramáticas. As populações envelhecem e os sistemas previdenciários se inviabilizam, assim como os sistemas de saúde. O Estado de Bem-estar Social, um conceito do nível VERDE de consciência, apesar de todo o seu sucesso em lidar com os problemas de grande parte dos países desenvolvidos nas últimas quatro décadas, vem começando a dar sinais de esgotamento não só pela tentativa frustrada de levá-lo ao mundo em desenvolvimento (onde na maioria das vezes resultou em governos populistas, pela abundância de pensamento AZUL absolutista com tentações totalitárias e pela escassez de pensamento VERDE que desse sustentação a uma social-democracia constitucional), mas pela sua própria incapacidade de lidar com os custos crescentes dos diversos sistemas (saúde, educação, transporte etc.) oferecidos ao povo de forma gratuita. Na Europa e nos Estados Unidos, as crescentes ondas migratórias provenientes dos países em desenvolvimento, especialmente do Oriente Médio e da África, pressionam os sistemas de seguridade social, saúde, educação e segurança. A associação dessa imigração aos crescentes atos terroristas e às elevadas taxas de desemprego nesses países desperta uma onda de conservadorismo do nível AZUL, que aliada a mecanismos do nível LARANJA se oferece como solução aos problemas que o *establishment* VERDE não consegue resolver. O *Brexit* e a eleição de Trump não são eventos isolados. França, Holanda e Itália, para ficar somente com três fortes exemplos, estão ou estiveram à beira de uma guinada radical rumo ao conservadorismo de direita do nível AZUL de consciência em suas manifestações mais fortemente etnocêntricas e discriminatórias. O sonho da

Comunidade Europeia de se constituir em uma terra próspera, educada, pacífica e sem fronteiras se vê cada vez mais ameaçado pelo retrocesso conservador. O que hoje começa a ficar claro para alguns é que, se há algum responsável por esse recrudescimento do pensamento tradicional e conservador na Europa e nos Estados Unidos, este é o nível de consciência VERDE e sua crescente incapacidade de lidar com os problemas do século XXI. Nos últimos anos, presenciamos um verdadeiro espetáculo de "mais do mesmo" no que se refere às ideias e conceitos do nível VERDE de consciência. O surgimento de uma forma pouco saudável deste nível, representada pela correção política militante[96], vem pressionando para que se faça uso ainda mais intensivo dos mecanismos de resolução de problemas desse nível de consciência. O problema é que nós já estamos no estágio em que parte dos problemas atuais já foi causada pelo próprio nível VERDE e, como Einstein fez questão de nos lembrar, um problema complexo não consegue ser resolvido no mesmo nível de consciência que o criou.

Assim, o atual contexto da humanidade neste início de milênio clama pela emergência de uma nova forma de pensamento, que na prática já existe há algum tempo, mas que agora começa a chegar aos negócios e, talvez em mais algum tempo, começará a aparecer de forma mais nítida na política.

Talvez o primeiro grande sinal de que a consciência começa a deixar o nível VERDE-amarelo e a operar predominantemente em verde-AMARELO seja a concretização da percepção de que as equipes autogerenciáveis são meios e não fins em si próprias. De repente, o que as outras pessoas pensam não parece ser mais tão crítico ou importante para a autoestima, embora pareça ser cada vez mais interessante. A harmonia e a aceitação pelo grupo tornam-se gradualmente periféricos no que tange à busca da felicidade. À medida que o individualismo do nível AMARELO começa a preponderar sobre o foco comunitário do nível VERDE, a percepção da interdependência permite que a pessoa se torne o que ela deseja se tornar no nível pessoal. Muitas vezes as soluções irão passar pela busca de inclusão e cooperação e outras vezes exigirão um foco individual, que pode fazer com que a pessoa passe por fria ou cruel, especialmente para aqueles que operam a partir do nível VERDE de consciência.

A aceitação das limitações do trabalho em equipe é apenas um entre os vários processos simultâneos relacionados à perda do medo e à aceitação da realidade

---

96. Acredito que, a essa altura, o leitor consiga perceber que a correção política militante é uma manifestação conjunta de dois níveis distintos de consciência. Um nível VERDE que não transcendeu o nível LARANJA, mas que o reprimiu para o subconsciente, passando a abominá-lo e a querer ir contra tudo que ele representa (capitalismo, corporações, destruição ambiental etc.), talvez por nunca ter aceitado seu próprio lado empreendedor e responsável por suas decisões; e o nível AZUL, principalmente em seu estágio inicial vermelho-AZUL, disposto a lutar até mesmo fisicamente por causas que considera absolutamente certas, no caso, o "livro de regras" da correção política "progressista".

como ela é, algo marcante no desabrochar da consciência de segunda camada. Pessoas que ainda operam predominantemente em níveis de primeira camada tendem a ver tal aceitação ontológica da verdade como algo não desejável ou inerentemente prejudicial, pois confundem aceitação com passividade diante dos fatos. Na prática, ao aceitar a verdade como ela é, a mente que opera no nível AMARELO elimina toda a "fofoca mental" que nos tira do presente quando não aceitamos os fatos como eles são. Essa aceitação é que torna possível endereçarmos os problemas da melhor forma possível, enxergando-os como eles realmente são. Tomemos um exemplo cotidiano que costumamos utilizar em nossas aulas. O leitor ou leitora alguma vez já bateu com o seu carro? Em caso positivo, espero que não tenha sido algo grave. Agora convidamos você a se lembrar dos pensamentos que habitaram sua mente após a batida. Você ficou revisitando os fatos mentalmente várias vezes? Pensou coisas do tipo: "Ah, por que eu fui olhar o WhatsApp?"; ou "Por que eu quis mudar a *playlist*?"; ou mesmo "Por que quis comer a maçã logo na hora que o sinal fechou?" Esse tipo de pensamento corresponde exatamente à típica "fofoca mental" mencionada anteriormente, e não ajuda em nada a resolução efetiva do problema. Portanto, ao invés de se preocupar em entrar em contato o mais rapidamente com a seguradora ou com a oficina autorizada para a qual o carro será enviado, nossa mente tende a ficar "remoendo" o passado como se houvesse esperança de revertê-lo. Agora lembre-se do que aconteceu depois daquela briga com o seu/a sua namorado/namorada ou marido/esposa. Você ficou se lamentando pelo que disse ou deixou de dizer? E antes daquela entrevista importante de emprego? Você ficou antecipando milhares de vezes o que poderia ser perguntado? Sofreu antecipadamente? Pois todos esses pensamentos que mencionamos têm algo em comum: eles não correspondem à realidade e contribuem para que você, ao invés de concentrar suas energias na resolução dos problemas, desperdice-as remoendo o passado ou tentando antecipar o futuro, desconectando-se do momento presente. É esse tipo de pensamento que diminui consideravelmente com o aparecimento do pensamento de segunda camada no nível de consciência verde-AMARELO, o que contribui fortemente para o pragmatismo típico do nível AMARELO.

À medida que a mente humana começa a operar na segunda camada, o espaço conceitual disponível no cérebro é maior do que a soma dos mesmos espaços de todos os níveis de consciência anteriores combinado com um aumento "logarítmico" nos graus de liberdade comportamental, segundo Graves. Ainda que possa parecer que o nível de consciência AMARELO represente uma nova classe de seres humanos, Graves alertava que ele estava presente de forma latente em todos os cérebros saudáveis. A razão para poucos hoje em dia operarem a partir desse nível de consciência está relacionada ao fato de o ambiente volátil, incerto, complexo e ambíguo[97], propício a essa forma de pensamento, ainda ser raro no dia a dia pessoal e profissional da maioria das pessoas.

Com a predominância da forma de pensar característica do nível AMARELO, o pensamento torna-se multidimensional e a pessoa passa a tolerar e às vezes até gostar de paradoxos, ambiguidades e incertezas. Com o enfraquecimento do magnetismo pelo trabalho em equipe típico do nível VERDE, a pessoa começa a perceber que existem várias formas diferentes de fazer algo bem-feito, seja por meio de estruturas rígidas e autoritárias (VERMELHO), regras e procedimentos claros que levam ao cumprimento de um propósito que dá significado ao trabalho (AZUL) ou de estruturas fundamentadas no alcance de resultados de forma a viabilizar a melhoria contínua (LARANJA). Para a nova forma de pensar que começa a se consolidar, todos os outros níveis de consciência em suas formas saudáveis constituem-se em alternativas para maximizar a funcionalidade, a eficácia, a eficiência e a felicidade das pessoas na Terra. Embora não haja mais qualquer traço de dogmatismo, o pensamento verde-AMARELO ainda contém certa dose de rigidez, típica do nível VERDE. Tal rigidez pode até não se dar em relação ao fato de o trabalho em equipe ser visto como a estrutura organizacional "certa", mas muito provavelmente irá ocorrer em um nível mais sutil e fundamental no que tange à adequação das próprias expectativas da pessoa em relação ao trabalho e às normas do grupo, criando verdadeiras "algemas" que tendem a bloquear a totalidade do potencial criativo típico do pensamento de segunda camada. Essas obrigações em relação ao grupo vão desaparecer completamente quando a pessoa passar a operar no auge do nível AMARELO de consciência, sendo substituídas por princípios objetivos.

A consciência AMARELA em seu auge: características

Quando o centro de gravidade da consciência humana atinge o auge do nível AMARELO, a pessoa é capaz de perceber, de forma instintiva, toda a diversidade de sistemas de pensamento existentes até então. Ele ou ela percebe que todos os demais níveis de consciência, quando manifestados em sua forma saudável, são "corretos" e contribuem para a viabilidade da vida na Terra. Ao mesmo tempo, o nível AMARELO também consegue perceber claramente a condição que o fez

---

97. Vuca – *Volatile, Uncertain, Complex, Ambiguous*. Esta é a tendência para o ambiente na maioria dos setores industriais nos dias de hoje. Entretanto, poucos no mundo organizacional têm lidado diretamente com esse contexto, pois a totalidade desse ambiente tende a estar mais acessível apenas nos níveis mais estratégicos (C-level e Alta Gerência) das organizações. Vuca é o grande *driver* do pensamento integral nos dias de hoje. Quanto mais Vuca o ambiente, mais necessário é o pensamento integral ou de segunda camada nos postos-chave da organização.

despertar: a vida na Terra começa a ficar ameaçada pelo acúmulo das soluções trazidas pelos níveis de consciência de primeira camada. É por esse motivo que o Dr. Graves dizia que o nível AMARELO de consciência desperta questões de sobrevivência similares ao do nível BEGE, só que em um contexto Vuca, ou seja, alta volatilidade, grandes incertezas, alta complexidade e ambiguidade. A percepção do nível de consciência AMARELO é de que o sucesso da vida humana nas formas de pensar de primeira camada pôs a civilização humana em uma situação de risco. Essa situação, ao mesmo tempo em que configura uma ameaça, abre novas oportunidades de desenvolvimento e crescimento à medida que novas prioridades e modelos de tomada de decisão são desenvolvidos para lidar com a nova dinâmica ambiental.

Ao contrário da totalidade dos níveis de consciência apresentados até este ponto (todos de primeira camada, de BEGE a VERDE), o nível AMARELO é flexível no sentido de conseguir compreender o mundo conceitual dos níveis de consciência de primeira camada, interagindo em sua própria frequência e falando suas linguagens psicológicas. A consciência no nível AMARELO traz o pluralismo do nível VERDE a um outro nível à medida que respeita a totalidade das formas de pensar, visões de mundo, modos de se expressar, hábitos e costumes das demais culturas, transcendendo o respeito que o nível VERDE já havia desenvolvido, mas que era focado apenas nas questões de conteúdo (e não de processos de pensamento). Assim, por exemplo, o pluralismo VERDE europeu tende a respeitar os ritos e hábitos de povos tribais da África, das Américas, da Ásia e da Oceania, mas tende a não respeitar (especialmente quando se manifesta em suas formas não saudáveis) formas de pensamento distintas do nível VERDE de consciência entre os próprios europeus. O francês europeu operando em VERDE vai respeitar as manifestações culturais dos mulçumanos operando em AZUL, mas se indignará diante de um francês operando em AZUL e defendendo o fim da Comunidade Europeia e a expulsão dos imigrantes. Ou seja, o foco do multiculturalismo do nível VERDE enfatiza as diversidades étnicas e nacionais, mas não as formas de pensar distintas que façam parte do mesmo grupo étnico e que tenham a mesma nacionalidade. É neste ponto que o surgimento do pensamento AMARELO representa uma grande evolução, com o pluralismo chegando também aos processos de pensamento. Então, por exemplo, o francês que opera em AMARELO passa a respeitar o francês politicamente correto que opera em VERDE, o francês *workaholic* que opera em LARANJA e o francês conservador com certa simpatia por algumas ideias neonazistas que opera em AZUL. Vale a ressalva de que o fato de respeitar as formas de pensar dos demais níveis de consciência não significa concordar com as mesmas. O respeito está relacionado com a compreensão de como se dá a forma de pensar do outro. A concordância pode até ocorrer, mas dependerá principalmente das circunstâncias, além de enfatizar mais os conteúdos.

Além da flexibilidade, a fluidez é outra marca do pensamento AMARELO. Ao contrário de todos os níveis de consciência apresentados até aqui, o nível AMARELO é o primeiro que, ao surgir a partir da transcendência de outro nível menos complexo, não se vê como sendo o mais complexo de todos e o ápice da evolução da consciência humana. Para a mente que opera em AMARELO, a evolução da consciência deve ser uma constante e novas formas mais complexas de pensamento deverão continuar a surgir à medida que os problemas enfrentados pela humanidade se tornam ainda mais complicados. Assim, em geral, a pessoa operando em AMARELO tenderá a buscar não só o alinhamento entre as demandas situacionais e os níveis de consciência envolvidos (quando, por exemplo, propõe uma estrutura mais hierárquica e forte padronização de processos no lugar de equipes autogerenciáveis em um ambiente onde predomina o nível AZUL de consciência), como também a promoção do desenvolvimento da consciência dos envolvidos, projetando um sistema com um pouco mais de autonomia do que o "encaixe perfeito", de forma a criar uma força que produza algum desconforto e "empurre" ao menos parte dos envolvidos para modos de pensar mais complexos.

Em função dessas duas características, Beck e Cowan denominaram o nível de consciência AMARELO de *FlexFlow*, destacando a capacidade que essa forma de pensar tem para chegar a causas fundamentais de problemas, resolvendo-os definitivamente. Os autores enfatizam que tal capacidade nem sempre é apreciada, pois é muito comum a existência de organizações e famílias, por exemplo, que não querem ver seus problemas resolvidos de forma definitiva, pois os mesmos são usados por alguns de seus membros para fins de manipulação ou mesmo de manutenção de sua finalidade. Por exemplo, o que seria da indústria de armamentos e de serviços de segurança se não houvesse crimes? Esse ponto tende a expor uma outra grande diferença entre o pensamento AMARELO e os pensamentos de primeira camada. Se a pessoa operando em AMARELO tende naturalmente a resolver os problemas focando nas causas fundamentais e garantindo que sua ação deverá ser aquela que menos prejuízos trará para o desenvolvimento da humanidade no longo prazo, os níveis de consciência de primeira camada, quando encontram um espaço no qual se encaixem suas competências e interesses, tenderão a manter esse espaço no longo prazo, mesmo que isso gere prejuízos ao processo de desenvolvimento da humanidade como um todo. Assim, a pessoa operando no nível AMARELO tende a atuar de forma ética, em alinhamento com seus valores, mas sem se tornar refém de regras ou preceitos rígidos. No que tange aos relacionamentos com as pessoas, embora admita precisar dos outros para realizar uma determinada tarefa, a mente AMARELA não apresenta a carência emocional típica do nível VERDE. Menos de 1% dos adultos em todo o mundo opera predominantemente a partir do nível AMARELO de consciência, mas deve fazer parte de todos aqueles interessados em uma abordagem integral e consciente para a liderança fazer com que esse percentual aumente, pois só assim nossos problemas mais fundamentais poderão ser tratados a partir de suas causas fundamentais. Alguns países, como Suécia, Dinamarca, Nova Zelândia e Japão possuem percentuais relativamente elevados (em torno ou pouco abaixo de 5%) de pessoas operando nesse nível de consciência[98].

Em decorrência do abandono do medo e das compulsões típicas dos níveis de consciência anteriores, pessoas operando no nível AMARELO de consciência têm sua capacidade contemplativa ampliada, bem como sua capacidade de apreender a realidade da forma mais clara e isenta possível. Com isso, a quantidade de boas ideias, que aos outros aparentam ser revolucionárias, tornam-se abundantes em função de um drástico aumento nos graus de liberdade do pensamento. Da mesma forma que os níveis de consciência VERMELHO e LARANJA, o nível AMARELO é focado em autoexpressão e não no sacrifício pelo grupo, como no caso dos níveis VERDE, AZUL e ROXO. Trata-se de uma forma de autoexpressão que vai além do egocentrismo do nível VERMELHO e da autonomia e arrogância do nível LARANJA, enfatizando a melhor contribuição que pode ser dada ao sistema como um todo tendo em vista as competências e gostos possuídos. Mas ainda assim trata-se de um sistema de pensamento focado em autoexpressão e, portanto, não se deve esperar que pessoas operando nesse nível de consciência abracem causas com as quais não se identifiquem ou realizem trabalhos que não lhe agradem. Nesse ponto, é importante mencionar que toda atividade que proporciona aprendizados significativos, especialmente aprendizados relacionados ao próprio processo de aprendizado, tendem a mobilizar o foco e a vontade das pessoas operando no nível AMARELO. Saber mais, sempre, é praticamente uma obsessão para as pessoas operando nesse nível de consciência.

No que se refere aos processos de aprendizado, pessoas operando a partir do nível AMARELO de consciência conseguem identificar e ativar o nível de consciência mais adequado para a absorção de determinado conhecimento ou competência. Por vezes, se utilizará da paciência e submissão típica do nível AZUL de consciência para aprender algo que precisa saber para evitar problemas. Este seria o caso, por exemplo, da necessidade de conhecer detalhes do manual de conduta da organização para a qual está trabalhando ou os procedimentos que devem ser seguidos para a execução de melhorias e inovações em processos gerenciais. Em outros momentos, se valerá de comparações e análises, típicas do nível LARANJA, para aprender conteúdos que lhe proporcionarão melhorar seus ganhos financeiros. Este seria o caso, por exemplo, da necessidade de aprender a lógica

---

98. Cf. WILBER, K. *Integral Spirituality...* Op. cit.

do sistema de remuneração variável da empresa onde trabalha de forma a poder maximizar seu desempenho nas áreas que possam lhe dar os melhores ganhos. Por fim, poderá se valer da colaboração típica do nível VERDE para aprender por meio da observação e questionamento dos outros membros da equipe.

Em geral, o foco maior no processo de aprendizado em si e nas diversas formas de pensamento envolvidas (e não necessariamente em seu conteúdo) faz com que as pessoas operando no nível AMARELO aprendam coisas que muitas vezes não estavam sendo "ensinadas". Um treinamento em técnicas de melhoria de processos pode produzir *insights* existenciais, por exemplo. Ocorre frequentemente de pessoas operando a partir de níveis da primeira camada questionarem coisas como: "Aonde você viu isso?"; ou ainda "Como você sabe disso?" De fato, a forma de pensar natural do nível de consciência AMARELO privilegia a integração da complexidade na definição de caminhos. Uma pessoa operando a partir do nível AMARELO poderá identificar diversos caminhos alternativos para a solução de um determinado problema, comparar tais alternativas e pinçar partes de algumas delas para construir uma nova alternativa mais efetiva do que todas as outras. Assim, percebe-se que a clareza do caminho definido não implica sua simplicidade, pois problemas complexos vão demandar soluções complexas (que podem até aparentar serem simples para outros níveis de consciência).

Ao contrário do idealismo típico do nível VERDE, as pessoas operando a partir do nível AMARELO tendem a buscar a solução que funcione melhor, independentemente de envolver ou não as pessoas nos processos de tomada de decisão. Em geral, quando o pensamento AMARELO penetra nos níveis hierárquicos mais elevados de uma organização, é normal que desapareçam os escritórios luxuosos, símbolos de *status*, autoridade ou poder. Isso ocorre não porque o nível VERDE de consciência quis tratar a todos de forma igualitária[99], mas porque para o nível AMARELO interessa apenas aquilo que funciona e tem um papel claro no alcance dos objetivos da organização[100].

Ao contrário da busca do ideal do autogerenciamento patrocinado pelo nível VERDE de consciência, para o nível AMARELO os empreendimentos humanos precisam de hierarquias. Entretanto, elas devem ser o mais natural possível, assim como ocorre na natureza. Por essa razão, pessoas operando no nível AMARELO estão dispostas a atuarem como líderes em determinadas situações e como lideradas em outras. A autoridade seria, portanto, contextual, sendo vinculada àquele que

---

99. Na verdade, a passagem de VERDE pelos níveis mais altos da hierarquia da organização tende a não afetar muito os símbolos de poder, mas apenas tornar sua aparência em geral mais ambiental e socialmente responsável.

100. BECK, D. & COWAN, C. *Spiral Dynamics...* Op. cit.

possui maior conhecimento sobre os assuntos envolvidos no projeto em questão. Aliás, não só a liderança, mas a própria estrutura organizacional mais adequada seria *ad hoc*, vinculada às necessidades impostas pelas demandas de cada projeto e pelos níveis de consciência envolvidos nas equipes disponíveis para atuação.

Apesar de sentir uma forte atração por aquilo que é natural, o nível de consciência AMARELO não irá ter uma demanda exclusiva por alimentos integrais, orgânicos e/ou vegetarianos, que é mais comum no nível VERDE de consciência. Embora exista a tendência por um perfil de alimentação mais saudável, por exemplo, o nível AMARELO de consciência poderá optar pelo típico *fast-food* se esta for a alternativa mais adequada em uma determinada situação. A tendência é que não haja dogmas, mas sim pragmatismo e praticidade. Além disso, esse nível de consciência também é capaz de identificar as demandas dos demais níveis de consciência e contemplá-las nas soluções propostas, seja em questões pessoais, profissionais ou organizacionais. Com isso, chega-se a uma das principais características do auge do nível AMARELO de consciência: a total abolição da tirania do *one size fits all*. Tornam-se nulas as soluções "certas sempre", sejam elas provenientes das abordagens dogmáticas e absolutistas de AZUL, das soluções otimizadas com base em aspectos exclusivamente tangíveis de LARANJA e também das abordagens com foco na otimização do todo enfatizando o bem-estar das pessoas de VERDE. Cada uma delas ainda pode ser a melhor solução para uma situação, desde que o seja apenas para aquela determinada situação específica.

Ainda no âmbito das soluções, pessoas operando no nível AMARELO tendem a identificar pontos em comum em demandas conflituosas de diferentes níveis de consciência sobre uma determinada questão, sendo extremamente hábeis em encontrar soluções que harmonizem os desejos dos diferentes níveis envolvidos, minimizando ou solucionando o conflito. Em grande parte das vezes, tais soluções se dão a partir do enfrentamento de paradoxos GANHA-GANHA-GANHA[101] para situações onde normalmente na melhor das hipóteses se alcançava uma solução do tipo GANHA-GANHA.

Apesar de se tratar de um nível de consciência de segunda camada, o nível AMARELO também apresenta distorções e manifestações doentias. Talvez a principal delas seja a tendência a discriminar o pensamento de primeira camada, formando grupos de "pensadores de elite" que se veem como sendo superiores a mais de 99% da humanidade. Nesse caso, a própria abordagem integral ou

---

101. Uma solução GANHA-GANHA-GANHA, na abordagem de Beck e Cowan, é aquela na qual não só os dois envolvidos na negociação saem ganhando (solução do tipo GANHA-GANHA em contraste com as soluções típicas GANHA-PERDE, caracterizadas pela imposição da vontade do ente mais forte na negociação), mas também a totalidade dos *stakeholders* e mesmo toda a humanidade.

a Dinâmica da Espiral podem se tornar ideologias às quais as pessoas operando no nível AMARELO tendem a se apegar, ignorando toda e qualquer teoria ou abordagem que se coloque contra elas. Algumas manifestações dessa arrogância intelectual podem ser vistas até mesmo em alguns *posts* de Ken Wilber no site do Integral Institute ou mesmo nas referências de final de capítulo de alguns de seus livros, quando responde a críticas feitas por outros autores cujas abordagens são contrárias à abordagem integral[102].

Um outro ponto relevante que pode se tornar uma distorção para as organizações é o excesso de individualismo desse nível de consciência. Muitas vezes a preferência por fazer aquilo que gosta e se sabe que faz bem é levada a tal ponto que permeia escolhas sobre rumos a serem tomados pela organização sem levar em conta outras questões de contexto. Essas duas distorções tendem a caracterizar a chamada "arrogância integral", algo que deve ser evitado a todo custo pelos líderes que operam no nível de consciência AMARELO por meio do desenvolvimento de uma autocrítica rigorosa.

Implicações para a liderança

Pessoas operando no nível AMARELO tendem a preferir trabalhos complexos intelectualmente e mesmo interpessoalmente desafiadores. Embora apreciem a sistematização de rotinas, trazendo escalabilidade a um negócio embrionário, por exemplo, as pessoas com pensamento predominantemente AMARELO não gostam de ter de executar atividades de caráter rotineiro, mesmo aquelas rotinas "gerenciais" que apresentavam algum *glamour* para o nível LARANJA, por exemplo. Ao mesmo tempo, não são afeitos a reuniões intermináveis que não chegam a conclusões importantes, como é típico no nível VERDE de consciência. Como já mencionamos, o nível AMARELO de consciência não se importa de liderar ou ser liderado, desde que a função de liderança caiba ao mais capacitado ou capacitada para tal atividade. Pessoas operando em AMARELO tendem a não considerar a liderança um cargo, mas um *status* temporário dependente das condições de vida enfrentadas pela organização. Quando líderes, pessoas operando a partir do nível AMARELO tendem a agir como facilitadores mais do que como chefes. Entretanto, se for necessário, essas pessoas conseguem adotar um perfil mais democrático

---

102. O leitor que tiver interesse poderá consultar alguns artigos na sessão "Integral Post" do site do Integral Institute (integrallife.com). Não citamos nenhum em específico em função das constantes mudanças do site. Recomendamos também a leitura de alguns artigos no site integralword.net, especialmente aqueles de autoria do gestor do site, Frank Visser e, em particular, a sua crítica "The Spirit of Evolution Reconsidered". Além desses, recomendamos a leitura do artigo "The Rise and Fall of Ken Wilber", de autoria de Mark Manson, e disponível em www.markmanson.net/ken-wilber

para aumentar a efetividade de liderados no nível VERDE. Ou então promover a competição atrelada à recompensa para liderados no nível LARANJA. Se for preciso, o mesmo líder será capaz de prover um conjunto de regras mais estrito para aumentar a efetividade de liderados operando em AZUL.

Para esse nível de consciência, estruturas organizacionais que remetam ao conceito de "caórdico" – definido por Hock[103] como sendo "qualquer organismo, organização, comunidade ou sistema complexo, não linear, adaptável, que se organiza e se governa, seja ele físico, biológico ou social, cujo comportamento combine harmoniosamente características de caos e ordem" – tendem a ser as preferidas. É importante notar que o conceito em questão não define um único tipo de estrutura organizacional, mas um princípio organizador que pode se manifestar de diversas formas distintas. Esse princípio organizador caórdico pode definir uma estrutura em rede na qual, por exemplo, coexistam simultaneamente os seguintes elementos organizacionais: i) operações de manufatura que sigam um desenho hierárquico tradicional, exigindo o cumprimento de padrões operacionais rígidos e se fundamentando no uso da padronização de processos e em padronização de habilidades (adequados para operadores no nível AZUL ou AZUL-laranja); ii) estruturas de desenvolvimento de produtos que se baseiam em uma lógica de equipes autogerenciáveis, focando a combinação de funcionalidade, "fabricabilidade" e sustentabilidade, enfatizando a padronização de resultados e a padronização de valores (adequadas a funcionários nos níveis laranja-VERDE ou VERDE); e iii) equipes de vendas que sigam uma lógica divisional com grande autonomia por segmento, valendo-se de muita padronização de resultados e de habilidades, típicas do nível LARANJA de consciência; e assim por diante.

Nesse ponto, é muito importante distinguir as estruturas organizacionais nas quais a pessoa operando no nível AMARELO tenderá a atuar de forma mais efetiva como liderada das estruturas que ela irá propor como líder para solucionar os problemas mais complexos que se apresentam. No primeiro caso, trata-se de uma estrutura frequentemente denominada "holocracia", em função do princípio holárquico que apresentamos no início do livro, sempre com grande autonomia, mobilidade e rotação da liderança baseada em conhecimento, sob princípios *ad hoc*. No segundo caso, seria uma estrutura igualmente *ad hoc*, porém não necessariamente com elevada autonomia, assemelhando-se mais à lógica caórdica de Hock. Essa distinção entre a estrutura organizacional mais adequada para ser liderado e para liderar é muito mais nítida quando chegamos aos níveis de consciência de segunda camada, uma vez que estes são capazes de "enxergar" os demais níveis e perceber quais demandas, atividades, processos e estruturas

---

103. HOCK, D. *Nascimento da Era Caórdica*. São Paulo: Cultrix, 1999 [ed. 2009, p. 11].

são aptos para extrair o melhor de cada um. A liderança facilitadora do nível AMARELO de consciência não fará uso exclusivo de mecanismos baseados em autorresponsabilização e autonomia em relação aos seus liderados. Esse parece ser o problema em algumas obras como, por exemplo, no excelente *Reinventing Organizations*, de Frederic Laloux[104]. No livro, Laloux apresenta de forma envolvente a lógica da organização holárquica, mas afirma que se trata de uma estrutura que irá maximizar o desempenho de funcionários e organizações, estejam eles onde estiverem em termos de nível de consciência. O autor transforma sua abordagem em uma típica panaceia, se analisamos o caso sob uma perspectiva efetivamente integral, ou seja, seria algo que funcionaria (segundo o autor) em qualquer situação, independente do contexto. Por esse motivo, vemos a abordagem de Laloux muito mais como sendo típica do nível de consciência VERDE do que como uma abordagem realmente integral. O mesmo vale para *Holacracy*: *The New Management System for a Rapidly Changing World*, de Robertson[105]. Embora siga uma lógica típica das organizações em rede, na qual se limita o tamanho máximo para uma unidade de negócios autônoma de forma a maximizar sua efetividade (o que tende a fazer sentido em termos de produtividade por funcionário, mas não necessariamente em termos de produtividade financeira), enfatiza-se a autonomia e a auto-organização das equipes (ou dos processos, como preconizado pelo autor) como sendo a forma mais efetiva de governança, tornando a proposta organizacional (assim como em *Reinventing Organizations*) algo voltado para funcionários operando a partir do nível LARANJA-verde. No entanto, concordamos que as holocracias de Laloux e de Robertson são, de fato, estruturas e abordagens organizacionais totalmente adequadas para pessoas operando em níveis próximos ao limiar da fronteira entre a primeira e a segunda camadas (níveis laranja-VERDE, VERDE, VERDE-amarelo), atuando, inclusive, como propulsoras do processo de transformação para os níveis verde-AMARELO e AMARELO.

Voltando à atuação como líder da pessoa cujo centro de gravidade se encontra no nível AMARELO de consciência, acreditamos que a essência da *adhocracia* e, consequentemente, da capacidade de utilização do maior potencial possível dos diversos níveis de consciência, se dá por meio de diferentes formas de organização em rede, conforme sugerido por Mintzberg et al.[106] Os autores apontam diferentes tipos de organização em rede que, quando analisadas sob uma ótica integral,

---

104. LALOUX, F. *Reinventing Organizations*: A Guide to Creating Organizations Inspired by the Next Stage of Human Consciousness. Bruxelas: Nelson Parker, 2014.

105. ROBERTSON, B.J. *Holacracy*: The New Management System for a Rapidly Changing World. Nova York: Henry Holt and Co., 2015.

106. MINTZBERG, H.; LAMPEL, J.; QUINN, J.B. & GHOSHAL, S. *O processo da estratégia*: conceitos, contextos e casos selecionados. 4. ed. Porto Alegre: Bookman, 2006.

permitiriam a utilização de forma conjunta e otimizada de diversos níveis de consciência, maximizando a efetividade organizacional. Podemos contrastar, por exemplo, a organização infinitamente plana e a organização invertida, dois tipos de organizações em rede adequadas a ambientes totalmente distintos. A primeira recebe essa denominação em função de não haver limites para sua expansão. O *know-how* fundamental se concentra no centro e é aplicado nos nódulos por meio de operações padronizadas. É o caso das redes de *fast-food* e também das corretoras de valores ou de seguros que desenvolvem franquias para alcançar seus clientes. Nesse desenho organizacional, temos um centro que demanda formas de pensamento a partir de LARANJA até AMARELO, com nódulos operando com uma lógica AZUL de padronização de processos entregando os produtos aos clientes. Já na organização invertida, a essência do *know-how* encontra-se nos nódulos, ficando o centro em um papel principal de quebrador de gargalos. Normalmente, teremos os níveis de consciência entre LARANJA a AMARELO operando nos nódulos e um centro com níveis de consciência entre AZUL e LARANJA.

A transição de AMARELO para TURQUESA: condições e processo

À medida que a liderança facilitadora do nível AMARELO de consciência se consolida e obtém sucesso por meio do *design* de estruturas *ad hoc* focadas nas demandas específicas de cada situação, ótimos resultados tendem a serem alcançados. Ao perceber e aceitar as diferenças entre as pessoas e suas visões de mundo, o líder operando em AMARELO torna-se capaz de maximizar a efetividade de pessoas, estruturas, processos e organizações tendo apenas seu conhecimento individual (e não o do grupo) e as redes de informação disponíveis como pontos de partida. Entretanto, algumas das principais questões colocadas pela mente que opera em AMARELO não podem ser resolvidas (e muitas vezes não podem sequer ser formuladas) por seres humanos agindo individualmente. Assim, um novo senso de comunidade começa a substituir o foco individualista do nível AMARELO de consciência.

Como característica marcante dessa nova transição podemos destacar um novo impulso à espiritualidade. É uma espiritualidade diferente do *hype New Age*, típico do nível VERDE de consciência, sendo fortemente ancorada em práticas efetivas de autoconhecimento e autodesenvolvimento integral da pessoa operando a partir do nível AMARELO-turquesa. Além disso, verifica-se um crescente respeito pela sabedoria inerente aos sistemas holárquicos, nos quais cada elemento é ao mesmo tempo uma parte de um todo e um todo de várias partes. Aos poucos, as preocupações do nível AMARELO de consciência com os "o quê?" e os "como?" começam a ser substituídas pelos "por quê?" ou "quem?" do nível TURQUESA. A espiritualidade parece estar presente em todas as demais atividades da pessoa, não sendo mais possível distinguir em que momento se está realizando uma atividade "espiritual". A busca de uma causalidade universal é mais uma das atividades "espirituais" tendo como foco a reordenação do caos global. Novamente o foco se volta para o grupo. Mas agora se trata de um grupo ainda mais inclusivo do que os grupos plurais e focados em diversidade do nível VERDE de consciência, abarcando toda a humanidade em suas diversas formas de pensamento e níveis de consciência e todos os seres vivos. A ecologia se revigora em sua forma mais profunda, reconhecendo as hierarquias naturais e incluindo o domínio do ser humano, que passa a ser um elemento fundamental a ser integrado ao meio ambiente. O conhecimento assume características multidimensionais, com o foco em partículas e sistemas sendo substituído por uma lógica quântica de grupos, campos e ondas. A perspectiva de que o Universo é uma manifestação de uma consciência que deu início a tudo com o *Big Bang* se fortalece, assim como a noção de que essa consciência é a base de tudo o que existe. Bem-vindos ao nível de consciência TURQUESA!

O contexto para o nível de consciência TURQUESA e seu estágio inicial

No estágio atual de desenvolvimento da humanidade, o nível TURQUESA de consciência ainda se encontra em estágio embrionário. Segundo Beck e Cowan, além de Wilber, o pensamento TURQUESA surgiu a menos de cinquenta anos, existindo hoje não mais do que 0,1% dos adultos da Terra operando de forma predominante a partir desse nível de consciência.

O contexto que o desperta é a necessidade de buscar sinergias entre diferentes abordagens de pensamento de segunda camada, pois até então o nível AMARELO abordava os problemas do mundo Vuca com uma abordagem predominantemente individual de solução de problemas, o que começa a tornar-se contraproducente no caso dos problemas de complexidade ainda maior do que aqueles já enfrentados pelo nível de consciência anterior. De fato, a percepção "experiencial" de que o comportamento de cada elemento presente nas soluções providas pelo nível AMARELO de consciência impacta a todos os demais elementos do Universo é o grande propulsor para o despertar do nível de consciência amarelo-TURQUESA. Embora grande parte das questões que levam às soluções do nível TURQUESA tenha sido levantada no nível AMARELO, os grandes investimentos de tempo, energia e autossacrifício necessários para solucioná-los não estavam disponíveis no nível anterior. Os sentimentos e as emoções retornam ao centro das atenções da pessoa operando em amarelo-TURQUESA, agora integrados com uma profunda racionalidade sistêmica e holárquica. Essa integração, por exemplo, dá origem a uma série de novas abordagens na medicina, onde o conhecimento médico-científico "tradicional" (LARANJA) é associado a terapias de cunho mais "holístico" que já tinham sido resgatadas de forma isolada pelo nível VERDE de consciência, mas que agora apresentam novo potencial ao se integrar com a abordagem típica do nível LARANJA.

A espiritualidade ganha nova força com a chegada de TURQUESA, dessa vez livre de toda e qualquer "amarra" dogmática, mas ao mesmo tempo preocupada em integrar todos os elementos da personalidade (incluindo os negativos e "sombrios") ao "ser espiritual", rompendo com a lógica VERDE de práticas *New Age* adotadas como atalho para fugir de suas próprias projeções negativas. Nessa nova espiritualidade, ciência e metafísica se aproximam como nunca antes, sem o *hype New Age* do nível VERDE de consciência. Aos poucos, a consciência vai deixando totalmente de lado o foco individualista do nível AMARELO e mergulha em uma nova perspectiva sacrificial, que vai marcar o auge do nível TURQUESA.

A consciência TURQUESA em seu auge e suas implicações para a liderança

Ao chegar ao pico do nível TURQUESA, a pessoa passa a confiar ainda mais na intuição e nos instintos, como já ocorria nos níveis ROXO, AZUL e VERDE, mas agora com uma capacidade sinérgica que é maior do que a soma das capacidades em cada um desses níveis anteriores. Algumas formas de percepção que pareciam adormecidas como se tivessem sido soterradas pelos níveis mais complexos (como as existentes no nível ROXO que foram suplantadas pelo nível VERMELHO) são recuperadas, mas, além disso, a mente operando em TURQUESA passa a ter acesso a funções cerebrais que ainda não tinham sido utilizadas anteriormente. A capacidade de acessar os níveis de consciência de primeira camada, já presentes em AMARELO, agora ficam ainda mais acentuadas (BECK & COWAN, 1996).

O nível de consciência TURQUESA vê o mundo como uma intrincada rede de relações de causa e efeito, energias e conexões que a maioria das pessoas não consegue perceber. Essa rede dá origem a imperativos coletivos e interdependências mútuas que movem o Universo. Segundo Beck e Cowan, enquanto o nível AMARELO "suja suas mãos" lidando com o caos, o nível TURQUESA cria o próximo padrão de organização, transcendendo o caos. Um exemplo dado pelos autores seria a capacidade de transcender os paradoxos, típica desse nível de consciência. Por exemplo, a idealização de um sistema de saúde que permita estender a vida das pessoas, reduzir seus custos e se tornar mais disponível para a população em geral, sem comprometer a saúde financeira do Estado.

Se o nível AMARELO tinha conseguido ir além do pluralismo étnico do nível VERDE, passando a respeitar não só as diferenças culturais, mas também os diversos níveis de consciência, o nível TURQUESA irá chegar a um novo nível de relação com eles. É como ir além de "perceber" e passar a "fundir-se" com cada um dos níveis de consciência anteriores, criando uma verdadeira ordem comunitária global. Para a mente TURQUESA, as leis da natureza que se aplicam ao Universo suplantam as leis doutrinárias do nível AZUL e os vínculos interpessoais do nível VERDE. Apesar de assumir que o conhecimento da verdade absoluta é algo fora do seu alcance, a pessoa operando em TURQUESA volta a acreditar ser possível chegar a esta, uma vez que todas as coisas estão interconectadas.

Beck e Cowan enfatizam que a espiritualidade assume uma forma completamente nova com o auge da consciência TURQUESA. Sendo este um nível de consciência coletivo (de cor fria), é de se esperar um novo pulso na busca espiritual. No nível ROXO a espiritualidade brotou pela primeira vez no ser humano, assumindo forma ritual e tendo como objetivo domar as forças da natureza para trazer saúde e abundância. No nível AZUL, a espiritualidade foi definida por meio de verdades absolutas que deram origem a um código de conduta para que os homens pudessem conviver de forma mais harmônica. No nível de consciência VERDE, a espiritualidade passou a ser vista como algo pessoal, com o misticismo sendo uma forma de tornar a pessoa mais humana e completa. No nível TURQUESA, uma nova revolução espiritual toma corpo e a pessoa operando a partir desse nível entra em contato com a ordem cósmica e as forças que regem o Universo desde o início dos tempos, assumindo simultaneamente todas as formas definidas anteriormente, além de incorporar também os "deuses de poder" (VERMELHO), o "guerreiro empreendedor" (LARANJA) e a "fonte do caos" (AMARELO). A aceitação, já presente no nível AMARELO, amplia-se e transforma-se em humildade, gratidão e reverência, e o simples fato de viver torna-se um milagre aos olhos da mente TURQUESA. A capacidade de contemplação é potencializada e, para a mente TURQUESA, torna-se possível monitorar a si e ao ambiente externo como um observador ao mesmo tempo em que se interage com a situação. O ego, que guiou o indivíduo nos níveis de primeira camada e que assumiu um papel secundário no nível AMARELO, quando suas preferências passaram a ser condicionadas ao fato de não prejudicar os outros, agora praticamente desaparece, com a vida sendo a coisa mais importante e a vida da própria pessoa tornando-se algo que não importa.

Talvez a mais essencial das capacidades conquistadas com a consolidação do nível TURQUESA de consciência é uma nova e ampliada visão do tipo *big picture*, focada nas inter-relações entre os agentes atuantes em determinado contexto, que agora se amplia para toda a Terra e o Universo. Se o nível AMARELO é capaz de enxergar inter-relações e causalidades sutis em um problema específico em nível "micro" (processo, organização etc.), o nível TURQUESA amplia essa capacidade para o nível macro (nação, região do globo, planeta, universo), sendo capaz de identificar padrões e tendências ainda mais sutis que não podem ser vislumbradas pelos demais níveis de consciência, mesmo o nível AMARELO. Esse fato capacita as pessoas operando predominantemente em TURQUESA para liderar organizações e projetos em ambientes Vuca, ou seja, altamente voláteis, incertos, complexos e ambíguos. Embora as habilidades de liderança em Vuca já estivessem presentes no nível AMARELO, a capacidade de utilizar tal habilidade em um nível mais macro, como organizações globais e órgãos internacionais, é exclusiva de TURQUESA.

De TURQUESA para CORAL? Para onde vai a consciência humana?

Assim como todos os demais níveis de consciência, o nível TURQUESA também pode apresentar manifestações não saudáveis. Embora estas ainda sejam difíceis de serem detectadas nos dias de hoje, pode-se imaginar que elas tendam a se tornar presentes à medida que mais mentes passem a operar no nível TURQUESA. Nesse caso, conflitos pela supremacia ideológica em grupos onde TURQUESA seja abundante poderão precisar de uma mediação vinda de um nível de consciência mais complexo, que hoje seria o nível CORAL, que ainda não pode ser caracterizado, embora haja evidências de que essa forma de pensar já está presente entre nós[107]. Porém, como pudemos verificar ao longo de todo este capítulo, um novo nível de consciência surge para dar conta de problemas que não podem ser resolvidos pelos níveis menos complexos, mas não se torna dominante nas pessoas de forma imediata. Inicialmente, CORAL esteve presente em algumas pessoas na forma de vislumbres temporários. Isso provavelmente já vem ocorrendo desde a última década do século XX, conforme apontado por Wilber, Beck e Cowan, entre outros. Para algumas pouquíssimas pessoas nos dias de hoje, o nível de consciência CORAL já deve ocupar um percentual relevante dos seus processos de pensamento. Provavelmente ainda não o bastante para caracterizar o estágio TURQUESA-coral e, por esse motivo, não o incluímos aqui.

E assim nossa jornada pela evolução da consciência humana chega ao fim. Logicamente que este fim é apenas uma parada estratégica e, ao mesmo tempo, o início de uma nova etapa, pois sabemos que o processo de desenvolvimento da consciência é infinito e tende a prosseguir. Vamos, a partir do próximo capítulo, deixar a descrição do processo evolucionário em si e das características dos diversos níveis de consciência e partir para a investigação de como todo esse conhecimento pode ser ativado e nos ajudar na prática, em nosso dia a dia, em nossa vida pessoal e nas organizações em que atuamos.

---

107. Tanto Wilber quanto Beck e Cowan, além de vários outros autores do California Institute of Integral Studies, vêm trazendo vários *cases* onde opera o nível de consciência CORAL. Entretanto, ter o pensamento CORAL ativo é bem diferente de tê-lo dominante e como centro de gravidade de pessoas e grupos de trabalho. Acreditamos que a presença do nível CORAL nos dias de hoje ainda se dê mais na forma de lampejos do que no centro de gravidade do pensamento de um número significativo de pessoas.

4
O LÍDER INTEGRAL EM AÇÃO
Spiral Wizardry e o Modelo *Integral Works** de liderança e gestão integral

Uma vez conhecidas as características dos diferentes níveis de consciência, assim como os diversos elementos da abordagem integral, podemos avançar com o assunto que talvez seja o mais importante deste livro, mas que realmente não podia prescindir dos capítulos que o precederam. Este capítulo vai tratar daquilo que Beck e Cowan convencionaram chamar de *Spiral Wizardry*, ou seja, algo como a "mágica da espiral"[108]. Trata-se da etapa de *design* da ação do líder integral, ou seja, do planejamento da intervenção que será conduzida por ele. Será inevitável que abordemos também neste capítulo a questão da implementação, mas aqui este é um aspecto secundário. As principais questões relacionadas à condução dos processos de mudança gerados pela intervenção dos líderes integrais serão abordadas mais à frente, no capítulo 7, sobre a gestão integral da mudança.

Tendo como ponto de partida a estratégia e a proposta de valor de uma organização, e tomando por base a estrutura dos quatro quadrantes do Modelo Aqal apresentada previamente no capítulo 2, iremos tratar dos elementos considerados mais *hard* e, portanto, presentes nos quadrantes do lado direito das organizações, como as estruturas organizacionais mais adequadas e os estilos de liderança melhor alinhados com uma determinada situação. Mas também abordaremos a

---

108. Acreditamos que o termo *Spiral Wizardry* tenha sido dado em função da surpresa que acomete os líderes e gestores acostumados a abordar um determinado problema de formas distintas ao longo de anos sem lograr grande sucesso e que, de repente, se veem diante de uma solução advinda de uma análise integral que leve em conta as estratégias, estruturas, cultura, estilos de liderança, processos e níveis de consciência envolvidos. Os resultados costumam ser tão diferenciados e distintos daqueles que eram obtidos por meio de abordagens "da moda" ou "mais convencionais" que parecem mágica! Já tivemos a oportunidade de testemunhar muitos clientes, alunos e amigos impressionados com a facilidade com que um problema persistente por anos foi resolvido por meio de uma solução integral como as que veremos neste capítulo.

questão da cultura, presente no quadrante inferior esquerdo (coletivo interior) e que interage em uma via de mão dupla de forma constante com os níveis de consciência (quadrante superior esquerdo, individual interior), as estruturas (quadrante inferior direito, coletivo exterior) e os estilos de liderança (quadrante superior direito, individual exterior) presentes.

Embora estejamos propondo basicamente um sistema de gestão dos diversos níveis de consciência presentes na espiral, assim como no caso do *Spiral Wizardry* de Beck e Cowan[109], nossa abordagem irá diferir daquela proposta pelos autores. Tal divergência não é conceitual, sendo principalmente em relação à linguagem utilizada e à forma de organizar o fluxo de ações que deve ser conduzido pelo líder integral. Se preferimos estruturar nossa abordagem de forma distinta, isso deve-se muito mais à nossa história prévia como líderes, professores, pesquisadores, *coaches* e consultores na área de gestão e liderança do que a qualquer discordância conceitual em relação à abordagem proposta por Beck e Cowan. Esses autores são, sem sombra de dúvida, as maiores autoridades no assunto e por esse motivo achamos importante começar este capítulo apresentando de forma breve o *Spiral Wizardry* em sua forma original para somente em seguida exibir nosso tratamento para a mesma questão.

Nossa abordagem tem início com a apresentação de seu esquema geral, que visa responder à seguinte pergunta: Como a estratégia, a estrutura, a cultura, os sistemas, as tecnologias, os estilos de liderança e os níveis de consciência predominantes em uma organização devem ser gerenciados de forma a produzir os melhores resultados no presente e, ao mesmo tempo, permitir que a organização crie um futuro próspero para si própria, para seus colaboradores e para a humanidade? Alinhamento, aprendizado e desenvolvimento são os conceitos-chave nesse ponto. Em seguida, iremos pontuar as questões específicas relacionadas a cada um dos elementos que compõem o alinhamento. Iniciaremos apresentando as diferentes categorias que utilizamos para cada variável "de projeto organizacional" importante para nós, que são basicamente: i) estratégias e propostas de valor; ii) estrutura organizacional; iii) sistemas e tecnologias de gestão e operação; e iv) estilos de liderança. Somente depois de apresentadas essas categorias ou escolhas alternativas é que iremos abordar suas implicações em termos de cultura e de níveis de consciência. Nesse ponto, também trataremos como variáveis independentes as diferentes dinâmicas setoriais nas quais a organização está inserida e sua influência na viabilidade de diferentes estratégias, com suas respectivas implicações para a cultura e os níveis de consciência, bem como para as variáveis de projeto.

---

109. BECK, D. & COWAN, C. *Spiral Dynamics...* Op. cit.

4.1 *Spiral Wizardry*

O lançamento do livro *Spiral Dynamics* foi à época o resultado de mais de quarenta anos de pesquisa e desenvolvimento focados na compreensão dos sistemas de valores que governavam os processos de escolha dos grandes líderes globais e da maioria dos habitantes da Terra. Essa série de pesquisas foi iniciada pelo Dr. Claire Graves, conforme já mencionado anteriormente, ainda na década de 1960 na Union College. O Dr. Graves ainda realizava suas pesquisas quando faleceu em 1986, tendo seu trabalho continuado por seus alunos e discípulos Don Edwards Beck e Christopher Cowan a partir da década de 1980.

O livro de Beck e Cowan pode ser dividido em quatro seções, a saber: i) "Overview of *Spiral Dynamics*" ou "Visão geral da espiral", parte que abrange os capítulos de 1 a 3 e foca na descrição da espiral de forma ampla, passando pelas visões de mundo e sistemas de pensamento e finalizando com os princípios gerais que guiam a espiral; ii) "The Dynamics of the *Spiral's* ᵛMEMEs" ou "A dinâmica dos níveis de consciência na espiral", bloco no qual os autores abordam desde as condições necessárias para ocorrer a mudança de nível de consciência (capítulo 4, e que nós abordamos no capítulo sobre gestão integral da mudança), passando pela dinâmica da liderança no capítulo 5 e chegando à descrição da "visão" de segunda camada (ou integral), característica dos níveis de consciência AMARELO e TURQUESA no capítulo 6 (*Spiral Wizardry*), para finalmente chegar às questões fundamentais do alinhamento da espiral por meio das *streams* ou fluxos (capítulo 7) e a integração da espiral por meio dos *templates* (capítulo 8); iii) "The *Spiral Wizard's* Field Manual" ou "Manual de campo do *Spiral Wizard*", que abrange os capítulos 8 a 16, envolvendo uma descrição detalhada de cada nível de consciência para uso daqueles que irão conduzir ações de *Spiral Wizard*, envolvendo todos os níveis de primeira camada (capítulos 8 a 14) e dois níveis de segunda camada (capítulos 15 e 16); e iv) "Global Order and Chaos on the *Dynamic Spiral*", no qual os autores apresentam algumas aplicações de sua abordagem para a solução dos problemas contemporâneos da humanidade. Aquilo que Beck e Cowan denominam *Spiral Wizardry*, e que nós abordaremos neste capítulo, encontra-se exatamente nos capítulos 5, 6, 7 e 8 do livro *Spiral Dynamics*.

No capítulo 5, denominado "The Dynamics of Leadership", Beck e Cowan diferenciam três tipos de líderes eficazes, a saber: i) ᵛMEME *Wizards*; ii) *Wizards of Change*; e iii) *Spiral Wizards*.

O primeiro tipo englobaria aqueles líderes que dominam a arte e a técnica da liderança em um único nível de consciência, sendo extremamente efetivo para as pessoas que operam nesses níveis. Normalmente, eles próprios estão operando entre meio e um nível de consciência acima, em termos de complexidade de pensamento, do centro de gravidade dos grupos sobre os quais exercem tão efetiva liderança.

São muitos os exemplos desse tipo de líder nos tempos recentes. Os super-heróis da Marvel, o Super-homem e os *Power Rangers* são exemplos de líderes da ficção exclusivos para o nível VERMELHO[110]. Se os líderes são ficcionais, os liderados não são. As crianças entre cinco e nove anos que os idolatram têm seu centro de gravidade no nível VERMELHO. No mundo real, muitos líderes de gangues exercem esse papel, tendo entre seus liderados traficantes e bandidos de todos os tipos operando em VERMELHO.

Os ^VMEME *Wizards* AZUIS são bem mais fáceis de encontrar com uma conotação positiva no mundo real do que os ^VMEME *Wizards* VERMELHOS. Nelson Mandela foi um grande exemplo de líder que deixou a prisão e ganhou uma reputação de quase santo ao falar para o nível AZUL de consciência em seu povo com uma linguagem de correção, dever sagrado e patriotismo. Madre Teresa de Calcutá foi outro exemplo de ^VMEME *Wizard* do nível AZUL de consciência, trazendo uma mensagem de caridade e amor cristão. Por outro lado, a eleição de Donald Trump nos Estados Unidos nos mostra um clássico exemplo de líder operando em azul-LARANJA ou mesmo LARANJA e que após anos de discurso nesses níveis passou a falar (ou enviar *tweets*) tendo como alvo uma plateia AZUL-laranja e AZUL durante a campanha presidencial. Apesar da sua esmagadora preferência entre os norte-americanos operando nesses dois níveis, sua eleição dependeu fortemente da mobilização dos níveis azul-LARANJA e LARANJA, assim como da abstenção recorde de laranja-VERDE e VERDE. Entretanto, a maioria desse eleitorado deixou de apoiá-lo após a eleição quando percebeu que sua linguagem AZUL da campanha continuou após o pleito. Ou seja, eles tinham fé que o Trump presidente seria aquele da série *O aprendiz*. O espírito manipulador de azul-LARANJA e LARANJA apostou (equivocadamente) que o discurso de campanha de Trump era algo apenas para ganhar a eleição e tirar VERDE do poder, mas que não faria parte do seu dia a dia de governo.

No nível LARANJA temos alguns líderes incontestes entre os empresários brasileiros. Abílio Diniz e o trio da 3G Capital (Jorge Paulo Lemann, Marcel Telles e Beto Sicupira) são exemplos clássicos. Na política econômica podemos encontrar alguns ícones que ganharam *status* de "semideuses" entre o público com o centro de gravidade em LARANJA de orientação liberal, como Pedro Malan, Gustavo Franco, Armínio Fraga e Henrique Meirelles. Beck e Cowan citam como

---

110. Em uma análise dos níveis de consciência, poderíamos dizer que os super-heróis teriam o seu centro de gravidade em VERMELHO, VERMELHO-azul ou vermelho-AZUL, sendo que no caso se trata do lado "bom" do nível VERMELHO de consciência em oposição ao lado "mau" de seus inimigos vilões.

exemplo de liderança do nível LARANJA o Dr. Lair Ribeiro, que com seus livros e palestras de autoajuda sempre fomentou o *empowerment* de seus seguidores por meio de uma linguagem que os incentivava a assumir as rédeas de suas vidas a partir de uma maior *accountability*. Em nível internacional, Lee Iacocca, Alan Greenspan e Margareth Thatcher são verdadeiros *cases* em termos de poder de mobilização do pensamento LARANJA.

O nível VERDE de consciência é a forma mais complexa de pensamento da primeira camada e, por isso mesmo, o último nível a apresentar ᵛMEME *Wizards*. O ambientalista James Lovelock, o político democrata norte-americano Al Gore, o ecologista Jacques Cousteau e o político francês François Mitterrand são exemplos de liderança inconteste para as pessoas operando no nível VERDE de consciência.

O segundo tipo de líder eficaz de acordo com Beck e Cowan, o dos *Wizards of Change*, destaca-se por apresentar discursos e atuações que vão aumentando de complexidade ao longo do tempo, fazendo com que seus liderados não só se mobilizem pelas causas de cada um dos níveis de consciência a partir do qual operam a cada momento como também acabem por mudar o centro de gravidade de seu pensamento, seguindo a evolução de complexidade do discurso e da ação de seu líder. Ronald Reagan é apontado por Beck e Cowan como um exemplo de líder que foi eleito pela primeira vez por meio de um discurso entre AZUL e AZUL-laranja, mas que liderou grande parte de seus seguidores republicanos em um processo de transição para o nível LARANJA. Ele derrotou o democrata Jimmy Carter, que era o presidente e candidato à reeleição no pleito de 1980, com um discurso nitidamente AZUL-laranja de direita. Carter tentou caracterizar Reagan como um perigoso candidato de extrema-direita e acabou se dando mal, pois acabou operando em um nível VERDE até então pouco ativo em seu mandato predominantemente LARANJA-verde. Como à época os eleitores com centro de gravidade em VERDE eram uma minoria e a crise dos reféns no Irã e a economia em recessão não ajudavam diante de eleitores operando entre AZUL e LARANJA, sua derrota acabou sendo acachapante, com Reagan vencendo não só em todos os *Swing States*[111], como também em alguns estados historicamente democratas.

Esse tipo de líder é especialmente importante pela sua capacidade de promover a mudança no nível de consciência dos liderados. Seu discurso e sua ação vão mudando de forma gradativa ao longo do tempo e, quando se vê, já se configura

---

111. Os *Swing States* são estados-membros da Federação dos Estados Unidos da América que não apresentam uma clara maioria política nas eleições, oscilando de um pleito para o outro e acabando por decidir as eleições americanas na maioria das vezes. São eles: Flórida, Carolina do Norte, Ohio, Pensilvânia, New Hampshire, Michigan, Wisconsin, Iowa, Nevada, Colorado e Virgínia.

totalmente diferente do que era antes. Isso é fundamental quando uma mudança no nível de consciência dos liderados é crítica para a superação de um desafio, ou então quando ocorre uma mudança no ambiente que faça o sistema de valores anterior perder sua conexão com o contexto. Nesse caso, os *insights* tidos pelo líder que muda sua consciência ao longo do tempo funcionam como modelo para seus liderados, provocando a mesma mudança nestes.

Beck e Cowan citam o exemplo de Malcolm X, tido como um modelo de mudança para muitos jovens afro-americanos ao se mover a partir do nível VERMELHO para VERMELHO-azul, vermelho-AZUL e finalmente AZUL. No início, atuava no nível VERMELHO, quando acabou preso depois de atuar como cafetão e traficante, revoltado por ter tido seu pai assassinado por brancos e ter sido desencorajado a fazer faculdade de Direito por um professor branco que lhe dissera que um negro como ele devia ser carpinteiro e não advogado, apesar de suas boas notas na escola. Mas evolui para VERMELHO-azul quando se converte ao islamismo e passa a fazer parte da Nação do Islã, seita que pregava que o homem branco era o demônio; depois para vermelho-AZUL quando passa a ser o principal pregador fanático de Elijah Muhammad, líder da Nação do Islã; e finalmente para AZUL quando, após viajar a Meca e perceber que Muhammad distorcera o islã, funda a Organização da Unidade Afro-americana e passa a promover a mudança e a igualdade entre brancos e negros por meios pacíficos. Malcolm X, assim como Martin Luther King, também morreu assassinado, mas ao contrário de King, morto por um branco fanático em 1968, Malcolm foi morto por um negro da Nação do Islã em 1965, certamente revoltado pela perda de seguidores para a Organização da Unidade Afro-americana. Ao contrário de King, um clássico ᵛMEME *Wizard* (primeiro nível de liderança) do nível AZUL-laranja cujos discursos inicialmente tinham muita dificuldade de alcançar os mais jovens, Malcolm era um *Change Wizard* (segundo nível de liderança), tendo estimulado muitos jovens negros a passarem a operar no nível AZUL viabilizando, assim, o *Civil Rights Act* de 1964.

Para Beck e Cowan, grande parte do poder dos *Wizards of Change* reside no fato de eles compreenderem intuitivamente que a liderança efetiva precisa combinar elementos dos níveis de consciência mais individualistas e focados em autoexpressão (cores quentes como BEGE, VERMELHO e LARANJA) e os níveis mais coletivistas e focados no sacrifício pelo grupo (cores frias como ROXO, AZUL e VERDE). É justamente por esse motivo que veremos mais à frente que não se preconiza um ajuste "perfeito" entre níveis de consciência dentro de uma organização, por exemplo, entre membros de equipes, estrutura organizacional e estilo de liderança. Ao invés disso, recomenda-se a existência de pequenas lacunas entre pessoas, liderança, estrutura e sistema de valores predominante. Portanto, se o meu público opera predominantemente em AZUL, devo oferecer estruturas, tecnologias, sistemas e um estilo de liderança AZUL, mas também AZUL-laranja, azul-LARANJA e até mesmo LARANJA. Se o centro de gravidade da minha equipe está em LARANJA, devo liderar com um discurso LARANJA, mas oferecendo pitadas LARANJA-verde, laranja-VERDE e até mesmo VERDE.

Por fim, o terceiro e principal perfil de líder eficaz segundo Beck e Cowan seria o dos *Spiral Wizards*. Estes líderes correspondem àqueles cujo centro de gravidade do pensamento localiza-se na segunda camada, ou seja, entre os níveis ver-de-AMARELO e TURQUESA e mesmo TURQUESA-coral e CORAL. No fundo, são aqueles que definimos neste livro como sendo líderes de pensamento integral. Não são líderes integrais, necessariamente, pois para isso terão de associar o fato de operarem a partir de um nível de consciência de segunda camada com o fato de terem um papel de liderança e uma prática de vida integral. Segundo os autores, os *Spiral Wizards* percorrem diferentes "paisagens mentais" e são capazes de identificar padrões e conexões que mesmo os demais líderes mais efetivos, como os ^vMEME *Wizards* e os *Change Wizards*, não conseguem. Os *Spiral Wizards* são capazes de navegar pela espiral, identificando pontos de bloqueio e oportunidades de evolução, fazendo os reparos necessários e empoderando as pessoas nos mais diversos níveis de consciência. Os *Spiral Wizards* apreciam o caos e pensam de forma mais próxima a um *designer* criativo do que a um especialista em reengenharia, ligando funções, pessoas e ideias para formar novos fluxos mais naturais e que adicionam precisão, flexibilidade, responsividade, humanidade e diversão ao trabalho.

Beck e Cowan[112] definem as sete marcas do *Spiral Wizard* que servem de princípios para sua ação nas organizações:

a) Eles veem a organização como um sistema efetivamente aberto e não como uma entidade que busca um determinado alvo que seja um estado final. Ou seja, apesar de serem capazes de estabelecer e seguir uma visão de futuro, esses líderes de segunda camada jamais vislumbrarão um determinado estado futuro desejado como estático, mas sempre como um estágio transitório antes de um novo estado, que também será transitório.

b) Os *Spiral Wizards* vivem e trabalham em sincronia com fluxos e ritmos naturais. Eles percebem e aceitam tanto os fluxos que disseminam o caos quanto os fluxos que levam à ordem, produzindo períodos de estabilidade e de mudança, e por isso têm paciência para saber a melhor hora para intervir em um sistema, seja identificando novas tendências ou consolidando o *status quo*.

c) A meta final de um *Spiral Wizard* é manter a totalidade da espiral saudável, seja despertando um novo nível de consciência ainda ausente, mas necessário

---

112. BECK, D. & COWAN, C. *Spiral Dynamics...* Op. cit.

em função do contexto, seja revitalizando um nível de consciência atrofiado que precise rejuvenescer, ou mesmo mediando o conflito entre diferentes níveis de consciência para chegar a uma solução do tipo GANHA-GANHA-GANHA.

d) Os *Spiral Wizards* interagem confortavelmente com todos os níveis de consciência e conseguem mobilizar ^{v}MEME *Wizards* e *Change Wizards* quando necessário.

e) Os *Spiral Wizards* são especialistas em suas disciplinas, mas, acima de tudo, generalistas, por conhecerem tudo que se relaciona à natureza humana e às organizações, sentindo-se bastante confortáveis em testar novidades ou fazer aquilo que sempre foi feito, tendo um nível diferenciado de conhecimento interdisciplinar e nas fronteiras entre as diferentes disciplinas.

f) Eles são pensadores sistêmicos e solucionadores de problemas complexos, combinando o conhecimento de fluxos naturais e interconexões relacionadas a uma situação ou problema, rejeitando as relações de causa e efeito simples e as soluções do tipo *quick-fix*, preferindo identificar as causas fundamentais dos problemas para então atuar nas soluções dos mesmos, envolvendo um, dois ou mais níveis da espiral.

g) Os *Spiral Wizards* possuem uma mistura única de valores e crenças pessoais que possibilitam a utilização de capacidades dos lados direito e esquerdo do cérebro, unindo por exemplo a capacidade de análise de um engenheiro AMARELO e a capacidade de síntese de um místico TURQUESA.

No capítulo 6 do livro *Spiral Dynamics*, Beck e Cowan abordam diretamente o processo do *Spiral Wizardry*. Eles começam por fornecer um *checklist* de seis itens para a detecção dos níveis de consciência que atuam em determinada situação. São eles: i) dê um passo para fora de seu próprio nível de consciência e fique totalmente aberto à forma de pensamento das pessoas nas quais você quer identificar o nível de consciência; ii) identifique as condições de vida dominantes, ou seja, questione os envolvidos sobre a dinâmica do ambiente pessoal ou de trabalho no qual estes se inserem; iii) pergunte "Por quê?", de preferência após um "O quê?" sobre um tema polêmico, que pode ser o que a pessoa acha da liberação da pena de morte ou então da descriminalização do aborto; iv) lembre que diferentes situações despertam diferentes sistemas de pensamento, ou seja, uma pessoa pode operar predominantemente no nível LARANJA no trabalho e no nível AZUL na vida pessoal, por exemplo; v) lembre que uma empresa é sempre uma mistura de níveis de consciência e não apenas um nível "puro"; e vi) lembre que o nível de consciência de pessoas e organizações tende a mudar sempre que mudam as condições de vida.

Após apresentar duas questões para o diagnóstico dos níveis de consciência[113], ambas focadas mais em aspectos profissionais e, portanto, mais adequadas ao diagnóstico em empresas, Beck e Cowan apresentam uma regra que eles pregam como sendo universal, ou seja, que o líder deve aplicar com todos os níveis de consciência. Essa regra, denominada P-O-A, enfatiza a necessidade do *Spiral Wizard* atuar sempre com educação (*politeness*), abertura para ouvir e escutar o que os outros dizem (*openness*) e responsabilidade incondicional (*autocracy*[114]). Em nossa abordagem neste livro iremos trabalhar com as cinco atitudes do líder integral, que serão apresentadas no próximo capítulo e são uma versão mais completa da regra P-O-A de Beck e Cowan.

Em seguida, Beck e Cowan apresentam as três formas alternativas de intervenção do líder *Spiral Wizard*. Elas são versões simplificadas do modelo que apresentamos na sequência deste capítulo e por isso iremos apenas citá-las. Na primeira alternativa, os autores sugerem que o *Spiral Wizard* não intervenha na situação. Ela seria a mais adequada quando os níveis de consciência que precisam ser acionados estão irremediavelmente indisponíveis ou quando o líder não dispõe de poder nem de apoio suficientes para implementar a mudança necessária. Na segunda alternativa, os autores sugerem que se tente aproximar os níveis de consciência disponíveis daqueles necessários para realizar a mudança desejada. A privatização de empresas estatais com o objetivo de transformá-las em organizações lucrativas é um exemplo bastante didático dessa alternativa. A tendência natural é que a presença predominante do nível AZUL e sua mentalidade burocrática sabotem as iniciativas para tornar a empresa mais competitiva. Assim, o *Spiral Wizard* deverá buscar meios de instigar e de fortalecer o nível de consciência LARANJA no tecido social da organização. Isso pode ser feito, por exemplo, por meio da promoção de uma competição com uma outra empresa do setor, de forma a identificar quais pessoas se engajam mais fortemente no processo (LARANJA predominante) para então empoderá-las, ou, alternativamente, por meio da contratação de pessoas operando predominantemente no nível LARANJA de consciência. Neste caso, é importante que o nível LARANJA não dominante se torne prevalente por meio das ações do líder. Por fim, na terceira alternativa, se o nível de consciência necessário para a mudança está disponível na "quantidade" adequada, o foco da atuação do líder deve ser o de igualar a linguagem utilizada no processo de intervenção com a forma de percepção daquele mesmo nível de

---

113. Não apresentamos as questões aqui em função de o convidarmos a fazer um diagnóstico mais profundo em nossa página na internet.

114. O termo *autocracy* seria traduzido literalmente como autocracia ou autoritarismo, mas Beck e Cowan o explicam enfatizando que se trata do fato de o líder ter de chamar para si a responsabilidade pelos resultados de suas equipes, o que coincide com nosso conceito de *accountability* ou responsabilidade incondicional.

consciência, o que equivaleria a "falar a mesma língua" dos liderados que se quer mobilizar. Isso não significa apenas que o discurso (e as atitudes e comportamentos) do líder devem enfocar a competição, a inovação e a meritocracia, mas que todo o aparato de liderança utilizado esteja alinhado a esse discurso, como a estrutura organizacional e o sistema de avaliação de desempenho e recompensas.

Uma vez que o líder integral se proponha a atuar, Beck e Cowan descrevem as cinco regras básicas[115] da liderança na espiral. Estas são regras que devem balizar a ação do líder no que se refere à sua atuação direta com seus liderados, assim como sua atuação por meio dos demais líderes subordinados a ele. As regras podem ser resumidas da seguinte maneira: i) se o centro de gravidade do nível de consciência dos liderados é mais complexo que o do líder e eles não operam em níveis de segunda camada, o líder poderá precisar utilizar a força, a intimidação ou a manipulação para controlar sua equipe; ii) se os liderados estão em uma condição CLOSED (BLOQUEADA) ou ARRESTED (PRESA)[116], a liderança deve ser "calibrada" exatamente para o nível de consciência em questão, ou seja, mecanismos do nível AZUL para liderados AZUL, mecanismos azul-LARANJA para liderados azul-LARANJA e assim por diante; iii) se os liderados estão na condição OPEN (ABERTA)[117], a liderança deve ser "calibrada" para metade de um nível acima do seu centro de gravidade, ou seja, liderança LARANJA para liderados em azul-LARANJA ou AZUL--laranja, liderança LARANJA-verde ou laranja-VERDE para liderados em LARANJA, e assim por diante; iv) se os liderados perfazem um grupo altamente diversificado, a liderança deve ser "calibrada" para o nível mais complexo entre estes, ou seja, se temos no grupo de liderados pessoas operando em níveis tão distintos como AZUL, LARANJA e VERDE, a liderança deverá se alinhar com o nível VERDE); e v) se o modelo de liderança é muito mais complexo (mais de um nível de diferença) do que o centro de gravidade dos liderados, ao invés de se criar uma dissonância positiva, as lacunas serão tão grandes que irão oprimir ou então confundir os

---

115. Tradução livre para *rules of thumb*.

116. Iremos detalhar essas duas condições no capítulo 7 sobre gestão integral da mudança. Podemos antecipar que na situação CLOSED (BLOQUEADO) a pessoa permanece o tempo todo operando em apenas um nível de consciência, independente das condições de vida, muitas vezes devido a limitações neurológicas ou mesmo traumas, não sendo sequer capaz de reconhecer as barreiras que impedem sua consciência de evoluir. Na situação ARRESTED (PRESO), a pessoa consegue acessar os níveis de consciência menos complexos que o seu, porém não consegue ter os *insights* necessários para desenvolver níveis mais complexos mesmo que o ambiente demande, tendendo a justificar que de fato a sua forma predominante de pensar é a mais adequada, embora as evidências em contrário sejam abundantes. Irá precisar de grandes dissonâncias (e consequentemente, crises) para vislumbrar os *insights* a fim de desenvolver o nível de consciência mais complexo que o seu.

117. Iremos detalhar essa condição mais à frente, mas podemos antecipar que na condição OPEN (ABERTA) a pessoa pode acessar níveis de consciência menos complexos e tenderá a desenvolver os *insights* necessários para potencializar níveis mais complexos se o ambiente (condições de vida) demandar. Nesse caso, pequenas dissonâncias são capazes de promover o *insight* necessário.

liderados, com o líder sendo visto como um estranho que "fala outra língua" ou veio de outro planeta. Este último ponto está por trás das causas fundamentais para o não funcionamento de muitas equipes autogerenciáveis no chão de fábrica de empresas brasileiras ou mesmo do fracasso de alguns modelos educacionais baseados em elevada autonomia para crianças com menos de dez anos.

Após apresentarem suas cinco regras básicas para a liderança, Beck e Cowan mostram cada um dos níveis de consciência, com suas características básicas, para apenas mais à frente, nos capítulos 8 a 16 de *Spiral Dynamics*, detalharem cada um dos níveis de forma similar à que fizemos neste livro no capítulo 3. Em seguida, eles apresentam de forma minuciosa sua proposta de intervenção no sentido de maximizar o desempenho organizacional e sua contribuição para a sociedade. Na linguagem proposta pelos autores, dois processos são críticos: i) o processo de Alinhamento da Espiral (*Spiral Alignment*) e ii) o processo de Integração da Espiral (*Spiral Integration*). Como a nomenclatura proposta por Beck e Cowan é bem distinta daquela que adotamos, iremos apresentar muito brevemente esses dois processos para, em seguida, explicar nosso modelo de intervenção organizacional, baseado no modelo de Beck e Cowan e na abordagem integral de Ken Wilber, mas também em outras abordagens organizacionais, assim como em nossa experiência como consultores, professores e pesquisadores.

Para Beck e Cowan, o processo de alinhamento (*Spiral Alignment*) lida com o que eles denominam de *streams*, aqui com o sentido de fluxo natural, e busca alinhar todos os aspectos relacionados às condições de vida (ou o ambiente de trabalho) com os níveis de consciência predominantes na organização. Isso de forma que o sistema organizacional fique alinhado antes de se tentar implementar um novo estilo gerencial ou uma nova estrutura organizacional. Os autores detalham o processo de alinhamento em uma sequência de dez passos ou elementos, mostrada no quadro 4.1.

Por fim, terminaremos nossa apresentação do modelo da *Spiral Wizardry* de Beck e Cowan explicando o conceito de *Spiral Integration*, ou Integração da Espiral, e seus respectivos *templates*. Se o processo de Alinhamento da Espiral trabalha com o conceito de *streams* ou fluxos naturais, o processo de Integração da Espiral vai enfatizar o uso de *templates*. Estes *templates* irão destacar: i) as especificidades do trabalho a ser feito pelas pessoas que agregam valor diretamente aos clientes da organização, que corresponde à essência operacional de Mintzberg et al.[118] ou à mão de obra direta (*Template X*); ii) os sistemas de suporte para as pessoas que agregam valor diretamente aos clientes da organização, constituído

---

118. MINTZBERG, H.; LAMPEL, J.; QUINN, J.B. & GHOSHAL, S. *O processo da estratégia...* Op. cit.

Passo ou Elemento	Descrição	Principais ações
1	Decida em que negócio você realmente está.	• Definir o negócio; • Estabelecer uma missão/propósito para a organização.
2	Avalie o *big picture* e identifique padrões e fluxos do ambiente.	• Análise externa (tendências, oportunidades, ameaças) com um foco no futuro; • Análise da estratégia passada da organização (como chegamos até aqui); • Identificar quais níveis de consciência devem estar ativos para entregar o valor requerido pelo ambiente no futuro.
3	Faça um inventário de recursos, capacidades funcionais e estágio de ciclo de vida.	• Identificar as competências e os níveis de consciência associados às mesmas em três aspectos: i) tecnologia, ii) sistemas de gestão, e iii) recursos humanos nas diversas áreas da empresa; • Identificar os estágios dos ciclos de vida de produtos, serviços, ativos fixos e maturidade gerencial:
4	Mapeie o "DNA psicológico" da organização.	• Identificar o nível de consciência equivalente aos principais valores suportados na cultura organizacional; • Identificar o nível de consciência predominante em diferentes áreas funcionais como vendas, P&D, recursos humanos, contabilidade e finanças etc.
5	Estabeleça e propague uma "visão de futuro".	• Definir, em termos de resultados financeiros, de mercado, de processos e de pessoas, aonde se quer chegar nos próximos três, cinco ou dez anos; • Definir também aonde se quer chegar em termos de cultura e níveis de consciência dominantes; • Traduzir essa visão por meio de fortes metáforas e divulgá-la o tempo todo.
6	Conecte tudo com todo o resto.	• Identificar os fluxos de informação e de materiais; • Conectá-los por meio do processo de integração da espiral (*Template X*).
7	Projete uma organização ideal hipotética, adequando estruturas às funções (novo modelo).	• Idealizar um modelo de organização que se alinhe com o *design* construído nos elementos de 1 a 5 e estabelecer as conexões feitas no item 6 por meio do processo de integração da espiral (*Template Y*).
8	Libere, realinhe e remodele os sistemas atuais para se encaixarem com o novo modelo.	• Introduzir dissonâncias que iniciem o processo de mudança cultural; • Buscar alcançar o novo modelo de forma gradual se as lacunas forem demasiado grandes.

Passo ou Elemento	Descrição	Principais ações
9	Coloque as pessoas certas nas funções certas com as ferramentas e o suporte certos.	• Desdobrar o novo modelo em cada uma das funções necessárias para implementá-lo e preencher cada uma dessas funções com pessoas cujo centro de gravidade esteja alinhado naturalmente com o que precisa ser feito; • Fornecer sistemas, estruturas e ferramentas adequados a cada função.
10	Equipe o novo modelo com sistemas de realinhamento em processo para lidar com mudanças contínuas.	• Implementar um processo de monitoramento ambiental constante; • Permitir que as pessoas tragam "más notícias"; • Monitorar os níveis de confiança e mantê-los elevados; • Combater distinções de *status* e mentalidades do tipo "isso não é meu trabalho", que contribuem para deixar a organização bloqueada nos níveis de consciência de primeira camada.

Quadro 4.1: Processo de Alinhamento da Espiral de acordo com BECK & COWAN (1996). Fonte: Elaborado pelos autores.

pelo trabalho dos *staffs* de apoio e técnico de Mintzberg et al. ou à mão de obra indireta em geral (*Template* Y); e iii) as inteligências executivas necessárias para a gestão macro de tudo e de todos, que corresponde tanto ao ápice estratégico como em alguns casos à linha intermediária de Mintzberg et al., ou à gestão de forma geral (*Template* Z). O processo de Integração da Espiral parte do nível macro, referente ao Alinhamento da Espiral, para o nível micro, definindo as necessidades em termos de nível de consciência e as especificidades dos três diferentes tipos de trabalho em uma organização, isto é, operacional, técnico e estratégico.

4.2 O Modelo *Integral Works*® para a liderança e a gestão integral

Nossa abordagem para a liderança integral incorpora um modelo mais amplo de gestão integral. Quando mencionamos gestão integral, estamos nos referindo a um modelo de gestão organizacional que se baseia nos mesmos princípios da abordagem integral de Ken Wilber e da liderança integral que viemos tratando até este ponto. Esses princípios, já mencionados neste texto, podem ser resumidos em dois: i) não existe uma única teoria, abordagem ou modelo que esteja totalmente correto ou totalmente errado (inclusive esta abordagem aqui apresentada); a grande maioria das abordagens organizacionais são verdadeiras e parciais, ou seja, funcionam de forma adequada em condições específicas; e

ii) o mundo em que vivemos passa por um processo evolucionário rumo a uma consciência e a uma complexidade cada vez maiores desde sua criação; todas as pessoas e todas as organizações devem buscar alinhar suas ações para que essa evolução ocorra da forma mais saudável possível.

Quando trazemos esses dois princípios para a questão específica da liderança e da gestão integral das organizações, eles ganham uma conotação específica. O primeiro princípio dá origem à questão de **alinhamento contextual**: estratégias, abordagens para a mudança, técnicas de liderança e gestão e metodologias de aprendizagem organizacional não são inerentemente boas ou más, melhores ou piores que as demais. Elas funcionam melhor ou pior de acordo com seu grau de alinhamento em relação ao contexto no qual são aplicadas. O segundo princípio diz respeito à necessidade constante de aprendizado e **desenvolvimento evolutivo** rumo a uma maior consciência e complexidade. Para aqueles que não estão familiarizados com a abordagem integral, o segundo princípio pode parecer contraditório em relação ao primeiro. De fato, podemos começar descrevendo-o pela recomendação de não se buscar um ajuste perfeito entre as práticas organizacionais e os elementos do contexto. Ora, mas se os diferentes sistemas, abordagens, práticas, técnicas e ferramentas funcionam melhor em determinado contexto, por que não buscar este *perfect match*? A resposta pode parecer ambígua, mas é bastante simples: Grandes lacunas entre os sistemas provocam resultados precários por falta de ajuste. Mas a inexistência de lacunas entre o contexto e as abordagens utilizadas causa uma percepção de "ajuste perfeito" que é contraproducente no tocante ao futuro de cada um de nós, das nossas empresas e do nosso planeta. Isso porque proporciona uma sensação de conforto excessiva que pode demandar grande esforço para ser quebrada. Resumindo, o segundo princípio é aquele que prega que os sistemas e abordagens organizacionais que utilizamos devem estar "quase" perfeitamente alinhados às necessidades do contexto, estando sempre um pouco à frente, de forma a causar uma mínima sensação de desconforto e necessidade de aprendizado e, consequentemente, evolução rumo a uma maior complexidade e maior consciência. Isso de forma a ser capaz de lidar de maneira efetiva com um mundo cada vez mais Vuca (volátil, incerto, complexo e ambíguo), ou seja, justamente o ambiente que demanda cada vez mais o pensamento de segunda camada ou o pensamento integral! Portanto, alinhamento e desenvolvimento são os princípios gerais do nosso modelo de liderança e gestão integral.

4.2.1 *Elementos do Modelo* Integral Works®

Conhecendo os princípios gerais que regem o nosso modelo, precisamos apresentar cada um de seus elementos. Neste ponto, o foco são os elementos do *design* organizacional que deverão assumir valores distintos de forma a produzir esse alinhamento quase perfeito, ou seja, criar pequenas lacunas que provoquem o desenvolvimento das pessoas e da organização. Esses elementos são divididos em quatro grupos, a saber: i) **Variáveis do contexto**, ou seja, aquelas que podemos caracterizar e nos familiarizar com elas, mas que temos pouca ou quase nenhuma influência[119] sobre o seu estado. São tipicamente variáveis relacionadas ao ambiente externo de uma organização, para com as quais, de alguma forma, deve-se buscar um alinhamento organizacional; ii) **Variáveis de projeto**, ou seja, aquelas cujo "valor" ou "estado" que será assumido está mais ao nosso alcance decidir. São tipicamente os elementos internos de uma organização, sendo nosso papel buscar alinhá-las em relação às **variáveis do contexto** por meio de uma **estratégia**; iii) **Estratégia**, que é uma variável de projeto com características especiais por representar a ligação entre as **variáveis de contexto** e as **variáveis de projeto**. Pode ser uma estratégia corporativa, que abrange diversos negócios diferentes, uma proposta de valor no nível de negócios ou uma estratégia funcional na área de *marketing* e vendas, operações etc. A estratégia é uma hipótese sobre como a organização pretende mobilizar seus recursos internos (as demais **variáveis de projeto**) para atender às necessidades de um determinado segmento de clientes ou beneficiários (que são parte das **variáveis de contexto**); e iv) **Lacunas organizacionais**, que indicam um desalinhamento entre as **variáveis de contexto**, a **estratégia** e as **variáveis de projeto**. Esses quatro elementos são ilustrados em um resumo esquemático na figura 4.1.

O modelo de análise de lacunas da *Integral Works*® pode ser usado em qualquer situação na qual exista um contexto externo, um contexto interno (organizacional) e uma estratégia que mobilize os recursos organizacionais de forma a entregar valor a elementos do contexto externo. Esse modelo pode ser usado nos três diferentes níveis nos quais existem questões estratégicas: corporativo, de negócio e funcional. Iremos focar o nível de negócio no exemplo a seguir, para em seguida trabalhar dois exemplos no nível funcional (operações e desenvolvimento de produto). Mas é importante ter em mente que a aplicação do modelo é similar em quaisquer dos três níveis estratégicos apresentados.

Assim, as variáveis do contexto são os elementos do ambiente externo, que por sua vez pode ser dividido entre "ambiente macro" e "ambiente micro". A composição do "ambiente macro" é tipicamente definida por meio do termo PESTEL, que divide os fatores do ambiente externo que influenciam o desempenho

---

119. Aqui temos um ponto importante: mesmo as variáveis do ambiente externo não são totalmente independentes no que se refere às ações de nossas organizações. Uma empresa inovadora estará sempre causando mudanças no ambiente externo e por isso devemos dar bastante ênfase ao "pouca ou quase nenhuma influência" no lugar de "nenhuma influência".

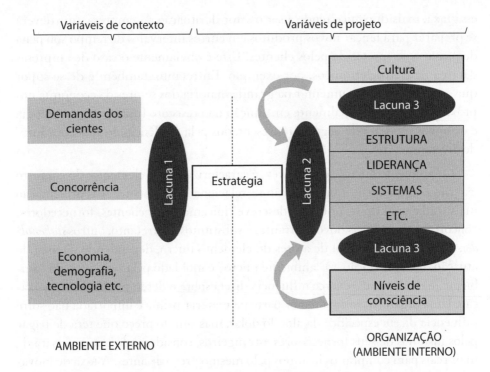

Figura 4.1: Modelo de análise de lacunas *Integral Works*®. Fonte: Os autores.

de uma organização em: i) políticos; ii) econômicos; iii) sociais; iv) tecnológicos; v) ambientais (*environmental*); e vi) legais. Quando mapeamos o ambiente de atuação de uma organização por meio desses fatores, buscamos identificar aqueles cuja variação têm o maior impacto em suas atividades, receitas e custos, e que terminarão por caracterizar o setor de atuação da mesma. Sempre que conduzimos uma análise PESTEL, devemos atentar para o estado atual e os possíveis estados futuros dessas variáveis.

Por exemplo, a taxa de câmbio é um fator econômico relevante para empresas exportadoras e importadoras. Neste caso, o que interessa não é apenas a taxa atual ou aquela que deverá se verificar em um curto espaço de tempo, mas a forma como ela deverá se comportar no longo prazo. Esse comportamento provável irá balizar as estratégias de *hedge* da empresa, bem como sua política de desenvolvimento de fornecedores e integração vertical, além de seus mercados-alvo. Outro exemplo é a taxa de inovação tecnológica, um fator de categoria tecnológica importante para a maioria dos setores nos dias de hoje. Quanto maior essa taxa, mais dinâmico tende a ser o setor de atuação da empresa, que deverá se preparar para lançar novos produtos em curtos intervalos de tempo sob pena de passar a ser preterida pelos clientes. Este é obviamente o caso de empresas da área de eletroeletrônicos, por exemplo. Entretanto, também é de se supor que essa taxa tenda a aumentar na grande maioria dos setores da economia nos próximos anos, principalmente em função da crescente fusão entre tecnologia e os novos modelos de negócio representados pela tendência de "uberização"[120] de diversos setores.

O "ambiente micro", por sua vez, é caracterizado por elementos do contexto externo com os quais a organização se relaciona diretamente. A representação mais tradicional desse ambiente descreve tipicamente os clientes, fornecedores, concorrentes, possíveis novos entrantes e substitutos. Entretanto, outros *stakeholders* podem compor o rol de atores do elemento micro, dependendo da área de atuação da organização. O "ambiente micro" é moldado pelas variáveis do "ambiente macro" e então exerce influência direta sobre o desempenho da organização. Uma organização cuja maior parte da matéria-prima é importada não sofre influência direta específica da alta do dólar, mas sim do preço que terá de pagar pelos insumos de seus fornecedores estrangeiros, considerando que precisará de mais reais para comprar os insumos pelo mesmo preço de antes. A taxa de inovação de um determinado setor pode não nos dizer muita coisa até o momento em que um concorrente introduz uma inovação disruptiva e dificulta a manutenção de um posicionamento de diferenciação por parte da organização. O importante aqui é entender que o "ambiente micro" irá apresentar as características diante das quais a organização deverá se posicionar por meio de uma estratégia, que é uma variável de projeto especial em nosso modelo. Portanto, diferentes ambientes externos produzem diferentes demandas às organizações, que poderão ser respondidas de forma distinta.

No mercado de microcomputadores, existe espaço para empresas como a Apple e a Microsoft, que oferecem apenas produtos *top end* de alto desempenho como o *iMac* e o *Surface*, assim como para empresas que oferecem uma vasta gama de produtos entre os populares mais baratos e alguns próximos àqueles *top end*, como a Lenovo, a Dell e a HP. Outras empresas ainda, como a Brazil PC e a Easy PC (você conhece essas marcas?) irão atuar exclusivamente nos segmentos de produtos mais baratos e populares. Cada uma dessas empresas definiu de

---

120. Entende-se por "uberização" a tendência pelo surgimento de novos modelos de negócio, principalmente em função do crescente desenvolvimento e execução de aplicativos para dispositivos móveis no redesenho de serviços e processos em setores até então considerados estáveis e consolidados, como no caso do transporte urbano.

forma distinta a sua proposta de valor, uma variável de projeto que influencia diretamente a estratégia da organização.

Perceba que, dependendo das características do setor em que sua organização atua, diferentes estratégias serão viáveis. Nesse aspecto, nosso modelo trata da primeira possibilidade de lacuna organizacional, que chamaremos LACUNA 1 OU LACUNA MERCADO-ESTRATÉGIA, que pode ser visualizada na figura 4.1. Quando existente, essa lacuna significa que a estratégia atual da empresa não está alinhada às necessidades do segmento de mercado-alvo. Isso irá resultar em perda de vendas e outros prejuízos. Para preencher essa lacuna, dois diferentes movimentos "genéricos" são possíveis: i) mudar a estratégia para adequar as necessidades dos segmentos-alvo definidos, implicando em necessidade de mudança interna (*OUT-SIDE-IN* ou "de fora para dentro"); ou ii) manter a estratégia, focando em outros segmentos distintos dos segmentos-alvo atuais e cujas demandas se alinhem com a proposta de valor atualmente entregue pela empresa (*INSIDE-OUT*, ou "de dentro para fora"). Caso a empresa opte pela primeira alternativa (mudar a estratégia), normalmente será produzida uma nova lacuna, considerando que o projeto dos parâmetros internos estivesse adequado à entrega da proposta de valor anterior. A maioria das abordagens de gestão estratégica considera tudo o que foi exposto até aqui e costuma ser bastante efetiva até este ponto. A grande diferença entre uma abordagem integral, como a proposta pelo Modelo *Integral Works®*, e as demais abordagens de planejamento estratégico aparece justamente a partir da análise da lacuna entre a estratégia e as demais variáveis de projeto do ambiente interno.

As abordagens tipicamente não integrais costumam evidenciar apenas a LACUNA 1 e a LACUNA 2 (cf. figura 4.1), que seriam aquelas existentes entre a nova estratégia pretendida pela organização e seus recursos e competências internas. Desses, normalmente considera-se a estrutura organizacional como uma das principais variáveis de projeto a mobilizar as novas competências técnicas que terão de ser desenvolvidas. Como tende-se a perceber a organização apenas pelos seus aspectos tangíveis (quadrantes objetivos, do lado direito no Modelo Aqal) simultaneamente à aquisição das competências técnicas, como por meio de contratações e programas de desenvolvimento, projeta-se mudanças na estrutura organizacional e nos processos de forma a adequá-los à estratégia pretendida.

Entretanto, para uma abordagem integral, que também considera os quadrantes subjetivos do lado esquerdo no Modelo Aqal, de fato existem três lacunas. A primeira, entre o mercado e a estratégia da empresa (LACUNA 1), já definida anteriormente; a segunda, entre a estratégia e a estrutura organizacional e os processos (LACUNA 2) e ainda uma terceira (LACUNA 3), entre a estrutura organizacional/processos e os níveis de consciência, manifestados em termos coletivos pela cultura e presentes na organização. Em um modelo integral, esses componentes que se referem à LACUNA 3 também são variáveis de projeto, mas de características subjetivas. Assim, entende-se o motivo do insucesso de tentativas de preenchimento da LACUNA 1 em diversas organizações. Ao se concentrar na elaboração de uma nova estratégia para preencher a LACUNA 1, e na implementação dessa estratégia internamente para preencher a LACUNA 2, que surge em consequência, ignoram-se ou não se consideram os elementos relacionados à LACUNA 3.

Ou seja, quando adotamos uma abordagem realmente integral, ao invés de perguntarmos: "Quais são as estruturas organizacionais, perfis de liderança, sistemas e tecnologia da informação mais adequados *para entregar* nossa nova estratégia?", nós teremos de perguntar: "Quais são as estruturas organizacionais, perfis de liderança, sistemas e tecnologia da informação mais adequados *para ativar os valores e os níveis de consciência necessários* para entregar nossa nova estratégia?" Dessa forma, fica clara a existência de fatores subjetivos cruciais (quadrantes do lado esquerdo do Modelo Aqal) para a implementação da estratégia da organização. Esses fatores são essenciais e devem ser levados em conta no momento da intervenção organizacional e é isso que abordaremos a seguir.

4.2.2 *O processo de alinhamento organizacional no Modelo* Integral Works®

Para explicar a utilização do Modelo *Integral Works*®, vamos aprofundar uma análise sobre o processo de abertura comercial no mercado brasileiro ocorrido na década de 1990. Primeiramente, vamos tomar o caso real de uma multinacional fabricante de veículos automotores no Brasil que até meados da década de 1990 produzia veículos e motores de uma geração anterior quando comparados ao que era feito em sua matriz. Essa produção acontecia em uma planta com estrutura hierárquica tradicional, formada por gerentes de área, supervisores, encarregados e operadores. Esse é um exemplo de estratégia funcional da área de operações. Considerando o mercado pouco competitivo da época, ocasionado pela política brasileira de substituições de importações que predominou nas décadas de 1960, 1970 e 1980 (AMBIENTE EXTERNO A), a estratégia da empresa era a de produzir especificações mais antigas (ESTRATÉGIA A), aproveitando-se da possibilidade de utilizar o ferramental que ia sendo aposentado na matriz. Essa estratégia estava alinhada às necessidades do mercado-alvo. Não havia concorrentes com produtos inovadores, pois todos os *players* aproveitavam-se da proteção de mercado para utilizar seu ferramental aposentado e gerar mais algum lucro para si. A LACUNA 1 não estava presente, assim como a LACUNA 2, pois a estrutura tradicional utilizada (ESTRUTURA A) estava adequada à estratégia "de oligopólio" vigente até então. Além disso, a LACUNA 3 também inexistia, pois a estrutura tradicional estava perfeitamente alinhada ao nível de consciência AZUL tradicional prevalente em meio à mão de obra operacional qualificada daquela época (SISTEMAS DE VALORES A, ou cultura/níveis de consciência na situação A). Portanto, a empresa em questão desfrutava de bons resultados e estava em alinhamento total com seu ambiente.

Veio então a abertura comercial em 1990 e a concorrência dos produtos importados inicialmente, para em seguida começar a concorrência dos próprios fabricantes nacionais, que começavam a introduzir em suas linhas de montagem no país os mesmos modelos que comercializavam em suas matrizes. Aos poucos, a fabricante em questão começou a perder o alinhamento com o ambiente externo (agora já um AMBIENTE EXTERNO B). Seus produtos já não eram mais tão competitivos e as vendas caiam, assim como os resultados. A LACUNA 1 aparecia de forma clara. A estratégia (ainda a ESTRATÉGIA A) tinha perdido o alinhamento com o mercado. Foi então que na segunda metade da década de 1990 a matriz europeia decidiu mudar tudo na filial brasileira. Ora, se agora a competição estava acirrada e a concorrência oferecia bons produtos, a empresa iria produzir no país os mesmos modelos que fabricava na Europa, adotando um posicionamento de liderança de produto (ESTRATÉGIA B). Com isso, voltaria aos bons resultados que tinha antes e transformaria a operação brasileira em um centro de exportação para toda a América do Sul.

Percebe-se que, ao introduzir sua nova linha de produtos, a empresa tratava de preencher a LACUNA 1 por meio de uma abordagem *OUTSIDE-IN* (de fora para dentro), que abrira simultaneamente uma LACUNA 2 entre a estratégia pretendida e as competências possuídas localmente. Foi então que, sem considerar de forma adequada a existência dos quadrantes do lado esquerdo e da LACUNA 3, a empresa projetou uma nova estrutura organizacional (ESTRUTURA B), baseada no conceito de equipes autogerenciáveis que ela mesma já utilizava na Europa, eliminando diversos níveis hierárquicos das plantas, acabando com os cargos de supervisão e implementando o papel do representante de equipe, então rotativo entre os operadores, sendo escolhido por estes. A ideia à época era que para produzir veículos tão inovadores era preciso ter um sistema produtivo igualmente arrojado, o que faz sentido. Porém, o modelo conceitual a embasar o processo de mudança não era integral e não considerava a existência da LACUNA 3. Assim, a introdução dos novos produtos permitiu à empresa usufruir de grandes resultados de mercado e financeiros. Seus produtos estavam entre os mais caros e por isso sua margem era considerável. Entretanto, a maioria dos indicadores de eficiência operacional da empresa tinha resultados muito inferiores aos da concorrência.

O custo para entregar o valor aos seus clientes era elevado e o número de postos de trabalho focados em inspecionar e retrabalhar os produtos era significativo. O que poderia estar acontecendo?

A essa altura, o representante das equipes autogerenciáveis não era mais rotativo e escolhido pelos membros das equipes e sim pelo coordenador da área. A ideia de ter representantes escolhidos pela própria equipe estava gerando muitos problemas. Em geral, o escolhido não era a pessoa mais adequada para exercer as atividades ligadas à função, mas o "cara mais legal do grupo". Já eram frequentes os *insights* relacionados à percepção de que eventualmente a autonomia dada aos operadores era exagerada em relação à maturidade dos operadores brasileiros. Aplicando o modelo de liderança e gestão integral a essa situação, ficou claro que ao preencher a LACUNA 2 abriu-se uma grande LACUNA 3, que não foi percebida em função dos consultores e dos gestores da empresa não trabalharem com uma abordagem integral ao enfrentarem o problema. Sem dúvida, a nova estrutura organizacional, baseada em equipes autogerenciáveis (Eags) bastante efetivas em ambientes onde predomina os níveis LARANJA-verde, laranja-VERDE e VERDE de consciência, estava significativamente alinhada com a estratégia de mercado da empresa (preenchimento da LACUNA 2), porém encontrava-se bastante desalinhada dos valores e níveis de consciência prevalentes entre os operadores (AZUL). Por mais que ao longo do processo de capacitação dos operadores, buscando conferir-lhes as habilidades técnicas para produzir os novos produtos, alguma progressão nos níveis de consciência possa ter ocorrido, acredita-se que tal progressão tenha sido bastante superficial simplesmente por esse não ter sido o foco do processo. Levantamentos realizados mais de uma década depois da mudança com os operadores em questão indicaram efetivamente alguns poucos operando em AZUL-laranja, azul-LARANJA e até mesmo LARANJA, mas pouquíssimos operando em LARANJA-verde e nenhum operando em laranja-VERDE ou VERDE, com a imensa maioria operando em AZUL, com alguns ainda operando em vermelho-AZUL. Assim, a empresa passou a ter uma estrutura e sistemas adequados ao nível VERDE sendo aplicados a uma mão de obra que operava predominantemente no nível AZUL.

Como já vimos anteriormente, lacunas grandes como a desse caso não funcionam como alavancas para provocar o desenvolvimento dos níveis de consciências dos operadores agindo em AZUL (empurrando-os para LARANJA), mas apenas produzem uma mensagem que na maioria das vezes é muito diferente daquela que gostaria de ser passada pela empresa. A dissonância é grande demais! No caso em questão, os operadores agindo em AZUL não perceberam que a empresa gostaria que eles atuassem de forma autônoma e independente, responsabilizando-se pelos resultados de suas equipes, o que seria esperado de operadores em LARANJA-verde, laranja-VERDE e VERDE. Ao contrário, eles possivelmente concluíram que a empresa era extremamente preocupada com o seu bem-estar, mas que muitas vezes acabava não deixando claro o que era preciso fazer para alcançar melhores resultados, passando a impressão de que isso não seria tão importante assim. Foi apenas com a implementação, inicialmente em algumas áreas específicas, da produção enxuta e de muitos dos elementos organizacionais dos primórdios do sistema Toyota de produção, típicos de uma lógica azul-LARANJA, que se começou a perceber uma melhoria acentuada dos resultados de produtividade e qualidade. Com o tempo, o tamanho das equipes foi reduzido à metade, dobrando assim a quantidade de equipes, e o papel de líder de equipe foi instituído oficialmente em todas as áreas industriais, sendo este escolhido pelo coordenador da área. A estrutura organizacional tornara-se finalmente apenas "um pouco acima" dos níveis de consciência prevalentes no chão de fábrica. A LACUNA 3, antes enorme e instransponível, tornara-se uma pequena lacuna, suficiente para causar desconforto mas perfeitamente adequada para passar a mensagem que a empresa queria: temos de ser mais produtivos, produzindo mais em menos tempo e com menos recursos! Os resultados foram tão espetaculares que a filial brasileira passou a ser *benchmark* mundial nas metodologias ligadas à produção enxuta.

Podemos dar um outro exemplo, agora envolvendo a área de desenvolvimento de produtos em uma filial de uma empresa europeia no Brasil. A filial em questão era originalmente uma empresa de capital nacional, que desenvolvia equipamentos para o setor agropecuário e fora adquirida pela multinacional europeia no início da década de 2010. Antes da aquisição, a empresa operava em alguns segmentos de mercado, sempre focando nos clientes que davam mais importância ao fator preço, sem se preocupar muito com customizações. Em função disso, o processo de desenvolvimento de novos produtos, no caso para adaptá-los às necessidades dos clientes, era simples e geralmente envolvia apenas ajustes superficiais e "cosméticos" nas máquinas e equipamentos. A empresa desfrutava de uma situação confortável, pois a estratégia focada no preço baixo e padronização com poucos ajustes (ESTRATÉGIA A) estava alinhada às demandas do segmento de mercado buscado. Após a aquisição pela multinacional europeia, a empresa passou a buscar um posicionamento focado em customização (ESTRATÉGIA B), procurando aumentar a margem e ao mesmo tempo se diferenciar em relação a outras multinacionais europeias e norte-americanas, as quais focavam no grau de inovação e sofisticação tecnológica de seus equipamentos. Passados doze meses da aquisição, a lentidão do processo e o número de erros ocorridos durante a introdução de novos modelos e em sua customização aos clientes do mercado brasileiro chamava a atenção da matriz. Originalmente, o processo de desenvolvimento de novos produtos era conduzido por um gerente de novos projetos, que tinha apenas dois engenheiros como funcionários próprios e se valia de parte das equipes da engenharia, do *marketing* e da produção para executar seus processos. Era uma estrutura matricial, com características de uma "*task force* quase perene", típica do nível AZUL-laranja (ESTRUTURA A). Essa estrutura era adequada às demandas relacionadas ao posicionamento anterior de preço baixo e alta conformidade, com poucas demandas por alterações frequentes. Entretanto, era pouco adequada ao novo posicionamento focado em customização (ESTRATÉGIA B), o que acabou por significar o surgimento de uma LACUNA 2, pois a estratégia pretendida não era suportada pela estrutura organizacional vigente (ESTRUTURA A).

Para tentar solucionar o problema, a matriz decidiu implementar na unidade brasileira os mesmos processo e estrutura que utilizava com grande sucesso na Europa: uma equipe autogerenciável sem liderança formal composta por quatro engenheiros, na qual cada um era responsável por uma parte pre--definida do processo, incluindo suas interfaces externas, sendo que as responsabilidades "rodavam" entre os membros de tempos em tempos (ESTRUTURA B, adequada aos níveis de consciência laranja-VERDE e VERDE, prevalentes entre os engenheiros da matriz). Afinal, a estratégia da empresa na Europa era muito similar à nova estratégia adotada no Brasil (ESTRATÉGIA B). Entretanto, ao contrário das expectativas, um ano após a implementação da nova estrutura os indicadores de tempo e qualidade ainda não haviam melhorado de forma consistente, sendo que em alguns projetos verificou-se, inclusive, uma piora em relação ao desenho anterior. Qual teria sido o erro da matriz? Novamente, o erro foi não considerar a questão sob um prisma integral. A existência de valores (níveis de consciência, cultura, elementos dos quadrantes do lado esquerdo) foi ignorada, achando que ao preencher a LACUNA 2 "importando" a estrutura de desenvolvimento de produtos de sua matriz na Europa o problema estaria resolvido. De fato, a empresa acabara abrindo uma LACUNA 3 entre a nova estrutura (laranja-VERDE/VERDE) e os níveis de consciência e a cultura existentes (AZUL, AZUL-laranja, azul-LARANJA) nas equipes de engenharia da organização no Brasil. Novamente, por ser grande demais, essa lacuna produzia uma enorme dissonância. Trabalhar sem um chefe direto acabava não sendo um incentivo a produzir mais e de forma mais efetiva, mas um modo de não precisar estar justificando cada erro cometido ou cada atraso. Novamente, a solução passaria pela estruturação de uma área de desenvolvimento de produtos com um gerente sendo responsável pelos processos da área, constituindo uma solução típica do nível LARANJA (ESTRUTURA B), quase perfeitamente alinhada com a estratégia em questão (ESTRATÉGIA B). Passou-se assim a existir uma pequena e saudável LACUNA 2, que produziria uma LACUNA 3 pequena o bastante para gerar alguma dissonância no sentido de criar desconforto e motivar os engenheiros de produto a desenvolverem formas de pensar mais complexas e mais adequadas ao ambiente Vuca que, em um futuro próximo também será a tônica desse setor!

4.2.3 *Templates no Modelo* Integral Works®

Assim como a abordagem da Dinâmica da Espiral de Beck e Cowan, nosso modelo também possui *templates*. Entretanto, seu significado é um pouco distinto. Um *template* no Modelo *Integral Works®* refere-se a uma sequência de relações de *perfect match* entre os elementos do contexto externo, a estratégia, a estrutura e os níveis de consciência. Ou seja, cada *template* descreve o estado de cada variável do modelo no qual as lacunas 1, 2 e 3 seriam iguais a zero, ou seja, não existiriam lacunas. O quadro 4.2 apresenta cada um desses *templates* (nas linhas do quadro), com "valores" para as características genéricas de diferentes contextos externos e as características específicas para as estratégias, estruturas, estilos de liderança e níveis de consciência referentes a cada nível (nas colunas do quadro). Como não existem sistemas organizacionais com predominância do nível BEGE de consciência, nosso ponto de partida é o nível ROXO, que é extremamente raro e encontrado apenas em regiões muito pouco desenvolvidas e isoladas.

Cada linha do *template* do quadro 4.2 indica uma condição de alinhamento perfeito. Sempre que se desejar produzir uma lacuna que gere um desconforto favorável à evolução e ao desenvolvimento das pessoas e da humanidade, deve-se propor uma estrutura organizacional e um estilo de liderança que esteja entre meio e um nível acima do nível médio de consciência dos liderados em geral. Isso significa propor uma estrutura equivalente no máximo ao nível AZUL (burocracia rígida) para forçar o desenvolvimento de uma equipe onde predomina VERMELHO, uma estrutura no máximo equivalente ao nível LARANJA (burocracia estratégica) para forçar o desenvolvimento de uma equipe onde predomina AZUL, e assim por diante, sempre tendo em mente que essa estrutura deverá estar alinhada com a estratégia que se pretende entregar. Por exemplo, excelência operacional em mercados estáveis no primeiro caso das equipes onde predomina VERMELHO, e excelência operacional em mercados dinâmicos ou liderança de produto e/ou soluções completas em setores de bens de consumo não duráveis onde predomina LARANJA.

Estando conscientes e guiando nossas decisões com base nos princípios integrais, iniciamos assim nossa jornada rumo à liderança e gestão integral. As primeiras etapas dessa jornada se caracterizaram pela compreensão de que a sociedade humana evolui constantemente, e como toda essa evolução influencia em

Ambiente externo	Estratégia	Estrutura	Liderança	Nível de consciência
Mercados ou segmentos de mercado muito pequenos e locais, isolados, com mudanças muito lentas. Demandas baseadas no conhecimento dos líderes da organização pelos clientes, em uma lógica de tradição e parentesco.	Artesanato customizado (serviço ou produto) com base em relações de parentesco e apadrinhamento. Exemplos nos dias de hoje: Organizações informais de serviço em países de Terceiro Mundo.	Clã ou tribo (poucos níveis hierárquicos com número excessivo de reportes em cada nível).	Paternalista e nepotista, mas ao mesmo tempo autoritária.	ROXO
Mercados ou segmentos de mercado com mudanças lentas onde as necessidades básicas dos indivíduos não estão totalmente satisfeitas. Foco no atendimento dessas necessidades e, quando elas estão satisfeitas, foco na oferta de prazer imediato (hedonista).	Posicionamento de diferenciação baseado em preço, normalmente conseguida às custas de estrutura de custos diferenciada em função de poder paralelo. Eventualmente o posicionamento pode enfatizar algum tipo de exclusividade, obtida de forma similar. Exemplos típicos nos dias de hoje: Corporações oligopolizadas de serviços em países de Terceiro Mundo.	"Império" hierárquico, com estrutura já bastante verticalizada e com pouquíssima mobilidade vertical. Quando esta ocorre, é normalmente associada à força ou poder de um dos membros, ou mesmo ao seu talento natural.	Autocrática, baseada em supervisão direta, ou seja, o "chefe" deve detalhar as especificações do trabalho e "fungar no cangote" do subordinado enquanto este ainda não concluiu sua tarefa a contento.	VERMELHO
Mercados ou segmentos oligopolizados e gozando de certa estabilidade no tempo, com necessidades básicas satisfeitas e com foco em ampliar o conforto por meio do acesso a bens antes considerados não essenciais.	Excelência operacional em geral, baseada em padronização, preço baixo ou competitivo, alta conformidade com os padrões, cumprimento rigoroso de prazos de entrega. Exemplos típicos nos dias de hoje: grandes empresas de setores como petróleo, cimento ou siderurgia.	Burocracia rígida. Cada um "conhece bem o seu lugar". Mobilidade é difícil e associada à conquista de "títulos" específicos.	Autoritária ou autocrática clássica, com o uso intensivo de regras, procedimentos e padronização de processos.	AZUL

| Mercados ou segmentos dinâmicos e competitivos (em geral serviços ou bens de consumo, finais e intermediários), com entrada constante de novos *players* e possível substituição de tempos em tempos. | Excelência operacional (todos os setores), liderança de produto por meio de inovação (mais bens de consumo não duráveis) e soluções completas (serviços, bens de capital e bens intermediários). Exemplos típicos nos dias de hoje: empresas líderes globais nos setores de bebidas, alimentos, produtos químicos, medicamentos e cosméticos, além de muitos fabricantes de automóveis. | Burocracia estratégica. Alta mobilidade baseada em desempenho individual. | Democrática ou autocrática, sempre se valendo de padronização de processos e, principalmente, padronização de *outputs* como mecanismos de coordenação. | LARANJA |
| Mercados ou segmentos dinâmicos, incertos e altamente competitivos, com bens e serviços de elevada complexidade (em geral bens de consumo final e intermediários duráveis, bens de capital e serviços), com cadeias de suprimento complexas. | Excelência operacional (bens de consumo final durável, bens de capital), liderança de produto (bens de consumo final duráveis, bens de capital, serviços), soluções completas (serviços, bens intermediários). Exemplos típicos nos dias de hoje: empresas líderes mundiais fabricantes de máquinas industriais e equipamentos, alguns fabricantes de veículos automotores e outros fabricantes de bebidas, cosméticos e alimentos com posicionamento "sustentável". | Estruturas "*flat*". Redes. Equipes autogerenciáveis. | Democrática. Decisão por consenso. | VERDE |

Ambiente externo	Estratégia	Estrutura	Liderança	Nível de consciência
Mercados ou segmentos super-competitivos, com taxas de mudança elevadíssimas e complexidade elevada de produto e/ou de processos, seja em bens tangíveis ou serviços.	Qualquer posicionamento estratégico efetivo em tal ambiente. Na maior parte dos mercados, focada em liderança de produto/inovação. Exemplos típicos nos dias de hoje: Microsoft, Google, Wholefoods Market, Patagonia.	Estruturas *ad hoc* caórdicas.	Integral. Focada na criação de conhecimento. Atua de acordo com os níveis de consciência envolvidos considerando as questões contextuais para fins de alinhamento e desenvolvimento.	AMARELO
Mercados ou segmentos su-percompetitivos, com taxas de mudanças elevadas e altíssima complexidade de produto e/ou processos.	Qualquer posicionamento estratégico efetivo em tal ambiente. Exemplo nos dias de hoje: FAVI.	Holarquias.	Holística.	TURQUESA

Quadro 4.2: *Templates* no Modelo *Integral Works*®. Fonte: Elaborado pelos autores, com base em BECK & COWAN (1996).

nossas vidas e em nossas organizações contemporâneas. A abordagem integral favorece essa compreensão e nos faz estar conscientes de quem somos e como pensamos, assim como por que somos desse jeito e pensamos dessa maneira. O próximo grande passo dessa jornada acontece, primeiramente, quando nos sentimos confortáveis em acessar a Espiral dos Níveis de Consciência para compreendermos nossas atitudes, as dos outros e o funcionamento do mundo exterior. E em seguida progredimos ao sermos capazes de atuar como *Spiral Wizards* e ao aplicarmos os preceitos e princípios do Modelo *Integral Works*® de liderança e gestão integral. E nessa evolução pessoal inspiramos as pessoas a se desenvolverem em seus níveis de consciência e em seus próprios entendimentos sobre si mesmas, assim como as organizações a, de passo em passo, de pequena lacuna em pequena lacuna, evoluírem em benefício de toda a sociedade.

Entretanto, existe uma diferença considerável entre estar consciente da importância e das características de uma abordagem integral de liderança e gestão e efetivamente implementá-la e aplicá-la com naturalidade, autenticidade e precisão. Alguns de nossos alunos, clientes e *coaches* mencionam mesmo um "precipício colossal" entre *saber como ser* um líder integral e verdadeiramente *ser* um líder integral. E é justamente por esse motivo que a jornada continua. Como podemos agir sobre nós mesmos de forma a evoluirmos cada vez mais em direção a sermos um líder integral? Nos próximos dois capítulos do livro aprofundaremos as atitudes que facilitam, fortalecem e solidificam nossa atuação como um líder integral (capítulo 5), assim como as dimensões da prática de vida integral, que caracterizam a vida do líder integral (capítulo 6). A compreensão de como a liderança integral acontece e emana de nós mesmos nos permite entendê-la nos outros e no contexto onde nos situamos. Sigamos em nossa jornada integral!

5

AS CINCO ATITUDES DO LÍDER INTEGRAL

Estar plenamente consciente dos níveis de consciência a partir dos quais nós operamos, bem como do nível a partir dos quais nossos interlocutores operam, é um grande exercício de consciência plena e, porque não, pode ser considerado uma prática de *mindfulness*. A simples atitude de prestar atenção no comportamento dos nossos interlocutores, assim como nos auto-observar com intuito de identificar os valores e visões de mundo presentes buscando "sintonizar" nosso discurso e ação no "canal" mais adequado, não só potencializa a empatia e a compreensão mútuas como também tende a maximizar a efetividade de nossos relacionamentos, tanto pessoais como profissionais.

Entretanto nós, autores, devemos confessar que, à medida que começamos a praticar essa forma de "meditação e ação", sentimos que, em função das diversas características de cada um dos níveis de consciência, e do fato de muitas vezes estarmos lidando simultaneamente com níveis distintos, o número de elementos sobre os quais deveríamos manter a atenção era demasiado grande. Por conta disso, tentar focar continuamente em tantos elementos tendia a nos levar a dois caminhos alternativos, mas, na maioria das vezes, igualmente não desejados. No primeiro caso, tendíamos a terminar por perder o foco do momento, por exemplo em uma reunião de negócios, em função de identificarmos um elemento no repertório de valores e visões de mundo dos nossos interlocutores que nos demandava grande atenção e curiosidade. De tanto se concentrar nisso, perdíamos por alguns instantes o conteúdo principal que estava sendo discutido. Trata-se de um dilema similar ao de tentar se concentrar em sua linguagem corporal não verbal e ao mesmo tempo estar plenamente atento ao conteúdo em discussão. No segundo caso, tendíamos a nos manter focados nos objetivos da reunião, mas acabávamos tentados a utilizar de forma manipulativa o que percebíamos como sendo características dos níveis de consciência dos nossos interlocutores. Nesse último caso, em geral percebíamos claramente que éramos contidos pelos nossos valores.

Refletindo sobre essa questão ficava claro que, além dos objetivos específicos de cada momento, seja uma reunião, uma negociação ou uma conversa, era fundamental estabelecer como um objetivo secundário a necessidade de sermos fiéis aos nossos valores mais íntimos. Estávamos nos referindo à integridade, mas como a entendíamos como "atuar no dia a dia de acordo com os nossos valores mais íntimos", compreendemos que seria difícil fazer com que cada pessoa focasse em seus próprios valores individuais durante cada um dos seus momentos de interação ou de decisão. Foi a partir desse ponto que nos interessamos por abordagens que explorassem hábitos, atitudes e virtudes mais "generalizáveis", ou seja, que pudessem ser perseguidos e defendidos por qualquer um que pretenda ser um líder melhor, mais íntegro e mais efetivo.

Stephen Covey foi, desde o início da nossa busca, uma grande inspiração. Em seu livro *Os sete hábitos das pessoas altamente eficazes*, Covey[121] resgata a "ética do caráter" e, sob uma abordagem "de dentro para fora", propõe mudanças paradigmáticas em nosso ser, tendo em vista nosso crescimento enquanto seres humanos integrais tanto em nível pessoal quanto profissional. Os elementos principais da mudança proposta por Covey para o desenvolvimento dos sete hábitos são: i) "seja proativo", ou não seja reativo, e aja sobre as coisas antes que elas lhe impactem e você tenha que lamentar estar sofrendo as consequências; ii) comece com o objetivo na mente, ou seja, aja sempre com um foco, um fim específico, sabendo onde se quer chegar; iii) lembre que o mais importante vem em primeiro lugar, um hábito que enfatiza a necessidade de priorizarmos as coisas ao invés de abrirmos várias frentes simultâneas; iv) "pense em vencer/vencer", ou seja, busque soluções que favoreçam tanto você quanto seus interlocutores; v) "procure primeiro compreender, depois ser compreendido", que significa ouvir e escutar humildemente, colocando-se no lugar do outro e só então expor seu ponto de vista; vi) "sinergize", um termo que resume a busca por equipes, parcerias e situações interpessoais nas quais o resultado conjunto proporcionado pelos envolvidos seja maior que a soma de seus resultados individuais; e vii) "afine o instrumento", que implica estar nos renovando continuamente em termos físicos, mentais, sociais, emocionais e espirituais.

Ao avaliarmos os sete hábitos de Covey percebemos a importância desses direcionamentos, pois aqueles sete "lembretes" para o dia a dia, que precisavam ser desenvolvidos constantemente, formavam um conjunto de princípios que podia

---

121. COVEY, S.R. *The Seven Habits of Highly Effective People*: Restoring the Character Ethic. Nova York: Free Press, 2004.

ser adequado a qualquer um, independentemente do nível de consciência no qual se estivesse operando. Trata-se de elementos com potencial para transformar o dia a dia em um verdadeiro processo de meditação dinâmica, trazendo nossa consciência para o momento presente, para as nossas atitudes e comportamentos.

Fred Kofman foi o segundo autor a ganhar destaque em nossa análise. Em seu livro *Conscious Business*[122], Kofman define sete qualidades que distinguiriam os líderes e funcionários conscientes daqueles inconscientes. As primeiras três qualidades seriam atitudes, aquele algo que vem de dentro de nós e que, na maior parte das vezes, são os principais *drivers* do comportamento em nossos relacionamentos interpessoais: i) "responsabilidade incondicional" que diz respeito, basicamente, a perceber a vida como uma sequência de escolhas sobre as quais temos de assumir as consequências; ii) "integridade essencial", que enfoca basicamente a necessidade de alinharmos nossas ações com nossos valores; e iii) "humildade ontológica", que pressupõe uma atitude de abertura diante de valores e opiniões contrários aos nossos, sendo capazes de ouvir e escutar o que os outros estão a nos dizer. As três seguintes seriam comportamentos em nossos relacionamentos interpessoais: iv) "comunicação autêntica", que implica principalmente tratar nossas opiniões como o que elas são, ou seja, efetivamente nossas opiniões, e não considerá-las como fatos; v) "negociação construtiva", uma abordagem para os processos de negociação que tem muito a ver com aquilo que definimos como uma negociação GANHA-GANHA-GANHA no capítulo 4; e vi) "coordenação impecável", enfatizando a definição e a cobrança de compromissos impecáveis, ou seja, que serão respeitados e honrados. Por fim, a sétima qualidade distintiva de um líder consciente apontada por Kofman é, segundo ele, um pré-requisito para as outras seis: vii) **maestria emocional**, enfatizando a necessidade de reconhecermos nossas emoções, mas não nos identificarmos com elas.

Por fim, tivemos a oportunidade de conversar longamente com Alan Kolp e Peter Rhea[123], dois professores da Baldwin-Wallace University sobre o que eles denominaram *Character-Based Leadership*. Kolp e Rhea publicaram um livro chamado *Integrity is a Growth Market*[124], no qual propõem o uso das sete virtudes clássicas – coragem, fé, justiça, prudência, temperança, amor e esperança – como forma de facilitar a compreensão dos diversos aspectos da integridade do líder e prover foco para nossas vidas pessoais e profissionais no que se refere à forma

---

122. KOFMAN, F. *Conscious Business*: How to Build Value Through Values. Louisville/Colorado: Sounds True, 2006.

123. Em uma visita de José Vicente à Cleveland em outubro de 2015.

124. KOLP, A. & RHEA, P. *Integrity is a Growth Market*: Character-Based Leadership. Mason/Ohio: Atomic Dog Publishing, 2005.

como nos relacionamos com os outros. Para Kolp e Rhea, a coragem é o ponto de partida, a virtude que nos lembra de que, como seres humanos conscientes, temos a opção de utilizar nosso livre-arbítrio e escolher agir de forma alinhada com nossos valores. A fé envolve não apenas a capacidade de confiar nos outros, mas também a possibilidade de se fazer confiável. A justiça exige a necessidade de o líder atuar de forma imparcial e justa com seus subordinados e superiores. A prudência, por sua vez, diz respeito à cuidadosa avaliação dos possíveis efeitos adversos das decisões tomadas e ações implementadas e seus impactos nas demais virtudes. A temperança está muito próxima da prudência, sendo a virtude a nos guiar quando devemos buscar soluções equilibradas entre diferentes aspectos que caracterizam nosso desempenho. No dia a dia de muitos líderes de hoje, ser capaz de buscar o equilíbrio entre o valor para o acionista, o valor para o cliente, o valor para os empregados e o valor para a sociedade, bem como equilibrar sua vida pessoal e profissional, é um exemplo do quanto a temperança é crucial para o sucesso integral. Em seguida, os autores apresentam a virtude do amor no mundo dos negócios como significando cuidado, atenção e compaixão, sendo que o desenvolvimento dessa virtude levaria ao desenvolvimento da inteligência emocional, uma competência crucial no ambiente corporativo de hoje, que Daniel Goleman[125] define como "a capacidade de identificar nossos próprios sentimentos e os dos outros, de nos motivarmos e de gerir bem as emoções dentro de nós e em nossos relacionamentos". Por fim, a esperança, a última virtude, enfatiza a importância de ser realista, baseada na expectativa de concretização do potencial desenvolvido e empregado no alcance dos resultados desejados.

Todos os modelos de hábitos, atitudes e virtudes apresentados até aqui nos pareceram extremamente interessantes, mas sentíamos que lhes faltava alguma coisa no que se referia a conectá-los simultaneamente ao processo de ampliação da consciência dos líderes e a algumas questões específicas de cada nível de consciência. No Brasil, referimo-nos especialmente àquelas características presentes na cultura e nos ambientes empresariais e familiares de nosso país que acabam se constituindo em bloqueios ao processo de desenvolvimento das pessoas rumo aos níveis de segunda camada (integrais). Foi assim que chegamos a um modelo composto por cinco atitudes e seus dois suportes ou pré-requisitos, a saber: **propósito**, *accountability*, **integridade**, **humildade** e **veracidade**, assim como os suportes da **maestria emocional** e de **prática de vida integral** (esses dois últimos detalhados no capítulo 6 deste livro).

---

125. GOLEMAN, D. *Inteligência emocional*. A teoria revolucionária que redefine o que é ser inteligente. São Paulo: Objetiva, 1996.

Inicialmente, percebemos que a cultura brasileira, em geral, apresenta um "gargalo" significativo no nível AZUL de consciência, fortemente relacionado com o "jeitinho brasileiro" e sua tendência em não levar as regras "ao pé da letra". Como já vimos anteriormente, essa tendência faz com que muitos brasileiros fiquem "estacionados" no nível AZUL (muitas vezes em vermelho-AZUL), sem nunca "esgotar" a abordagem desse nível para resolver problemas, o que basicamente se materializa como conformação ou, para usar um termo da moda, *compliance* com as regras. Outros até seguirão adiante, mas devido às lacunas deixadas em seus níveis AZUIS, terminarão por "estacionar" em um nível LARANJA doentio e sem escrúpulos, o que também é um dos graves problemas em nosso país. Percebemos por meio de nossas pesquisas, *workshops* e práticas, que o desenvolvimento de uma atitude de **propósito** seria o maior antídoto para esse mal. Atuar com propósito nos traz disciplina, foco, método, sentido e engajamento. Mostra-nos que não adianta fazer "meia-boca". Deixa claro, no caso do pensamento AZUL dominante em grande parte da população brasileira, que se eu não seguir os procedimentos como eles devem ser feitos eu não vou alcançar meus objetivos, e consequentemente não vou realizar meu propósito.

Após definirmos a primeira das atitudes a serem desenvolvidas, questionamo-nos sobre qual seria o próximo "gargalo" específico à nossa cultura, aos nossos líderes, em seu processo de desenvolvimento ao longo da Espiral da Consciência. Novamente, com base nos autores que citamos aqui e em nossas pesquisas, trabalhos de consultoria, *workshops*, treinamentos e aulas, percebemos que o bloqueio seguinte não estava relacionado a uma questão peculiar da cultura brasileira, mas sim vinculado a um traço cultural recente das culturas latinas em geral, incluindo o sul da Europa e a América Latina. Como já mencionamos no capítulo 4, trata-se da tendência de que grande parte das pessoas inseridas nessas culturas "pulem" a parte mais difícil e "árdua" do nível LARANJA e acabem ficando estagnadas em um nível VERDE no qual todos querem que a resolução dos problemas se dê com a participação de todos, mas ninguém quer assumir as responsabilidades e consequências das decisões tomadas. Assim, percebemos que o desenvolvimento de uma "atitude de *accountability*"[126] torna-se essencial para permitir explorar a solução de problemas pelo ponto de vista do nível LARANJA até seu último estágio, para só então utilizar as abordagens típicas do nível VERDE. Costumamos dizer que desenvolver a **accountability** é um passo fundamental para viabilizar o trabalho em equipe efetivo. É preciso primeiro ser singular, para só depois ser plural.

---

126. Muitas vezes traduzida como "responsabilidade pessoal" ou "responsabilidade incondicional". Neste livro preferimos manter o termo em inglês para que ele "carregue" consigo todo o significado que queremos dar e que está presente na palavra inglesa.

Uma vez identificado e endereçado o problema da consolidação do nível LARANJA por meio da *accountability*, novamente nos perguntamos qual seria o próximo gargalo na evolução da consciência. Mais uma vez, com base em nossas pesquisas, aulas, *workshops* e consultorias, começamos a perceber que para se consolidar de forma saudável o nível VERDE de consciência precisava enfrentar duas "heranças" trazidas do nível LARANJA. Elas não são exclusivas da nossa cultura, mas comuns à maioria dos países: o pragmatismo excessivo de quem se acostumou a adotar as práticas que funcionam no curto prazo – mas nem sempre são as melhores opções de longo prazo, pois impedem a consolidação de valores realmente humanos – e a tendência à arrogância da parte de quem "se garante". Assim, propomos as atitudes de **integridade** e de **humildade** como meios para consolidar o nível VERDE e, de forma similar, "esgotar" o *kit* de ferramentas dos níveis de primeira camada, "abrindo as portas" para a consciência integral.

Por fim, no caminho para consolidar o primeiro nível de consciência de segunda camada, ou seja, o AMARELO, percebemos uma forte e limitadora influência da própria mente VERDE com sua tendência compulsiva a refletir e questionar constantemente, desconectando-se do momento presente para tentar resolver problemas que muitas vezes não podem ser resolvidos. Como exemplo, podemos citar fatos passados que não se pode reverter ou a antecipação de problemas futuros que ainda nem se constituíram ou que estão totalmente fora do alcance. Entendemos que, para que essa atividade mental incessante e interminável se acalme, precisamos desenvolver uma atitude de **veracidade**, o que inclui sermos verdadeiros em todos os sentidos conosco e com os outros, aceitando as coisas como elas são.

Para que uma pessoa consiga estar consciente de suas respostas às demandas dos outros e praticar as atitudes do líder integral, ela precisa saber gerenciar suas emoções de forma adequada. Por isso, elegemos a **maestria emocional** como um dos pré-requisitos fundamentais para a prática consciente das atitudes integrais. E para que o próprio processo de consciência das emoções e de nossas atitudes não nos esgote em termos físicos e psicológicos, precisamos ter uma **prática de vida integral**, ou seja, precisamos ter uma vida equilibrada entre trabalho, lazer, atividades físicas, práticas espirituais e descanso, **equilibrando** nosso **corpo**, nossa **mente** e nosso **espírito** assim como nossos **relacionamentos** e nossas **sombras**[127], para que estejamos constantemente mudando o **foco** de nossa atenção entre o que estamos fazendo e nossa consciência.

Antes de começarmos a abordar cada uma das cinco atitudes, é preciso lembrar como elas direcionam nossos comportamentos. A atitude pode ser definida

---

127. Esses temas são tratados no capítulo 6 deste livro.

como uma intenção, de modo que ela se situa entre o pensamento e a conduta. Ela representa a forma como nós encaramos os fatos de nossa vida. A atitude se define assim como uma maneira de pensar e de sentir um ímpeto de reação, uma predisposição a um comportamento. Este, por sua vez, representa a ação em si, o ato externo que se concretiza em movimento e reação visíveis perante os outros. As atitudes são fenômenos no quadrante superior esquerdo (interno individual) no Modelo Aqal, conforme retoma a figura abaixo. Mais precisamente, estão quase na "fronteira" do quadrante superior esquerdo e do quadrante superior direito porque as atitudes, embora sejam questões individuais, estão diretamente associadas a como nos relacionamos com os outros. No fundo, nossas atitudes são os *"drivers* imediatos" dos nossos comportamentos. Uma atitude pode ou não ser consumada em um comportamento, entretanto, podemos dizer que se não tivermos a atitude mais "adequada" para uma determinada situação o natural é que não nos comportemos "adequadamente" diante da mesma.

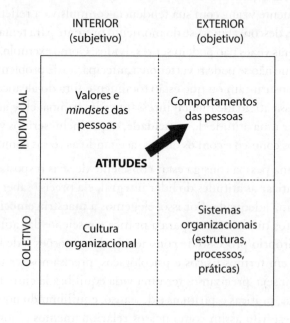

Figura 5.1: Atitudes no Modelo Aqal. Fonte: Elaborado pelos autores.

Prestar a atenção em nossas atitudes e tentar desenvolver uma nova abordagem para elas é uma forma de estarmos sempre conscientes. Quando atuamos dessa forma, a tendência é que dificilmente nos peguemos em situações de "descontrole", como: "estava fora de mim", ou "quando dei por mim, já tinha aceitado algo que sabia que não poderia cumprir". Na maior parte das vezes em que cometemos "erros", não fazemos exatamente o que faríamos se estivéssemos totalmente conscientes. Por vezes, temos comportamentos ou proferimos palavras que divergem daquilo que acreditamos e que temos como valores, e mesmo que jamais concordaríamos se víssemos outra pessoa fazendo igual. Quando não estamos conscientes, agimos totalmente controlados pelos nossos condicionamentos[128], que em muitos casos nos são inconscientes. Por isso, o objetivo deste capítulo é fazer com que você, leitor, desenvolva a consciência plena e integral no seu dia a dia e se permita evoluir constantemente em seus níveis de consciência e em sua liderança por meio das cinco atitudes do líder integral.

5.1 Propósito

O ponto de partida da liderança integral é o **propósito**. Para ter uma atitude de propósito é preciso defini-lo previamente. O propósito é a razão pela qual algo é feito ou criado, ou para a qual algo existe. Se alocarmos essa definição para nós, como pessoas, o propósito representa a razão pela qual fomos feitos ou criados, a razão pela qual existimos, o porquê de fazermos o que fazemos. O propósito equivale para nós, seres humanos, à missão das organizações. Assim como a missão organizacional deve ser a razão da existência da mesma, nosso propósito deve ser nossa razão da existência. Em um sermão denominado "Living on Purpose", o pastor norte-americano T.D. Jakes[129] sugere que o propósito é a "química subjacente, estrutural e inerente que nos faz viver a nossa vida". Pessoas cujas vidas possuem um propósito definido vivem mais e melhor do que aquelas cujas vidas não possuem uma razão clara de ser. E isso não é uma conclusão "qualitativa" e baseada no senso comum. Existem vários estudos quantitativos e alguns até longitudinais, como o de Hill e Turiano[130], que realizaram uma pesquisa de 14 anos de duração com 7.108 participantes do Midlife in the United States Survey (MIDUS) e concluíram que, para cada desvio-padrão de aumento no propósito da pessoa, o risco de ela morrer dentro do período compreendido pelo estudo era reduzido em 14%. Em um outro estudo quantitativo, Zika e Chamberlain (1992)[131] demonstraram que o propósito, ou a existência de significado, estava fortemente correlacionado com a sensação de bem-estar de adultos ingleses.

---

128. O condicionamento está vinculado à incorporação de hábitos e se refere à nossa resposta inconsciente a um estímulo, sem livre-arbítrio e guiada pelo nosso *karma*, que nada mais é do que a soma das predisposições que acumulamos ao longo de nossa vida (e para quem acredita, desde vidas passadas).

129. Mais informações sobre o autor em www.tdjakes.com

130. HILL, P.L. & TURIANO, N.A. Purpose in Life as a Predictor of Mortality across Adulthood. In: *Psychological Science*, 25 (7), jul./2014, p. 1.482-1.486.

131. ZIKA, S. & CHAMBERLAIN, K. On the Relation between Meaning in Life and Psychological Well-being. In: *British Journal of Psychology* 83 (1), fev./1992, p. 133-145.

Então a pergunta fundamental é: Qual o principal objetivo da minha vida? Ou: O que eu quero fazer dela? Uma vez que eu tenha uma resposta para esse primeiro questionamento, naturalmente vem uma segunda questão: Por que eu quero o que eu quero? Se de posse de mais essa resposta eu fizer um novo questionamento, sobre o "por que do meu propósito", conseguirei "cavar" um pouco mais fundo em minha essência. Se colocar essas questões de forma sequencial pelo menos cinco vezes (já ouviu falar dos "cinco porquês"?), você será conduzido a uma missão de significado que deverá transcender suas necessidades mais imediatas e apresentar um papel de contribuição para a comunidade, a sociedade ou o mundo. Entretanto, não espere que a definição de seu propósito soe perfeita em sua primeira tentativa. Isso não vai ocorrer. Como dizia Mark Twain, os dois dias mais importantes na vida de uma pessoa são o dia em que ela nasce e o dia em que ela descobre porque nasceu. Essa descoberta não irá se dar na primeira vez em que você refletir sobre isso. Ou seja, o propósito é muito mais um processo do que um produto. É algo que vai mudar várias vezes ao longo da sua vida. Mas vale a pena começar, pois quanto mais você se debruçar sobre essas questões existenciais, mais próximo da sua missão de vida você deverá chegar!

Seu propósito não precisa, necessariamente, ser algo de grande impacto e abrangência, que "mude o mundo" em algum aspecto. Não significa ser um herói nacional ou alguém reconhecido por pessoas no mundo inteiro. É mais importante que seu propósito canalize sua energia para realizar um conjunto de coisas cada vez melhor, que em geral proporcione bem aos outros. Aliás, um componente fundamental da maioria das definições para o propósito individual de uma pessoa diz respeito ao fato de que a pessoa deve transcender seu ego e enfocar em algo exterior a si própria, algo maior[132]. Uma mulher pode ter como propósito ser a melhor mãe do mundo. O mesmo vale para um homem que queira educar seus filhos de modo exemplar. O impacto de um propósito desse tipo não é necessariamente abrangente, pois apenas o(s) filho(s) e aqueles que tiverem contato com ele(s) se beneficiarão diretamente, embora possa ter muita abrangência indireta dependendo do propósito do(s) filho(s). Entretanto, ele representa uma grande adição de significado à vida dos pais. Aliás, o chamado *Parenthood Paradox*[133] ou "paradoxo da parentalidade" indica que tanto homens quanto mulheres sem filhos normalmente querem ter filhos para se tornarem mais felizes, mas depois que os têm acabam se tornando menos felizes. Entretanto, são diversos os trabalhos que mostram que embora julguem estar menos

---

132. CUNHA, M.P.; REGO, A. & CASTANHEIRA, F. *Propósito*: Ideias para trabalhar ligado. Lisboa: RH, 2016.

133. Para conhecer mais sobre este assunto, cf. GLASS, J.; SIMON, R.W. & ANDERSSON, M.A. The Parenthood "Happiness Penalty": The Effects of Social Policies in 22 Countries. In: *PRC Research Brief*, 2 (7), 2016.

felizes, os novos pais percebem suas vidas como tendo mais significado, o que denota que a definição de felicidade nesses casos está mais para o prazer hedonista do que para o significado de longo prazo[134].

No processo de definição do propósito, o questionamento puro e simples, que é uma prática fundamentalmente de síntese, precisa muitas vezes ser auxiliado por alguma técnica um pouco mais analítica. Usar algumas regras simples para orientar um processo prévio de reflexão poderá produzir uma quantidade cada vez maior de *insights* quando você retornar ao seu questionamento fundamental com os "cinco porquês". Seja qual for a abordagem que você utilizar, dois princípios fundamentais estarão por trás dela: talentos e valores.

Partindo do pressuposto de que todos nós nascemos com um dom único e fundamental, que está relacionado à possibilidade de trabalharmos pela evolução da humanidade e do espírito, nossa missão na Terra tem de estar ligada a esse dom. Portanto, nosso papel fundamental no mundo tem de ser fazer algo no qual somos muito bons! Então, a primeira ação fundamental para a definição do propósito é identificar nossos principais **talentos**. Embora pareça simples em um primeiro momento, essa atividade está longe de ser banal. Recomendamos começar identificando três coisas que você fazia bem quando era criança, que você considera que são suas aptidões naturais, seus talentos naturais.

Iremos ilustrar essa reflexão explorando nossas próprias histórias de vida. No caso do José Vicente, um desses dons era o fato de que sempre foi um ótimo contador de histórias:

> *Não necessariamente pela minha criatividade ou pela forma interessante com que eu as apresentava, mas principalmente pela riqueza de detalhes com que eu relatava os fatos que haviam ocorrido. Conseguia lembrar de tudo o que tinha acontecido em determinada brincadeira e contava com rigorosa precisão, principalmente no que se refere às relações de causa e efeito, para os meus parentes ou meus amigos. Tenho certeza de que esse dom foi o principal* driver *da mudança de carreira que fiz há quase vinte anos, quando decidi deixar uma aparentemente promissora carreira corporativa para me dedicar à formação de pessoas e me tornar professor universitário.*

No caso da Luciane, a escuta e a percepção sempre foram talentos naturais.

> *Quando pequena, eu era extremamente tímida. Em reuniões sociais ficava sentada embaixo da mesa, com vergonha. Eu prestava atenção nas falas, expressões e gestos das pessoas, e confesso que me espantava com as incongruências. Era comum ver pessoas fazendo elogios para alguém e, após*

---

134. GLASS, J.; SIMON, R.W. & ANDERSSON, M.A. Parenthood and Happiness: Effects of Work-Family Reconciliation Policies in 22 OECD Countries. In: *American Journal of Sociology* 122, n. 3, nov./2016, p. 886-929.

instantes, fazendo críticas pelas suas costas. Desde cedo, fui me interessando em compreender o comportamento das pessoas, treinando diariamente as habilidades relacionadas à escuta e à percepção. Hoje, entender essas relações por meio de meus estudos nos campos da Análise Transacional, Teoria Integral e com as lentes da complexidade, tema da minha dissertação de mestrado, em 2006, é uma descoberta constante e realmente impressionante no campo das relações humanas.

E, no caso do Paulo, um de seus pontos fortes sempre foi o de facilitar o conhecimento:

Eu sempre gostei de traduzir o que parecia complicado ou difícil e repassá-lo de forma mais lúdica e assimilável. Por exemplo, comecei a dar aulas de matemática aos sete anos para o meu irmão de quatro. Relembrando esses momentos, recordo que sentia um enorme prazer em ver nos olhos das pessoas a fascinação pelo novo aprendizado que acabaram de ter, e pelos insights que foram gerados em suas mentes. Vejo que isso foi moldando naturalmente as minhas escolhas e me trouxe até onde estou hoje, fazendo exatamente isso, mas de maneiras mais consistentes, conscientes e até mesmo escaláveis.

O livro *Descubra seus pontos fortes*, de Marcus Buckingham e Donald Clifton[135] pode nos ajudar bastante nessa empreitada. Para os autores, um ponto forte é a soma de um talento natural, normalmente desenvolvido antes dos cinco/seis anos de idade, associado à prática constante com o auxílio de técnicas apropriadas. Recomendamos a leitura do mesmo como parte do processo de definição do seu propósito.

Quando você identifica seus talentos, logo percebe que eles lhe possibilitam fazer coisas muito distintas. No caso do José Vicente, por exemplo, ele poderia usar sua facilidade para contar histórias com riqueza de detalhes para se tornar um excelente jornalista ou escritor de romances (algo que inclusive ele não nega que ainda tem vontade de fazer!). Enquanto o Paulo poderia ser um cineasta ou roteirista. E se (ou por enquanto) não nos dedicamos a essas atividades é porque nosso foco e nossa vocação nos aproximaram de como atuamos hoje, facilitando a aprendizagem de conceitos complexos de autoconhecimento, liderança e gestão de modo a contribuir para a evolução de pessoas e de organizações. Portanto, precisamos de um outro elemento, além dos talentos, para compreender com clareza as particularidades do propósito.

A maioria dos autores que trabalha com o assunto afirma que nosso propósito tem de estar relacionado não somente com algo que fazemos bem, mas

---

135. BUCKINGHAM, M. & CLIFTON, D. *Descubra seus pontos fortes*. Rio de Janeiro: Sextante, 2001.

também com algo que gostamos e achamos importante. E nisso entram os **valores**. Os valores se relacionam a algo que é considerado de importância, que carrega um significado fundamental e primordial, e que é merecedor de ser mantido, seguido e aplicado. São os princípios e padrões das atitudes e consequentes comportamentos de uma pessoa, o que ela julga ser incondicional e irrefutável em sua vida. A segunda ação fundamental para a definição do propósito é, portanto, identificar nossos principais valores. Para isso, recomendamos que você, novamente, liste os três valores mais importantes na sua vida. Novamente, iremos ilustrar essa reflexão explorando nossas próprias histórias de vida.

No caso do José Vicente, a busca pelo conhecimento sempre foi um valor de destaque:

> *Desde pequeno eu era interessado em saber como as coisas funcionavam e não sossegava enquanto não achasse uma explicação para elas, por mais simplificada que fosse a versão. Dá para perceber que esse valor já me "empurrava" mais para o lado do professor universitário do que do escritor de romances. Analisando em retrospecto, eu ainda poderia ficar meio dividido em relação ao jornalismo. Isso realmente nunca me passou pela cabeça, mas tendo em vista que só comecei a refletir seriamente sobre essas questões aos trinta anos, já tendo graduação e mestrado em Engenharia de Produção, a profissão de jornalista, mesmo que especializado, ficava um pouco distante. Não é preciso dizer que o propósito que escrevi há quase vinte anos já mudou bastante, mas não em sua essência. Ele foi sendo "refinado" com o tempo, mas manteve o foco em ajudar pessoas e empresas a se tornarem mais eficientes e eficazes, fazendo aquilo que fazem melhor e tornando-se mais felizes. Alguns ingredientes como "formar líderes integrais para contribuir para a evolução da humanidade" foram acrescentados mais recentemente.*

No caso da Luciane, um de seus valores centrais sempre foi o olhar sobre a beleza da essência interior de cada pessoa.

> *Quando eu tinha cerca de nove anos, fazia de conta que era médica e professora das minhas bonecas. Como médica, fazia uma espécie de anamnese, escrevia e carimbava uma receita com a descrição do que a paciente precisava fazer para se curar. Minha primeira experiência como professora foi quando minha mãe contratou uma moça para trabalhar na casa da família que era analfabeta. Todas as noites eu pegava os materiais, sentava ao lado dela para ensinar a ler e escrever, com muita paciência. Aqui estava claro o prazer que eu tinha de ensinar, de compartilhar conhecimento com os outros. Eu não me tornei médica, mas percebo o trabalho que realizo hoje como uma "medicina", como algo que contribui para a cura de grupos e relações! Quando sou chamada nas empresas para desenvolver trabalhos, inicio o processo com um diagnóstico, e então ouço os problemas e dilemas que a organização está enfrentando, as "dores" presentes. Seja sob a forma*

de palestra, workshop, coaching ou consultoria, desafio o sistema a fazer mudanças de comportamento. Pouco a pouco, o resultado, a transformação, a "cura" acontece: setores disfuncionais resgatam a saúde em suas relações e processos. Traduzo essas ações para o valor "beleza": resgatar a beleza original de cada indivíduo e organização, tornar as coisas mais belas ou melhores do que já são. Fazer a pessoa despertar para sua melhor versão.

E, no caso do Paulo, algo que sempre fez parte de seus valores é a transparência:

> *Eu sempre fui muito transparente. É até uma questão física e biológica, pois minha pele fica facilmente avermelhada: quando não estou confortável em uma situação, o sangue literalmente sobe à cabeça e eu fico todo vermelho. Meu próprio olhar muda e é totalmente perceptível. Portanto, nunca fui muito bom em jogos de blefe, como poker ou truco. E durante muito tempo, no período da adolescência, da universidade e no início da carreira, acreditei que nunca seria bom em negociação, inclusive sempre apresentava isso como ponto fraco quando era questionado. Essa condição física certamente reforçou esse valor da transparência em mim. Sempre tive muita dificuldade em seguir uma conversa ou uma reunião de negócios com pessoas que eu sinto que não estão sendo verdadeiras. Após muito tempo entendi que isso é um valor para mim, que não necessariamente é certo ou é errado, mas que faz parte de mim e da forma como eu penso e tomo minhas decisões. Também aprendi que eu posso ser sim um bom negociador, mas somente quando eu realmente acredito no que está sendo discutido consigo agir com transparência e tenho essa reciprocidade, e aí a negociação vai em um sentido ganha-ganha. Sendo verdadeiro comigo mesmo e com os outros, sinto que estou sendo transparente, e isso me deixa em paz. Sem dúvida é um valor que sempre esteve presente em minha vida.*

Em seu livro *The Path to Purpose*, William Damon[136] explica que diversos valores podem estar relacionados ao nosso propósito, mas que não há necessariamente nenhum valor específico obrigatório ou uma "receita de bolo". Evidentemente, o propósito está diretamente relacionado à intencionalidade e ao comprometimento. Isso porque o propósito está relacionado a algo em que se acredita profundamente, e que nos faz agir nesse sentido, mesmo que seja complicado ou difícil. Assim, um valor comum ao conceito de propósito poderia ser o "senso de comprometimento", de forma que nos faz agir por aquilo que realmente acreditamos, independentemente do contexto e da situação. O propósito, reforça o autor, relaciona-se assim diretamente com a integridade, atitude detalhada mais à frente neste capítulo.

---

136. DAMON, W. *The Path to Purpose*: Helping our Children Find their Calling in Life. Nova York: Free Press, 2008.

O propósito é nesse sentido o ponto de partida da liderança integral. Ao explorarmos profundamente o porquê de nossos pensamentos e nossas ações, compreendemos que somos internamente guiados por algo que nos faz querer ser cada vez melhores, mas que nos inclui e nos transcende, envolvendo as pessoas e o mundo no qual estamos inseridos. À medida que o propósito vai ficando mais claro e evidente para nós mesmos, começamos a compreender melhor nossos talentos e nossos valores, e percebemos o quanto esses elementos que compõem o nosso ser estão interligados, formando quem somos. Com esse entendimento e essa consciência, uma questão crucial inunda nossa mente: Mas como fazer para colocar nosso propósito em prática? Vamos abordar isso nos próximos parágrafos.

5.1.1 Colocando o propósito em prática

Uma vez definido o seu propósito, sua atitude deve ser a de constantemente questionar se seus pensamentos e suas ações estão alinhados com ele. O propósito deve servir como um guia de suas iniciativas em todas as áreas de sua vida, desde as pequenas atividades rotineiras às grandes mudanças e tomadas de decisão importantes. Em primeiro lugar, temos que lembrar que muitas das atividades aparentemente chatas que desempenhamos são partes essenciais do nosso propósito. Aqui vale mencionar a conhecida história dos três pedreiros que assentavam tijolos e quando questionados sobre o que faziam, tinham respostas diferentes: "Estou assentando tijolos", disse o mais novo. "Estou fazendo uma parede", afirmou o seu colega. "Estou construindo uma catedral", disse o mais velho. O entendimento do propósito, por si só, dá valor e significado às atividades mais rotineiras, "chatas", burocráticas e repetitivas que geralmente não gostamos de desempenhar, mas que temos que fazer. Os professores portugueses Miguel Pina e Cunha, Armênio do Rego e Filipa Castanheira[137] utilizam duas dimensões para caracterizar quatro diferentes tipos de trabalho no que se refere ao seu significado: competência e motivação. Os diferentes tipos de trabalho considerando essas duas dimensões são apresentados na figura 5.2 a seguir.

O que essas duas dimensões demonstram é que, ao buscarmos identificar de que forma uma atividade repetitiva e que consideramos "chata" contribui ou é parte essencial da busca do nosso propósito, estamos aumentando nossa motivação para realizá-la. E se simultaneamente aumentarmos nossa competência em realizá-la, estaremos transformando-a em uma atividade com significado e

---

137. CUNHA, M.P.; REGO, A. & CASTANHEIRA, F. *Propósito... Op. cit.*

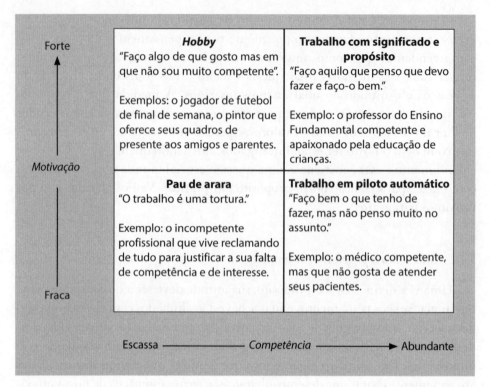

Figura 5.2: Quatro tipos de trabalho em relação ao seu significado. Adaptado de CUNHA, REGO & CASTANHEIRA (2016).

alinhada ao nosso propósito. Essa relação entre motivação e competência nos ajuda tanto a compreendermos o papel que as atividades rotineiras desempenham em nossa jornada rumo ao propósito como nos auxilia nos momentos de tomada de decisão sobre questões mais impactantes em nossa vida. Assim, em segundo lugar, as mudanças que introduzimos em nossas vidas pessoais e em nossos trabalhos devem, de algum modo, facilitar a concretização de nossos propósitos no longo prazo. Portanto, diante da necessidade de se fazer uma escolha, algo que está sempre ocorrendo em nossas vidas, é importante nos questionar sobre qual das alternativas é mais aderente ao nosso propósito. Ele deve ser a base para o nosso *kaizen* diário[138].

Neste ponto chegamos a um fator essencial relacionado ao propósito. De que forma, dentro da quantidade imensa de responsabilidades, tarefas e atividades que caracteriza nossa vida, podemos considerar o propósito? Como vou

---

138. O *kaizen* é uma filosofia e um conceito japonês vinculado à melhoria contínua, e que significa "mudança para melhor".

me concentrar e focar no meu propósito se parece não haver tempo nem para realizar as atividades de que mais gosto? E é justamente esse o ponto-chave. A priorização de atividades e a gestão do tempo assumem um papel crucial na jornada rumo ao propósito. Se temos um propósito, não podemos desperdiçar nosso precioso tempo em atividades que não nos conduzam a ele! Aqui vale a frase de Stephen Covey que resume de forma brilhante a essência da gestão do tempo: "Organize e execute com base em prioridades". A organização e a execução devem levar em conta um elemento essencial: a delegação. Trata-se de considerar conscientemente a decisão de dedicar um tempo para as atividades que nós mesmos realizaremos, o que configura a autodelegação, assim como as atividades que delegaremos para outros. No primeiro caso, precisaremos nos tornar cada vez mais eficientes[139] para dar conta de nossas atividades. Isso significa "fazer as coisas da melhor maneira possível", ou seja, realizar as nossas atividades em consonância com o nosso propósito, explorando e dando o melhor dos nossos talentos e respeitando os nossos valores. Nesse caso há uma vinculação muito forte com a integridade, a terceira atitude do líder integral detalhada neste capítulo mais adiante. No segundo caso, teremos de ser eficazes[140] no tocante às atividades que devem ser realizadas. Isso envolve "fazer as coisas certas", ou seja, escolhermos meticulosamente quais atividades precisam ser realizadas por nós e quais podem ou devem ser delegadas a outras pessoas para que nosso propósito seja atingido. A responsabilidade derradeira nos dois casos é, entretanto, nossa, e não do outro. Logo, há uma vinculação muito forte de nossa delegação com a nossa *accountability*, segunda atitude que abordaremos neste capítulo. E assim, quando somos eficientes e eficazes em relação às nossas atividades no tempo que temos, tornamo-nos efetivos em atuar rumo ao nosso propósito e em nossa jornada de liderança integral. Nesse sentido, vamos abordar com mais detalhes a questão da nossa eficiência no que se refere ao tempo.

Quando falamos de gestão do tempo, muitas pessoas tendem a pensar que o foco é apenas a organização das atividades que realizamos de forma distinta para que possamos fazer mais coisas com o mesmo tempo disponível. Entretanto, a questão da gestão do tempo não diz respeito apenas à forma como realizamos nossas atividades, mas também quais atividades realizamos. Quando falamos de gestão do tempo, toda abordagem, por mais "técnica" que pretenda ser, deve incluir um forte componente "de dentro para fora", ou seja, deve começar pela definição do que é importante para essa pessoa que quer melhorar a administração de seu tempo tornando-se mais eficiente. E aqui voltamos ao nosso propósito: O

---

139. COVEY, S.R. *The Seven Habits of Highly Effective People...* Op. cit.
140. Ibid.

que pode ser mais importante do que a razão pela qual nascemos? Então, o ponto de partida para a gestão do tempo é o propósito de vida que definimos.

Dessa forma, tal qual as empresas que têm missões e visões, nós também precisamos de uma visão de futuro. E uma visão de futuro é simplesmente a realização da missão ou do propósito em um determinado horizonte de tempo predefinido. Gerônimo Thelm[141] é um *coach* e palestrante carioca que vem trabalhando com elementos muito simples, mas extremamente eficazes, para a gestão do tempo. Ele criou a Academia da Produtividade, focada em melhorar a vida das pessoas fazendo com que elas ocupem melhor o seu tempo focando naquilo que realmente importa. A abordagem que apresentamos aqui é uma adaptação condensada da abordagem de Thelm. Ele começa recomendando que, depois de definirmos nosso propósito, precisamos estabelecer nossa visão de futuro, que ele chama de "fotografia" para daqui a um determinado número de anos. Essa "foto" deve conter três objetivos quantificáveis para cada uma das quatro dimensões seguintes: i) pessoal (família, relacionamentos etc.); ii) profissional; iii) financeira; e iv) de equilíbrio[142] (lazer, atividades físicas e esportivas, atividades sociais, práticas espirituais etc.). Essas quatro dimensões perfazem nossa natureza como seres humanos e são elementos fundamentais em uma abordagem integral. É importante que definamos nossa "foto" para o final do nosso atual período de planejamento, que pode ser de três, cinco ou mesmo dez anos. Dessa maneira teremos doze objetivos, aos quais deveremos atrelar no mínimo doze metas específicas, que por sua vez deverão ser alcançadas dentro do período definido se estivermos trilhando o caminho do nosso propósito.

Um outro ponto importante no que tange às quatro dimensões definidas no parágrafo anterior diz respeito à sinergia existente entre elas. Nossa capacidade de realização será tanto maior quanto mais sinérgicos forem nossos objetivos nas quatro dimensões. Stewart D. Friedman, diretor do Wharton Leadership Program, define dimensões um pouco diferentes das de Thelm, mas totalmente análogas: i) trabalho, ii) família/casa; iii) comunidade; e iv) *self*. Ele enfatiza que quanto mais independentes e estanques forem tais dimensões, mais tempo será necessário para alcançar objetivos ousados em cada uma delas. Portanto, se minha prática esportiva referente ao domínio "*self*" é realizada juntamente com

---

141. Recomendamos o livro *Produtividade para quem quer tempo* para aqueles que quiserem se aprofundar na questão da gestão do tempo: THELM, G. *Produtividade para quem quer tempo* – Aprenda a produzir mais sem ter que trabalhar mais. São Paulo: Gente, 2016.

142. Em relação ao equilíbrio, sugerimos considerar as dimensões detalhadas no capítulo 6 deste livro, além dos módulos e dimensões complementares da prática de vida integral descritas por Ken Wilber no livro *Prática da vida integral* – Um guia do século XXI para saúde física, equilíbrio emocional, clareza mental e despertar espiritual. São Paulo: Cultrix, 2011.

minha esposa e meus filhos, aquele tempo está sendo empregado simultaneamente nas dimensões "família/casa" (o tempo alocado com minha esposa e meus filhos) e *"self"* (o tempo alocado à prática esportiva). No "modelo de liderança total" de Friedman, isso significa que os "círculos" referentes a essas dimensões possuem uma interseção significativa. Nesse sentido, quanto mais sinergias entre as diferentes dimensões em minha vida, mais tempo eu terei para buscar uma vida efetivamente integral e completa. Para que isso ocorra, é necessário que o meu propósito de vida inclua as diferentes dimensões em sua definição[143].

Como exemplo, ilustramos alguns dos objetivos que caracterizaram ou caracterizam nossa jornada pessoal. *No meu caso,* **José Vicente***, posso citar alguns dos meus objetivos e metas estabelecidos para o ano de 2022 no que se refere à dimensão de equilíbrio: i) ser um esportista ativo e um nadador máster competitivo em nível internacional; ii) viajar muito e curtir a natureza com minha família e meus amigos; iii) acompanhar o desenvolvimento dos meus filhos e ter muito tempo de qualidade disponível para eles e minha esposa; iv) ter uma vida espiritual ativa. Para o primeiro objetivo, defini que deverei ter pelo menos um título de nível nacional (Campeonato Brasileiro ou Copa Brasil) e um pódio de nível internacional (mundial, pan-americano ou sul-americano) nas minhas competições de natação, além de surfar em pelo menos 25 dias no ano. Para o segundo, estabeleci como metas fazer viagens para lugares fora daqueles para os quais vou sempre (Rio de Janeiro, Piçarras etc.), sendo três por ano com a minha família e uma por ano com meus amigos. Para o terceiro, estabeleci que em minha rotina semanal terei pelo menos cinco horas de conversa com cada um dos meus filhos e dez horas com minha esposa. Por fim, para o quarto objetivo estabeleci como metas praticar meditação sentada pelo menos trinta minutos todos os dias e fazer pelo menos um retiro anual de meditação, além de estar totalmente presente 90% do tempo.*

Já no meu caso, **Luciane***, no ano de 2008 estabeleci as seguintes metas profissionais: i) lecionar em programas de MBA; ii) me desenvolver como consultora,* coach*, conduzir programas de imersão; e iii) realizar palestras para cumprir meu propósito. Para alcançá-las, estabeleci os seguintes objetivos: finalizar um mestrado, ingressar como docente em faculdades de renome, me especializar em cursos de* coaching *e outros treinamentos no Brasil e no exterior, trabalhar junto a grandes empresas de consultoria e treinamento e abrir minha(s) própria(s) empresa(s). Nesse período, outros objetivos e experiências foram surgindo. Tive uma filha, comecei a praticar meditação, a me alimentar de forma saudável e participei como voluntária em projetos de desenvolvimento local. Essas experiências contribuíram para que em menos de dez anos eu*

---

143. FRIEDMAN, S.D. Total Leadership: Be a Better Leader, Have a Richer Life. In: *Harvard Business Review*, 2014.

alcançasse as metas determinadas e, inclusive, fosse além, evoluindo em direção ao meu propósito.

*E quanto a mim, **Paulo**, posso mencionar o período de dez anos entre 2007 e 2017, que representou uma década muito significativa em relação ao meu propósito. Em 2007, ao me mudar para o Canadá, estabeleci três grandes metas profissionais: i) fazer um doutorado no campo do impacto social; ii) viajar para diferentes partes do mundo para conhecer variadas formas de se gerar impacto social; e iii) me tornar referência no campo do impacto social para poder ajudar pessoas e organizações nesse sentido. Para este terceiro objetivo, estabeleci um conjunto de metas específicas, com prazos mais ou menos definidos, que foram evoluindo à medida que fui progredindo: (a) desenvolver as competências e abordagens necessárias para atuar junto a organizações e negócios sociais até o final do doutorado; (b) criar um curso ou programa na área de impacto social que agregue todo esse conhecimento gerado de forma inovadora e útil para quem atua no campo até 2020; (c) publicar um livro na área do impacto social em até dez anos; (d) ser convidado a fazer parte de três conselhos de administração em organizações e negócios sociais em até dois anos após o doutorado. Refletindo sobre todo esse período, chega a ser inacreditável como realmente funciona. A partir do momento que definimos nossos objetivos e metas, e eles estão alinhados com nosso propósito, de um jeito ou de outro eles se tornam realidade. Alguns sendo realizados mais rápido do que o previsto, e outros tomando mais tempo. Mas é importante destacar que todos nós já estabelecemos objetivos e metas que não foram cumpridos, ou que mudaram radicalmente de um ano para outro. E isso é totalmente normal, saudável e inclusive desejável, pois a jornada rumo ao propósito evolui a cada momento. O simples fato de listar os objetivos e metas nos faz refletir sobre nosso propósito e atuarmos conscientemente em busca de atingi-lo.*

Assim, percebemos que algumas das metas estabelecidas pressupõem um desenvolvimento gradual para que sejam alcançadas. No caso do José Vicente, por exemplo, suas metas em relação a seu desempenho como nadador foram traçadas para 2022, e ele está consciente de que dificilmente conseguirá alcançá-las já em 2019. Outras metas, entretanto, não necessariamente precisam aumentar gradualmente para atingir o resultado esperado em médio ou longo prazos, como a quantidade de viagens que José Vicente faz com sua família ou com seus amigos ou o tempo que conversa com seus filhos e sua esposa. Entretanto, em ambos os casos é fundamental que sejam estabelecidas metas plurianuais para cada indicador escolhido. Ou seja, devem-se estabelecer metas não somente para o prazo final, como 2022, mas também para cada período até o prazo final, como por exemplo 2021, 2020, 2019 e 2018. Ainda no caso das metas do José Vicente, é importante notar a grande sinergia entre elas. Duas vezes por semana ele pratica natação junto com sua esposa, e seus filhos também praticam o mesmo esporte, no qual tanto ele quanto sua esposa os acompanham em treinos e em competições nos finais de semana. Além disso, toda a família faz *stand-up paddle* quando vão para o litoral; José Vicente também corre com sua esposa e seu filho mais velho pelo menos uma vez por semana e surfa com seu filho mais novo. Com isso, parte do tempo empenhado no alcance de uma meta estará também contribuindo para o alcance das outras, evidenciando o caráter sinérgico das mesmas.

Uma vez definidos os objetivos e as metas, inicia-se uma das mais importantes etapas da gestão do tempo rumo ao propósito: a definição das atividades. A partir das metas estabelecidas para o próximo ano, por exemplo, deve-se começar a planejar as semanas de atividades, definindo aquelas que serão realizadas e as que serão delegadas a outros. Das quatro dimensões para as quais são definidos objetivos e metas, apenas a financeira é a que tenderá a não alocar tempo em todas as semanas, pois na maior parte das vezes os resultados financeiros são consequências dos resultados profissionais. Entretanto, quando se trata de avaliar opções de investimentos ou procurar um imóvel para adquirir, por exemplo, é importante que aloquemos tempo para essas atividades. De resto, as dimensões pessoal, profissional e de equilíbrio estarão constantemente alocando espaço nas programações semanais.

Nesse sentido, o caso do José Vicente se torna bem ilustrativo pelo equilíbrio a ser gerenciado entre as atividades pessoais, profissionais e esportivas. Os ciclos de treinamento, que contemplam natação, musculação e treinamento funcional, devem se repetir praticamente a cada semana seguindo uma lógica própria de acordo com o calendário de competições, o volume e a intensidade de treinamento necessários para que seja possível atingir as metas definidas para cada ano até 2022. Para isso, contando o tempo das atividades mais o deslocamento e preparação antes e depois, doze horas por semana devem ser bloqueadas em sua agenda. Entretanto, o planejamento não deve contemplar necessariamente o bloqueio de doze horas em todas as semanas do ano, porque na semana que antecede cada uma das competições o tempo de treinamento é remodelado e reduzido para equilibrar o desgaste físico, liberando assim esse tempo para outras atividades, de acordo com objetivos e metas pessoais, profissionais e financeiras. O mesmo ocorre na semana imediatamente após cada competição, na qual tende a ser feito um trabalho regenerativo que irá liberar tempo para outras atividades. Ao buscar fazer essas alocações, é importante ter em mente que algumas delas serão distribuídas de forma bastante previsível e diluída ao longo do ano, como o treinamento de natação ou um calendário de aulas e treinamentos, mas outras terão características distintas, menos regulares e mais pontuais. No nosso caso, podemos citar os momentos dedicados à escrita deste livro, a preparação dos materiais para um novo curso ou *workshop* e oportunidades inesperadas de atividades com nossas famílias. Assim, devemos estar conscientes e considerar em nosso planejamento do uso do tempo que haverá períodos em que um esforço maior será necessário e, consequentemente, mais horas semanais alocadas para o alcance de resultados, enquanto também haverá períodos mais calmos em que não precisaremos alocar tanto tempo para nossas atividades. Esse planejamento também inclui os períodos de férias e viagens nos quais, no caso do José Vicente, significam ficar ao menos duas semanas sem nadar, realizando outras atividades físicas e modificando também seu calendário pessoal, profissional e financeiro.

Assim, se queremos nos tornar líderes integrais, exercendo nossos propósitos e rumando em direção à nossa visão de futuro, temos de planejar cada uma de nossas semanas. O ideal é que desdobremos o total de tempo planejado em nossas semanas em quatro partes iguais, sendo três dedicadas ao desdobramento da nossa visão e propósito e uma parte para as atividades diversas do cotidiano. Na prática, isso poderia significar reservar perfeitamente os dias de semana para nossas atividades vinculadas ao propósito e os finais de semana para as demais atividades. Entretanto, justamente por nosso propósito ter a tendência de interligar nossos objetivos pessoais, profissionais, financeiros e de equilíbrio, essa organização dificilmente é assim tão óbvia e linear. O tempo total de nossas semanas e sua composição podem variar de acordo com nossas necessidades fisiológicas, características familiares, atividades profissionais que realizamos, situação financeira, entre outros. Assim, as semanas podem se configurar desde dois turnos em cinco dias até três turnos em sete dias, dependendo da natureza do que fazemos e do tamanho dos desafios que estamos enfrentando. Desse modo, toda semana, entre sexta-feira à tarde e segunda-feira pela manhã, devemos programar nossas atividades semanais seguindo uma lógica que esteja adequada à nossa realidade, de forma a garantirmos que haverá tempo suficiente para o nosso propósito.

Nesse ponto, o leitor pode estar se perguntando: "Mas e a otimização das atividades do meu dia a dia? Eu entendo a importância do planejamento, mas como lidar com a imensa quantidade de tarefas, obrigações e atividades que eu tenho todos os dias?" Sim, uma vez que definimos tudo *o que* tem de ser feito, precisamos definir *quando* cada coisa precisa ser feita. Embora este não seja um livro focado no tema da gestão do tempo, elencamos algumas dicas importantes nesse sentido: i) descarregue e ponha no papel (ou no *One Note*, *Evernote*, *Trello*, *Asana*, *Google Tasks*, *Google Notes* ou outro aplicativo do gênero) todas as atividades que você precisa realizar. Destacamos que são TODAS, incluindo as mais simples e banais como "comprar frutas, legumes e verduras", "deixar o carro para lavar" ou "marcar reunião com a Aline"; ii) agrupe as atividades em categorias por afinidade; iii) distribua as categorias de atividades em blocos ao longo dos turnos disponíveis para programação naquela semana.

Um exemplo de uma categoria de afinidade é o acesso a redes sociais como *Facebook*, *LinkedIn* e *WhatsApp* e as respostas às mensagens de e-mail. O ideal é que ao invés de passar o dia todo consultando esses aplicativos em busca de ocupação para nossas mentes, um dos grandes males do novo milênio, agendemos dois horários (ou três, dependendo da sua rotina) no dia durante os quais estaremos realizando essas atividades. Pode-se, por exemplo, reservar dois blocos de uma hora cada para fazer isso, geralmente um no final da manhã e outro no final da tarde. Obviamente, durante a realização de outras atividades, pode-se fazer consultas específicas a e-mails ou mensagens de *WhatsApp*, mas nesses casos abre-se os aplicativos com um propósito específico como, por exemplo, consultar a resposta de um parceiro sobre uma proposta que tenha sido feita no dia anterior. Uma vez resolvida a questão, deixa-se o aplicativo de lado e continua-se a cumprir a programação. Vejam que a consulta e resposta às mensagens do e-mail e do *WhatsApp* são atividades que estarão aparecendo quase todos os dias em nossa agenda, serão agrupadas em um único bloco e programadas diariamente, duas vezes ao dia. Trata-se de atividades repetitivas e rotineiras. Outras atividades tenderão a se repetir semanalmente e outras ainda apenas mensalmente ou então serão totalmente pontuais. De qualquer maneira, o agrupamento é algo fundamental a ser buscado para o aumento de nossa produtividade e a consequente capacidade de realizar mais, e pode ser aplicado tanto para tarefas pontuais quanto para aquelas que são contínuas. Para atividades pontuais, como a negociação com um fornecedor ou uma visita a um potencial cliente, devido ao fato de termos de sair do escritório e nos deslocar de carro para realizar ambas as atividades, é melhor as agruparmos e bloquearmos toda uma manhã ou tarde em tarefas fora do escritório. Estaremos assim evitando idas e vindas ao escritório, minimizando o estresse do trânsito e ganhando tempo para realizar mais atividades, sejam elas pessoais, profissionais ou de equilíbrio. O mesmo vale para tarefas contínuas. Explorando novamente o caso do José Vicente,

> *no caso da minha prática esportiva, após conversar com meus treinadores, chegamos à conclusão de que eu precisaria realizar quatro treinamentos na água durante a semana, duas sessões de musculação e/ou treinamento funcional, uma sessão de yoga e uma corrida, tudo ao longo dos cinco dias úteis da semana para alcançar meus objetivos de longo prazo. No início, quando comecei a implementar essa rotina, meu dia parecia não render. Dificilmente eu conseguia concluir todas as sessões de treinamento programadas para a semana à medida que novas demandas de trabalho surgiam durante a mesma. Foi então que percebi que, embora não fosse o ideal do ponto de vista da qualidade, era melhor agrupar sessões de treinamento para economizar nos deslocamentos ao longo do dia. A partir de então passei a fazer as duas sessões de musculação e/ou treinamento funcional logo depois de nadar e rapidamente pude verificar*

que a minha programação semanal de treinos passou a ser concluída com muito mais facilidade. Além disso, percebi que estava muito mais calmo, pois ao minimizar os deslocamentos de carro em diferentes horas do dia evitava muitos momentos estressantes!

Na hora de alocar as atividades na agenda da semana, recomendamos que você utilize uma ferramenta eletrônica e que permita fácil consulta e registro, como o *Outlook*, o *Google Agenda* ou outro aplicativo para tal fim, pois esses aplicativos costumam ser bem mais efetivos do que uma agenda em papel. Ao usá--la, primeiramente lembre-se de começar pelas atividades relacionadas ao foco daquela semana. Esse foco deve sempre ser um desdobramento de uma de suas metas anuais, normalmente aquela que requer mais urgência no momento atual. Tomemos como exemplo um objetivo anual a ser desenvolvido gradualmente durante cada semana de um ano inteiro, como elaborar uma nova política de remuneração, estruturar o conteúdo de um novo curso ou escrever um livro. Para isso, bloqueiam-se duas horas diárias ao longo dos cinco dias de uma semana (dez horas semanais), tomando assim um quarto (25%) da semana, ao considerarmos quarenta horas semanais disponíveis. Uma vez alocadas todas as atividades do foco semanal referentes a esse objetivo anual específico, alocam-se todas as outras atividades ligadas aos outros objetivos anuais pessoais, profissionais, financeiros e de equilíbrio consequentemente vinculados à visão de futuro e ao propósito, reservando para tal dois quartos (50%) do tempo semanal. Isso inclui tarefas rotineiras como ler e-mails e mensagens do *WhatsApp*. Por fim, o um quarto (25%) do tempo restante é alocado para tarefas que surgirão ao longo da semana e que precisarão ser resolvidas a contento. As atividades do cotidiano pessoal, como fazer compras e visitar amigos, que podem não estar diretamente vinculadas aos nossos objetivos anuais, são realizadas nas horas restantes do período de quarenta horas semanais e nos finais de semana.

Uma variável importante na hora de alocar as diversas atividades aos horários na agenda é o autoconhecimento relacionado a quais horários do dia somos mais criativos, mais produtivos ou mais dispostos fisicamente. É sempre importante ter em mente essas questões na hora de se programar. Trata-se de uma questão inteiramente pessoal, e que compreendemos ao longo de nossa vida, aprendendo com experiências e tentativas. As pessoas que são vespertinas, por exemplo, podem procurar programar suas atividades físicas sempre no início do dia, pois sabem que rendem melhor fisicamente do que em termos intelectuais, deixando o trabalho mais criativo normalmente para a segunda metade da manhã ou a segunda metade da tarde. Por outro lado, as pessoas que são matutinas podem inverter essa lógica, realizando trabalhos criativos e intelectuais logo no início da manhã, e ir gradualmente migrando para atividades mais operacionais e repetitivas ao longo do dia.

Nesse sentido, destacamos uma ressalva essencial: todo o trabalho deve ser programado, incluindo o trabalho criativo. Ao contrário do que a maioria das pessoas imagina, a criatividade é fruto de dedicação e disponibilidade. Temos de reservar tempo para nos inspirar, e esse tempo tem de estar programado em nossas agendas diárias, sob pena de nos vermos afundados em compromissos inadiáveis e sem tempo para fazer aquilo que mais importa ou nos dá prazer. Recomendamos a leitura do livro *Manage you Day-to-Day: Build your Routine, Find your Focus e Sharpen your Criative Mind*[144] para aqueles que se interessarem em aprofundar essas questões. Obviamente, em nosso cotidiano podemos ter vários lampejos e *insights* que nos fazem ter ideias inéditas e inovadoras, como aqueles que temos dirigindo ou no chuveiro, momentos em que permitimos nossa mente se tranquilizar e deixamos as conexões fluírem. Entretanto, esses momentos são resultados dos períodos que reservamos à nossa criatividade e inspiração, como momentos de leituras, experiências, estudos, pesquisas e reflexões. A própria meditação é uma atividade que prepara a mente para estar aberta a novas conexões, e cujo tempo de dedicação deve ser devidamente programado.

Uma vez que seu propósito tenha sido definido, desdobrado em uma visão de futuro e esta, por sua vez, tenha sido desmembrada em metas anuais que podem ser perseguidas por meio de uma rotina semanal de planejamento do tempo, acreditamos que você estará a caminho de alcançá-lo, pois terá cada vez mais condições de trabalhar de forma significativa e recompensadora na busca dos objetivos mais nobres da vida. Por fim, resta-nos lembrar que, assim como as organizações, nós também temos que revisar nossos planos frequentemente. Da mesma forma que as empresas costumam realizar grandes projetos de planejamento estratégico a cada três ou cinco anos, revisitando até mesmo suas diretrizes mais fundamentais como a MISSÃO e a VISÃO, é importante que façamos esse exercício em nossa vida pessoal em intervalos similares. Afinal, precisamos atualizar nosso propósito e nossa consequente visão de futuro de tempos em tempos, pois só assim vamos nos aproximar daquele dia tão importante quanto o do nosso nascimento, nas palavras de Mark Twain[145]! Jamais podemos imaginar que, uma vez definido nosso propósito, ele permanecerá estático até a nossa morte. É nosso papel refiná-lo ao longo do tempo e, principalmente, revisá-lo a cada

---

144. GLEY, J.K. *Manage you Day-to-Day*: Build your Routine, Find your Focus e Sharpen your Criative Mind. Amazon Publishing, 2013.

145. Talvez essa seja uma das citações mais importantes de Mark Twain: "Os dois dias mais importantes na vida de uma pessoa são o dia em que ela nasceu e o dia no qual ela descobre por que nasceu".

mudança no "centro de gravidade" da nossa consciência. Tradicionalmente, as pessoas costumam pensar nessa questão pela primeira vez em torno dos trinta anos. Entretanto, hoje em dia está cada vez mais comum o surgimento dessa reflexão em pessoas bem mais jovens, até mesmo adolescentes. Em muitos casos, quando pensamos em nosso propósito pela primeira vez, vem à mente a questão do sucesso profissional, do bem-estar com a família e os amigos e do papel "encaixado" na sociedade, para "fazer o que é certo" em alinhamento com o *status quo*. Quando isso ocorre, normalmente se está operando a partir do nível AZUL de consciência. À medida que continuamos a refletir a esse respeito, novas razões aparecem. O sucesso profissional funde-se com o sucesso material e o desejo de ser melhor que os demais em seu campo de atuação torna-se premente: "Quero ser o melhor pediatra do país, com clínicas em várias capitais"; "Quero criar a empresa que produzirá o primeiro carro elétrico popular do mundo" etc. A essa altura, o nível LARANJA estará no controle e definirá as características do propósito, que com o passar do tempo continuará mudando. "Quero ajudar a reduzir a mortalidade infantil no mundo"; "Quero ajudar a acabar com o efeito estufa por meio de transportes ambientalmente sustentáveis". O nível VERDE já desponta nesse novo momento. O centro de gravidade da consciência das pessoas muda e com ele os seus propósitos.

Além disso, assim como as grandes organizações revisam anualmente seus demais objetivos, metas e projetos desdobrados da MISSÃO e da VISÃO, também precisamos fazê-lo! Comparar nosso propósito e nossa visão de futuro aos resultados alcançados no ano que se encerra é uma forma excelente de definir novos objetivos, metas e projetos para o ano que se inicia. E assim como no contexto das organizações, caso grandes mudanças no ambiente ocorram ao longo de nossa execução anual, devemos estar abertos à revisão de todos os nossos objetivos em função dessas alterações. Em algum momento perceberemos que mais importante do que chegar a algum lugar é o caminho que percorremos. Ou seja, o aprendizado contínuo, fruto do processo de monitoramento e revisão constantes do nosso propósito e dos objetivos desdobrados a partir dele, é a grande joia que levamos de tudo isso! Nosso propósito vai sendo realizado durante nossa jornada, e exatamente por isso ele se modifica e evolui ao longo do tempo. Como dizia Buda, "a vida é uma jornada e não um destino"[146].

Nesse ponto, cabem algumas questões: Quais os nossos limites na busca para exercermos o nosso propósito? Como lidamos com as ações dos outros, os rumos da economia ou mesmo da política internacional e seus efeitos sobre nossas vidas? A resposta vem no próximo item, que fala de *accountability*.

---

146. Tradução livre do inglês: "*Life is a journey, not a destination*".

5.2 Accountability

Praticar a **accountability**, ou responsabilidade incondicional, significa assumir sua parcela de responsabilidade pelos resultados produzidos em sua organização e em sua vida. Kofman (2006) chama de *player* ou "jogador" o líder que não foge de suas responsabilidades, focando nos fatores que pode influenciar. Vamos chamar esse líder de **guerreiro**. Por outro lado, a **vítima** seria aquela pessoa que busca manter sua autoestima se declarando inocente a respeito dos problemas que acontecem a si ou a sua organização, buscando responsabilizar os outros ou fatores que estão fora de seu alcance pelos resultados indesejados. Para as "vítimas", os problemas sempre advêm de externalidades e nunca de suas próprias decisões ou comportamentos.

A distinção entre um "guerreiro" e uma "vítima" começa pela sua definição de "liberdade". "Vítimas", na grande maioria das vezes, definem liberdade como a capacidade de fazer o que se deseja. Trata-se de uma liberdade condicionada, pois para que possamos fazer o que queremos ou que gostamos (ou "o que nos der na telha") é preciso "combinar com o adversário", como diria Mané Garrincha. Ou seja, os outros têm de nos deixar fazer o que queremos. Portanto, percebam a conotação de vítima já na definição de liberdade: "Eu não posso assumir a responsabilidade pelos resultados porque não me deixaram fazer o que eu queria!" Por outro lado, a definição de um "guerreiro" para liberdade começa justamente enfocando sua incondicionalidade: "Liberdade é a capacidade de responder a uma situação escolhendo a opção mais adequada, alinhada aos nossos valores pessoais (e organizacionais)". Ou seja, por mais problemas que os outros tenham causado, eu sempre vou poder escolher a melhor alternativa de acordo com os meus valores. Ou, se preferirem, a alternativa "menos ruim". Ser um "guerreiro" significa, acima de tudo, reconhecer que a vida é uma sucessão de escolhas e que, conscientemente ou não, estamos fazendo escolhas o tempo todo. A prática da responsabilidade incondicional é um convite às escolhas conscientes, exercendo nosso **livre-arbítrio**, que é a grande distinção entre nós, seres humanos, e os animais. Portanto, o **líder guerreiro** é aquele que não se entrega aos seus condicionamentos, jogando a luz da consciência sobre cada uma de suas decisões. "Guerreiros" não reclamam do seu *karma*[147], mas agem para neutralizá-lo.

---

147. Você já parou para pensar no significado real da palavra *karma*? Para a maioria dos ocidentais, *karma* é algo imutável, como um destino, quase sempre associado a coisas ruins. Pois na prática não é exatamente isso que dizem as filosofias hindu e budista. *Karma* é o resultado de nossas ações passadas (nesta ou em outras vidas, para quem acredita em reencarnação) impresso em nossos subconscientes. Ou seja, nosso *karma* é o *driver* de nossas ações quando não estamos conscientes delas. Portanto, muito mais do que uma condenação, o conceito de *karma* é um chamado ao livre-arbítrio, ou seja, à responsabilidade incondicional!

O ponto de partida para o desenvolvimento de uma atitude de *accountability* é adotar explicações autoempoderadoras. Nesse caso, nossa fala atua disciplinando nossas mentes e, consequentemente, nossos comportamentos para sermos cada vez mais "guerreiros". É fato que tendemos a nos transformar naquilo que falamos. O quadro 5.1 a seguir exemplifica algumas dessas explicações "guerreiras" contrapondo-as às clássicas desculpas que fortalecem o papel de vítima. Não é à toa que existe uma forte correlação entre a forma como as empresas justificam seus fracassos e seus resultados de longo prazo. Empresas com resultados de longo prazo medianos ou medíocres, como Xerox, Lucent, Enron e Polaroid, tendem a mapear detalhadamente quais fatores externos e fora do seu alcance impediram que os planos de longo prazo divulgados aos seus acionistas se concretizassem. Por outro lado, empresas como a AES e a Intel, com *performances* consistentemente excelentes ao longo de várias décadas, não manifestaram comportamento similar. Pelo contrário, costumam justificar o fato de eventualmente não alcançarem seus objetivos pelo fracasso no desenvolvimento de projetos ou em decisões equivocadas tomada pela alta gestão, enfatizando o lócus interno.

De vítima...	Para guerreiro!
"Não tem jeito!"	"Eu ainda não achei uma solução!"
"Alguém tem que dar o primeiro passo!"	"Eu vou dar o primeiro passo!"
"Isso não pode ser feito!"	"Eu escolhi não fazer isso!"
"Você me deixa nervoso!"	"Quando você fala desse jeito, eu fico nervoso!"
"Eu tenho que ir embora!"	"Eu quero ir embora!"
"Eu não tenho dinheiro (ou tempo)!"	"Eu tenho outras prioridades!"

Quadro 5.1: Desculpas *versus* explicações autoempoderadoras. Fonte: Baseado em KOFMAN (2006).

Além de não atribuírem seus fracassos a fatores externos, líderes "guerreiros" não terceirizam responsabilidade. Se um "guerreiro" pede a alguém da sua equipe para fazer algo, ou seja, delega a autoridade sobre aquele processo ao seu liderado, ele continua responsável pela atividade em questão. Se o liderado falhar, o "guerreiro" falhou, afinal, foi ele quem o escolheu para desempenhar a tarefa.

Começamos a perceber então que o "guerreiro" precisa ser muito competente. Ele tem de ser competente o suficiente para estar sempre consciente, para escolher adequadamente seus liderados, para delegar conscientemente as tarefas a eles, e assim por diante. Como o "guerreiro" não vai culpar nenhum terceiro por suas mazelas, se elas começarem a ocorrer muito frequentemente o peso da responsabilidade poderá ser grande demais. Por esse motivo, o líder *accountable* precisa estar o tempo todo atento ao nível dos desafios que enfrenta. Tais desafios devem estar nivelados às suas competências. Entenda aqui por competência todos os tipos de recursos disponíveis para o líder: suas próprias competências técnicas e gerenciais, o tamanho e a qualificação de sua equipe, os recursos tecnológicos, as infraestruturas, e assim por diante. Se os desafios forem muito menores que as competências, o líder "guerreiro" se desmotivará e certamente irá procurar novos desafios. Se eles forem maiores, cabe ao líder escolher entre reduzir o nível de desafios a que se expõe ou buscar aumentar suas competências. A única solução que o "guerreiro" não irá buscar é culpar o chefe, o subordinado, o concorrente, o mercado ou o fornecedor. Por que, afinal de contas, ele sempre teve alguma participação na definição da situação a qual está vivenciando. Nesse ponto, é importante fazermos uma distinção: não temos o poder de escolher o que nos acontece; entretanto, diante de um fato ocorrido, temos o poder de escolher como lidar com ele. Assim, cabe destacar que outras pessoas, como chefes, subordinados, concorrentes e fornecedores falham! Sim, eles podem ser os geradores das causas dos problemas. Entretanto, isso não isenta o "guerreiro" da responsabilidade por buscar a melhor solução possível para a situação, seja capacitando o subordinado, buscando elucidar uma situação com o chefe ou optando por mudar de fornecedor. Pois o "guerreiro" sabe que uma parcela da responsabilidade é sua!

João Cordeiro[148], um dos maiores especialistas em *accountability* no Brasil, define três componentes para essa atitude: i) proatividade; ii) prestação de contas; e iii) humildade. O primeiro componente diz respeito a não precisarmos esperar sermos chamados pelos outros para assumirmos a responsabilidade. A proatividade implica a necessidade de percebemos a situação na qual nos encontramos e trabalhar para nos posicionarmos "acima da linha" de acordo com a definição dada por Connors, Smith e Hickman[149]. Acima da linha encontram-se os passos para *a accountability*. Abaixo dela encontra-se o chamado "jogo de acusação", que podemos chamar de "jogo da vítima". Muitas vezes, a diferença entre ficarmos acima ou abaixo da linha é extremamente sutil e pode ser definida pela nossa reação, ou seja, pela expressão que utilizamos diante da situação conforme ilustrado no quadro 5.1 anterior. Explicações autoempoderadoras nos "empurram" para cima da linha, enquanto as "desculpas" nos jogam para baixo dela. A linha mencionada pelos autores é apresentada na figura 5.3. Abaixo da linha, o

---

148. CORDEIRO, J. *Accountability*: A evolução da responsabilidade pessoal. Évora, 2013.

149. CONNORS, R.; SMITH, T. & HICKMAN, G. *The Oz Principle*: Getting Results Through Individual and Organizational Accountability. Nova York: Portfolio, 2004. No livro, os autores se referem ao princípio por trás da história dos personagens do Mágico de Oz, que apresentam sentimentos de vitimização e de "bode expiatório" para justificar as razões de suas ineficiências ou baixa *performance*.

"jogo de acusação" envolve desculpas como "esperar para ver", "diga-me o que fazer", "isso não é o meu trabalho", "vou ignorar isso", "vou negar isso", "a culpa é de outro", "isso aconteceu por causa de algo externo". Por outro lado, acima da linha são quatro os passos para a *accountability:* VEJA a situação, APROPRIE-SE dela, SOLUCIONE a situação e FAÇA.

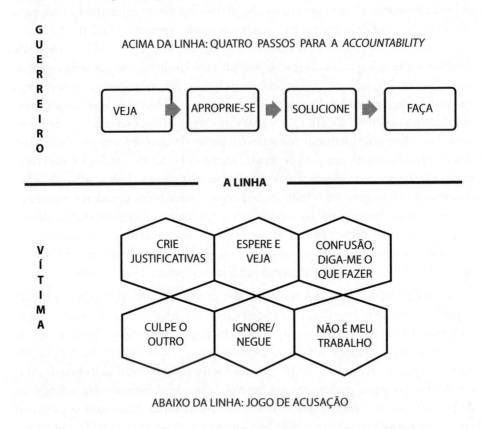

Figura 5.3: As etapas para a *accountability* e o "jogo de acusação", separadas por "A linha", caracterizando "O Princípio de OZ" de Connors, Smith & Hickman (2004). Fonte: Baseado em CONNORS, SMITH & HICKMAN (2004).

Percebe-se pela figura 5.3 que a diferença entre iniciar o ciclo da *accountability* ou entrar no "jogo de acusação" se dá por um único detalhe, ou seja, pela sua opção por VER a situação e se APROPRIAR dela logo em seguida ao invés de apenas "VER E ESPERAR" no que vai dar. É exatamente nesse ponto que entra a proatividade. Quando VEMOS a situação como ela é e nos APROPRIAMOS da mesma, naturalmente iremos buscar soluções (SOLUCIONE) e implementá-las (FAÇA), pois, afinal, trata-se de algo que nos diz respeito. Se por outro lado esperamos para ver, acabaremos por buscar justificativas para a situação, identificando culpados, ignorando nossa contribuição sobre o problema que se apresenta e, na melhor das hipóteses, perguntando aos prejudicados o que pode ser feito em relação ao problema. Vamos tomar um exemplo típico. Você é o gerente de logística de uma empresa que fornece componentes para a cadeia automotiva. Seu chefe, diretor de operações, o está pressionando por redução de custos. Um de seus pares, o gerente de compras, sugere que você não renove o contrato com o atual operador logístico e contrate um outro sugerido por ele, que já apresentou uma proposta que proporcionaria uma redução de 30% nos custos do contrato. Você conhece a reputação da empresa sugerida e sabe que ela dificilmente conseguiria honrar os prazos dos seus clientes. Mas seu chefe soube da possibilidade com o novo operador e insinuou que se trata de uma grande oportunidade. O contrato do operador logístico é de responsabilidade do seu departamento, mas quem o efetiva é o departamento de compras. O que você faz? Se pensar: "Vou atender ao meu chefe, concordar com a contratação da nova empresa e esperar para ver no que vai dar... vai que eles entregam? E, afinal, manda quem pode, obedece quem tem juízo", estará começando a descer para a parte inferior da linha da figura 5.3. Você sabe que existe um problema potencial, mas não está sendo proativo. Se, por outro lado, você se posicionar e falar com seu chefe a respeito de seus receios relacionados à empresa, mostrando que não acha viável a troca de fornecedor e começar a buscar uma alternativa que permita uma redução de custo ao menos similar à proposta feita pelo fornecedor alternativo, você estará sendo proativo e estará atuando acima da linha da figura 5.3. De fato, já terá trilhado dois dos quatro passos da *accountability* (veja e aproprie-se), tendo iniciado o terceiro passo (solucione) ao procurar uma solução alternativa pela qual você possa responder.

A questão da prestação de contas, o segundo componente da *accountability* de acordo com João Cordeiro, está intimamente relacionada à capacidade de sermos responsáveis incondicionalmente até o final do processo. Ou seja, não adianta "não querer deixar a bola quicando" e chamar a responsabilidade para si em um primeiro momento, evitando ficar "abaixo da linha", se não conseguirmos nos manter acima dela até o fim, percorrendo o terceiro e o quarto passos da *accountability* (solucione e faça). Assim, ser um verdadeiro "guerreiro" exige muitas vezes saber dizer "não". Ou seja, não assumir compromissos que não poderão ser cumpridos. Isso tem tudo a ver com a questão do nível dos desafios aceitos e a competência possuída que discutimos anteriormente. Se o "guerreiro" reconhece que não pode dar conta do desafio e não há tempo para adquirir todas as competências necessárias para fazê-lo, ele deve deixar claro desde o início que "está fora". E isso requer humildade, o terceiro componente da *accountability* segundo João Cordeiro. Temos de ser humildes o bastante para assumirmos que temos, ou não, condições de resolver um problema ou dar conta de um desafio. Ser humilde requer coragem! Vivemos em um ambiente de não entrega, em que grande parte dos problemas está justamente na incapacidade das pessoas em dizer "não", algo bastante acentuado em culturas latinas como a nossa. Não só temos medo de nos assumir incompetentes para um desafio como também achamos que nosso "não" irá magoar nosso chefe, cliente, fornecedor ou subordinado. Entretanto, o dano causado por um "sim irresponsável" será muitas vezes maior do que o "não responsável". A prática do "sim irresponsável" pode ser apontada como uma das principais causas para o excesso de mecanismos de controle que minam a produtividade em culturas onde não prevalece a confiança na palavra das pessoas. Ela se retroalimenta e, quanto menos se entrega, mais cara irá ficar a entrega. Uma empresa de "guerreiros" com uma cultura de *accountability* é uma companhia na qual prevalece a **confiança**. A palavra de cada um tem peso e não é preciso se preocupar em criar mecanismos para salvaguardar o sistema em caso de atitudes irresponsáveis. Gasta-se menos tempo se preocupando em evitar que os outros façam as coisas erradas e mais tempo buscando fazer as coisas certas!

Quando condenamos o "sim irresponsável" e advogamos o "não responsável", muita gente nos questiona se essa seria realmente a postura de um "guerreiro". Maslow resumiu em uma frase nossa grande busca por desafios que nos engradecem, que nos tornam "guerreiros": "Se você planeja ser qualquer coisa menos do que aquilo que você é capaz, provavelmente você será infeliz todos os dias de sua vida". Portanto, o verdadeiro "guerreiro" não irá se contentar com desafios medíocres, dizendo "não" aos grandes desafios. Ele sabe que a realização de seu propósito maior exige crescimento, exige sair de sua zona de conforto, exige sacrifícios! Ele irá buscar as competências que precisa para assumir desafios cada vez maiores e concretizar o seu potencial e o seu propósito! São essas competências que permitirão cumprirmos o terceiro e o quarto passos da *accountability* e nos manter "acima da linha", sem terminar caindo para o "jogo de acusação" que ocorre abaixo da linha. É justamente por nos tirar da zona de conforto e fazer com que busquemos desenvolver ao máximo nossos talentos, sendo o melhor que podemos ser em termos de competências (principalmente as competências técnicas), que a atitude de *accountability* nos leva a consolidar o nível de consciência LARANJA em sua plenitude, com direito àquela gostosa sensação de "eu me garanto", da qual falamos antes.

Quando praticamos a *accountability* e nos comprometemos totalmente com os resultados de nossas ações, tratando-as como escolhas e não como bênçons ou maldições, surge uma nova questão: Quais os limites para nossa atuação no sentido de buscar obter os resultados desejados? O mundo hoje está cheio de pessoas aparentemente *accountables*, mas que não hesitam em atropelar os outros para realizar as suas entregas. A resposta proposta por Kofman e outros autores para essa questão dá origem à nossa terceira atitude do líder integral e consciente: a integridade.

5.3 Integridade

Atuar com **integridade** significa dar o máximo de nós mesmos pelas nossas causas, mas sem ir contra os nossos valores pessoais e os valores das organizações em que atuamos. Em resumo, significa atuarmos com base naquilo em que acreditamos. Quando colocamos esses norteadores e limites em mente, automaticamente passamos a prestar atenção às nossas escolhas e a fazer uma autoanálise constante. Embora estejamos focados no alcance dos resultados, nossa atenção se volta para o processo, para "o aqui e o agora". "Estou indo contra aquilo que acredito?" "Esta decisão que acabamos de tomar vai contra os valores de nossa empresa?" "Quais os possíveis efeitos colaterais dessa decisão?" "Eles poderão ser prejudiciais no longo prazo?" Essas são as perguntas que um líder integral se faz constantemente em seu processo de tomada de decisão. E esse processo não para nunca; fazemos escolhas o tempo todo!

Uma consequência natural da constante autoanálise proporcionada pelo questionamento da integridade é que o líder passa naturalmente a se preocupar muito mais com os meios do que com os fins, ou seja, com o processo em si do que com o resultado final. E para poder "ser feliz" focado no processo, precisamos fazer aquilo que gostamos e valorizamos. Retomemos o propósito, que é composto pelos dois princípios fundamentais de talento e valores, ou seja, o que sei fazer e o que gosto de fazer. Integridade pressupõe propósito! Por isso, umas das primeiras perguntas que fazemos em nosso "teste" para identificar o grau de propensão à integridade de uma pessoa é: "O que você faria se ganhasse na Mega Sena da virada?" Se sua resposta for muito diferente da atividade que está desempenhando hoje, é bom você parar para rever seus conceitos. Volte ao seu propósito! Você poderá até ser financeiramente muito bem-sucedido, mas dificilmente seu trabalho será uma fonte real de felicidade para você. O propósito não está acontecendo no processo. Provavelmente você ainda está pensando que a felicidade está em algum lugar do futuro: "Quando eu tiver juntado dois milhões de reais em reservas, aí eu vou trabalhar com o que gosto". Quanto tempo você aguentará fazendo o que faz hoje? Por outro lado, a experiência mostra que aqueles que passaram a se esforçar para estarem no presente, mesmo fazendo trabalhos dos quais não gostavam, passaram a apreciar muito mais de suas atividades e criaram as condições mínimas para atuarem de forma íntegra e, eventualmente, até identificaram uma relação entre o que faziam e seus propósitos. Trata-se, portanto, de uma via de mão dupla!

Quando atuamos com integridade, grandes desafios em termos de resultados se tornam riquíssimas experiências de aprendizado. Eu não quero simplesmente "passar o trator" para chegar aos meus objetivos. Por que eu quero chegar lá e como eu vou fazê-lo são questões cruciais. Quando falamos de integridade, os fins jamais justificam os meios. Atuar de forma íntegra significa tornar cada ação nossa um passo para o alcance de nossos objetivos mais elevados. Quando agimos assim, tornamos nosso dia a dia uma expressão da busca de nosso propósito de vida. Pode ser até que não alcancemos aquela meta ousadíssima que perseguíamos, mas temos plenas condições de "deitar a cabeça no travesseiro e dormir tranquilos", sabendo que nossas ações foram expressões fidedignas daquilo em que acreditamos. E, creia, isso não tem preço! Além disso, por meio da atenção constante, transformamos aquilo que seria um trabalho corriqueiro em algo como uma "obra de arte". O que importa é o agora, mesmo que esse agora seja planejar o futuro ou analisar o passado! Somente os líderes íntegros são capazes de alcançar o "sucesso além do sucesso". O sucesso além do alcance de metas. O sucesso da certeza de estar exercendo o seu propósito!

Sem dúvida nenhuma, um dos maiores benefícios para uma equipe liderada por um líder íntegro são as consequências positivas do *role model* desempenhado por uma pessoa que age de acordo com aquilo que prega. Estar permanentemente conectado ao presente nos torna capazes de identificar nuanças importantíssimas na questão do *walk the talk* ("fazer o que se prega"). "Como poderei criticar o sonegador de impostos se eu trouxer mais de US$ 500,00 em mercadorias sem declarar quando volto de viagem do exterior?" Não é uma questão de correção política. Se eu defendo a sonegação como forma de rebelião contra um governo que gasta muito mais do que arrecada para eternizar benefícios de uma minoria privilegiada, não haverá nenhum problema em trazer eletrônicos acima da cota. Mas se eu critico os sonegadores e não concordo com seu comportamento, não posso, em hipótese alguma, pensar que trazer mercadorias acima da cota permitida não tem nada a ver com sonegação. Fazer isso é SONEGAÇÃO! Tenho de agir de acordo com aquilo que defendo! Isso é a atitude de integridade em seu ápice!

Praticar o *walk the talk* é um desafio para toda a humanidade nos dias de hoje. Mas para nós, latinos e brasileiros, o desafio parece ser maior. As culturas latinas tendem a favorecer o comportamento de vítima. Ao mesmo tempo, nossas origens ibéricas acentuam a tendência natural do ser humano de esperar que a solução venha de fora, que venha o "salvador da pátria". Afinal de contas, "eu não tenho nada a ver com o problema, não é mesmo?" Nesse ponto, os países do norte da Europa e os de colonização anglo-saxônica (além do Japão) encontram-se bastante à nossa frente. Os níveis de consciência vistos anteriormente ajudam a explicar parte dessas diferenças. Afinal de contas, quanto mais complexo o nível de consciência, maior a tendência por atitudes responsáveis e íntegras! Sim, nosso país e nossas empresas precisam cada vez mais de líderes íntegros! De líderes integrais!

Conta-se que certa vez uma senhora foi com seu filho ver Mahatma Gandhi. Ao chegar ao local da audiência no palácio, a senhora pediu a Gandhi: "Senhor, meu filho tem comido muito doce e tem engordado. Ele o admira muito! Você poderia pedir a ele para não comer mais doces?" Gandhi respondeu: "A senhora poderia voltar novamente daqui a dez dias?" Sem entender muito, a senhora concordou. Passados os dez dias ela retornou com o filho e novamente pediu a Gandhi para que falasse ao seu filho para ele parar de comer doces. Gandhi dirigiu-se ao pré-adolescente e disse: "Você não deveria comer tanto doce. Faz mal à sua saúde!" A mulher surpresa perguntou a Gandhi: "Por que o senhor não disse isso dez dias atrás?" E Gandhi respondeu: "Há dez dias eu também comia doces!" Gandhi foi um dos maiores guerreiros íntegros da história recente da humanidade. Sua integridade atingia níveis raramente vistos. *Walk the talk* era para ele sua cartilha do dia a dia!

A integridade abre espaço para o estabelecimento de um nível de consciência VERDE saudável. Mas para consolidar esse nível de consciência e abrir caminho para o pensamento de segunda camada, ou o pensamento integral, existe um outro passo a ser dado. Ser um líder integral não significa ser o dono da verdade! O verdadeiro líder integral não age somente com propósito, *accountability* e integridade. Ele é também humilde.

5.4 Humildade

Quando falamos de **humildade** e pedimos que a maioria das pessoas mencione o seu oposto, quase sempre ouvimos coisas como "luxo", "riqueza" ou "abundância". Não é desse significado de humildade que falamos aqui. A humildade enquanto atitude pode ser vista como sendo o oposto da arrogância. De fato, se abordarmos essa questão por um prisma mais "aristotélico", veremos que a verdadeira virtude (que, como vimos no início deste capítulo, tem tudo a ver com as atitudes conscientes para uma liderança integral) está sempre na metade do caminho entre dois extremos igualmente não desejáveis, mas não necessariamente maus. Esse ponto denota aspectos nitidamente pré-socráticos da abordagem aristotélica, aproximando-se da ideia do "caminho do meio" do budismo. No caso da humildade, ela seria o meio-caminho entre a arrogância absoluta e a submissão total.

Quando atuamos com integridade, ou seja, respeitando nossos valores pessoais e os valores organizacionais, encontramos frequentemente pessoas cujos valores ou visão de mundo são diferentes das nossas. Nesse caso, uma nova questão surge: Como lidar com essas diferenças? Kofman propõe que atuemos com o que ele chama de **humildade ontológica**, e é este o significado de humildade que queremos explorar para que possamos desenvolvê-lo enquanto uma atitude consciente. Agir com humildade significa reconhecer que aquilo que vemos "lá fora" não são fatos absolutos e sim nossas intepretações do que acontece no mundo. Nossos modelos mentais e níveis de consciência "traduzem" os fatos que percebemos por meio dos nossos órgãos dos sentidos, fazendo com que possamos ter opiniões totalmente distintas de outra pessoa acerca de uma mesma situação. Quando atuamos sem arrogância, permanecemos abertos às interpretações dos outros acerca do que está acontecendo. Com isso, deixamos de lado o papel do controlador, que tenta sempre impor seus pontos de vista, e nos abrimos a ouvir, escutar e entender os pontos de vistas das outras pessoas sem um julgamento prévio acerca de sua validade. Voltando à questão do meio-termo, agir com humildade não significa concordar com os outros. Isso nos levaria ao outro extremo, a submissão. O grande ganho proporcionado pela humildade se dá quando eu aceito ouvir, escutar e tentar compreender as razões para o que outra pessoa com opinião distinta da minha quer falar. O fato de não concordarmos previamente não deve ser uma barreira ao diálogo! Muito pelo contrário. Deve servir para que eu tente me colocar no lugar do outro, "calçando seus sapatos" e "lendo" a realidade pelas "lentes" dele. Isso é empatia, que significa mais de meio-caminho andado rumo à humildade enquanto atitude consciente e virtude! Para além da empatia, é a combinação entre essas visões opostas que pode dar origem a importantes *insights* sobre o assunto em questão, levando ao aprendizado mútuo, ou seja, tanto a minha visão quanto a visão do meu antagonista em relação àquela situação acabam sendo alteradas, tornando-se mais completas e menos parciais. Isso não significa que as visões irão coincidir depois do diálogo, ou que uma estará mais certa que a outra, porque afinal de contas, como disse Anais Nin: "Vemos as pessoas e as coisas não como elas são, mas como nós somos".

Assim como enfatizamos a questão da maneira pela qual nos expressamos como forma de ativar uma atitude de *accountability* por meio de explicações autoemponderadoras de vítima para guerreiro, nossa linguagem também exerce um papel fundamental na ativação de uma atitude de humildade. Para isso, precisamos conscientemente distinguir opiniões de fatos em nossa fala corriqueira. Uma pessoa que se muda, por exemplo, do Rio de Janeiro para Curitiba, pode procurar reforçar o acerto da sua decisão por meio de frases como: "Curitiba é sem dúvida a melhor capital para se viver no país". Como será que alguns dos seus amigos do Rio de Janeiro que gostam da cidade e não pretendem se mudar encaram essa afirmativa? Tal afirmativa estava baseada em fatos ou se tratava de uma opinião? Ao expressar-se dessa forma, a pessoa está deixando uma abertura ou um espaço para discussão para aqueles que não pensam da mesma forma? Claramente, não. De fato, a pessoa está expressando uma opinião, mas a travestiu como um fato pela forma que se expressou. Como reação, seus interlocutores podem simplesmente concordar e encerrar o assunto, claramente evitando discordar para não discutir, ou podem mesmo partir para uma contestação mais radical. A pessoa deve assim assumir que se trata inteiramente de sua opinião, tomando o cuidado de manifestar sua preferência pela cidade como tal por meio de frases como: "Em função do seu clima, organização e qualidade de vida, acho Curitiba a melhor capital do país para se viver". Percebam a diferença entre as duas frases. A partir dessa afirmativa, conversas interessantes sobre clima, civilidade e qualidade de vida podem se iniciar, com a pessoa se colocando de forma aberta e podendo assim, em suas conversas, aprender coisas novas sobre algumas cidades interessantes no Brasil e no exterior. Dessa forma, migra-se de uma opinião travestida de fato, que conduzia ao controle unilateral e ao consequente afastamento ou enfrentamento com seus interlocutores, para uma opinião expressada como tal, levando a uma situação de troca e de aprendizado mútuo para ambas as partes.

No âmbito organizacional, o exercício da linguagem consciente também se torna essencial para uma atitude de humildade. Consideremos um departamento de projetos que tem como cliente interno o departamento de execução, onde trabalha Eduardo. Este, por sua vez, é uma pessoa que cobra constantemente a equipe de projetos, muitas vezes se exaltando e sendo grosseiro. O gerente de projetos tem duas opções para se referir a Eduardo. Ele pode travestir sua opinião como se fosse um fato afirmando que "Eduardo é um inconsequente, um grosso". Ou pode expressar-se de forma a assumir sua opinião: "A maneira como Eduardo fala com as pessoas da minha equipe não me agrada". Nesse cenário, qual das duas alternativas tenderá a produzir uma discussão mais produtiva com o chefe de Eduardo, que considera seu funcionário um modelo em termos de entrega? Atuar com humildade favorece o diálogo e evita a geração de conflitos improdutivos baseados em relações interpessoais, em oposição aos conflitos produtivos relativos como, por exemplo, a possibilidades de melhoria de fluxos e processos. No mesmo caso do departamento de projetos, consideremos que seu fornecedor interno é o setor de especificações. Ao se deparar com um projeto complexo, cuja entrega deve ser feita em tempo muito curto, o departamento de projetos precisa que o setor de especificações cumpra rigorosamente os prazos previamente acertados. Entretanto, em experiências anteriores com prazos curtos, a equipe de especificações atrasou a entrega. Ao conversar com a gerência de especificações, o gerente de projetos afirma: "Não dá para confiar neles, pois são muito lerdos". Novamente, a opinião do gerente está sendo disfarçada de fato. Nesse caso, o fato real e concreto não é a qualidade de confiabilidade ou de lerdeza das pessoas do setor, mas os momentos anteriores em que houve atraso. Ao se exprimir de forma humilde assumindo sua opinião, como "Tenho dúvidas se poderemos contar com eles, pois nas duas ou três vezes que precisamos de mais velocidade eles falharam", o gerente estará deixando uma abertura para o aprendizado mútuo. Seu interlocutor, por exemplo, poderá lhe fornecer explicações sobre a razão para o atraso ocorrido nas outras vezes, com fatos que ele desconhecia até então e que dificilmente seriam abordados caso o gerente tivesse se expressado de forma arrogante.

Por fim, é importante enfatizar a questão da escuta. Ouvir e não escutar é quase uma epidemia nos dias de hoje. Sean Covey, filho de Stephen Covey, desdobrou aquilo que seu pai definiu como "escuta pobre"[150] em cinco diferentes estilos, que devem ser evitados por todos que querem desenvolver uma atitude de humildade genuína[151]. O primeiro estilo de escuta pobre é o clássico *spacing out*, que ocorre quando alguém está falando conosco e nossa mente está totalmente ausente, entretida em pensamentos que nada tem a ver com o diálogo em questão. Para evitá-lo, precisamos nos disciplinar a estarmos efetivamente presentes durante nossos diálogos com os outros. Se você estiver resolvendo mentalmente um problema e outra pessoa lhe pedir para falar contigo, recomendamos que você educadamente peça um tempo a essa pessoa para concluir seu pensamento, ao invés de "educadamente" ouvi-la sem conseguir lembrar sequer de uma palavra ao final do assunto.

O segundo estilo de escuta a ser evitado é o *pretend listening*. Ele se refere aos momentos em que não estamos totalmente concentrados em nosso interlocutor, e emitimos algumas expressões como "sim", "aham", "entendo", "sério?", querendo dar a impressão de que o estamos escutando. Isso pode acontecer tanto quando nossa mente vagueia por diversos assuntos, exceto o que está sendo tratado no momento presente, quanto nos casos em que não concordamos com a opinião do interlocutor ou já temos uma resposta para o assunto em questão. Pronunciar palavras que passem a impressão de que estamos escutando nosso interlocutor não favorecerá uma conversa saudável e produtiva. Pelo contrário, a tendência é que nos distanciemos cada vez mais a cada palavra falsa pronunciada, deixando de captar aquilo que está sendo dito pelo seu interlocutor e que pode inclusive fornecer um *insight* importante sobre o tema tratado. Ao perceber que você está praticando o *pretend listening*, policie-se para não usar termos como

---

150. Tradução livre para *poor listening*.

151. COVEY, S. *The Seven Habits of Highly Effective Teens*: The Miniature Edition. Filadélfia: Running Press, 2002.

os citados acima, pois o conforto proporcionado pelo ato de os pronunciar tende a nos levar ainda mais para longe. Ao invés disso, concentre-se em fazer perguntas, pois para perguntar você terá de estar prestando muita atenção no que está sendo dito sob pena de questionar sobre algo que já foi respondido.

O terceiro estilo de escuta pobre é a escuta seletiva. Nesse estilo iniciamos a conversa prestando muita atenção ao nosso interlocutor até ouvir aquilo de que precisamos. Depois disso, fingimos continuar escutando, mas estamos somente ouvindo porque já atingimos nosso objetivo com a conversa. Existe, entretanto, o risco de que nosso interlocutor contextualize a sua afirmação anterior, apresentando novos fatos que tornam nossa conclusão inválida ou mesmo nula. E ao ficarmos com apenas com uma parte da história, a que nos interessava escutar, podemos tomar decisões baseadas em informações que não refletem a realidade acerca dos assuntos abordados, mesmo nosso interlocutor tendo nos informado. Essa é uma das principais causas dos conflitos sem solução quando o interlocutor afirma ter passado a informação a quem o ouvia, mas este afirma que o interlocutor não o fez. Ambos apresentam verdades parciais, porque a informação foi de fato repassada, mas o ouvinte não se concentrou para escutá-la. Dessa forma, caso você se perceba em uma situação de escuta seletiva já tendo escutado o que precisava e tem pressa para terminar a conversa, explicite sua pressa de forma educada. Seu interlocutor irá provavelmente pular diretamente para a parte da conversa que contextualiza sua afirmação inicial, e que pode inclusive modificá-la, invalidá-la ou negá-la, evitando que você tire uma conclusão falsa do diálogo.

O quarto estilo de escuta pobre é bem mais sutil que os anteriores. Ele ocorre quando realmente estamos presentes no diálogo com nosso interlocutor, mas estamos prestando atenção somente àquilo que está sendo dito e não à linguagem corporal, aos sentimentos e aos verdadeiros significados por trás do que está sendo exprimido. A atenção necessária para uma postura de humildade em um diálogo deve abranger todas as dimensões do momento presente. As pessoas muitas vezes fazem afirmações verbais, mas querem dizer justamente o seu oposto. Somente se estivermos inteiramente presentes na situação, focados com nosso corpo, mente e espírito ativos, seremos capazes de perceber essas sutilezas.

O último estilo de escuta pobre é ainda mais ameno. Ele diz respeito às "lentes" que carregamos para nossos diálogos. Se levarmos a frase de Anaïs Nin realmente a sério, temos de lembrar que não só em nossa fala, mas também em nossa escuta, tendemos a interpretar as coisas por meio dos nossos pressupostos e nossos valores. Portanto, precisamos de empatia para "sintonizar" o mesmo canal dos nossos interlocutores. Precisamos escutar e buscar interpretar o que é dito levando em conta os valores, as histórias de vida e as situações específicas vividas por nossos interlocutores. Assim, estaremos evitando o prejulgamento típico das situações em que dialogamos com alguém que pensa diferente de nós. A empatia é o grande antídoto contra o julgamento. Por isso, é a principal dimensão a ser desenvolvida para uma escuta genuína, que nos leve a uma atitude de humildade.

Liderar equipes atuando com propósito, *accountability*, integridade e humildade fará a maior parte do trabalho necessário para a transformação dessas equipes em equipes de alto desempenho. A prática dessas quatro atitudes irá nos conduzir inevitavelmente à fronteira entre os níveis de consciência de primeira e de segunda camadas. Ao consolidarmos sua prática em nosso dia a dia, estaremos muito provavelmente já operando grande parte do tempo em um nível de consciência integral (AMARELO ou TURQUESA). Mas para estabilizarmos nossa consciência na segunda camada e atuarmos como líderes efetivamente integrais, iremos precisar desenvolver uma última atitude que, na prática, depende da consolidação das quatro atitudes já apresentadas: a veracidade.

5.5 Veracidade

Agir com veracidade significa ser sincero consigo mesmo e com os outros. O ponto de partida para a veracidade é a aceitação da realidade como ela é, algo que a princípio pode parecer óbvio ou até mesmo inadequado. É comum que, ao apresentarmos esse ponto em nossas aulas e *workshops*, muitas pessoas nos questionem, perguntando como poderia uma atitude de aceitação ser algo desejável, pontuando que ela seria o oposto da busca pela melhoria e pela inovação. Essas pessoas ficam inconformadas, afirmando que: "Um líder integral não pode se conformar com as coisas, aceitar os maus resultados. Ele tem de enfrentar o que não está de acordo com seus desejos". Ocorre que esse seja talvez um dos maiores equívocos do pensamento dominante na maioria dos países ocidentais. O que acontece na prática é justamente o contrário do receio da maioria dessas pessoas que discordam, em um primeiro momento. Aceitar as coisas como elas são não é conformismo. Muito pelo contrário. Se eu não alcancei uma meta, eu não alcancei a meta e pronto! Não há mais nada a fazer em relação a tal meta. O prazo para seu alcance já se esgotou. Nada que eu realize agora fará com que eu consiga alcançá-la. Eu devo, portanto, aceitar que não a alcancei, eliminando da minha mente todas as desculpas e justificativas para o fato de eu não ter conseguido atingi-la. Porque enquanto eu estiver retornando constantemente à questão da meta e porque eu não consegui batê-la, eu não estarei livre para buscar melhorar aquilo que é necessário a fim de alcançar o resultado final. Quando aceitamos as coisas como elas são, liberamos espaço em nossas mentes e energia em nossos corpos e espíritos para tratar dos problemas que afligem a nós e a nossas organizações. Paramos de gastar tempo e energia na criação de histórias autoenganadoras. Além disso, e principalmente, conhecemos qual o real problema que temos de enfrentar. Quando contamos histórias a nós mesmos sobre um fato ocorrido, acobertamos a realidade com justificativas para o nosso desempenho abaixo do esperado ou o nosso fracasso. Lembram-se da vítima? Estamos falando da mesma atitude, só que em uma manifestação muito mais sutil. Se você já bateu de carro, tente lembrar do que passava pela sua mente logo após a batida. Você estava focado em resolver o problema (acionar o seguro, fazer o boletim de ocorrência) ou estava mergulhado em devaneios tentando justificar seu erro? Pegou-se justificando que tinha que conduzir um pouco mais rápido, ou com menos atenção, porque estava atrasado ou com pressa? Ou que tinha que olhar o celular porque seu marido ou sua esposa iria mandar uma mensagem importante? A aceitação é libertadora. Ela está intimamente relacionada à capacidade de conseguirmos ter foco para melhorar aquilo que é importante aprimorar. E, para isso, nada melhor do que assumir que não fomos bem, que não agimos bem, ao invés de ficar contando histórias buscando nos convencer de que fomos ou agimos muito bem, mas se não fosse por causa do outro teríamos logrado sucesso. Bateu o carro? Ok! Olhou no celular antes? Ok! Errou! Mas vamos assumir o erro e "tocar a bola para frente", evitando cometer os mesmos erros novamente. Quando justificamos nossas falhas com base em fatores que não estão ao nosso alcance, estamos erguendo barreiras enormes à busca da nossa excelência como seres humanos.

A veracidade exerce um papel único e crucial entre as atitudes do líder integral porque reforça nossa responsabilidade de sermos verdadeiros com nós mesmos ao praticarmos cada uma das atitudes. Embora a prática da *accountability* tenda a eliminar de forma consistente nosso comportamento de vítima em relação aos outros, ela permite, na grande maioria das vezes, a permanência de importantes resquícios sutis da vítima em nossa psique no que tange à nossa atitude em relação a nós mesmos. Assim, por mais que evitemos assumir o papel de vítima para com nossos subordinados ou familiares, acabamos por exercê-lo conosco, por meio de uma constante "fofoca" mental que insiste em nos tirar do aqui e do agora. A atitude de veracidade exige que se busque estar o tempo todo no momento presente. Se você vem praticando as outras quatro atitudes, é natural que sua mente já passe grande parte do tempo tratando daquilo que é real no mundo exterior, ou seja, o presente, ou "o que temos para hoje". Mas o tempo gasto com devaneios ainda tende a permanecer. Conseguimos estar presentes, atuando com propósito, *accountability*, integridade e humildade, mas no interior nossa mente ainda tende a desviar o foco, buscando explicações e justificativas para o momento presente sem estar no momento presente. Estar presente para o

241

aqui e agora, interna e externamente, é sem dúvida o maior desafio no que se refere à veracidade. Para isso, recomendamos a prática de *mindfulness* pelos menos uma vez por dia, de maneira formal, e sempre que você perceber que o foco da sua mente está se desconectando do momento presente. A ideia aqui não é buscar estados alterados de consciência, como os que apresentamos no capítulo 2, mas desenvolver a capacidade de repousar nossa consciência no momento presente seja ele qual for. Aceitação implica dizer "sim" para os momentos de êxtase e de alegria, mas também para os momentos de tristeza e sofrimento.

Como detalhamos no capítulo 2, para praticar *mindfulness* basta fechar os olhos e se concentrar em sua respiração. Preste atenção apenas na sensação física do ar entrando e saindo pelas narinas, ou no abdômen subindo e descendo pelo movimento do diafragma. Comece com três respirações mais fortes e "comandadas". Em seguida, deixe que a respiração fique o mais natural possível e comece a contar. Pronuncie mentalmente "inspirando" ao longo de cada inspiração e "expirando" ao longo de cada expiração, e então conte um ao fim do primeiro ciclo de inspiração e expiração. Faça o mesmo no segundo ciclo e siga contando até dez. Chegando a dez, comece novamente. Sempre que perder a contagem, comece de novo. Sem forçar, sem autopunição, simplesmente retome a contagem. O objetivo é manter o foco da atenção e não se exaurir tentando se concentrar. A manutenção do foco deve ser um processo suave. Se por acaso se pegar concentrado na contagem e não na respiração, foque sua mente nas sensações físicas da respiração. A contagem deve ser um auxílio e não o foco da prática.

Com o tempo, você aprenderá a fazer esse exercício sem contar as respirações e mantendo a concentração por longos períodos de tempo. Vai começar a usar o poder do *mindfulness* para observar os próprios pensamentos e emoções. E, principalmente, vai utilizar essa prática várias vezes por curtos períodos de tempo ao longo de seus dias. Com isso, estar no aqui e agora, no momento presente, se tornará o estado natural da sua mente. Aquelas "historinhas" que você contava a si próprio sobre seus problemas vão desaparecer e você começará a perceber as coisas de forma clara e transparente. Sua mente começará a se tornar mais limpa, mais presente a cada momento. Sua capacidade de praticar as quatro atitudes anteriores se ampliará naturalmente. Você não precisará mais se esforçar para perceber que suas atividades estão alinhadas ao seu propósito e que está fazendo escolhas a cada momento. Vai assumir a responsabilidade por suas escolhas e escutar os outros naturalmente, sabendo que as opiniões divergentes da sua são oportunidades de aprendizado. E vai perceber que atuar com propósito, *accountability*, integridade e humildade se tornou sua forma natural de ser. Quando isso acontecer, você terá começado a praticar a veracidade. E seu grande exercício será permanecer nessa prática pelo maior tempo possível, sempre buscando perceber as coisas como elas são, mas ao mesmo tempo perceber que independentemente se elas nos agradam ou não, tudo está bem. Paul Jones[152], psicólogo britânico baseado em Manchester e que escreveu o excelente livro *How to Live in the Here and Now: A Guide to Accelerated Enlightenment, Unlocking the Power of Mindful Awareness*, propõe uma forma bastante didática para representar a capacidade de aceitação. Segundo o autor, para que consigamos nos manter no presente precisamos nos sentir confortáveis diante do desconforto. Jones aponta que, quanto mais nós conseguimos aceitar as coisas como elas são e nos distanciamos dos nossos problemas, por não revisitá-los constantemente em pensamento, mais nos tornaremos capazes de estar bem, mesmo que as coisas não estejam bem. Talvez o principal exercício para desenvolver a veracidade enquanto atitude seja este: *It's OK to be not OK*, ou seja, "está tudo bem se eu não estiver bem".

À medida que praticamos a veracidade, mais realistas nos tornamos em relação à nossa condição humana. Ficamos cada vez mais distantes de nosso sofrimento, desenvolvendo um certo distanciamento em relação aos problemas do dia a dia. Com isso ganhamos uma certa visão "panorâmica" da realidade, percebendo relações de causa e efeito extremamente sutis que não éramos capazes de notar antes e, ao mesmo tempo, tornamo-nos mais empáticos com o sofrimento dos outros. Nossa capacidade de resolução de problemas aumenta significativamente, assim como nosso empenho em fazê-lo em nome do bem-estar da humanidade. No fundo, nossa última atitude dos líderes integrais não é um ponto de chegada. Mas um novo ponto de partida para a jornada sem fim do desenvolvimento da consciência.

A atitude da veracidade reforça assim o fator essencial da liderança integral, que é a pessoa, o "eu" que vem antes do "outro" e do contexto, ou do *big picture*, como descreve Daniel Goleman. Ao compreender em profundidade as suas atitudes, e estar consciente do seu "eu" interior e exterior, o líder integral se torna capaz de exercer em plenitude sua liderança integral para com os outros que o cercam e o contexto no qual está inserido. Nessa etapa, um de seus maiores desafios é se manter fiel aos princípios e atitudes da liderança integral em todos os aspectos de sua vida. O líder integral precisa compreender e estar consciente de como seus relacionamentos, suas emoções e suas sombras afetam e são afetados por seu corpo, sua mente e seu espírito, determinando e sendo determinados pelas suas atitudes. O próximo capítulo enfatiza assim esses elementos, que compõem os dois suportes e pré-requisitos para as atitudes do líder integral: a **maestria emocional** e a **prática de vida integral**.

---

152. JONES, P. *How to Live in the Here and Now*: A Guide to Accelerated Enlightenment, Unlocking the Power of Mindful Awareness. Reino Unido: John Hunt Publishing, 2009.

6

O LÍDER INTEGRAL EM SUA VIDA

AS DIMENSÕES DA LIDERANÇA INTEGRAL

A trajetória que nos trouxe até este capítulo, tratando dos fundamentos, da liderança e das atitudes do líder integral, agora nos convida a colocar em prática a essência da abordagem integral em nossas vidas. Nossas experiências com *coaching*, treinamentos e consultorias têm nos revelado cada vez mais que a prática da liderança integral na vida das pessoas e organizações é profundamente transformadora. O ponto de partida para implementar essa abordagem é, sem dúvida, o autoconhecimento e a tomada de consciência. Uma vez que nos nutrimos com esses conhecimentos, nos damos conta das atitudes e das visões de mundo que precisamos reforçar ou mesmo abandonar, de modo a redesenhar nossos caminhos rumo ao verdadeiro propósito. Esse momento de transformação pode marcar justamente a grande transição de vida que muitos de nós precisamos fazer para nos reconectarmos com nossa própria essência. Passaremos a nos questionar sobre as mudanças que precisamos fazer em nossos comportamentos, posturas e atitudes para fazer acontecer o propósito e oferecer ao mundo nossa melhor versão. Quando observarmos nosso interior e reconhecermos os aprendizados obtidos a partir do que já experimentamos anteriormente, estaremos prontos para agir conscientemente nesse sentido.

Sejamos bem-vindos às infinitas inquietações a respeito de nossa própria vida, de nossas relações com os outros e com o mundo. As respostas para esses questionamentos virão a partir das muitas e diferentes experiências que o leitor se proporcionará a partir de agora, e acima de tudo das escolhas que cada um passará a fazer a partir deste momento. Definimos neste capítulo alguns elementos essenciais para seguir essa jornada rumo à evolução pessoal. A proposta é, como destaca Ken Wilber[153], "despertar seu ser em todas as dimensões, vislumbrar uma existência mais livre, mais clara, mais autêntica, amorosa e verdadeira – e desejar vivê-la". Esse despertar individual se inicia, invariavelmente, por nós mesmos. A proposta é fazer um verdadeiro escaneamento físico, mental e espiritual de nosso ser. E, simultaneamente, compreender como ajudar as pessoas ao nosso redor a evoluírem rumo a uma vida mais integral.

Ken Wilber et al., em seu livro *Prática de vida integral*, nos mostra quatro módulos centrais e básicos para serem trabalhados como forma de nos desenvolvermos como seres integrais: corpo, mente, espírito e sombras. Como dimensões complementares, ele inclui a **ética integral**, *yoga* **sexual integral, trabalho, transmutação de emoções, paternidade/maternidade integral, relacionamentos integrais** e **comunicação integral**. Esses módulos funcionam como um excelente caminho para o autodesenvolvimento do indivíduo na vida integral, pois contribuem para a manutenção da saúde e para a evolução do ser em seus diversos aspectos. No que tange ao processo de evolução rumo à liderança integral, nós, autores, atribuímos três dimensões que consideramos essenciais e indispensáveis para um líder se devolver em sua jornada integral. Essas dimensões se baseiam nos módulos centrais e complementares propostos por Ken Wilber e são complementadas com reflexões, metodologias e ferramentas que aprofundam o desenvolvimento da liderança integral. As três dimensões são: i) **relacionamentos e emoções**; ii) **sombras**; e iii) a **tríade corpo-mente-espírito**. Para que consigamos manter disciplina, estabilidade e regularidade do nosso ser na jornada integral, propomos primeiramente focar na maestria das relações e emoções, que é a estrutura-base para mantermos o equilíbrio das outras dimensões.

6.1 Primeira dimensão: relacionamentos e emoções

O ponto de partida para qualquer jornada de desenvolvimento de liderança é o autoconhecimento consciente. Esse processo já foi iniciado desde o momento em que você abriu este livro e começou a compreender que a evolução do seu ser está intimamente vinculada com a evolução da humanidade, do nosso planeta e do Universo em si. A Teoria Integral, a Espiral dos Níveis de Consciência e o Modelo *Integral Works*®, incluindo as cinco atitudes do líder integral, abriram um caminho à reflexão sobre si mesmo e sobre como exercer uma liderança integral. O componente essencial da liderança, no entanto, envolve a relação entre o

---

153. WILBER, K.; PATTEN, T.; LEONARD, A. & MORELLI, M. *Integral Life Practice*: A 21st-Century Blueprint for Physical Health, Emotional Balance, Mental Clarity and Spiritual Awakening. Boston: Shambhala Publications, 2008.

líder e as pessoas que o rodeiam. Os **relacionamentos** entre pessoas representam assim o meio pelo qual a liderança acontece, sendo essencialmente o berço das nossas **emoções**. Ao mesmo tempo, os relacionamentos saudáveis se constituem se as pessoas estiverem abertas, atuando em suas melhores condições de tomada de decisões, no domínio de suas emoções. É por meio das nossas emoções que vivenciamos o medo, a raiva, a tristeza, a alegria e também o amor. E esse misto de emoções só acontece porque nos relacionamos com as pessoas. A liderança integral demanda assim que sejamos maestros das nossas relações e emoções, e esse é um processo que começa de dentro para fora.

O primeiro passo consiste em nos conhecermos, no sentido de identificar e gerenciar as emoções que sentimos. Assim saberemos o que é nosso e o que é do outro. O autoconhecimento nos dá condições de percebermos com mais lucidez o que acontece dentro e fora de nós, dando-nos a oportunidade de rever nossas atitudes e identificar como afetamos, positiva e negativamente, a nós mesmos e as outras pessoas com as quais nos relacionamos. E é justamente a partir dos nossos relacionamentos e das nossas emoções que construímos nossa história. Mas primeiramente precisamos entender quem somos, pois é em nosso interior que essas emoções surgem e os relacionamentos se baseiam.

6.1.1 O processo de autoconhecimento

O processo de reflexão sobre nosso próprio autoconhecimento se caracteriza por muitos questionamentos que podem ser agrupados em três grandes conjuntos de desafios, conforme explica Jorge Bucay[154]: "O primeiro desafio é descobrir quem sou, o encontro definitivo comigo mesmo, o trabalho de aprender a não depender. O segundo desafio é decidir aonde vou, a busca de plenitude e de sentido, encontrar o propósito fundamental de nossa vida. O terceiro é escolher com quem, o encontro com o outro e a coragem de deixar para trás quem não está, o processo de se abrir para o amor e encontrar os verdadeiros companheiros de jornada".

Em primeiro lugar, pode ser que levemos uma vida inteira para nos conhecermos, e ainda teremos situações em que nos surpreenderemos com nossas travas, capacidades, emoções e reações. Tudo isso faz parte do processo evolutivo do ser humano. O encontro com nós mesmos pode ser doloroso em alguns aspectos, quando nos encorajamos a ver no espelho aquilo que está muito além da aparência

---

154. Jorge Bucay é um médico e psicólogo argentino. BUCAY, J. *Quando me conheci: Quem sou? Aonde vou? Com quem? –* As três perguntas que você deve fazer para encontrar seu caminho. Rio de Janeiro: Sextante, 2012.

física. Quando nos permitimos observar o que está por trás de um olhar triste ou feliz, de nossos sorrisos, rugas, traços, passamos a "escutar" nossos anseios mais profundos. Quantos de nós já nos olhamos no espelho para falar "Eu te amo", para pedir desculpas, dizer que fez o seu melhor ou para reconhecer por seus acertos? Muito provavelmente, poucos. A questão é que estamos muito mais habituados a olhar para fora do que para dentro de nós. A julgar o que vemos no outro e a negar alguns processos que acontecem conosco. Essa negação constante passará a construir, dia após dia, um castelo de ilusões, nos afastando cada vez mais da nossa verdadeira face e intensificando nossa própria sombra. Na jornada da vida, podemos compreender que cada situação nos conduz a um encontro conosco mesmos, que nos relacionamos constantemente com nossa própria imagem, como se o cenário fosse um grande espelho. Somos desafiados constantemente a aceitar e encarar nosso corpo físico, personalidade, alegrias, conquistas e também frustrações. Esse conjunto passa a se tornar a nossa história. Se sabemos quem somos, precisamos também aceitar nossos pontos fortes e limitações. Estamos falando sobre o relacionamento com a gente mesmo.

Uma vez que olhamos para nós próprios e encaramos a jornada, precisamos voltar nosso olhar e focar em direção ao nosso propósito, conforme detalhamos no capítulo 5. Afinal, é o propósito que nos motiva a levantar da cama todos os dias e nos desafia a sermos melhores. Nesse ponto, conseguimos enxergar qual caminho deverá ser percorrido, e quais etapas serão necessárias para chegar até lá, mirando para onde iremos daqui em diante. Evidentemente que mudanças de planos e correções de rotas farão parte do processo, o qual requererá tomadas de decisões e desapego de coisas e pessoas. Em outras palavras: Precisaremos ter a coragem de deixar para trás o que para trás ficou, colocando pontos-finais. Se desejamos evoluir, não poderemos iniciar novos capítulos sem encerrar os anteriores. No decorrer dessa trajetória, escolheremos também nossos companheiros de jornada, seja no amor, nas amizades, no trabalho e em tantas outras relações. O movimento de sair de si mesmo e ir ao encontro do outro faz parte desse processo. Na jornada integral, ressaltamos a importância de nos entregarmos às diferentes experiências, aceitar a nós mesmos e aceitar os outros, por mais diferentes que sejam. Ainda que a jornada de cada um seja única, não vivemos sós. Estabelecer e manter conexões é uma necessidade humana, e é isso que nos dá propósito e sentido à vida frente a todas as interdependências existentes. Afinal, como explorado no capítulo anterior, o propósito tende a transcender nosso ego e nos fazer enfocar algo exterior a nós próprios.

As interações com as pessoas e o mundo que nos cerca nos levam ao profundo encontro com nós mesmos, seja de maneira consciente ou inconsciente. Quanto mais consciente esse processo, mais temos condições de nos conhecer e assim compreender nossa evolução como líderes integrais. Um dos nossos maiores desejos como seres humanos é nos sentirmos amados, aceitos, acolhidos, e com isso vivenciar as emoções positivas com maior intensidade e frequência. Talvez nos sentíssemos mais seguros ou "iluminados" se anulássemos nossa raiva, tristeza e medo, se riscássemos da nossa vida toda e qualquer chance de nos sentirmos vulneráveis a algo. Entretanto, se isso acontecesse, estaríamos reprimindo também as emoções que rotulamos como "boas" e nos privaríamos de viver a plenitude.

Estarmos conscientes de nossas emoções nos permite compreender o que, dentro de nós, nos fortalece e o que nos bloqueia no desenvolvimento integral. Ao mesmo tempo em que os relacionamentos com as pessoas nos proporcionam emoções positivas, podem também ser gatilhos para reativar bloqueios. Brené Brown[155] destaca que as pessoas têm receio de se monstrarem vulneráveis em função do que o outro possa pensar disso. O indivíduo "pleno", de acordo com a pesquisadora, é aquele que consegue lidar bem com a vergonha e acredita em seu valor. É uma pessoa que, segundo a autora, cultiva a autenticidade e se liberta do que os outros pensam; cultiva a autocompaixão e se liberta do perfeccionismo; cultiva um espírito flexível e se liberta da monotonia e da impotência; cultiva gratidão e alegria e se liberta do sentimento de escassez e do medo do desconhecido; cultiva a intuição e a fé e se liberta da necessidade de certezas; cultiva a criatividade e se liberta da comparação; cultiva o lazer e o descanso e se liberta da exaustão como símbolo de *status* e da produtividade como fator de autoestima; cultiva a calma e a tranquilidade e se liberta da ansiedade como estilo de vida; cultiva tarefas relevantes e se liberta de dúvidas e suposições; e cultiva risadas, música e dança e se liberta da indiferença e da necessidade de estar sempre no controle.

Nosso principal medo em relação à vulnerabilidade é que, ao errar, pareceremos imperfeitos e perderemos a conexão com as pessoas. Queremos ser profundamente amados e aceitos, mas ao mesmo tempo precisamos nos sentir dignos de todo esse amor. Pessoas plenas aceitam sua vulnerabilidade e a utilizam como um catalisador de coragem, compaixão e vínculos. E isso faz muito sentido, pois, se somos seres sociais, vivemos para compartilhar as nossas melhores versões com as outras pessoas. Mas como podemos fazer isso se nem conhecemos as nossas diferentes versões, se nunca paramos para pensar nisso? Talvez não nos sintamos preparados, suficientes ou até mesmo merecedores. É muito comum pessoas que passam a vida "ensaiando" quando já deveriam ter estreado no palco de suas trajetórias há muito tempo, tornando-se assim pessoas que não se transformaram em protagonistas de suas vidas. Como enunciou o escritor americano Oliver

---

155. BROWN, B. *Daring Greatly*. EUA: Gotham Books, 2012.

Wendell Holmes, "a maioria de nós termina em nossos túmulos com a nossa música ainda dentro de nós, sem ter sido tocada"[156].

Um dos fatores que pode explicar esse comportamento é o que chamamos de armadilhas do ego. Essas armadilhas acontecem quando nos preocupamos com o que os outros podem pensar de nós, tendo excessivo medo de errar ou de não conseguir atender às expectativas. Também podemos cair na armadilha do ego se pensamos que somos melhores do que os outros, se agimos focados no ganha-perde, se nos comparamos constantemente com os outros e julgamos as pessoas. Como resultado dessas armadilhas, temos medo de exposição, exageramos no perfeccionismo e bloqueamos nossos potenciais de desenvolvimento. Quando isso acontece, podemos estar sob o domínio do nosso ego, abrindo espaço para alimentar ainda mais nossas emoções de ansiedade, raiva, medo e tristeza. O ego é o nosso "falso eu", o oposto do nosso "eu autêntico". É nosso "eu autêntico" que deve ter o comando de nossos pensamentos e ações, e não o ego[157]. Expandir a consciência significa passarmos a assumir também a perspectiva dos outros, a nos preocupar com as outras pessoas e com o mundo ao nosso redor. Ou seja, estar conscientes da importância de passarmos do "eu" para o "nós" e para o "todos nós". Tudo isso conectado com nosso propósito de vida.

6.1.2 Conexão e desconexão

Se desejamos nos conectar com algo maior, com o nosso propósito de modo mais amplo e elevado, o primeiro passo é nos conectarmos conosco. Para isso, devemos aumentar a frequência com a qual essa autoconexão acontece em nosso cotidiano, e isso pode ser feito a partir de reflexões, leituras sobre o tema, meditação e prática da atenção plena ao longo do dia. A ponte entre o indivíduo, suas relações e suas emoções se materializa pela conexão consigo mesmo e pela consciência de suas emoções na vida diária.

Vamos pensar no dia típico de um indivíduo comum. Acorda, toma banho, escova os dentes, se troca, leva os filhos à escola, sai para trabalhar, almoça correndo, enfrenta o trânsito e retorna exausto para casa. Cenas comuns do estilo de vida "piloto automático" que vivemos atualmente. Essa rotina frenética nos leva a esquecer até mesmo da roupa que usamos no dia anterior, ou dos fatos importantes que aconteceram na última semana. Em geral, só começamos a notar o "automatismo" da vida quando alguns incômodos começam a acontecer:

---

156. *"Most of us go to our graves with our music still inside us, unplayed"*, em tradução livre.

157. A terapia é altamente recomendada para quem deseja aprofundar e acelerar esse processo de autoconhecimento.

perdemos nossas chaves, esquecemos nossos guarda-chuvas nos locais aonde vamos, não nos lembramos do nome de uma pessoa que vemos toda semana, não encontramos o *ticket* de estacionamento, entre outros esquecimentos cotidianos. A questão é que a correria do dia a dia se tornou um estilo de vida e o modo automático de se viver também. O resultado é que passamos a não nos darmos conta de que as cenas da nossa vida, que muitas vezes são emocionantes e interessantes, estão passando e que estamos "ausentes" a maior parte desses momentos, desperdiçando tempo e energia e perdendo oportunidades. *Perder* algo é a *prova real* da nossa distração e da desconexão consigo mesmo e com o ambiente ao redor. Ao chegar num guichê de estacionamento, podemos nos perguntar: Onde estava minha atenção quando peguei o *ticket* e o guardei? No que estava pensando mesmo? Para onde voaram meus pensamentos? Sentia-me ansioso com relação ao futuro ou preocupado com situações que já aconteceram, como algo que falei, deixei de falar, decisões tomadas, incômodos, culpas, críticas e fofocas?

Essas perguntas são caminhos à nossa auto-observação. Podemos começar a treinar essa reflexão sempre que algo do gênero acontecer, e assim tomar mais consciência do quanto estamos mesmo focados no momento presente. Se criarmos esse hábito, em breve nos sentiremos mais focados e menos distraídos. Estar presente, mergulhar no autoconhecimento considerando nossas fortalezas e fraquezas é essencial para seguirmos rumo à vida e à liderança integral. Quanto mais profundamente soubermos a respeito de nós mesmos e de nossas emoções, mais próximos estaremos de compreender o outro e o que sente. Quando temos percepção de nós mesmos e do ambiente, temos mais condições de prestar atenção aos eventos, às nossas relações em geral e modificar nossos comportamentos. Isso permite um controle maior dos nossos pensamentos e emoções e um melhor direcionamento destes para nossa tomada de decisões. Mas como desenvolver esse controle, esse domínio sobre nossas emoções? Devemos estar conscientes de que nossas emoções estarão sempre presentes e impulsionando nossas atitudes e comportamentos. Podemos então dizer que, junto à nossa trajetória integral, decorre também uma jornada emocional.

6.1.3 A jornada emocional

A jornada emocional consiste em dominar nossos pensamentos e direcionar nossas ações com a coerência desejada, controlando os impulsos e o automatismo. Isso significa identificar com frequência onde estamos focando nossa atenção. A jornada emocional parte de estarmos (auto)conscientes de nós mesmos e conectados com nossa essência e propósito, como anteriormente destacado. Ter a consciência de si significa atuar com profunda veracidade, sendo fiéis a nós mesmos e coerentes com o que desejamos. Isso requer que façamos constantemente as seguintes perguntas: O que desejo realmente obter? Estou trilhando um caminho que me levará de forma saudável até lá? Tenho consciência do impacto positivo e negativo que causo aos outros a partir das minhas palavras e ações? Que histórias ou mentiras tenho contado a mim mesmo quando me desvio ou sinto não dominar minhas emoções?

Nossa jornada emocional diária se inicia com um despertar consciente. Significa criar uma rotina com hábitos saudáveis desde o momento em que acordamos. Assim como levantamos para tomar café, escovar os dentes e tomar banho, podemos definir atividades diárias de bem-estar que nos prepararão para o dia que se iniciará. Isso inclui alongar o corpo, meditar e medir nossas emoções com a finalidade de acionar nossa autoconexão emocional. Essa medição envolve refletir sobre o dia que está começando, verificando os compromissos agendados, as pessoas que encontraremos e os problemas que teremos de resolver. Tal despertar consciente nos permitirá antever as possíveis emoções que poderão ser provocadas em nós e controlá-las, estando conscientes de que imprevistos e situações não planejadas poderão acontecer.

Dessa maneira, à medida que as situações do dia ocorrem, mantemo-nos conscientes dessa observação plena das nossas emoções. Consideremos o exemplo de Natália (engenheira) e Julie (diretora de projetos). Ambas trabalham numa indústria farmacêutica, e amanhã terão uma reunião importante para discutir sobre a viabilidade de um novo projeto. Natália se preparou durante dois meses para esse acontecimento, inclusive no dia de fazer sua apresentação à diretora. Tudo foi perfeitamente planejado e organizado para, após algumas madrugadas em claro, apresentar o novo plano estratégico da organização a Julie. Ao chegar à sala de reuniões, Natália levou um susto, recebendo a notícia de que mais três membros do conselho foram convidados para participar da reunião – justamente aqueles mais críticos, que em geral rebatem e debatem com afinco toda e qualquer ideia. Nesse momento, suas emoções afloraram e a insegurança, a ansiedade, o medo e até mesmo a raiva tomaram conta de sua mente e de seu corpo. O coração acelerou, a face esquentou, as mãos esfriaram. Em questão de segundos, diversos pensamentos dominaram sua mente e se reforçaram a cada instante.

Nesse sentido, o que Natália deveria fazer? O primeiro passo é se tornar consciente de suas emoções, iniciando pelo seu corpo, ou seja, pela percepção das sensações puramente físicas ligadas a essas emoções. Em nosso corpo, cada estímulo externo provoca em nós uma emoção, que é automaticamente convertida em uma reação física, como rubor na face, dor de cabeça, tensão nos ombros, frio na barriga e dor de estômago. Na maior parte das vezes, sequer fazemos as conexões entre o que sentimos fisicamente e as nossas emoções. O fato de não estarmos minimamente conscientes sobre o que as situações nos provocam nos leva a buscar formas de justificar racionalmente esses incômodos, e isso nos distancia cada vez mais do autoconhecimento. Por outro lado, se acionamos a meditação e a autorreflexão, teremos mais chances de dominar nossas emoções, seguindo as etapas de observar *o que* pensamos, *o que* sentimos, *como* nos sentimos, que *recursos* temos para lidar com a situação e *como* podemos reagir, ou seja, que *respostas* vamos oferecer a esses estímulos. Nosso corpo nos dá, portanto, sinais do que está nos afetando no nível mental. É preciso decodificar essas mensagens e reconhecer as emoções presentes para ficarmos conscientes desse processo. Essa atitude nos permitirá acessar mais facilmente nossos recursos internos, além de nos impulsionar para atitudes que nos auxiliem a lidar com o fato e não perder o controle da situação. O desafio está em nos mantermos focados nos objetivos que determinamos ao entrar no ambiente.

Voltando ao exemplo acima, se Natália se preparou tanto para essa reunião, o que poderia fazer para manter o equilíbrio? Em um primeiro momento, respirar fundo e se conectar consigo mesma para identificar e compreender o que realmente está acontecendo. Ela poderia realizar uma sequência de respirações ou sair da sala por alguns instantes antes de iniciar a reunião. Uma ida ao banheiro normalmente se torna uma excelente alternativa para abrir essa oportunidade de tempo para se conectar consigo mesma. Em seguida, deve concentrar-se em suas emoções, procurando identificar e compreender o que está sentindo. Se, por exemplo, estiver sentindo desespero, deverá refletir se não estaria aumentando a dimensão do problema e sofrendo por antecipação, criando em sua mente um futuro negativo ao invés de um cenário mais favorável. Caso esteja sentindo medo pelo fato de não estar preparada para enfrentar os membros do conselho, Natália poderia afirmar a si mesma que a apresentação está pronta e bem-feita, afinal foi preparada por ela mesma e com excelência. Ela poderá se perguntar: "Quais outros recursos possuo?" Poderá também lidar com essa situação a partir de um outro olhar: abrindo-se para ouvir os conselheiros e gerar um ambiente sinérgico, no qual ouvir a opinião deles poderá agregar para que o projeto fique ainda melhor. Isso será possível desde que ela acione sua segurança pessoal, sua humildade fundamental, desligue o botão da autocrítica e do medo do julgamento alheio.

O simples fato de se abrir a um novo ponto de vista permitirá a Natália ver as pessoas como participantes do processo, e não como juízes. Talvez ela tenha sentido raiva pelo fato de a diretora não tê-la avisado previamente da presença dos conselheiros. Ao se colocar no lugar dela, Natália pode refletir se talvez não fizesse o mesmo. Talvez a diretora tenha se sentido insegura em aprovar um plano estratégico sem o aval no conselho, e então não viu problemas em contar com esse apoio no dia da reunião. Ou mesmo os próprios conselheiros solicitaram sua presença na reunião na noite anterior, e Julie não quis incomodar Natália tarde da noite. Várias possibilidades poderiam explicar o ocorrido. Esse exercício permite olhar a situação sob diferentes pontos de vista e encontrar diferentes possibilidades de compreensão em direção à solução. E favorecem para que fiquemos mais calmos e serenos em situações estressantes. Entretanto, essa divagação para o relaxamento mental e emocional deve ser temporária e curta, como destacado no capítulo anterior sobre a atitude da veracidade. Logo em seguida, o foco deve ser dado na busca de soluções reais para o momento e o desafio presentes.

Para esse momento de reflexão, uma ferramenta que pode nos auxiliar é o exercício que chamamos de "Cuidado com o sequestro: Pare, olhe, escute". Precisamos estar sempre muito atentos, com a atenção plena ativada, vigilantes de nossos pensamentos, emoções e ações. Para assim, diante de uma provocação ou de uma situação inesperada, estarmos conscientes do risco de sermos "sequestrados pelas emoções", segundo o termo usado por Daniel Goleman[158]. Esse tal "sequestro" significa responder ao estímulo de forma automática, impulsiva e nos desligando do nosso lado racional. Se formos levados pelo impulso do momento, poderemos nos arrepender mais tarde, além de gerar frustrações, desentendimentos e consequências indesejadas. Para evitarmos o sequestro emocional, devemos manter a conexão com o momento presente, aplicando o tripé "pare, olhe, escute". Quando conduzimos em direção a um cruzamento com a via férrea, há uma mensagem que nos indica: "Pare, olhe, escute". Essa placa está lá para indicar que devemos parar o nosso carro e nos concentrar inteiramente no momento presente, abaixar o vidro da janela, desligar o som do carro, olhar com atenção para os dois lados da via férrea e ouvir se há um trem se aproximando. Se não fizermos isso com atenção plena, corremos o risco de perder a nossa vida.

De forma similar, quando estamos diante de uma situação que nos parece complexa de resolver e que estimula nossas emoções, devemos igualmente "parar, olhar e escutar". **Parar** significa literalmente dar uma pausa no que estamos fazendo e nos permitir um momento reservado para nós mesmos. O tempo necessário para "parar" dependerá de cada situação. Trata-se de um tempo a ser dedicado exclusivamente ao processo de compreensão de nossas emoções. **Olhar** envolve "dar um passo atrás" de toda a situação e enxergar com atenção ao que está ocorrendo no contexto e ao que está ocorrendo em nosso corpo e mente. Como o nível de consciência onde se encontra meu centro de gravidade está influenciando minha percepção da situação? Como minhas emoções estão contaminando a realidade e me fazendo interpretar os fatos com distorções? E, finalmente, **escutar** compreende estarmos atentos às emoções que surgem em nós em

---

158. GOLEMAN, D. *Inteligência emocional...* Op. cit.

consequência da situação em questão, que nos fez parar e olhar para o contexto. Escutar uma emoção quer dizer estar consciente de que ela está ocorrendo, e não aceitá-la passivamente e agir de forma impulsiva. Pelo contrário, significa identificar a emoção, escutando todo o nosso Ser em termos de palavras, sensações e emoções. Significa também escutar o coração, aquilo que sentimos não somente na cabeça, em nossa parte racional, mas nas outras partes do nosso corpo, que nos fornecem indícios de nossas emoções.

Após identificarmos nossas emoções, cabe a nós compreendermos o motivo pelo qual apareceram, e quais seriam as consequências de atuarmos em consonância com elas. Trata-se assim de não só pensar nas consequências que uma descarga emocional exteriorizada pode nos causar, mas também nos desdobramentos dessas ações para o ambiente e para as outras pessoas que nos rodeiam. Quando passamos a nos sintonizar com isso, sentimo-nos mais conscientes das nossas ações e passamos a perceber mais claramente o impacto que causamos nas outras pessoas, e que somos responsáveis por isso também. E, da mesma forma, compreendemos que as outras pessoas também são seres humanos como nós, e que nos afetam com suas emoções assim como nós as afetamos. Entretanto, para conseguirmos identificar as emoções nos outros, precisamos primeiramente conhecer suficientemente bem a respeito das nossas próprias emoções. O tripé "pare, olhe, escute" nos auxilia no cultivo da **consciência emocional**, que nos permitirá ter mais domínio sobre as emoções e cultivar essa nossa consciência.

O conceito de consciência emocional, proposto pelo psicólogo Claude Steiner, significa sermos capazes de identificar primeiramente as nossas emoções para depois identificar as melhores formas para interagir com a emoção alheia. Steiner descreve a consciência emocional em etapas que envolvem entender o que estamos sentindo, o que os outros estão sentindo, descobrir as causas desses sentimentos e conhecer o efeito provável que nossos sentimentos exercem sobre o outro. Para agirmos com consciência emocional, devemos ser capazes de: i) dar *nome* para a emoção; ii) compreender a *intensidade* dessa emoção; e iii) identificar a *causa* dessa emoção.

Para ilustrar essas três etapas, iremos analisar uma situação vivida pela Luciane em 2014:

> *Era uma segunda-feira de manhã, e enquanto eu me dirigia até uma reunião, parei num posto de gasolina para abastecer o carro. O fato é que, ao abastecer o veículo, me dei conta de que o estabelecimento estava sendo assaltado e um dos assaltantes tinha se passado por frentista ao me "atender". Tarde demais, pois o carro já tinha sido abastecido e o bandido estava com a minha chave do carro. Deu voz de assalto e ordenou que eu me mantivesse dentro do veículo "até que tudo terminasse". Vi outros carros pa-*

rando para abastecer, olhando pra mim preocupados e sendo dispensados. Sentada ali no banco do motorista, assustada com o que estava ocorrendo, o que me restava era ficar atenta e pensar sobre o que estava realmente acontecendo. Automaticamente me veio uma sequência de pensamentos, ou melhor, de perguntas, que fui respondendo pouco a pouco, exatamente nessa ordem:

Pergunta 1: O que você está sentindo? Minha resposta: Medo.

Pergunta 2: De 1 a 10, qual a intensidade desse medo? Minha resposta: 9, pois apesar de tudo eu consegui me controlar muito bem, me sentia no controle de mim mesma.

Pergunta 3: Já senti isso antes? Se sim, em qual intensidade? Minha resposta: SIM, muitas vezes. Nunca tinha presenciado uma situação como esta antes, nunca tinha sido assaltada, mas já tinha sentido exatamente esse medo muitas vezes, e até em intensidade maior.

Ou seja: ao passar por essa situação, eu me dei conta de que já tinha passado por momentos que me despertaram uma emoção similar, pela qual eu me senti inclusive pior do que diante dessa situação que poderia me trazer um risco de vida. Rapidamente identifiquei isso em situações do meu passado e também do meu presente. Um desses momentos foi na escola, quando eu tive que falar em público e me sentia muito constrangida, pois realmente tinha medo. E percebi, naquele momento, que eu sou professora em cursos de MBA, tendo realizado palestras em São Paulo para mais de duas mil pessoas com serenidade e tranquilidade. Em seguida, fui relembrando de outros momentos em que me senti humilhada por alguém, coagida pessoal e profissionalmente por pessoas que detinham mais poder que eu e que me faziam mal. E que bastou eu escolher dizer NÃO, me afastar, descartar, me proteger e mudar o modo de me relacionar com essas pessoas para que eu resolvesse a situação.

Voltando à situação do assalto, no fim, quando me dei conta, o assaltante me devolveu a chave do carro e me deixou finalmente ir embora. Nesse exato momento tive a sensação de "renascimento", como de ter escapado da morte, de ter visto como é tênue a linha que nos separa a vida da morte, já que tudo poderia mudar em segundos.

Esse tipo de experiência nos traz um aprendizado muito importante sobre as emoções: precisamos estar atentos ao que pensamos, sentimos e especialmente com as emoções que circulam em nosso corpo e mente. Se foi a reação calma em relação à emoção de medo que fez com que o assaltante não fizesse algo pior, ou se esse seria o comportamento dele de qualquer forma, não é possível saber. Mas o fato de manter as emoções sob controle permitiu que a situação não se agravasse. Em nossa jornada emocional, praticar o "pare, olhe, escute" complementado pela prática da consciência emocional nos permite manter essa lógica ativa como parte da nossa rotina e da nossa disciplina diária. É comum enxergarmos emoções como raiva, medo ou tristeza nas outras pessoas e afirmarmos que isso não acontece conosco. Mas ao agirmos assim estamos negando, reprimindo nossas próprias emoções. Só uma pessoa "viva" é capaz de senti-las. Se queremos sentir e viver intensamente a alegria e o amor, precisamos ser capazes de reconhecer, aceitar e processar todas as emoções em nosso ser, inclusive as que não nos são agradáveis.

Muitas vezes temos o costume de nos preocupar com os alimentos que ingerimos, mas não nos damos conta das emoções que diariamente alimentamos em nós mesmos e em nossas relações. Falamos tanto sobre agrotóxicos, alimentos orgânicos e restrições alimentares, mas não paramos pra conferir os rótulos escondidos por trás de cada escolha e cada relação que trazemos para nossa vida. Precisamos estar vigilantes, conscientes o tempo todo do modo pelo qual nós afetamos aqueles que nos cercam, e como estes nos afetam. Quando ficamos atentos às nossas emoções internas e às emoções dos outros, estamos fazendo o exercício de olhar para dentro e para fora continuamente. Quanto mais nos exercitarmos, mais autoconhecimento teremos e mais habilidade desenvolveremos para administrar relações, adversidades e emoções[159]. Pouco a pouco expandimos a nossa consciência no sentido de compreendermos e sermos capazes de trabalhar com nossas emoções. Todo fato relevante do contexto onde estamos inseridos nos afeta de alguma forma, positiva ou negativamente, o que aciona emoções desejáveis ou indesejáveis. A partir do momento em que começamos a ficar mais atentos ao modo como escutamos e respondemos aos outros, tornamo-nos capazes de identificar conscientemente a forma pela qual interpretamos as atitudes das pessoas e as situações de nossa vida. E assim somos convidados a refletir sobre nossas emoções que surgem em consequência. A cada estímulo recebido oferecemos um ou mais tipos de resposta, que irão se materializar em variadas possibilidades de comportamento.

Lembre-se de que entre as respostas cognitivas que se encontram no quadrante superior esquerdo (individual interior) do Modelo Aqal e os comportamentos que se localizam no quadrante superior direito (individual exterior) se encontram as atitudes, as quais filtram nossa impulsão cognitiva. Assim, cada estímulo pode resultar em diferentes tipos de reações emocionais que determinarão nossos padrões de comportamento. Por exemplo, com uma atuação emocional consciente, passamos a assumir o incômodo ou a irritação que surgem quando alguém age de forma diferente do que esperamos, ou quando defendem ideias contrárias às nossas, nos criticam ou nos ameaçam. Isso pode gerar uma emoção negativa que nos incomoda e até mesmo "dói". E nesse momento

---

159. Como um exercício lúdico para refletir sobre nossas emoções e como elas nos afetam, sugerimos assistir o desenho animado *Divertida Mente*, produzido pela Pixar Animation Studios e lançado pela Walt Disney Pictures em 2015.

a escolha de abrir ou não a porta para a emoção fluir será nossa. Podemos nos surpreender ao abrir a porta e constatar que por trás dela há um espelho, que reflete nossa própria imagem, ou então nossa sombra, como será aprofundado mais à frente neste capítulo. Dessa maneira, cada estímulo pode resultar em diferentes padrões de reação, que são baseados em nada menos do que nosso próprio nível de consciência. O risco é que, enquanto nossa "vitrola" interna só souber tocar uma música do repertório, ou seja, permanecer "viciada" em um número limitado de emoções exteriorizadas inconscientemente, teremos a tendência de repeti-la sempre, como se estivesse programada em piloto automático. E então nossas emoções poderão resultar inconscientemente em comportamentos automáticos, que são resultados de nossos *mindsets*.

6.1.4 *Uma questão de* mindset

Ao longo de nossa existência adaptamo-nos, sobrevivemos e evoluímos a partir dos diferentes estímulos e desafios que se apresentam diante de nós, sejam eles na vida familiar, amorosa, profissional ou em outras áreas. Todos nós reagimos com nossas emoções a partir de nossos padrões de resposta a esses estímulos, ou seja, a partir de nossos *mindsets*. Carol Dweck[160] explica que todos temos dois tipos concomitantes de *mindset*, o *mindset* fixo, que é baseado em nossos medos, e o *mindset* de crescimento, baseado em nosso impulso de crescimento, aperfeiçoamento e evolução.

Nosso software interno, nosso *mindset*, *nos revela* um determinado modo de funcionamento padrão que, diante de problemas nos oferecerá rapidamente uma resposta padrão. O *mindset* fixo está relacionado à autoproteção, ao conservadorismo e à comprovação de sua forma de pensar. Por outro lado, o *mindset* de crescimento se refere ao desenvolvimento, à renovação, à regeneração, à exploração e à autoconfiança, guiando-nos a respostas que tragam, por exemplo, o que julgamos como "melhor caminho" para resolvermos os problemas. Em qualquer um dos casos, o *mindset ativado* fornece a "única saída" para solucionar a questão. É por meio dessa via que determinamos o que é importante para nós, como também definimos nossas prioridades. Podemos ativar esses dois tipos de *mindset* para diferentes componentes de nosso ser, por exemplo, nosso *mindset* para a inteligência, que envolve capacidade mental, ou nosso *minsdet* de personalidade, relacionado às nossas qualidades pessoais, podem ser fixos ou de crescimento, e podem variar ao longo de nossa vida.

---

160. DWECK, C. *Mindset*: The New Psychology of Success. Nova York: Random House, 2006.

Essa variação pode ser o resultado de um processo de autoconhecimento gradual, impulsionado por vontade própria, ou ser resultado de uma situação marcante ou adversa, como uma crise. Pensemos no ciclo de vida humano. A cada fase da vida experimentamos situações que nos convidam a mudar nossas prioridades, escolhas e até mesmo atitudes. Nossas prioridades aos 15, 20, 35 e 65 anos são muito diferentes, bem como nossa visão de mundo. Nós somos o conjunto, a evolução de todas as histórias vividas e somadas às interações que tivemos com as outras pessoas. Em algumas situações, atuamos como aprendizes e, em outras, como professores. Escutamos com frequência relatos de pessoas que têm ou tiveram câncer, que sofreram acidentes ou perderam o emprego, dentre outras dores experimentadas. Como modo de suprimir o sofrimento, esses indivíduos passam a buscar apoio na fé, partir em busca do seu propósito, ou apoiar pessoas e grupos que se encontram na mesma situação. Ou então agem na contramão da solução, insistindo em suas próprias verdades e alimentando cada vez mais seu grau de sofrimento. As adversidades podem ser a mola propulsora para a mudança, pois nos geram o desconforto necessário para ativar novos caminhos em nossa mente, mudando percepções e perspectivas sobre as coisas, as pessoas e o mundo. Pouco a pouco, vamos deixando de perceber somente um ponto para percebermos o todo. Graças às emoções entramos em contato com o desconforto, pois o entendemos e o nomeamos, o que nos impulsiona para mudarmos de atitude e realizarmos mudanças, favorecendo nosso processo de evolução.

Mas no que estão baseados os nossos *mindsets*? Evidentemente, se analisarmos essa pergunta com base na abordagem Aqal, entendemos que elementos presentes nos quatro quadrantes podem influenciar o conteúdo de nossos *mindsets*, assim como reforçá-los ou alterá-los. Entretanto, o meio por onde o *mindset* se manifesta se localiza no quadrante superior esquerdo, individual interior, no qual ficam justamente nossos níveis de consciência. Estes constituem assim um filtro a partir do qual nossos impulsos cognitivos se moldam e definem nossos *mindsets*. E nossas emoções são ao mesmo tempo influenciadas e influenciam nossos *mindsets*. Por exemplo, se atuamos em um nível VERDE acentuado, centrados na pluralidade e no bem-estar coletivo, um impulso LARANJA com foco em resultado que nos seja imposto pode gerar um sentimento de revolta, que vai determinar uma emoção que pode ser expressa como raiva ou indignação, típica de um *mindset* fixo. Agora, se estivermos atuando em AMARELO, mesmo que consideremos que a solução VERDE seja a mais adequada ao contexto, um impulso imposto de característica LARANJA nos fará refletir sobre a complementação que o foco em resultado LARANJA pode trazer à nossa solução VERDE, gerando assim um sentimento de descoberta, podendo inspirar uma emoção positiva típica de um *mindset* de crescimento.

Esses padrões de pensamento, que se materializam em atitudes e consequentemente em comportamentos, definem a forma como agimos automaticamente em diversas situações de nossa vida. Aristóteles dizia que "somos o que fazemos repetidamente". Ou seja, somos em parte o conjunto dos nossos hábitos. Esse padrão automatizado tem uma função importante, pois nosso cérebro necessita de "atalhos" de decisão para não ficar sobrecarregado de atividades. Entretanto, essa automatização pode também representar uma limitação à nossa evolução, quando ela se torna uma repetição de atitudes e comportamentos negativos ou inadequados ao contexto. Esses padrões são resultados de *loops* neurológicos que formam uma rotina mental, emocional ou física que se concretizam em hábitos, como explica Charles Duhigg[161]. Segundo o autor, os hábitos são formados por uma tríade de motivação, repetição e recompensa. Por vezes "encalhamos" em um nível de consciência e nos tornamos resistentes a mudar nossa forma de agir diante de uma pessoa ou situação justamente pelo reforço de nossas atitudes e comportamentos devido aos nossos hábitos. Precisamos ter a consciência de que, para evoluir, teremos de lidar com as adversidades do caminho, incorporar novas visões de mundo e expandir nossa consciência.

Explorando mais profundamente a relação entre nossos níveis de consciência, *mindsets* e emoções, extrapolamos a análise direcionada ao indivíduo e focamos em nossas interações com outras pessoas. Dada a diversidade de relações que estamos expostos todos os dias, consequentemente nos deparamos com inúmeras relações entre níveis de consciência: VERDE interagindo com AZUL, ROXO com LARANJA, TURQUESA COM VERDE. Trata-se de visões de mundo distintas que podem gerar variadas situações conflitantes. O entendimento dos níveis de consciência permite assim compreender de forma consciente as próprias emoções e, ao mesmo tempo, ter condições de fazer o mesmo com as emoções dos outros. Isso significa termos a alternativa de olhar a situação com outras lentes, em uma perspectiva mais ampla, considerando as variações nos níveis de consciência de nossos interlocutores. Nessas situações, podemos questionar: Qual seria a leitura da situação se estivéssemos exatamente no lugar do outro, com todas as experiências que ele viveu, visão de mundo, pensamentos e emoções? Quais são as "verdades" dessa pessoa? Quais seus *mindsets* e hábitos dominantes?

Um dos grandes empecilhos para evoluirmos em nossas emoções e relacionamentos é justamente o fato de julgarmos os outros baseados em nossa visão de mundo, de nos concentrarmos em defender nossas verdades e nossos posicionamentos desconsiderando suas perspectivas, seu contexto e sua visão de mundo,

---

161. DUHIGG, C. *The Power of Habit*: Why We Do What We Do in Life and Business. Nova York: Random House, 2012.

que podem ser completamente diferentes das nossas. É mais fácil negar nossas imperfeições e enxergá-las nos outros, tendo uma visão distorcida que favorece o surgimento de nossas sombras e projeções, como vamos detalhar mais à frente. Em suma, o convite é que olhemos *menos pra fora e mais pra dentro*. Para tal, algumas questões importantes para fazermos a nós mesmos são: Como está a qualidade dos meus pensamentos e de minhas emoções? Que palavras e verbos tenho usado para mim e para os outros nos meus relacionamentos? Como tenho direcionado minhas opiniões, críticas e elogios, o quanto minhas emoções têm os afetado, positiva ou negativamente? O que tanto reclamo do outro que pode também ter uma relação com minhas atitudes e comportamentos?

Esses são questionamentos essenciais a fazermos cotidianamente em nossa jornada emocional, tanto em nossa vida pessoal quanto profissional.

6.1.5 O líder e suas emoções

Como líderes, impactamos a vida das pessoas e dos grupos com os quais estamos envolvidos a todo momento. A partir de nossas respostas, escolhas e decisões podemos tanto assumir nossas posturas como protagonistas da nossa história, atentos à nossa parcela de responsabilidade diante das situações, quanto nos "chicotearmos" como vítimas das circunstâncias. O fato é que estamos sempre sendo convidados a evoluir como seres humanos e, consequentemente, como líderes de nós mesmos e dos outros. Podemos reagir com raiva, gritando, demonstrando fúria, impulsivamente, muitas vezes sem nos certificar dos fatos, ou podemos usar um recurso que parece que está ficando cada vez mais esquecido e enferrujado dentro de nós, adultos: o humor.

Podemos usar o humor até mesmo em momentos de tensão, desde que acompanhado de bom-senso, respeito, espontaneidade, leveza e naturalidade. A ironia é justamente o oposto desse modo de comunicação, pois é considerada como uma forma agressiva de expressão. Mas como acionar o humor em momentos em que nos sentimos preenchidos por emoções negativas? Se não sairmos de nossas "caixas", de nossos *mindsets* e hábitos, dificilmente teremos leveza suficiente para brincar com as situações e trazer o humor. Quando somos crianças, fantasiamos e nos divertimos, mas, quando nos tornamos adultos, esquecemos como se brinca. Ficamos tensos e então, com tantas travas no corpo e na mente, sentimos dificuldade em aumentar nosso repertório de recursos para lidar com as adversidades e manter o equilíbrio emocional. O humor tem que fluir de modo natural. E isso é um exercício que pode ser aprendido e treinado.

Um gestor pode ser considerado ótimo por seus resultados, por sua organização e pela sua capacidade de envolver as pessoas nas tomadas de decisão, mas ele é realmente colocado à prova quando está em crise. É nesse momento que seu papel como modelo, como líder, estará sendo realmente ativado. Seus liderados o estarão observando com atenção, nos bastidores. Quando falamos sobre a importância de um líder "ser exemplo", não significa "ser perfeito" no sentido literal, mas ter humildade suficiente para admitir os erros, refletir e mudar. Isso envolve todas as esferas da vida, tanto pessoais quanto profissionais. O ser integral é um ser único, autêntico, que atua sobre sua evolução, a evolução do outro e a do meio onde está inserido.

O humor constitui, assim, uma ferramenta que pode ser aplicada para elevar o bem-estar psicológico individual ou coletivo. O estudo de Rod Martin e seus colegas[162] descreve que existem diferentes estilos de exprimir o humor, e isso pode variar em função do impacto que causa em si e também nas outras pessoas, o que pode resultar em relações saudáveis ou disfuncionais. As formas positivas de humor envolvem comentários sobre temas do cotidiano comum a todos do grupo, com o objetivo de criar um sentimento de companheirismo, felicidade e bem-estar, assim como sobre si mesmo, exprimindo fatos ou percepções consideradas incongruentes ou engraçadas sobre situações que ocorreram consigo mesmo. Todos temos um estilo de humor, e saber explorar esse lado, de forma consciente e ao mesmo tempo deixando a espontaneidade fluir, tem um efeito importante sobre reações e emoções. Existem leituras, cursos e oficinas que trabalham e exploram essas habilidades, e procurar cada vez mais colocá-las em prática nos auxilia muito no processo de compreender seus benefícios e sua expressão mais natural do humor. Nesse processo, torna-se essencial continuar agindo em consonância com as cinco atitudes do líder integral, respeitando seus valores, os valores da organização e das pessoas em seu entorno.

6.1.6 O despertar e o adormecer atentos: somos o que pensamos, falamos e agimos

Em nossa jornada emocional diária, precisamos estar continuamente conscientes e atentos para podermos gerenciar com maestria nossas emoções e nossos relacionamentos. Sugerimos assim que, ao despertarmos, iniciemos nosso dia com o "botão da autoconsciência" acionado. Ao levantar da cama, o convite é que façamos um *checkup* interno, avaliando a qualidade do nosso sono, o nosso humor, identificando as emoções que estamos sentindo e os pensamentos recorrentes. O objetivo é tomar consciência do "aqui-agora", ou seja, do momento

---

162. MARTIN, R. et al. Individual Differences in Uses of Humor and their Relation to Psychological Well-being: Development of the Humor Styles Questionnaire. In: *Journal of Research in Personality*, 37 (1), 2003, p. 48-75.

presente, e programar nossa mente para o dia que virá em termos de tarefas que teremos a cumprir e das pessoas que encontraremos. O *despertar atento*, para dentro e para fora de nós, envolve assim a reflexão sobre os seguintes blocos de perguntas: (a) Como acordei hoje? Como estou me sentindo? Como foi o meu sono? Como está o meu estado de humor? Quais emoções estou sentido? Por quê? (b) Qual deverá ser meu foco hoje? Como será meu dia hoje (tarefas e interações mais ou menos vinculadas ao meu propósito)? Como devo me preparar? Esse exercício, se realizado diariamente, contribui para o equilíbrio das nossas emoções nas relações conosco mesmos e com os outros. E ao nos prepararmos para adormecer, a proposta é que façamos uma retrospectiva do dia, avaliando como foram nossas ações e reações. Esse balanço de final de dia, visando um *adormecer atento*, envolve as seguintes reflexões: (a) Quais foram meus padrões de pensamentos? Positivos ou negativos? (b) No que pensei ou me preocupei com mais frequência? O que tem tomado boa parte do meu espaço mental? (c) Quais dificuldades enfrentei? Como enfrentei? Se não gostei do resultado, o que poderia ter feito de diferente? (d) O que tenho a agradecer no dia de hoje, mesmo que por pequenos acontecimentos?

Sabemos o quanto é desafiador manter o equilíbrio em todas as áreas da vida. Sugerimos que essas checagens do *despertar atento* e do *adormecer atento* sejam registradas em um diário, de forma que você possa retomar algumas de suas reflexões anteriores e verificar a evolução de sua forma de pensamento e de suas emoções. O autoconhecimento e a autoconsciência, o conhecimento do outro e a consciência do contexto são fundamentais em sua jornada rumo a uma vida integral.

Em resumo, a maestria de nossas emoções e relacionamentos se inicia pelo autoconhecimento, que requer que olhemos com atenção e carinho para nossas experiências, ou seja, que observemos nosso modo de pensar, falar, agir e ser nos diversos acontecimentos, independentemente de terem sido escolhidos por nós. Devemos estar assim conscientes de nossa conexão com o nosso propósito, conosco mesmos e com o momento presente. Para isso, em nossa jornada emocional precisamos estar atentos aos momentos em que devemos "parar, olhar e escutar", de modo que estejamos continuamente cultivando nossa consciência emocional. Assim, compreenderemos como nossos níveis de consciência, nossos *mindsets* e nossos hábitos influenciam nosso comportamento em nossa vida pessoal e profissional. Ao despertamos e adormecermos de forma consciente, mantemo-nos abertos e conectados com a integralidade do nosso ser. A perspectiva integral nos treina a olhar para as situações complexas sob múltiplas perspectivas e a descobrir quais são as melhores formas para responder a isso, o que nos permite desenvolver nossa maestria do campo emocional e relacional. Entretanto, um elemento central em todo esse processo é compreender que existem algumas "travas" que nos impedem de evoluir, por mais conscientes que estejamos de nossos pensamentos, atitudes e comportamentos. Essas travas constituem nosso "inconsciente reprimido", e se revelam por meio de nossas sombras.

6.2 Segunda dimensão: sombras

O trabalho com as nossas **sombras** é fundamental nesse processo de desenvolvimento integral, e consiste no ponto de partida para tornar ainda mais clara nossa jornada emocional. Por esse motivo, a sombra é considerada uma dimensão fundamental no plano de vida integral. Após trinta anos de estudo e práticas, Ken Wilber destacou que, mesmo com a prática diária da meditação, tornava-se necessário reconhecer e lidar com as nossas sombras, seja por meio da psicoterapia ou por meio de técnicas específicas, como é o caso do método 3-2-1 da sombra, que apresentaremos no decorrer deste capítulo. Compreender e lidar com nossos "lados escuros" constitui um complemento essencial e indispensável para a evolução integral.

A sombra é conhecida como o lado obscuro da nossa psique, constituído por aspectos de nós mesmos que rejeitamos, negamos, escondemos, desprezamos e projetamos nas outras pessoas. É aquela parte do nosso "inconsciente reprimido" e se revela a partir das emoções e comportamentos que consideramos irritantes e até mesmo inaceitáveis nas outras pessoas, mas que muitas vezes estão ligados inconscientemente a nós mesmos. Nossas sombras passam, então, a se expressar de modo distorcido e pouco saudável. Quando aspectos nossos se tornam inaceitáveis, deslocamos para o outro, e então julgamos, rotulamos e criticamos, acusando as pessoas de sentirem emoções que na realidade são mais nossas do que delas.

O conhecido psiquiatra Carl Jung defendia que a sombra pode ser perigosa quando não reconhecida em função dos impactos negativos que ela causa na própria pessoa, nos outros e no mundo ao redor. Quando projetamos nossos aspectos destrutivos, passamos a assumir visões de mundo distorcidas de tal forma que nos tornamos escravos das próprias sombras, e então passamos a interpretar automaticamente as situações a partir de nossas certezas absolutas e dos nossos filtros internos. Como resultado disso, respondemos aos estímulos com ódio, tristeza, julgamentos, dor e reclamações. Começamos então a notar defeitos nas outras pessoas, julgamos e enxergamos a sombra de nossos colegas, do outro partido político, da outra religião ou cultura, mas não vemos nossa própria sombra. Agimos impulsivamente sem compreender racionalmente porquê, mas temos a tendência de encontrar algo negativo nos fatos e pessoas.

O berço dessas sombras se mostra ao longo da nossa vida, desde o momento em que começamos a nos relacionar na família e na escola, onde, como forma de sobrevivência, aprendemos sobre qual seria o melhor modo de lidar com as situações cotidianas, especialmente aquelas que nos afetam mais. Nesse processo, algumas emoções nos foram estimuladas, outras proibidas, e então reprimidas. Desde a infância desejamos ser aceitos, incluídos e estimados. Como forma de preservação, passamos a evitar demonstrar, e até mesmo sentir, emoções por medo de perder o vínculo e a conexão com as outras pessoas. Com o passar do tempo, optamos por excluir algumas emoções do nosso radar, de modo a perder contato com elas, como se não fôssemos mais capazes de senti-las. Passamos a identificar essas emoções e comportamentos nos outros, porém não mais em nós. E isso vale tanto para aspectos positivos quanto negativos. Podemos ser capazes de ver uma intensa expressão de amor ou raiva no outro e não reconhecer esse mesmo aspecto em nós mesmos. Ou julgamos o outro por demonstrar raiva, quando na realidade essa emoção é pura projeção de uma emoção nossa que estamos reprimindo. Nesse sentido, quando essa raiva aparece, só pode ser do outro, não pode ser nossa, pois é algo estranho à nossa consciência, uma vez que a reprimimos profundamente.

De modo resumido, podemos dizer que esse processo funciona da seguinte forma:

1) Sentimos a emoção negativa (raiva, tristeza ou medo).

2) Ao sentirmos essa emoção podemos, por exemplo, sentir "medo" de perder a conexão com a outra pessoa ou de não ter nossas expectativas atendidas.

3) Para não correr esse risco, preferimos reprimir nossas emoções, e então projetá-las nos outros.

4) Olhamos para a situação e já não reconhecemos essas emoções em nós mesmos, somente nos outros. Passamos a admitir que essa "raiva" nada tem a ver conosco, que é 100% problema do outro. O outro é que é "raivoso demais" ou tem que "tratar essa raiva".

A partir disso começamos a mascarar nossas emoções originais, passando a substituí-las por outras emoções descoladas da causa-raiz. É o caso de pessoas que, por não sentirem permissão interna para expressar tristeza diante de uma situação triste, disfarçam essa emoção usando o humor, por exemplo. Pode ser a expressão da alegria como disfarce para a tristeza.

Para vivermos as emoções autênticas e lidarmos com as nossas sombras, superando o que nos trava, é preciso reconhecer e assumir o que sentimos. Enquanto rejeitarmos e projetarmos nossos impulsos, sentimentos ou qualidades automaticamente, nos irritaremos ainda mais com os outros, pois eles refletirão de forma exponencial nossas próprias sombras.

A partir do momento em que nos tornamos mais conscientes a respeito das nossas emoções, passamos a expressar nosso ser com mais naturalidade, espontaneidade, criatividade e leveza. Quando nos focamos nessa investigação, passamos a exercer nossa essência interior com mais força, assumindo com mais firmeza nossos papéis e liberando energia para realizar projetos.

O convite, portanto, é para que analisemos nossos padrões de comportamentos e de atitudes e listemos o que constantemente nos incomoda ou irrita nos outros, bem como o que nos fascina nas outras pessoas. O quadro abaixo fornece um exemplo desse exercício.

Quais desses comportamentos mais me irritam nos outros? (exemplos)	Quais qualidades eu mais admiro nas pessoas? (exemplos)
• *lentidão*	• *integridade*
• *falta de pontualidade*	• *senso de justiça*
• *agressividade*	• *pontualidade*
• *arrogância*	• *organização*
• *indecisão*	• *clareza*
• *falta de ação*	• *comunicação*
• *procrastinação*	• *decisão*
• *passividade*	• *presença*
• *egoísmo*	• *inteligência*
• *mesquinharia*	• *humildade*
• *pessoas que julgam e criticam*	• *agilidade*
• *pessoas competitivas*	
• *pessoas com baixa autoconfiança*	

Quadro 6.1: Exercício de irritação e admiração.

Outra forma de preencher esse quadro é pensar em algumas pessoas específicas, questionando para si mesmo: O que determinada pessoa faz que tanto nos irrita, ou que tanto admiramos? Podemos nos surpreender muito ao longo desse processo de reflexão e de listagem, pois vários itens dessa lista poderão estar mais relacionados a aspectos das nossas sombras do que imaginamos. E então nos daremos conta do quanto nossas sombras moldam nossas atitudes e comportamentos. Estamos sob o efeito da sombra quando nos vemos tendo reações exageradas, desproporcionais às situações, especialmente com as pessoas mais próximas como pais, irmãos, filhos e amigos.

6.2.1 Mas por que liberar as nossas sombras?

Ao lidarmos com as nossas sombras liberamos energias estagnadas que podem estar sabotando nossa evolução pessoal e profissional, assim como a passagem para outro nível de consciência. Podemos usar essa energia para transformar e crescer, ou para nos manter na zona de conforto, escondendo nossos erros, medos, mentiras, raiva e tristeza. A sombra se esconde da percepção, até porque não queremos vê-la. Mas é ela que pode estar minando ou limitando nossas escolhas e comportamentos.

No momento em que percebemos a existência de uma sombra, podemos ter a escolha de dominá-la ou de sermos dominados por ela. Quando nos tornamos conscientes dos nossos impulsos, dos nossos desejos, potenciais, emoções e necessidades, sentimo-nos ainda mais preparados para tomar decisões e assumir a responsabilidade por nossa própria vida. Por outro lado, podemos escolher também permitir que nossos impulsos e potenciais reprimidos continuem sendo rejeitados e, assim, passem a moldar nossa trajetória de vida. E nesse momento exercemos nosso livre-arbítrio, tendo a escolha entre permitir o autoconhecimento profundo e sair da zona de conforto ou não.

É comum observarmos pessoas de alto desempenho, com um tremendo potencial para serem bem-sucedidas, mas que não confiam em si mesmas. Pessoas que supervalorizam os outros, considerando-os mais inteligentes, mais focados, mais descolados e uma série de outras qualidades. Se observarmos esses indivíduos, é possível que sejam muito mais esforçados do que os outros, apesar de não se reconhecerem assim: ambos podem ser inteligentes, focados e descolados. A questão nesse ponto é que o indivíduo só consegue valorizar essas qualidades no outro, renunciando aspectos de si mesmo sem sequer ter consciência disso.

Quando passamos a reconhecer e admitir que erramos, que não somos perfeitos e que também criticamos e julgamos, passamos a compreender e aceitar que podem ser necessários ajustes. Isso abre o caminho no sentido de obtermos novas permissões de nós mesmos, de aceitar o outro e a nós próprios, e assim iniciar novos movimentos na vida. Em outras palavras, precisamos estar dispostos a nos desprender da culpa, da vergonha, do julgamento e da crítica excessivos, tanto em relação a nós mesmos quanto aos outros.

O trabalho com a sombra contribui para a melhoria da nossa saúde mental, das relações com nós mesmos e com os outros, pois traz clareza às questões que, ao longo da vida, renunciamos e escondemos dentro de um baú. Quando efetivamente tomamos a decisão de lidar com a sombra, recebemos a chave do baú, mas caberá a cada um abri-lo e aproveitar seus ensinamentos.

"Abrir o baú" significa descobrir nosso tesouro interior. Para assumirmos nosso propósito verdadeiro, precisamos lidar com aquilo tudo que um dia nos provocou dor e sofrimento, que contraiu o coração, o corpo, a mente e o espírito, e ressignificar, assumir e caminhar em direção à cura. Caso contrário, seremos muito menos do que poderíamos ser, e não nos apropriaremos de nossos talentos, tesouros e propósito. Como forma complementar à psicoterapia, indicamos o processo 3-2-1 para o trabalho da sombra.

6.2.2 O processo 3-2-1 da sombra

O método 3-2-1 foi criado por Ken Wilber com o intuito de nos auxiliar a identificar e integrar as projeções rejeitadas e consequentes sombras, convidando-nos a enfrentar nossos aspectos ocultos, reconhecê-los e experimentá-los de maneira mais saudável. É importante ressaltar que a evolução de nossos níveis de consciência depende diretamente do reconhecimento e do tratamento de nossas sombras. A prática constante do 3-2-1 contribui para quebrar barreiras, liberar energia, gerar fluxo e movimento na vida, provocar mais empatia, compaixão, autoconhecimento e relações mais saudáveis. O exercício 3-2-1 pode ser feito verbalmente, com uma pessoa à sua frente, uma cadeira vazia ou até mesmo mentalmente. A sugestão é que seja feito uma vez pela manhã, em seu *despertar atento*, refletindo sobre os sonhos, personagens e/ou situações que contêm alguma carga emocional, e uma vez ao dormir, em seu *adormecer atento*, refletindo sobre os acontecimentos do dia que o incomodaram. O processo contém três etapas, a começar pela terceira:

3ª) CONTAMOS A HISTÓRIA — NA TERCEIRA PESSOA (A e B):

Nesse primeiro momento, escolhemos um fato que nos incomodou. O que aconteceu, como foi, quais são os personagens e detalhes, e o que sentimos com isso?

2ª) CONVERSAMOS COM O OUTRO — NA SEGUNDA PESSOA (A COM B):

Agora, imaginamo-nos na conversa simulada com o interlocutor, onde cada um expressa seu ponto de vista em relação ao fato. "Ouvimos" os dois lados. Exploramos, perguntamos, queremos saber por que a pessoa agiu de tal modo.

1ª) TROCAMOS OS PAPÉIS — NA PRIMEIRA PESSOA (B COM A):

Para finalizar, trocam-se os papéis. Passamos a assumir a perspectiva do outro que nos afetou, defendendo o comportamento dele a partir de sua visão de mundo.

Ao finalizar a prática, percebemos algumas similaridades entre o comportamento dos dois interlocutores, ou seja, a presença de projeções de nós mesmos no outro. É quando assumimos nossa sombra e então podemos nos sentir mais leves, tomando consciência das emoções no corpo físico e na mente. Se negamos nossas vocações e capacidades, mantemo-nas fora de nossa percepção e criamos uma imagem de nós mesmos inferior àquela que somos ou que podemos ser. Podemos sim nos descobrir em nossa melhor versão e decidir viver com todo o nosso potencial. Muitas vezes, admiramos as outras pessoas, mas não temos coragem suficiente para assumir posições que a vida nos reserva por não nos sentirmos capazes. O processo 3-2-1 contribui para a autodescoberta e nos auxilia a enxergar nossos desejos e a recuperar nossas potencialidades reprimidas.

A pergunta que devemos nos fazer constantemente nesse processo é: Que partes rejeitadas do "eu" consigo reconhecer mais profundamente? O que determinada situação está me revelando, que presente está me oferecendo? Ao longo dessa prática, percebemos que muitas das nossas reclamações em relação aos outros possuem mais ligação conosco mesmos do que com as outras pessoas. Esses "personagens" que cruzam nosso caminho estão ali justamente para nos mostrar nossa própria imagem, como se projetada no espelho, revelando assim a personificação da nossa sombra. O "exagero" provocado nos faz trazer à tona aspectos que até então não estavam visíveis e perceptíveis para nós, porque se encontravam reprimidos. A percepção de nossas sombras expõe nossas falhas e nos desafia a reconhecer nossas habilidades.

Ao nos sentirmos provocados, nossos "botões de emergência" são acionados e a necessidade de enfrentar a situação se apresenta. Cabe a cada um de nós se preparar para isso e fazer escolhas. À medida que formos lidando com nossas sombras, vamos parando de nos afetar com as situações que nos incomodam. Isso porque o desconforto causado nas relações nos convida a reconhecer, aceitar e tomar consciência de nossas sombras, destruindo as projeções que ali se instalaram. A consciência, pouco a pouco, destrói a projeção.

Nesse processo, precisamos ter humildade e coragem para reconhecer nossos comportamentos negativos e nossas vulnerabilidades, traçando um caminho em que passamos a aceitar nossa natureza e partimos em busca de nossa verdadeira luz. Para isso, é necessário que estejamos prontos para abrir nosso coração, desapegando de todo o nosso orgulho e aprendendo a aceitar as nossas contradições com todas as fraquezas e conflitos. Precisamos nos sentir dignos de oferecer e receber o amor.

Deepak Chopra et al.[163], em seu livro *O efeito sombra*, conduzem-nos a algumas etapas para lidar com as sombras, que consistem em: conhecer nossas emo-

---

163. CHOPRA, D.; FORD, D. & WILLIAMSON, M. *The Shadow Effect*: Illuminating the Hidden Power of your True Self. Nova York: Harper Collins, 2010.

ções, transmutá-las, identificar as projeções, manter-se atento à qualidade dos pensamentos e abrir mão do julgamento pessoal. Transmutar a emoção significa mudar o estado dela, assim como a água, ao ferver, se torna vapor. Se toda emoção carrega consigo um intenso fluxo de energia, quanto combustível estamos desperdiçando diariamente para manter nossas sombras escondidas? Se transformássemos toda nossa raiva contida, no que será que ela se tornaria? Se colocarmos essa mesma energia para realizarmos nossos sonhos, em vez de alimentarmos nossos medos ou nossa raiva, como seria? A transmutação nos revela uma porta de acesso ao poder pessoal, ou seja, a possibilidade de realização das nossas vontades, das nossas metas e do nosso propósito.

Em síntese, o processo vinculado às sombras exige de nós:

1) o constante autoconhecimento e autoconsciência das emoções, em nível físico e mental;

2) a redução de julgamentos em relação a si mesmo e aos outros, aceitando limitações, vulnerabilidades e as pessoas tais como são, respeitando suas escolhas e parando de culpá-las ou idealizá-las;

3) permitir a transmutação, ou seja, a ebulição dessa emoção;

4) manter-se atento e desperto em relação aos seus pensamentos e ações tóxicos; para isso, mudar o foco da energia;

5) meditar, respirar e estar em constante contato com o momento presente;

6) manter um diário, relatando fatos, emoções e comportamentos;

7) fazer o processo 3-2-1 da sombra aliado a uma psicoterapia, quando possível.

Esse processo de sete passos nos exigirá uma prática contínua, pois temos a forte tendência de repetir antigos padrões de comportamentos, principalmente devido a nossos hábitos, *mindsets* e centro de gravidade em termos de nível de consciência. Somado a isso, precisamos percorrer esse caminho pelas nossas emoções, relacionamentos e sombras atentos à tríade **corpo-mente-espírito**, que nos proporciona o equilíbrio necessário para dar suporte à nossa evolução integral.

6.3 Terceira dimensão: a tríade corpo, mente e espírito

Além das dimensões de emoções e relacionamentos e de sombras, a tríade formada por corpo, mente e espírito complementa as dimensões da vida de um líder integral. Essa tríade é baseada na descrição dos módulos centrais da prática

269

de vida integral proposta por Ken Wilber et al.[164] Em primeiro lugar, precisamos cuidar do nosso **corpo** para sobreviver, para sustentar nosso peso e ter energia suficiente para realizar as tarefas do dia a dia. O trabalho com o corpo aumenta nossa disposição e ajuda no processo de meditação. É por meio da atividade física que determinamos metas relacionadas à melhora de nossas saúde e autoestima. A prática de atividade física requer disciplina e revela, por si só, um exercício nos nossos níveis de consciência.

O nível de consciência AZUL nos remete à ordem e à disciplina necessárias para mantermos a frequência requerida. É preciso praticar exercícios físicos no mínimo três vezes por semana, de acordo com nossas condições de saúde, mesclando exercícios aeróbicos e de força. Reservar horários em nossa agenda pessoal para o exercício físico é fundamental, dentro da programação de nossas atividades conforme detalhado no capítulo anterior. Pode ser no início da manhã, com uma sessão de *yoga*, alongamento ou qualquer outro tipo de atividade no decorrer ou no final do dia. O horário da prática do exercício deve então ser reservado e cumprido, como todo compromisso importante. Uma vez agendado, não poderá ser adiado nem cancelado. Isso requer gestão do tempo e persistência, visto que será necessário vencer a procrastinação, a preguiça ou a "falta de tempo", que são elementos presentes em qualquer processo de mudança de hábito.

Independentemente do tipo de atividade física escolhida, seja individual como corrida ou natação, ou coletiva como tênis, vôlei, basquete ou futebol, sempre haverá a oportunidade de desenvolvermos o nível de consciência LARANJA ao determinarmos metas, melhoria na *performance* e objetivos de competição. Além disso, esportes em grupo estimulam nosso espírito de equipe, cooperação, e nos ajudam a trabalhar o nível de consciência VERDE. E, naturalmente, seremos convidados a desenvolver nosso AMARELO, conforme as situações que se apresentarem requererem adaptabilidade, mudança e flexibilidade.

Todo esse processo de cuidado com o corpo por meio de atividades físicas deve ser somado à alimentação saudável. Iniciamos este capítulo discorrendo sobre nossas emoções e nesse ponto torna-se essencial o entendimento sobre a importância de sintonizar emoção e nutrição. Somos o conjunto dos nossos pensamentos, emoções, atitudes e comportamentos. Por isso, precisamos estar atentos não só ao que comemos, mas às emoções que absorvemos, "digerimos" e emanamos. Como vimos anteriormente, nossos relacionamentos e nossas emoções estão intrinsicamente conectados. Se observarmos as cinco pessoas com quem mais nos relacionamos e verificarmos a qualidade das relações que temos com elas, teremos

---

164. WILBER, K.; PATTEN, T.; LEONARD, A. & MORELLI, M. *Integral Life Practice...* Op. cit.

o panorama de como estamos nos nutrindo em termos emocionais. E muitas vezes nos surpreendemos, positiva ou negativamente, ao constatarmos esse fato de extrema importância.

Para ilustrar essa relação entre corpo e emoções, vamos relatar um caso pessoal vivenciado pela Luciane.

"Se você não seguir sua dieta, vai morrer." Foi exatamente assim que eu recebi a notícia do meu diagnóstico de doença celíaca, em 2014. Confesso que ouvir essa notícia assim, às 20h30, em um intervalo de uma aula que estava lecionando, de modo tão direto e por telefone, foi um tanto quanto assustador. Não fazia ideia do que era o glúten e, de repente, a partir do minuto seguinte precisaria eliminá-lo 100% da minha vida. Uau! Tive um sentimento de luto. Adeus pão francês, massas e pizzas prediletas. Quando me vi diante dessa situação, percebi que muitas coisas em mim precisavam e podiam ser mudadas. Não se tratava apenas de uma dieta: eu precisava me abrir para o novo, me tornar uma outra pessoa, fazer novas escolhas e coisas diferentes de um outro modo. Agir e reagir de outra forma. Minha opção escolhida foi fazer "do limão uma limonada". Comecei a enfrentar de frente muitas resistências minhas, passando a experimentar alimentos que não faziam parte do meu cotidiano, como alguns legumes, verduras e castanhas. Alguns desses alimentos eu afirmei a vida toda que não gostava, porque provavelmente o sabor um dia não agradou, mas com a nova experiência de comê-los sob uma nova perspectiva curiosamente comecei a gostar. Ao constatar isso, e diante dessa mudança que se instalara em minha rotina, tomei a decisão de experimentar coisas novas em todas as áreas da minha vida. Se esse diagnóstico tinha virado a minha vida de cabeça para baixo naquele momento sem eu pedir, eu daria sequência a essa mudança de vez. Decidi sair verdadeiramente de todas as minhas zonas de conforto. Comecei a assistir filmes de ficção e ação, que eu não gostava, e curti muito! Passei a ouvir músicas de estilos diferentes e a rir com as letras que nunca tinha me permitido escutar, pois normalmente mudava de estação. Apostei em conviver cada vez mais com pessoas diferentes, interessando-me por conhecer seus pontos de vista, especialmente àqueles opostos aos meus. Simplesmente amei esse contato com experiências novas. Chamo de meu período de reinvenção total. Creio que essa etapa marcou e contribuiu de forma essencial para minha passagem para o nível de consciência AMARELO. Mudei completamente minha alimentação. Fui à nutricionista, comecei a fazer cursos de vegetarianismo, culinária e até de chef de cozinha. Passei a consumir muito mais frutas, verduras e a cozinhar com as pessoas que me eram queridas. Passei a me interessar sobre vitaminas, minerais, nutrição e saúde. Minha dieta nutricional hoje é pura disciplina. Tenho a restrição ao glúten, mas isso não me impede de cozinhar novos pratos e inovar. Preparo minhas refeições com antecedência e sempre verifico os locais seguros para me alimentar, tanto na cidade onde moro quanto em viagens. Naturalmente diversos amigos e alunos começaram a explorar esse novo mundo comigo, o que me estimula muito. Cozinhar e conversar passou a ser algo

prazeroso para esta minha nova versão. Antes de me diagnosticar, não gostava de cozinhar, e mal sabia o básico. Hoje, além de ser uma atividade necessária para minha sobrevivência, descobri na cozinha inúmeras receitas que são importantes pra minha vida: o prazer em sentir aromas, sabores, em criar o visual e abusar das cores na comida. Descobri que esse é um ótimo programa para reunir amigos, conversar, rir, ensinar e aprender pratos. Sempre existe um novo desafio de um prato complexo que se faz pela primeira vez ou de regras que precisam ser seguidas em termos de quantidade de ingredientes, tempo ou temperatura. Regras também em relação ao uso das panelas e louça, devido ao risco da chamada "contaminação cruzada". Posso cozinhar só ou com mais pessoas, e certamente os resultados serão distintos. Na cozinha, tenho a oportunidade de criar, de desafiar-me e desafiar as pessoas, ensinar, acompanhar, dar e receber feedback. E então posso dizer que a magia da cozinha também é um convite maravilhoso para nosso desenvolvimento integral.

Para lidar com a complexidade que envolve os relacionamentos, emoções, sombras e corpo, é preciso que estejamos atentos e conscientes de nossa **mente**. É a nossa mente que direciona para onde vamos, que planeja nossos passos, decisões e ações. Ela que traça os caminhos para nos relacionarmos com as pessoas e que gera a empatia. Para a empatia acontecer, precisamos sair do "eu" e migrar para o "nós". A meditação é uma excelente ferramenta para o autoconhecimento e para a auto-observação da mente nesse sentido. A meditação pode estar presente também na simples atitude de levantarmos cedo e, ao invés de simplesmente nos prepararmos para um dia de sol ou chuva, nos programarmos para atuar com presença e com consciência frente às situações e adversidades que possam surgir em nosso dia. Podemos prever "com quem" interagiremos ao longo do nosso dia, e também "como" iremos nos relacionar, que tipos de assuntos serão tratados, que decisões serão tomadas e o quanto isso poderá nos afetar e afetar as outras pessoas. Quando nos preparamos para o dia que vamos começar, sentimo-nos mais confiantes e focados. Quando nos concentramos em nossos objetivos e metas traçados, temos mais consciência de nossa responsabilidade perante as situações, problemas e soluções.

Agora, diante dessa vida agitada que levamos, quantos de nós realmente fazem uma "pausa" ao acordar para praticar o *despertar consciente*, observando internamente como estamos acordando, se tivemos uma boa noite de sono e se nos sentimos dispostos? Provavelmente poucos. Podemos identificar essas práticas como parte da nossa *higiene mental diária*, que consiste em olhar para fora da janela e observar o mundo exterior ao mesmo tempo em que se olha para dentro do corpo e da mente e se observa seu interior. E o espírito nisso tudo?

O **espírito**, nesse contexto, significa todos nós. Quando nos expandimos de novo ao ponto de começarmos a ver pontos comuns com outros seres, quando superamos a diversidade de culturas e pessoas, passamos a identificar semelhanças e atributos comuns. O espírito nos revela o movimento de transcender e incluir. Podemos direcionar ações que nos remetam à prática da religiosidade, meditação profunda e expansão da consciência para algo mais elevado. A busca constante do autoconhecimento e da reflexão nos conduzirá, pouco a pouco, ao desenvolvimento espiritual.

6.4 Plano de vida integral e o *kit* de ferramentas do líder integral

A liderança integral envolve assim um alinhamento consciente dos aspectos relacionados ao autoconhecimento e das três dimensões de vida do líder integral, a saber: i) as emoções e relacionamentos; ii) as sombras; e iii) a tríade corpo, mente e espírito. Muitas vezes exigimos que a mudança aconteça no outro, mas não estamos fazendo nossa parte. Como dizia Gandhi, precisamos "ser a mudança que desejamos ver no mundo". Isso significa que, se queremos ingressar nessa jornada integral, precisamos começar por nós mesmos. Richard Boyatzis e Annie McKee[165], em seu livro sobre liderança emocional, destacam que "as pessoas que acreditam que podem ser realmente grandes líderes sem uma transformação pessoal estão enganando a si próprias. Não é possível inspirar as pessoas e criar relacionamentos ressonantes que gerem grandiosidade em famílias, organizações ou comunidades sem se sentir inspirado e sem trabalhar para ser melhor pessoa".

O alinhamento entre as três dimensões requer assim o foco constante na expansão da consciência. Para isso, sugerimos um conjunto de atividades simples mas eficazes, que contribuem para esse processo de autodesenvolvimento da consciência integral, principalmente quando estamos no início dessa jornada. Nesse sentido, o **kit de ferramentas do líder integral** foi elaborado com base em nossas diversas vivências, interações, *coaching*, consultorias, cursos e treinamentos. Ele constitui o ponto de partida, o condutor e a sintetização de toda a jornada rumo à liderança integral. O *kit* é composto por quatro objetos: caneta, bloco de notas, bússola e mapa.

---

165. Citação do livro de BOYATZIS, R. & MCKEE, A. *Resonant Leadership*: Renewing Yourself and Connecting with Others Through Mindfulness, Hope and Compassion. Boston: Harvard Business Press, 2005 (No Brasil: *O poder da liderança emocional*: Liderança vibrante com empatia, esperança e compaixão. Rio de Janeiro: Campus, 2006, p. 188). Segundo os autores, "os grandes líderes estão despertos, atentos e sintonizados consigo mesmos, com os demais e com o mundo ao seu redor. São comprometidos com suas crenças, agarram-se a seus valores e levam suas vidas com plenitude e paixão. Os grandes líderes são emocionalmente inteligentes e têm consideração pelas pessoas; buscam viver em total consciência sobre si próprios, os demais, a natureza e a sociedade. Os grandes líderes encaram a incerteza do mundo de hoje com esperança; eles inspiram os demais com sua clareza de visão, otimismo e profunda crença em sua habilidade de transformar sonhos em realidade – e na de seu pessoal" (p. 3).

A **caneta** constitui o meio pelo qual os *insights*, aprendizados e descobertas que caracterizam de forma intensa a jornada integral são concretizados em nosso mundo visível e exterior. Por meio de anotações, desenhos e esquemas, a jornada integral vai deixando traços visíveis que possuem um papel essencial no processo de evolução rumo a uma vida integral. Simultaneamente, o **bloco de notas**, ou caderno, representa o registro permanente dessa jornada evolutiva. Ele se assemelha a um diário, onde descrevemos os acontecimentos e as experiências que marcam nossa evolução, assim como nossas atitudes, emoções e o reflexo de nossas ações nas outras pessoas e no mundo. Nesse diário estão registrados nossos pensamentos concretizados e o histórico de quem fomos, quem somos e quem queremos ser, quem desejamos nos tornar e onde queremos chegar. Nesse bloco de notas deixamos em destaque nosso propósito, e detalhes sobre o que acreditamos que viemos fazer nesse mundo e como estamos cumprindo com nosso propósito pouco a pouco. No prefácio deste livro sugerimos que você iniciasse a leitura com uma caneta e um bloco de notas em sua mão, e em diversos momentos inserimos reflexões e análises sobre os principais elementos que caracterizam a jornada integral. O bloco de notas constitui assim, a partir de então, um dos registros mais importantes já produzidos sobre você, e deve ser mantido com muito zelo e carinho, além de atualizado e consultado frequentemente. Com ele podemos rever as conquistas realizadas, reconhecer as mudanças que fizemos, o quanto somos merecedores de tudo o que conquistamos e desejamos. Diariamente, sugerimos que você o alimente com planos, *insights*, aprendizados obtidos a cada dia ou experiência, seja ela considerada boa ou ruim, uma lista das pessoas que você gostaria de agradecer por algo ou pedir perdão, fotografias de momentos emocionantes que marcaram sua vida, entre outras tantas formas de registro de sua jornada integral.

Uma observação importante sobre o conjunto caneta e bloco de notas é sua versão digital. Para a maioria das pessoas, percebemos que o papel e a caneta auxiliam de forma indispensável no processo de autodesenvolvimento pela facilidade em se desenhar fluxos e realizar conexões de pensamentos. Entretanto, algumas pessoas o fazem muito bem em seus celulares e *tablets* equipados com canetas específicas para esse fim. A possibilidade de armazenamento e consulta virtual dessas anotações traz um grande benefício a esse processo. Trata-se de uma escolha de cunho pessoal, sendo que os resultados em ambas as abordagens são similares, dependendo das preferências e costumes da pessoa.

O terceiro componente do *kit* de sobrevivência do líder integral é a **bússola**. Esta é um instrumento de navegação e orientação, e foi um dos instrumentos mais conhecidos da Era dos Descobrimentos, tornando-se indispensável a todo e qualquer navegador, pois ela permite encontrar ou determinar direções. Quando estamos perdidos em nossa direção, é a ela que podemos recorrer. Como ferramenta de orientação, a bússola é construída de forma a indicar o norte magnético da Terra. Na jornada integral, uma bússola é única para cada pessoa, sendo concebida de forma gradual e personalizada a cada momento de autodesenvolvimento. A bússola integral aponta para o propósito, assim como os campos magnéticos da Terra servem de guia para a agulha da bússola tradicional. O modelo de liderança integral, que agrega todo o conhecimento concentrado neste livro e obras complementares, atua como meio condutor da agulha, que é você mesmo, rumo ao seu propósito, que é o seu norte. Assim como mudamos a direção que estamos seguindo quando a bússola aponta que o norte está mais para a nossa direita ou a nossa esquerda, o propósito apontado pela bússola integral também é dinâmico, orientando mudanças em nossos caminhos e escolhas. A grande diferença entre a bússola tradicional e a bússola integral é que o "norte" não é predefinido ou imutável; quem define o norte, ou seu propósito, é você. A função da bússola integral é de orientar nossos rumos na jornada integral.

O domínio no uso dessa bússola, como toda *expertise* desenvolvida, é gradual e adquirido com a experiência. Ou seja, quanto mais for utilizada, mais prática, usual e útil a bússola se tornará em nossa vida. À medida que formos seguindo nosso caminho, devemos ficar sempre atentos ao trajeto percorrido. Embora sejamos seres naturalmente sociáveis, estamos sozinhos em nossa jornada integral, no sentido de que devemos nos assumir como responsáveis por quem e o que somos e fazemos, resultado de uma combinação entre *accountability*, integridade, humildade e veracidade. Porém, se for de nosso interesse, podemos buscar pessoas que nos inspirem, nos orientem e nos mostrem diferentes possibilidades para nossas situações. Evoluímos sempre que praticamos, à medida que estamos mais e mais atentos a novos pontos de vista, mais propensos a nos chocar com dilemas, encruzilhadas e também com crises. A leitura de uma bússola pode sofrer influência de condições ambientais; por exemplo, um campo magnético forte ao lado da bússola pode alterar completamente a direção para onde o norte é apontado. Da mesma forma, fortes influências, novidades e campos energéticos podem influenciar fortemente nosso propósito. Assim, é importante estarmos sempre atentos ao momento de vida em que estamos e as posturas que adotamos no dia a dia em relação a novas possibilidades e influências, que podem nos exigir novos ou diferentes comportamentos e decisões. Quando estamos diante de situações novas ou que possam nos desestabilizar, precisamos manter o foco em nossa consciência, integralidade e propósito. E para isso precisaremos de um mapa para nos orientar enquanto seguimos o caminho apontado pela nossa bússola integral.

Similarmente à bússola, o **mapa integral** é individual e personalizado. E da mesma forma como a caneta e o bloco de notas se alinham e se complementam perfeitamente, assim são a bússola e o mapa, tornando-nos protagonistas de nossa jornada integral. Nesse mapa, visualizaremos caminhos com bifurcações, estradas de chão, asfalto, buracos, aclives e declives. Em determinados momentos, o ambiente estará árido e teremos uma ladeira a subir, mas estaremos seguindo em frente. O importante é estar atento ao caminho seguido para medir continuamente[166] sua evolução, e estar consciente para fazer os ajustes e reajustes necessários para fomentar o alinhamento rumo a uma vida integral.

Como destacamos, cada mapa é único e totalmente customizado para cada pessoa. Apresentamos aqui um roteiro para elaboração do mapa integral, reforçando que esse mapa é somente um guia orientador, resultado de toda a sua trajetória de reflexões, anotações e planejamentos realizados com o objetivo de definir um caminho para sua jornada integral. Esse mapa é composto por cinco partes: autoconsciência, evolução dos níveis de consciência, *checkup* das cinco atitudes, dimensões da vida integral e mudança integral.

A primeira parte se refere à **autoconsciência**, e abrange quatro questionamentos: Quem sou? Onde estou? Para onde vou? Com quem vou? A segunda parte, que envolve a **evolução dos níveis de consciência**, é composta pelas seguintes questões: Qual(is) nível(is) de consciência está(ão) mais ativo(s) em minha vida pessoal e em minha vida profissional? Qual(is) nível(is) de consciência estou rejeitando em minha vida pessoal e em minha vida profissional? O que devo fazer para evoluir em meus níveis de consciência? Quais os bloqueios nos meus níveis de consciência que eu preciso superar? Os quatro primeiros capítulos deste livro trazem o arcabouço necessário para iniciar a reflexão sobre as duas primeiras questões. Para sermos capazes de respondermos às duas últimas, necessitaremos explorar com profundidade as respostas às duas próximas partes.

Em terceiro lugar, devemos realizar um *checkup* **das nossas cinco atitudes**, como descritas no quinto capítulo, por meio das seguintes perguntas norteadoras:

1) *Propósito*: Por que acordo todos os dias? Qual o propósito da minha existência? Qual o sentido, o significado do trabalho que realizo? O meu trabalho contribui para que e para quem? Nas atividades que realizo, sinto-me útil, tenho a oportunidade de exercer meus pontos fortes? Sinto-me energizado com isso? Execuzo minhas atividades diárias com prazer, satisfação ou me sinto na maior parte das vezes no piloto automático?

---

166. Sugerimos registrar semanalmente seu caminho percorrido em seu mapa integral.

2) *Accountability*: Quando as coisas não acontecem como eu gostaria, busco assumir minha parte ou tendo a buscar desculpas/culpar os outros? Cumpro com minhas promessas e no prazo combinado? Ajo com ética, evitando burlar regras nas relações pessoais e profissionais e nas decisões que tomo? Ao tomar decisões, avalio os impactos delas em todos os envolvidos direta e indiretamente?

3) *Integridade*: Mudo minhas atitudes em função do que creio que é certo ou por medo do que o outro pensará a meu respeito? Ajo corretamente mesmo quando não há ninguém observando? Procuro "ser eu mesmo" em todas as situações? Sinto-me pleno, inteiro nas relações? Sou autêntico com as pessoas ao meu redor e ao expor sentimentos e opiniões?

4) *Humildade*: Sou capaz de aceitar ajuda, pedir ajuda e de reconhecer meus erros? Estou aberto para ouvir e escutar opiniões divergentes com mente e coração abertos? Reconheço as pessoas pelos seus feitos, sou capaz de admirar o outro e fazer elogios autênticos?

5) *Veracidade*: Aceito a realidade tal como ela é, desapegando-me de ideias fixas? Vivo o presente, tirando o foco das preocupações do passado ou do futuro? Desapego-me da necessidade de querer controlar tudo e todos ao meu redor? Ao refletir sobre meus comportamentos, estou sendo fiel a mim mesmo?

A quarta parte do mapa integral envolve uma análise das **dimensões da vida integral**, procurando compreender: Como nossas emoções, nossos relacionamentos e nossas sombras afetam e são afetados por nossos níveis de consciência e nossas atitudes? Como equilibrar meu corpo, minha mente e meu espírito de forma a concretizar meu propósito tendo uma atitude de líder integral? Que mudanças precisamos fazer em nossos comportamentos para despertar em nós o melhor ser humano que podemos ser? Como fazer acontecer o nosso propósito? Que novas posturas e atitudes teremos que assumir a partir de agora diante da nossa vida para oferecer ao mundo a nossa melhor versão? As reflexões propostas neste sexto capítulo orientam a elaboração das respostas a esses questionamentos. O próximo passo consiste em definir o escopo das **mudanças** que caracterizam nossa jornada integral, que envolve saber *como lidar com a mudança que está a ponto de acontecer simultaneamente em nós mesmos, naqueles que nos rodeiam e na(s) organização(ões) à(s) qual(is) estamos vinculados(as)*. Esse tema é tratado a seguir, no sétimo capítulo, sobre a gestão da mudança integral. Em todo esse processo de elaboração e utilização do mapa integral, sugerimos recorrer a cores para ilustrar gráfica e visualmente sua caminhada pelos níveis de consciência, referindo-se às cores vinculadas aos níveis. E convidamos a compartilhar conosco o seu *kit* de sobrevivência do líder integral, assim como cada etapa de sua jornada integral, pelo site www.integralworks.com.br

7

GESTÃO INTEGRAL DA MUDANÇA[167]

Quando as pessoas adquirem um novo conhecimento que as deixa intrigadas, o sentimento de descoberta que surge como consequência se torna um gatilho para a ação. Ou seja, sentimos o desejo de imediatamente colocar em prática em nossa vida todos os *insights* que foram gerados a partir desse conhecimento. O estudo aprofundado sobre a Teoria Integral tem a tendência, e podemos dizer até mesmo a magia, de suscitar esse sentimento intensamente. O(a) leitor(a) deve ter sentido, em diversos momentos durante a leitura dos capítulos anteriores, o anseio de levantar e começar a aplicar na prática, em sua vida pessoal e profissional, os pontos que mais lhe sensibilizaram.

Trata-se de um sentimento completamente natural e, na verdade, desejado e esperado. Isso porque quando a Teoria Integral entrou em nossas vidas (nós autores), foram inúmeros e intensos esses impulsos e anseios a fim de partir para a aplicação dos *insights* gerados. E após todos esses anos aprendendo, ensinando, orientando e ajudando milhares de pessoas a descobrir e aplicar os princípios integrais em suas vidas, percebemos que esses momentos de "conhecimento-descoberta-vontade de agir" exercem um papel fundamental e imprescindível nas mudanças que ocorrem em consequência. São o que chamamos de momentos de *indução*, conceito que detalharemos mais à frente.

Nos capítulos anteriores foram descritas variadas formas de se inserir a Teoria Integral em nosso cotidiano pessoal e profissional, a exemplo das *atitudes* e do *kit de sobrevivência* do líder integral. E ao aplicarmos esse novo ferramental em

---

167. Este capítulo merece uma dedicatória especial ao nosso mentor e conselheiro Paulo Roberto Araújo Cruz, que há anos tem nos inspirado com seu exímio conhecimento, experiência e domínio sobre mudanças nas organizações. E, no âmbito pessoal, por ser um modelo de ser humano, profissional e pai que eu, Paulo Cruz Filho, aspiro um dia me igualar.

nossas vidas, gradualmente nos deparamos com situações nas quais desejamos realizar essa implementação em um grupo maior de pessoas, em nossas famílias e em nossas organizações. Nesses momentos, o questionamento central que surge envolve saber como lidar com a mudança que está a ponto de acontecer simultaneamente em nós mesmos, naqueles que me rodeiam e na(s) organização(ões) à(s) qual(is) estamos vinculados(as). E esse é justamente o objetivo deste capítulo, que visa auxiliar você, leitor(a), a entender **como liderar um processo de mudança integral**.

Como mudança, entendemos qualquer alteração, planejada ou não, que causa desequilíbrio nos componentes internos de um sistema[168]. Um "sistema" é para nós qualquer aspecto relevante em nosso cotidiano, como a vida de uma pessoa, um grupo de pessoas, um projeto ou processo, uma organização, uma rede de atores, entre outros. Em resumo, "a mudança é tornar as coisas diferentes", nas palavras de Sthepen Robbbins. Por tratarmos, neste livro, de uma abordagem de liderança integral, nosso foco de análise para explorarmos o processo de mudança integral são as organizações. No âmbito organizacional, a mudança acontece como sequência natural da aplicação de uma nova configuração, como uma estratégia, uma inovação, um novo modelo de gestão. Devido a isso entendemos que a mudança, quando compreendida, pode ser usada como um instrumento de gestão, ou seja, um meio racional desenvolvido para suprir uma necessidade específica. Quando consideramos a mudança dentro da abordagem integral, ela toma uma importância ainda mais crucial, pois falamos não somente de uma melhoria na configuração organizacional, mas de uma evolução tanto no que tange às pessoas que a compõe quanto à própria configuração organizacional. A mudança integral envolve assim situações em que as formas de pensamento e de atuação vigentes, incluindo os níveis de consciência, não conseguem resolver ou explorar. A mudança integral se torna ainda um instrumento de liderança integral, complementar e indispensável a um modelo de gestão e de liderança integral.

A mudança integral envolve um ciclo contínuo de quatro períodos de indução, que serão detalhadamente explorados ao longo deste capítulo. Em resumo, todo o ciclo se inicia com a percepção individual e o entendimento consciente do contexto, o que por sua vez gerará *insights* sobre a situação vigente que constituem os fatos geradores do primeiro momento de indução, que é a **indução individual**. Inspirada e empoderada pela indução individual, a pessoa se tornará um agente de mudança, o que dará início a um segundo momento de indução, chamado de **indução conduzida**. Esta consiste na geração de induções individuais em

---

168. Definição baseada em LIMA, S.M.V. & BRESSAN, C.L. Mudança organizacional: uma introdução. In: *Mudança organizacional*: teoria e gestão. Rio de Janeiro: FGV, 2003.

outras pessoas da organização, que idealmente conduzirá a uma convergência de induções até a formação de um terceiro momento de indução, que é a **indução coletiva**. Durante esse período, as ações das pessoas estão coordenadas em prol da mudança, e cria-se o ambiente ideal para se trabalhar o alinhamento dos níveis de consciência individuais e organizacionais. Com a crescente estabilização desse processo, inicia-se um quarto momento de indução, definido como **indução sistêmica**. Nessa etapa, a nova forma de atuação gerada pela mudança chega ao seu momento de concretização plena, tornando-se um ambiente propício para a evolução dos níveis de consciência organizacionais. Ao mesmo tempo, instaura-se um cenário favorável para o surgimento de novas análises conscientes do contexto, que por sua vez gerarão novos *insights* e, consequentemente, novos momentos de indução individual, reiniciando-se todo o ciclo.

7.1 Sentindo a mudança: o contexto e a indução individual

Ao analisarmos o passado e a história da sociedade humana, como estamos fazendo desde o início deste livro, fica evidente que as pessoas estão predestinadas, ou "condenadas", a mudar constantemente, ou seja, a estarem permanentemente passando de uma conjuntura para outra. Estamos todos inseridos nisso que podemos chamar de **ciclo evolutivo**, que nos caracteriza e que define nossa evolução contínua. Em consequência, vivenciamos incessantemente mudanças que impactam em todos os aspectos de nossas vidas e em nossas organizações.

Essa progressiva, sistêmica e perene "agitação evolutiva" propiciada por forças poderosas como a tecnologia, a globalização dos mercados, as regularizações governamentais, as concorrências internacionais e uma demografia do capital humano em transformação, assim como nossos níveis de consciência em constante evolução, influencia diretamente nossas interações pessoais e organizacionais. Da mesma forma, as pessoas se indagam cada vez mais sobre seu papel na sociedade onde vivem, sobre seu propósito de vida e sobre as mudanças de suas percepções e interpretações sobre o mundo, que variam constantemente como resultado da evolução exponencial de nossos níveis de consciência.

Em todos os aspectos, sejam eles internos ou externos a nós mesmos, compartilhamos em tempo real informações, conhecimentos e experiências que acontecem em todos os locais do globo. Vivemos efetivamente em ciclos de mudanças que se autoalimentam de novos conhecimentos de maneira cada vez mais rápida e mais complexa, estabelecendo uma verdadeira reação em cadeia de forma contínua e acelerada que pode ser às vezes controlada e, outras, descontrolada. Conforme destacamos anteriormente, o termo Vuca descreve esse movimento volátil, incerto, complexo e ambíguo que caracteriza nossa realidade. Essa sigla foi criada pelo exército dos Estados Unidos para descrever a dinâmica do mundo atual e ajudar a enfrentar situações marcadas por transformações e desafios constantes. Mais tarde, o termo se popularizou e foi adotado por líderes empresariais para descrever o atual ambiente de negócios caótico, turbulento e em rápida mutação, tornando-se o contexto que hoje é considerado como o "novo normal".

Como as pessoas e as organizações estão lidando com essa realidade Vuca? No âmbito pessoal, percebemos e compreendemos que todo esse dinamismo altera e vai continuar alterando constantemente diversos aspectos de nossa vida, e em diversas situações nos adaptamos em consequência. Percebemos a velocidade dessa dinâmica ao refletirmos sobre como a música, por exemplo, foi ofertada como um presente dentro de uma mesma geração: dos *longplays* (LPs), aos CDs, aos DVDs, aos *pendrives* USBs, aos *iPods* e similares, e mais recentemente aos sites e aplicativos de música e vídeo com *streaming on-line* e seus respectivos cartões com créditos pré-pagos para serem oferecidos como presente. Ao mesmo tempo que percebemos essa revolução acelerada, sentimos desencaixes e lacunas entre nós e o mundo, e sentimos uma inquietação que, em níveis de intensidade diferentes, nos estimula a realizar mudanças. No âmbito organizacional, são igualmente as pessoas de dentro das organizações que sentem, percebem e compreendem esses impulsionadores de mudança, e que naturalmente dão início a uma mudança.

A primeira etapa de um processo de mudança integral se inicia com a percepção e o entendimento consciente de todo o **contexto** no qual se está inserido. O contexto pode ser definido como a situação na qual algo existe ou acontece, e que ajuda a explicá-lo[169]. No mundo organizacional, uma das metodologias de análise de contexto mais difundidas é a análise Swot, pela qual se descrevem os aspectos internos (forças/*strengths* e fraquezas/*weaknesses*) e externos (oportunidades/*opportunities* e ameaças/*threats*) de uma organização. Quando alguém descreve um contexto, seja instintivamente ou pelo uso de ferramentas de análise específicas, basicamente fornece uma informação situacional implícita. Isso significa que seus valores pessoais, objetivos, desejos e, evidentemente, seu nível de consciência dominante ou que está sendo ativado podem influenciar diretamente a descrição fornecida.

Portanto, a **análise consciente** de um contexto é o resultado natural de toda a sequência apresentada nas partes I e II deste livro, referentes aos fundamentos da abordagem integral e à liderança integral na prática. Por meio do Modelo Aqal, da Espiral dos Níveis de Consciência e do Modelo *Integral Works*® de gestão e de

---

169. *Cambridge Advanced Learner's Dictionary*. 4. ed. Inglaterra: Cambridge University Press, 2013.

liderança integral[170], as pessoas de dentro das organizações são capazes de analisar consciente e constantemente a situação nos ambientes externos e internos nos quais estão envolvidas, refletindo sobre o contexto de forma integral. Isso permite incluir os aspectos tanto individuais quanto coletivos, interiores e exteriores, que se complementam na análise e na compreensão conscientes de um contexto.

Como resultado imediato desse processo consciente de percepção e entendimento de um contexto, geram-se *insights* sobre as situações analisadas. Um *insight* pode ser descrito como a aquisição de uma nova compreensão, entendimento ou discernimento sobre uma situação, que é normalmente sentido subitamente na forma de um estalo ou ato de iluminação[171]. O *insight* envolve uma mudança na consciência, no sentido de se perceber cognitivamente de forma repentina a essência, origem ou âmago de uma questão ou de se obter uma ideia ou solução súbita sobre um fato, oportunidade ou problema[172]. Existem diferentes tipos de *insights*, que podem ser gerados diretamente de uma experiência vivida ou indiretamente pelo relato de vivências de outros, por meio de uma reflexão racional ou teórico-conceitual[173].

Independentemente de sua natureza ou de seu tipo, os *insights* exercem um papel fundamental no processo de mudança integral em uma organização. Gerados a partir da percepção e do entendimento conscientes de um determinado contexto, os *insights* se configuram como os gatilhos que transformam os momentos de "conhecimento-descoberta-vontade de agir" em ação propriamente dita. São o que chamamos de momentos de **indução**. Esta consiste no ato de instigar ou fazer um evento ou processo acontecer, a partir de um ou mais fatos geradores que convergem em um princípio, objetivo ou propósito geral[174]. E durante todo o processo de mudança integral são os diferentes momentos de indução que permitem a condução consciente da mudança baseada nos princípios da abordagem integral.

Todo o processo inicia com a percepção e o entendimento conscientes do contexto, o que por sua vez gerará os *insights*, que constituem os fatos geradores do primeiro momento de indução, que é a indução individual. Inspirada e empoderada

---

170. O conteúdo deste capítulo também faz parte do Modelo *Integral Works*® de gestão e de liderança integral.

171. CASTONGUAY, L.G. & HILL, C. (orgs.). *Insight in Psychotherapy*. Washington DC: American Psychological Association, 2007.

172. HOLTFORTH, M. et al. Insight in Cognitive-Behavioral Therapy. In: CASTONGUAY, L.G. & HILL, C. (orgs.). *Insight in Psychotherapy*. Op. cit.

173. PASCUAL-LEONE, A. & GREENBERG, L.S. Insight and Awareness in Experiential Therapy. In: CASTONGUAY, L.G. & HILL, C. (orgs.). *Insight in Psychotherapy*. Op. cit.

174. *Cambridge Advanced Learner's Dictionary*. Op. cit.

pela indução individual, a pessoa se tornará um agente de mudança, o que dará início a um segundo momento de indução, chamado de indução conduzida. Este consiste na geração de induções individuais em outras pessoas da organização, que idealmente conduzirá a uma convergência de induções até a formação de um terceiro momento de indução, que é a indução coletiva. Durante esse período, as ações das pessoas estão coordenadas em prol da mudança, e cria-se o ambiente ideal para se trabalhar o alinhamento dos níveis de consciência individuais e organizacionais. Com a crescente estabilização desse processo, inicia-se um quarto momento de indução, definido como indução sistêmica. Nessa etapa, a nova forma de atuação gerada pela mudança chega ao seu momento de concretização plena, tornando-se um ambiente propício para a evolução dos níveis de consciência organizacionais. Ao mesmo tempo, instaura-se um cenário favorável para o surgimento de novas análises conscientes do contexto, que por sua vez gerarão novos *insights* e, consequentemente, novos momentos de indução individual, reiniciando-se todo o ciclo. A figura 7.1 apresenta uma visualização desses quatro períodos de indução. O círculo maior representa um grupo ou uma organização, e cada círculo pequeno representa uma pessoa dentro desse conjunto.

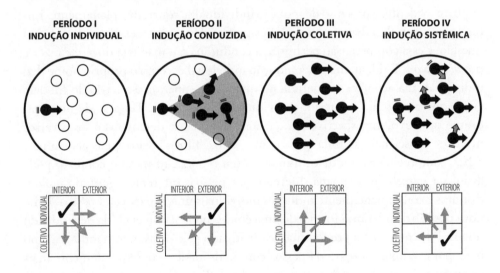

Figura 7.1: Os quatro períodos de indução no processo de mudança integral. Fonte: Elaborado pelos autores.

O primeiro momento da **indução individual** se caracteriza, portanto, pela concretização dos *insights* gerados pela percepção e o entendimento conscientes do contexto, e que nos fazem sentir a mudança que pode ser suscitada no ambiente

283

em que estamos inseridos. É importante destacar nessa etapa a transição das ações de *perceber e entender*, aplicadas ao contexto, para a ação de *sentir* a mudança que pode ser gerada. A indução individual se torna evidente justamente quando sentimos que nosso *insight* pode efetivamente se tornar realidade, pois visualizamos uma possibilidade concreta de iniciar o processo de transformação do ambiente no qual estamos. Esse sentimento de empoderamento surge justamente pela combinação do saber *o que* fazer, proveniente do *insight*, e do saber *como* fazer, que é gerado justamente pela aplicação da abordagem integral e do modelo de liderança integral. O conhecimento e os *frameworks* propostos permitem compreender profundamente o contexto, e assim a decisão sobre no que agir e na forma de fazê-lo ficam mais evidentes, como detalhado nos exemplos do capítulo 4. O fato de saber *como* fazer nos fornece o poder necessário para agir, e assim o sentimento de empoderamento. O termo poder tem sua origem no latim, significando "ser capaz de", e portanto está diretamente relacionado à ação de ser capaz de agir em prol daquilo que se acredita e que se pretende fazer, o que não depende necessariamente de uma posição hierárquica específica, de recursos disponíveis ou qualquer outra forma comumente relacionada a "poder", em seu uso quotidiano.

Juntamente ao *o que* fazer e ao *como* fazer, quando o *por que*[175] fazer fica também evidente, o processo de indução individual se concretiza plenamente. Entender *por que* algo deve ser realizado significa desvendar a essência do fato em questão, e essa compreensão permitirá a condução com maestria do *o que* fazer e do *como* fazer. Evidentemente, a indução individual é, como o próprio nome diz, individual. Ela acontece e é gerada no quadrante superior esquerdo do Modelo Aqal, que representa o interior individual de um sujeito. Trata-se de um quadrante subjetivo, introspectivo e intencional no qual se desenvolvem os diversos níveis de consciência de uma pessoa, ou seja, os "filtros" pelos quais ela vai perceber, compreender e sentir o mundo ao seu redor. Um mesmo contexto pode assim ser percebido de forma diferente por pessoas diferentes, gerando *insights* distintos e consequentemente induções individuais únicas para cada pessoa. Uma nova posição de liderança formal de uma equipe pode ser preenchida dependendo do nível de consciência predominante ou ativado pelo decisor, tomando-se como base, por exemplo, "a regra da pessoa com mais idade e consequentemente mais experiência" (nível AZUL de consciência), "o melhor desempenho em termos de metas e resultados alcançados" (nível LARANJA de consciência), "a capacidade de se considerar e integrar diferentes *stakeholders* na gestão" (nível VERDE de consciência) ou "o perfil mais adequado para o contexto atual da equipe, do departamento

---

175. Para saber mais sobre o fluxo "o que, como e por que", sugerimos estudar o modelo do *Golden Circle* proposto por Simon Sinek em SINEK, S. *Start with Why*: How Great Leaders Inspire Everyone to Take Action. Nova York: Portfolio, 2009.

e da empresa" (nível AMARELO de consciência). A justificativa para *por que* uma mudança será gerada pela interpretação e pelo nível de consciência sendo ativado pelo indivíduo também, evidentemente, é influenciada pelo contexto no qual se encontra, como destaca o Modelo Aqal. E ao mesmo tempo o contexto é interpretado pelo sujeito, o que gera seus *insights* e por consequência a indução individual.

Dessa forma, quando completada pelo *o que*, pelo *como* e pelo *por que*, a indução individual gera na pessoa uma inquietação, que se traduz como uma vontade e um impulso para a ação, ou seja, para se colocar em prática a mudança visada. Gera-se na pessoa um senso de urgência, descrito por John Kotter como uma atitude proativa e de alerta, uma maneira de pensar, de sentir e de se comportar em prol de realizar o que é importante e o que move o mundo. A urgência, segundo o autor, surge de um propósito maior voltado para fora, para fazer as coisas acontecerem, enquanto lidar com emergências é uma abordagem estritamente interna e reacionária, voltada para nos salvarmos da crise e da correria diária. O senso de urgência permite assim que a pessoa se concentre naquilo que é mais importante a fazer, e que aja de acordo com essa urgência. Quando o senso de urgência é alinhado de acordo com a indução individual, que é consciente e baseada no entendimento integral do contexto e das pessoas, a capacidade de realização efetiva da mudança visada começa a ser tornar cada vez mais concreta.

A pessoa que se encontra em um estado de indução individual tem assim condições de se tornar um agente de mudança, ou, portanto, um **indutor de mudança**. Por definição, trata-se de um indivíduo que influencia pessoas, decisões e ações com o propósito de fomentar, desenvolver e liderar mudanças em um determinado contexto. Munido de todo o arcabouço da liderança integral, e empoderado pela sua indução individual, o agente de mudança inicia uma nova fase na qual a indução individual será disseminada para outras pessoas do grupo ou da organização, instaurando assim a etapa de indução conduzida.

7.2 Agindo pela mudança: a indução conduzida

A indução individual se caracteriza como interior, individual e subjetiva por se encontrar no quadrante superior esquerdo do Modelo Aqal, onde se desenvolvem os níveis de consciência. Os *insights* e os consequentes impulsos gerados nessa etapa, totalmente cognitivos e baseados nos valores e crenças individuais, começam a afetar as atitudes. Estas, conforme detalhado no quinto capítulo, representam a exteriorização da cognição individual, atuando como vínculo entre os quadrantes superiores individuais interno e externo, ou seja, entre o **sentir** e o **fazer**, no sentido de agir diretamente com base na indução individual. Nossas atitudes são os *drivers* imediatos de nossos comportamentos.

Assim, a indução conduzida se caracteriza por acontecer no quadrante superior direito do Modelo Aqal, que é individual e exterior, referindo-se à exteriorização da indução individual e, consequentemente, influenciando o relacionamento do agente de mudança com outras pessoas na organização. Afinal, um processo de mudança que envolve diversas pessoas somente terá alguma chance de sucesso se tais pessoas compreenderem, engajarem-se e colaborarem verdadeira e genuinamente ao que deve ser realizado. A segunda imagem da esquerda para a direita na figura a seguir ilustra o período da indução conduzida.

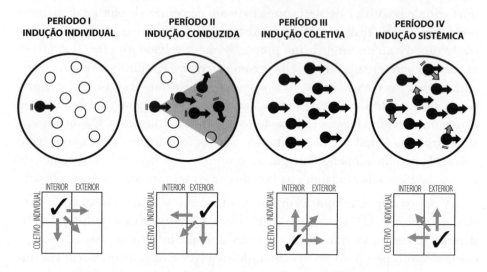

Figura 7.1 (reproduzida): Os quatro períodos de indução no processo de mudança integral.
Fonte: Elaborado pelos autores.

A partir desse momento, o agente de mudança inicia uma série de estímulos à geração de induções individuais em outras pessoas da organização, em um processo chamado de indução conduzida. Como o próprio nome esclarece, trata-se de conduzir outras pessoas a passarem pelo processo de indução individual. Nesse momento, o agente de mudança efetua um conjunto de atuações individualizadas com o objetivo de identificar e estimular algumas pessoas-chave que podem contribuir para o processo de mudança. Após ter sido estimulado e empoderado pela indução individual, que possui uma característica cognitiva e instintiva, o agente de mudança inicia uma etapa mais racional e intencional para ser capaz de conduzir a mudança visada. Trata-se de uma ação individual exterior, focada na mobilização de outras pessoas, à medida que seus comportamentos são naturalmente influenciados por suas atitudes suscitadas pela indução individual. Independentemente de sua posição oficial na organização, que pode ou não ser de liderança formal, o agente de mudança inicia a reflexão sobre a mudança a ser realizada considerando os dois princípios centrais do Modelo *Integral Works*®, detalhados no capítulo 4. O primeiro se refere ao **alinhamento** contextual, ou seja, não existe uma única teoria, abordagem ou modelo que esteja totalmente correto ou incorreto (inclusive o modelo aqui proposto), pois em sua grande maioria são verdadeiros e parciais. Isso significa que funcionam de forma adequada em condições específicas, dando melhores ou piores resultados de acordo com o grau de alinhamento em relação ao contexto no qual são aplicados. E o segundo princípio consiste no fato de que estamos em constante **desenvolvimento** rumo a uma maior complexidade e maior consciência e, portanto, necessitamos continuamente de pequenas lacunas de alinhamento para que essa evolução ocorra da forma mais saudável possível. Assim, alinhamento e desenvolvimento são os princípios gerais de um processo de mudança integral.

Na prática, isso significa que, antes de iniciar o processo efetivo de conduzir o desenvolvimento das pessoas de forma a passarem pela indução individual, é necessário que o agente de mudança atue primeiramente sobre o alinhamento do processo de mudança no contexto no qual acontecerá. Isso significa que ele deve considerar as três lacunas do Modelo *Integral Works*®, detalhadas no capítulo 4: entre o mercado e a estratégia da empresa (LACUNA 1), entre a estratégia e a estrutura organizacional e os processos (LACUNA 2) e entre a estrutura organizacional/processos e os níveis de consciência (LACUNA 3). Analisando o conteúdo da proposta de mudança a ser realizada que foi gerada na indução individual, o agente de mudança deve refletir sobre o vínculo entre a mudança e a estratégia da organização, considerando as LACUNAS 1 e 2. Nesse caso, dependendo do conteúdo da mudança, ela afetará o nível corporativo, de negócios ou funcional da organização. Sem o devido alinhamento entre o conteúdo da mudança e a estratégia da organização, corre-se o risco de a mudança levar a organização para uma direção diferente daquela à qual a estratégia organizacional se propõe. A não ser que esse seja um movimento desejado, tal desalinhamento pode consumir recursos de forma ineficiente ou produzir resultados indesejados.

No que tange à LACUNA 3, cuja consideração permite a adoção de uma abordagem realmente integral, questiona-se "quais as abordagens mais adequadas para ativar os valores e os níveis de consciência necessários para fazer acontecer a mudança?" Como a LACUNA 3 atua diretamente com os níveis de consciência e com a cultura organizacional, a aplicação do modelo de gestão e de liderança integral começa um diagnóstico do contexto onde a condução individual será conduzida. Em seguida, define-se o estilo de condução mais adequado para gerar a indução individual conduzida, que consiste no terceiro passo. Finalmente, trata-se de alinhar a convergência de induções individuais conduzidas para que se faça a transição ao terceiro e próximo período, o de condução coletiva. Esses quatro passos são detalhados a seguir.

7.2.1 Diagnóstico do contexto da condução

O primeiro passo para se iniciar um processo de condução de induções individuais é entender o público-alvo, ou seja, as pessoas nas quais se deseja conduzir uma indução individual. O arcabouço do modelo de liderança integral, descrito ao longo deste livro, permite esse entendimento aprofundado. Primeiramente, o agente de mudança se concentra no levantamento de informações, realizando um diagnóstico aprofundado do contexto no qual a indução individual será conduzida. Tal etapa pode contemplar uma pesquisa por meio de observações, conversas e perguntas formais e informais sobre as principais atividades e *modus operandi* do grupo, departamento ou organização em questão, uma análise dos dados pessoais, profissionais e acadêmicos de toda a equipe, outras informações relevantes sobre a percepção das pessoas e do conjunto por parte de *stakeholders* externos, entre outros.

Em seguida, o agente de mudança identifica o nível de consciência individual, departamental e organizacional, avalia a situação a partir do Modelo Aqal e reflete sobre a possível reação de cada um desses componentes individuais e coletivos a um estímulo para a mudança. Nesse momento pode ser importante realizar uma análise mais aprofundada dos atuais perfis gerenciais formais e das lideranças informais, ou seja, um estudo minucioso das características e perfis das pessoas que estão nos cargos de liderança formais ou que são líderes informais do(s) grupo(s). Isso envolve compreender seus níveis de consciência, os motivos pelos quais foram escolhidos para assumirem suas posições atuais ou pelos quais exercem sua liderança informal, seus relacionamentos com seus colaboradores, seus níveis de atualização e conhecimento contemporâneo, como performam nas cinco atitudes do líder integral (descritas no capítulo 5) e quais seus estilos de liderança (como lidam com poder, comunicação, habilidade para facilitar reuniões, entre outros).

A duração desse processo de diagnóstico varia de acordo com o número de pessoas e o conhecimento consciente que o agente de mudança tem das pessoas envolvidas e do departamento ou organização. O nível de detalhamento necessário a ser levantado vai depender do conhecimento prévio que o agente de mudança possui, e do quanto ele entende ser necessário compreender mais sobre o contexto onde a indução individual será conduzida. Esses conhecimento e entendimento conscientes são fundamentais para o próximo passo, que consiste na definição do estilo de condução que o agente de mudança realizará. E dependendo da movimentação realizada pelo agente de mudança, a própria realização do diagnóstico já poderá estar sinalizando intencionalmente às pessoas que algo está para acontecer, criando até mesmo uma certa expectativa que pode contribuir para a condução da indução individual.

7.2.2 Definição do estilo de condução

Com o panorama do contexto no qual a indução individual será conduzida, o agente de mudança deve refletir sobre o estilo de condução que ele estará liderando. Como a mudança está sendo planejada para permitir a resolução de um problema ou a exploração de uma oportunidade que a configuração atual não consegue resolver ou compreender, o agente de mudança estará inevitavelmente lidando com *Spiral Wizardy*, ou seja, com uma intervenção nos níveis de consciência, como descrito no capítulo 4. Essa intervenção varia em uma escala de complexidade. A intervenção de menor complexidade envolve **atuar** diretamente em um nível de consciência, enquanto a complexidade se torna maior quando é necessário **ativar** nas pessoas um nível de consciência ainda latente. E a intervenção mais complexa envolve orientar as pessoas a **evoluir** concretamente de nível de consciência, incorporando a transição de um nível para outro, ou seja, transcendendo e incluindo o nível atual ou anterior, como explicado no capítulo 3. Esses três níveis de complexidade de condução da indução individual podem ser melhor explicados na prática por meio dos três tipos de liderança efetiva da Espiral dos Níveis de Consciência descritos por Beck e Cowan (1996) e explicados no capítulo 4 deste livro. Os ᵛMEME *Wizards* atuam no nível de menor complexidade, os *Wizards of Change* ativam novos níveis de consciência e os *Spiral Wizards* trabalham com a evolução nos níveis de consciência. O agente de mudança pode decidir atuar diretamente em um desses estilos de condução, ou mesmo combinar esses diferentes estilos em momentos complementares do processo de indução conduzida.

O primeiro estilo de indução individual conduzida é exercido pelos ᵛMEME *Wizards*, que dominam a arte e a técnica da liderança em um único nível de consciência correspondente ao centro de gravidade dos liderados, normalmente porque operam entre meio e um nível de consciência acima desse, em termos de complexidade de pensamento. Um exemplo típico dessa prática, atuando no nível AZUL de consciência, foi adotado pelo ex-CEO da General Electric (GE) Ralph Cordiner[176]. O executivo reuniu uma equipe ícone de professores das principais universidades americanas e consultores renomados, liderada pelo guru da

---

176. Esse caso se encontra detalhado e explicado no livro *Jack Welch de A a Z*, de Jeffrey A. Krames.

administração na época, Peter Drucker, para elaborarem um manual de aprimoramento de administração da GE. Após pesquisas e estudos em profundidade na própria empresa e em mais cinquenta outras organizações, o grupo criou os famosos "Livros Azuis" (*Blue Books*), que se constituíam em cinco volumes com 3.500 páginas cada. Esses manuais tinham o objetivo de reduzir ao máximo a participação do "elemento humano" nas decisões e de maximizar a racionalidade da administração, a partir da condução pela hierarquia e estrutura formais por meio de regras e procedimentos. Novos instrumentos de gestão foram construídos em decorrência desses estudos e teorias desenvolvidas, sendo implementados com o intuito de padronizar as ações dos gerentes e ajudá-los a lidar com qualquer situação dentro da empresa. A partir daquele momento, a GE passou a ser administrada dentro do conceito puro de gerenciamento via regras e procedimentos.

Para ilustrar a aplicação dos três tipos de intervenção de *Spiral Wizardry*, tomemos como exemplo o caso de uma organização caracterizada por uma estrutura hierárquica burocrática e formal similares a uma típica instituição pública. Denominaremos essa ilustração de "caso referência" no restante deste capítulo. A empresa historicamente valoriza e aplica uma política de recursos humanos "tradicional e conservadora", pela qual os departamentos atuam de forma isolada e com foco excessivo em normas, processos e procedimentos típicos do nível AZUL. Tal estrutura potencializa uma cultura organizacional lenta na absorção das reais necessidades do mercado, que por sua vez se encontra em grande transformação. A consequência inevitável na maneira de pensar e agir dos colaboradores é o estímulo à adoção de atitudes e comportamentos igualmente conservadores, com alta resistência à mudança, baixa flexibilidade e baixa adaptabilidade ao novo ambiente que se apresenta cada vez mais incerto e mutável. A desconfiança em relação a novidades é arraigada em anos de trabalho sem qualquer transformação substancial visando melhorias. Devido a uma perda significativa em sua competitividade e em seu *market share*, o que está afetando suas perspectivas de sobrevivência, o diretor do departamento financeiro, após passar pelo seu processo de indução individual, resolve fazer um *turnaround* e "virar o jogo", inspirado pelo seu nível de consciência dominante cujo centro de gravidade se encontra em AMARELO. O maior problema identificado por esse agente de mudança em seu departamento financeiro, caracterizado por liderados de nível AZUL, é a baixa eficiência e a lentidão dos processos. Tal situação é causada pela ausência de procedimentos formais que definem o que deve ser feito a cada etapa. O agente de mudanças formulou assim a implementação de um novo modelo de gestão focado em regras, com o objetivo de garantir a conformidade para aumentar a eficiência e melhorar os resultados. Essa proposta de mudança representa a utilização de uma forma de trabalho adequada ao nível AZUL visando resolver o problema da lentidão, mas que potencialmente trará melhores resultados ao departamento, típico de um pensamento LARANJA, abrindo assim caminho para essa evolução. Em longo prazo o diretor, que é o agente de mudança, visualiza modificar a forma de trabalho do departamento para uma abordagem mais estratégica com foco na integração, no alinhamento dos setores e alicerçada no desenvolvimento e na participação efetiva de seus colaboradores, transformando-os em profissionais atualizados, adaptativos, proativos e integrados aos interesses da equipe e da empresa como um todo.

Explorando o caso acima descrito, a solução implementada inicialmente com a adoção de regras tenderá a resolver, em um relativo curto prazo, o problema de baixa eficiência e lentidão dos processos financeiros. O agente de mudanças atuou assim como um *ᵛMEME Wizard*, alinhando a solução ao nível de consciência dos liderados. O processo de mudança tende então a terminar com sucesso, ou seja, com os novos procedimentos sendo solidificados no departamento (falaremos mais à frente sobre a solidificação das mudanças no quarto período, o da indução sistêmica). Entretanto, à medida que o setor se desenvolve novos desafios podem aparecer, os quais, porém, não são resolvidos via determinação de procedimentos formais. Com o crescimento da organização, e por consequência de sua gestão financeira, novas situações podem exigir capacidades complementares que demandam um nível de consciência dominante mais complexo que o AZUL. Por exemplo, se uma nova regulamentação financeira é imposta por uma autoridade superior, ou se a empresa começa a operar variações de transações que não havia realizado antes, os procedimentos atuais não serão mais suficientes. E a implementação de novas regras, que seria uma solução AZUL, pode exigir um tempo muito maior do que sua solução imediata focada em resultados (LARANJA), que poderia ser elaborada se os liderados tivessem essa autonomia e capacidade. Portanto, o segundo tipo de condução, exercido pelos *Wizards of Change*, envolve a capacidade de promover a ativação de um nível de consciência mais complexo nos liderados.

Como o desenvolvimento e a evolução são constantes nos seres humanos e nas organizações, a complexidade também aumenta ao longo do tempo, trazendo problemas que não podem mais ser resolvidos pelo nível de consciência dominante sendo operado naquele momento. Nesses casos, o agente de mudança atuando como um *Wizard of Change* estimula e orienta seus liderados para que acabem por ativar um nível de consciência acima do seu atual. Isso acontece quando os liderados percebem que sua forma de pensar atual não lhes permite resolver as questões que enfrentam, e isso gera um movimento natural de busca de uma solução que estimula a ativação de um nível mais complexo. À medida que esse movimento vai ficando mais forte, o agente de mudança vai adaptando seus discursos e suas ações de forma gradativa, de modo que os liderados entrem em um processo contínuo de questionamento interior sobre as dificuldades e desafios atuais. Esse fluxo ininterrupto culminará em uma mudança no centro de gravidade de seus pensamentos, fazendo-os ativar um nível mais complexo. E com isso os liderados entram em um estado próprio de indução individual conduzida pelo agente de mudança. À medida que todo esse fluxo se concretiza, a configuração atual da forma de fazer as coisas já se modifica de modo totalmente diferente do que era antes.

Nesse ponto, o agente de mudança precisa conhecer profundamente as pessoas envolvidas no processo e saber identificar, avaliar e compreender as condições em que cada uma delas se encontra no que se refere aos seus níveis de consciência. Caso existam limitações neurológicas ou mesmo traumas e sombras muito profundos, uma pessoa pode se encontrar BLOQUEADA (*Closed*[177]). Nesse estado, a pessoa permanece sempre operando em apenas um nível de consciência, independente das condições ou dos estímulos de vida ou de contexto. É como se seu padrão de resposta entrasse em um *loop* contínuo, de forma que a pessoa não é nem mesmo capaz de reconhecer as barreiras que impedem sua consciência de evoluir. Em outros casos, as pessoas não se encontram bloqueadas em um único nível, mas conseguem acessar os níveis de consciência menos complexos que o seu, tendo assim um leque mais variado de padrões de resposta de acordo com o contexto. Entretanto, devido a modelos mentais moldados por experiências passadas ou normativas absorvidas, como "regras" definidas pelos pais, cônjuges ou outras pessoas de influência próximas, algumas pessoas podem se encontrar PRESAS (*Arrested*) em seu nível de consciência sem conseguir acessar os níveis mais complexos. Isso acontece porque tais pessoas não conseguem ter, naturalmente, os *insights* necessários para ativar e desenvolver uma forma de pensamento mais complexa. Mesmo que o contexto demande um tal desenvolvimento, as pessoas que se encontram presas tendem a justificar que sua forma predominante de pensar é a mais adequada, e de certa forma se blindam contra as evidências em contrário, mesmo que sejam abundantes.

Nos casos em que as pessoas se encontram BLOQUEADAS OU PRESAS, o agente de mudança deve "calibrar" a condução das induções individuais de acordo com o nível de consciência em questão. Ou seja, estímulos de característica AZUL para liderados AZUL, estímulos azul-LARANJA para liderados azul-LARANJA, e assim por diante. E para estimular as pessoas que se encontram em uma condição PRESA a vislumbrarem um *insight* que as permita visualizar a possibilidade de um pensamento mais complexo, e assim ativar um outro nível de consciência, o agente de

---

177. As condições *Closed, Arrested* e *Open* são explicadas em BECK, D. & COWAN, C. *Spiral Dynamics...* Op. cit.

mudança deve inseri-las em uma situação de grande dissonância, normalmente uma crise, que pode ser gerada por um senso de urgência impactante. Por outro lado, nos casos em que as pessoas se encontram ABERTAS (*OPEN*) para a ativação de um nível de consciência mais complexo, o processo de geração do *insight* que vai iniciar o processo de indução individual é extremamente facilitado. Ao criar uma situação em que o contexto demande uma forma de pensamento mais complexa, as pessoas abertas irão naturalmente desenvolver os *insights* necessários. Nesses casos o agente de mudança pode, por exemplo, estimular o senso de urgência criando uma pequena dissonância, "calibrando" sua atuação para metade de um nível acima do centro de gravidade dos liderados, ou seja, liderança LARANJA para liderados em azul-LARANJA ou AZUL-laranja, liderança LARANJA-verde ou laranja--VERDE para liderados em LARANJA, e assim por diante.

Atuar como um *Wizard of Change* é fundamental quando a ativação de um novo nível de consciência dos liderados é crítica para a implementação de uma mudança que envolve os dois princípios do modelo de liderança e gestão integrais: alinhamento e desenvolvimento. Enquanto a liderança de tipo ᵛMEME *Wizard* permite realizar o alinhamento contextual, a liderança de tipo *Wizard of Change* compreende também o desenvolvimento e a evolução natural, e consequentemente as transformações constantes, que caracterizam a vida das pessoas e das organizações. Entretanto, dependendo da complexidade da mudança a ser realizada, somente a ativação do nível para resolver um problema ou questão específica pode ser insuficiente. A ativação conduzida pelo estilo *Wizard of Change* permite efetivamente combinar o alinhamento com o desenvolvimento que caracterizam uma mudança integral, mas ele pode falhar por não concretizar o novo nível de consciência ativado.

Assim, o terceiro e principal estilo de condução se define como aquele liderado pelos *Spiral Wizards*, cujo próprio centro de gravidade do pensamento localiza-se na segunda camada dos níveis de consciência, ou seja, entre os níveis verde-AMARELO e CORAL. É um estilo de condução típico do pensamento integral, pois os *Spiral Wizards* são capazes de percorrer diferentes "paisagens mentais" e de identificar padrões e conexões que os ᵛMEME *Wizard* e os *Change Wizards* não conseguem. Nesse estilo de condução, o agente de mudança navega com naturalidade pela Espiral dos Níveis de Consciência, sendo capaz de orientar as pessoas a evoluírem dentro da espiral não somente criando oportunidades de despertar e ativando um nível mais complexo nos liderados, mas contribuindo na identificação e na resolução de pontos de bloqueio e sombras que limitam essa evolução. Para que possam facilitar o processo de transcendência e inclusão, os *Spiral Wizards* sabem equilibrar caos e ordenamento, ligando funções, pessoas e ideias para formar novos fluxos que garantem a evolução constante do binômio alinhamento-desenvolvimento caracterizador de um processo de mudança efetivamente integral. Isso significa que a condução da indução individual pelo estilo *Spiral Wizard* coloca a mudança a ser realizada dentro do *big picture* da evolução que o agente de mudança visualiza não somente para a organização, mas para a sociedade como um todo. É como atuar como um jogador de xadrez em um jogo extremamente acirrado e complexo, mas não contra um outro adversário ou uma adversidade, mas face a face com a própria evolução do jogo que não termina, pois está em constante evolução. As jogadas pontuais seriam as mudanças implementadas, de forma que elas compõem a construção da evolução do próprio jogo ou, portanto, do próprio cenário que está sendo construído pela organização na sociedade.

Um exemplo de atuação nesse sentido é o movimento realizado pelas empresas certificadas como Empresas B (*B Corps*). O conceito unificador que reúne diversas empresas – como Natura, Patagônia, Unilever (Ben e Jerry's e outros negócios), Danone (nove subsidiárias) – é criar uma nova economia onde as empresas competem para ser melhores para o mundo, as pessoas que o habitam e o ambiente onde vivem(os). A proposta do Sistema B é incentivar novos tipos de negócios que equilibram lucros e propósito, gerando impacto socioambiental em sua cadeia de valor e para seus *stakeholders* e toda a comunidade. As Empresas B atuam assim jogando o jogo do mercado capitalista, mas gradualmente mudando suas próprias lógicas de forma que todos contribuam para a construção de uma nova realidade econômica no mundo, o que exige, evidentemente, um pensamento de segunda camada.

É importante mencionar que, em casos complexos, para que o agente de mudança realize uma transformação efetivamente integral, ele deve estar consciente de todo o processo a ser conduzido no estilo *Spiral Wizard* e coerente com o modelo de liderança e gestão integral descritos neste livro. Isso inclui o domínio com naturalidade da Teoria Integral (capítulo 2), dos níveis de consciência (capítulos 1, 3 e 4), as cinco atitudes do líder integral (capítulo 5) e as dimensões da vida integral (capítulo 6). Evidentemente, a abordagem integral não é uma solução ou verdade absoluta, assim como ela própria preconiza. Entretanto, atuando com base em todos esses princípios e estando consciente de sua atuação, o agente de mudança pode efetivamente trilhar seu caminho rumo a atuar como um **agente indutor de mudança integral**.

7.2.3 *Gerando a indução individual conduzida*

Após os dois passos anteriores, ou seja, após o diagnóstico do contexto da condução e a definição do estilo de condução, a grande questão que permeia a capacidade de conduzir um estado de indução individual em outra pessoa é:

Como fazê-lo? E a primeira resposta imediata para tal questão é: Aplicando com maestria e naturalidade a essência da liderança integral, que está sendo descrita neste livro no Modelo *Integral Works®*. Ao mesmo tempo, existem diferentes ferramentas e metodologias que ajudam a criar um momento de inquietação e de abertura de consciência necessário o suficiente para estimular a percepção e o entendimento conscientes do contexto, o que por sua vez gerará os *insights* que constituem os fatos geradores da indução individual. A criação de um senso de urgência, como descrito anteriormente, é uma dessas ferramentas. Fundamentalmente o senso de urgência, conforme John Kotter[178], é um sentimento que deve estar presente continuamente na organização, devido ao fato de que nos encontramos em um mundo Vuca em constante desenvolvimento. Entretanto, em momentos-chave de um processo de mudança, como nessa etapa da indução conduzida, o senso de urgência pode ser explorado, ativado e reforçado para criar um ambiente de inquietação coletiva. A criação de um ambiente de senso de urgência acelera o início do processo de mudança e contribui para que mais de uma pessoa, além do agente de mudança, perceba, entenda e sinta a necessidade da mudança.

Após o diagnóstico do contexto da condução e a definição do estilo de condução, trata-se de criar um momento impactante com o objetivo de que o problema atual ou a oportunidade visada sejam sentidos pelas pessoas, e não somente explicados de forma racional. Significa criar evidências reais das necessidades de mudança por meio de novos fatos, acontecimentos diferentes e situações inusitadas e inquestionáveis que denotam a urgência de melhorias prementes e despertam nos colaboradores expectativas positivas de que transformações podem acontecer. O agente de mudança cria assim uma situação que faça as pessoas passarem por experiências que serão impactantes o suficiente para dar início ao processo de indução individual. Existem diferentes metodologias e dinâmicas que podem ser realizadas para criar esses momentos, mas para uma real efetividade elas devem ser artesanalmente construídas para cada situação específica, considerando o nível de consciência das pessoas envolvidas.

Um exemplo no "caso referência" anteriormente descrito consiste na realização de visitas de inspiração. São visitas de *benchmarking* a departamentos financeiros de algumas empresas referências no mercado, durante o horário de trabalho, objetivando comparar ambientes e boas práticas de gestão na área financeira. O intuito das visitas é de mostrar a todos que ações diferentes são realidade, fazendo com que os próprios liderados tirem suas próprias conclusões analisando o contexto comparado durante a própria visita com sua empresa atual, tendo

---

178. KOTTER, J. *A Sense of Urgency*. Boston: Harvard Business Press, 2008.

insights e sentindo que podem fazer seus próprios trabalhos de forma diferente. O objetivo é que, no retorno à empresa de origem, instiguem-se sentimentos saudáveis e conscientes de inquietações com o *status quo* e surjam conversas sobre a percepção de como alguns comportamentos e padrões de pensamentos estão enraizados há anos em suas atitudes e formas de gestão, sobre ferramentas usadas que estão muito defasadas em relação às empresas reconhecidas como competitivas, sobre as prementes necessidades de *upgrade* e melhoria na organização, e como pode ser este o momento de fazer algo diferente acontecer. Dessa maneira, de forma orgânica, o propósito é fazer emergir naturalmente um processo de indução individual em várias pessoas da equipe.

O estabelecimento de um senso de urgência cria assim um momento de "impacto emocional" nos liderados, buscando tirá-los de suas zonas de conforto e da resignação com a situação presente, estimulando neles a predisposição intuitiva para agir, o que culmina na indução individual. E essa indução individual dos liderados, assim como foi para o agente de mudança, começa a influenciar suas atitudes e consequentemente seus comportamentos, fluindo do quadrante superior esquerdo (individual interior) para o quadrante superior direito (individual exterior) do Modelo Aqal. A exteriorização dessas atitudes nos liderados se concretiza em comportamentos e posicionamentos do tipo "precisamos fazer alguma coisa", "vamos agir", "agora estão nos ouvindo", "podemos dar ideias" e "não podemos deixar passar essa grande oportunidade". Cria-se o sentimento de que podem "colocar para fora" a indução individual, expor suas ideias, aplicar seus conhecimentos, debater e fazer as coisas acontecerem.

No "caso referência", um senso de urgência foi criado quando o *layout* da própria estrutura física do departamento financeiro foi modificado de uma sexta-feira para uma segunda-feira. A estrutura tradicional do departamento era caracterizada como um espaço com divisórias físicas altas separando os 32 funcionários em quatro gerências e uma diretoria. O acesso ao departamento era feito por um corredor independente na saída dos elevadores, sendo as salas das quatro gerências organizadas de forma que os funcionários ficassem sentados de costas para seus respectivos gerentes. Esse formato impedia a interação, a comunicação e o compartilhamento de conhecimentos e experiências entre os setores e os funcionários. Em um determinado final de semana, quando todos os funcionários foram embora em uma sexta-feira, o diretor havia contratado uma equipe de mudança que modificou radicalmente o ambiente de trabalho, colocando vasos de plantas baixos no lugar das divisórias e redesenhando a posição das mesas de modo que funcionários e gerentes tivessem contato visual contínuo e sem barreiras. Quando chegaram na segunda-feira, todos os membros do departamento se deparam com esse novo ambiente panorâmico, criando assim um sentimento de que, a partir daquele momento, a mudança era efetivamente inevitável, pois já havia começado.

Existe um conceito que auxilia muito no processo de formulação desses momentos que são as *burning platforms* (plataformas incendiárias). Como o próprio nome indica, trata-se de gerar uma situação similar a um incêndio em uma plataforma, onde a única decisão a ser tomada fica entre se arriscar a fim de agir para salvar sua vida, como pular da plataforma, ou ficar para esperar que o incêndio passe, arriscando sua vida. A expressão começou a ser utilizada após a explosão na plataforma *Piper Alpha* em julho de 1988, no Mar do Norte, a nordeste da Escócia, quando 167 homens morreram e muitos tiveram que tomar essa decisão entre pular nas gélidas águas ou aguardar um possível resgate[179].

John Kotter[180] apresenta dois exemplos clássicos de *burning platforms* em seu livro *O coração da mudança*. Um deles é o caso de uma indústria química americana que possuía unidades em diversos estados do país. Preocupada com o fato de que as políticas de redução de custos não estavam sendo aplicadas com sucesso por todas as unidades, a direção solicitou um estudo aprofundado do custeio geral e das unidades, e identificou um componente em especial que chamou a atenção. O gasto final com luvas era expressivo, e cada unidade, tendo autonomia, realizava a compra de luvas de forma independente, de modo a se adequar à realidade produtiva de cada uma. Resolveu-se então convocar todos os diretores das unidades para uma reunião e, ao entrarem na sala, eles se depararam com centenas de luvas sobre a mesa, cada par identificado com seu preço e unidade compradora. A diversidade era imensa, e luvas de tipos e valores diferentes eram compradas para realizar a mesma função. Ao perceberem aquilo, ficou evidente para os diretores a necessidade de mudança, configurando assim uma plataforma incendiária. Outro caso é de uma fornecedora de peças produzidas sob medida para uma indústria, mas que ouviu pessoalmente de um gestor dessa indústria que era usual a necessidade de se fazer alterações e acertos no produto recebido. Apesar de existirem políticas de melhoria contínua e de personalização, na prática muitas peças saíam da linha de produção com inconformidades quase imperceptíveis, porém que não se encaixavam mais na linha de produção da indústria-cliente. A direção decidiu assim fazer um vídeo em que a reação do cliente foi filmada ao receber as peças defeituosas, dando um depoimento sobre a dificuldade que era gerada devido ao problema. O vídeo foi então passado para

---

179. ROSS, B. & SEGAL, C. *The Strategy Workout*: The 10 Tried-and-tested Steps that Will Build your Strategic Thinking Skills. Reino Unido: Pearson, 2015.

180. KOTTER, J.P. *O coração da mudança* – Transformando empresas com a força das emoções. Rio de Janeiro: Campus, 2002.

todos os funcionários da linha de produção da fornecedora, que imediatamente sentiram a necessidade de mudar e garantir que o produto final chegasse perfeitamente customizado.

Finalmente, com a atenção obtida e a urgência gerada, o agente de mudança explica a condição e o contexto atual, munindo as pessoas de toda informação possível em um processo de comunicação claro, abundante, honesto e transparente para que possam justamente fomentar e deixar fluir o processo de indução individual. A própria aplicação da metodologia do *Golden Circle*[181] adaptado para a situação de mudança, seja de forma individual ou coletiva, pode ser um complemento importante para ajudar as pessoas a chegar ao âmago do motivo da mudança, entendendo seu porquê e acelerando assim o processo de indução individual. O senso de urgência provoca uma "queimação interna", ou *internal burning*, que estimula a indução individual. Isso contribui para o início do processo de descongelamento da atual forma de se fazer as coisas, como veremos mais à frente, segundo o modelo de Kurt Lewin. Além disso, tal fato acontece porque o senso de urgência torna consciente um problema significativo causado pela forma atual de atuação, e que provavelmente não poderá ser resolvido se as pessoas continuarem a pensar e a agir da maneira como faziam antes. No capítulo 6 vimos como os hábitos são resultados de *loops* neurológicos que formam uma rotina mental. O problema, uma vez consciente, cria assim uma pequena lacuna, conforme explicado pelo Modelo *Integral Works*® no capítulo 4, e quebra o *loop* neurológico causador do hábito abrindo o espaço para que uma nova forma de agir comece a se materializar na mente das pessoas. Um possível *mindset* fixo, caracterizado pelo medo, pela negação e pela resistência, começa a dar lugar a um *mindset* de crescimento, estimulando a exploração[182] de uma nova possibilidade e, em alguns casos, favorecendo o desenvolvimento de um nível de consciência superior.

7.2.4 *Convergência de induções individuais conduzidas*

Finalmente, após o estímulo e a geração das induções individuais conduzidas, o agente de mudança tem com ele um conjunto de pessoas potencialmente conscientes, atentas e estimuladas a participar ativamente do processo de mudança. Ele precisa agora trabalhar essas pessoas, dando vazão e espaço às suas induções individuais e visando como objetivo final a convergência dessas induções em prol da mudança a ser implementada.

---

181. SINEK, S. *Start with Why...* Op. cit.

182. Mais à frente no texto estão detalhadas as quatro fases da curva de transição da mudança, que são a negação, a resistência, a exploração e o comprometimento.

Inicialmente, trata-se de estimular a autocrítica coletiva, criando um momento de "enfrentamento das deficiências" ou "discussão das oportunidades" do departamento ou da organização. Esse momento visa provocar, estimular e encorajar o debate baseado nas induções individuais conduzidas por meio da plena liberdade de expressão, do desejo de participar ativamente dos novos rumos que serão gerados pela mudança e da externalização do amplo potencial de conhecimentos e ideias transformadoras antes talvez "armazenadas e tolhidas" e agora liberadas pela indução individual. A reunião dessas induções tem o intuito de provocar em cada liderado reflexões sobre seu espírito colaborativo e atitudes integrais (propósito, *accountability*, integridade, humildade e veracidade), e estimular o compartilhamento dos posicionamentos individuais sobre o conteúdo da mudança em questão.

Como resultado, o agente da mudança terá no mínimo duas importantes sínteses sobre o processo de mudança. Em primeiro lugar, uma convergência de induções, ou seja, uma série de novos *insights* e ideias discutidos e compartilhados sobre o contexto e o conteúdo da mudança. E, em segundo lugar, um conjunto de pessoas estimuladas e inicialmente interessadas para realizar a mudança. Com base nesse grupo de pessoas, o agente de mudança poderá montar uma equipe norteadora da transformação. Trata-se de um conjunto de pessoas que pode ser selecionado diretamente pelo agente ou que surgiu como uma liderança natural ou indicada na etapa da autocrítica coletiva. A função da equipe é nortear e apoiar a elaboração da proposta de mudança e a futura implementação dessa proposta. As pessoas que compõem essa equipe devem ter autonomia e poder delegado o suficiente a fim de atuarem com autoridade para decisão, para removerem obstáculos, instigarem a pesquisa de boas práticas de gestão, formatarem e realizarem treinamentos e encontros, compartilharem conhecimentos e informações e executarem qualquer outra atividade que seja necessária com a finalidade de promover a realização da mudança.

As pessoas que compõem essa equipe devem possuir um conjunto de habilidades complementares e necessárias de acordo com a natureza da mudança. O estilo de condução adotado pelo agente de mudança tem um peso importante, pois, dependendo da profundidade do trabalho necessário nos níveis de consciência, a equipe norteadora poderá ter uma menor ou maior responsabilidade de apoio. Essa equipe deve combinar habilidades técnicas, gerenciais e comportamentais e possuir credibilidade e influência positiva sobre as pessoas da organização. Além disso, seus membros devem confiar uns nos outros sabendo trabalhar em conjunto com harmonia, pois esse será o clima a ser repassado a toda a organização durante todo o processo de mudança. John Kotter descreve esse time como uma coalização de pessoas eficazes de um "exército de voluntários" que ele mesmo vai guiar, coordenar e comunicar as atividades relacionadas à mudança[183].

Kotter destaca ainda que em regra esse time não está formalmente vinculado à estrutura hierárquica, cujo modo de operar muitas vezes abafa ou elimina os potenciais de mudança ao invés de acelerá-los. A diversificação de pessoas na equipe norteadora fornece ao agente de mudança mais olhos para olhar, mais cérebros para pensar e mais mãos para realizar com o objetivo de acelerar o esforço de mudança, destaca o autor. O agente de mudança possui assim um time de pessoas que tiveram uma experiência similar passando por um processo de indução individual, e sua função a partir de agora é participar ativamente e atuar muito próximo a esse time. Caso o agente de mudança tenha uma posição de liderança formal superior aos membros da equipe, ele deve fornecer toda a autonomia e poder que a equipe precisa. Caso ele não o seja, deve manter a coesão do time e garantir com a liderança formal que a equipe possua essa autonomia e poder delegados. Em algumas situações pode-se inclusive criar um time específico de pessoas selecionadas que será responsável por todo o processo de planejamento e implementação da mudança. A título de ilustração, em um processo de facilitação de liderança integral que fizemos em uma empresa de equipamentos agrícolas, a solução encontrada por um time da organização foi criar uma equipe temporária à parte para gerir todo o processo de mudança. Essa equipe analisou a situação, planejou um processo de mudança, executou o planejamento e criou um novo produto, completamente inovador, com base nos *inputs* dos clientes que haviam decidido não comprar o produto em seu formato anterior. Após a validação do produto no mercado, a equipe se desfez, reinserindo-se na estrutura organizacional e iniciando um processo de indução coletiva.

A partir desse momento, o processo de mudança já foi formalmente iniciado. Inspirada e empoderada pela indução individual, a pessoa se tornou um agente de mudança, e ao traduzir em seus comportamentos esse ímpeto pela mudança deu início a um segundo momento de indução, chamado de indução conduzida. Este consistiu na geração de induções individuais em outras pessoas da organização, que idealmente conduziu a uma **convergência de induções**, com uma equipe norteadora da mudança sendo elaborada. Tal conjunto de induções individuais convergidas levará à formação de um terceiro momento de indução, que é a indução coletiva.

---

183. KOTTER, J. & COHEN, D. *The Heart of Change*: Real-life Stories of How People Change their Organizations. Boston: Harvard Business Press, 2012. • KOTTER, J. *Accelerate*: Building Strategic Agility for a Faster-Moving World. Boston: Harvard Business Press, 2014.

7.3 Lidando com a mudança: a indução coletiva

Os dois primeiros períodos de um processo de mudança integral se localizam diretamente nos quadrantes individuais do Modelo Aqal. A indução individual é interior, individual e subjetiva, onde se desenvolvem os níveis de consciência, os *insights* e os consequentes impulsos que a estimulam. À medida que as atitudes do agente de mudança são moldadas por essa indução, seus comportamentos em relação às outras pessoas da organização também o são, o que fortalece o vínculo entre os quadrantes superiores individuais interno e externo. Essa ação consciente estimula e gera um ambiente favorável ao surgimento de induções individuais conduzidas pelo agente de mudança. E a convergência dessas induções individuais abre espaço para o terceiro período da mudança integral, que consiste na indução coletiva.

A indução coletiva cria uma nova perspectiva no processo de mudança ao transferir o foco da atuação individual para uma atuação coletiva, localizando-se, portanto, nos quadrantes inferiores do Modelo Aqal. Mais especificamente, a indução coletiva se situa no quadrante inferior esquerdo, interior, coletivo e subjetivo, como mostra a figura a seguir. Nesse quadrante se encontram os valores compartilhados, ou seja, as diferentes culturas que definem grupos de pessoas, sejam elas familiares, organizacionais, regionais ou nacionais. Assim como acontece nos países, as empresas possuem culturas próprias que podem ter a predominância de valores pós-modernos, modernos, tradicionais ou mesmo egocêntricos, e que determinam o nível de consciência coletivo predominante na organização.

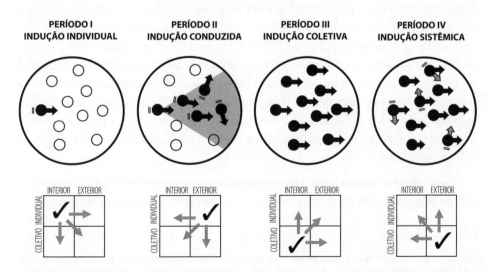

Figura 7.1 (reproduzida): Os quatro períodos de indução no processo de mudança integral.
Fonte: Elaborado pelos autores.

Em um processo de mudança integral, o período da indução coletiva é caracterizado, portanto, pela alteração do foco nas induções individuais para a gestão de um sentimento coletivo sobre a necessidade de mudança e sua realização. É nesse período que o agente de mudança e sua equipe norteadora começam a trabalhar efetivamente em todo o conjunto que compõe a LACUNA 3 do Modelo *Integral Works®* de liderança e gestão integral (cf. capítulo 4) que abrange os níveis de consciência – que já começaram a ser trabalhados durante a indução conduzida – e a cultura organizacional (departamental, de negócio e/ou corporativa). Para que a indução coletiva seja gerada, influencie e mesmo modifique a cultura da organização, as seguintes etapas preliminares devem ser cuidadosamente consideradas: o propósito coletivo, o foco, o planejamento e a execução do processo de mudança, a curva de transição da mudança e, finalmente, a cultura organizacional em si.

7.3.1 O propósito coletivo

A primeira etapa durante o período de indução coletiva é garantir que a convergência das induções individuais conduzidas esteja focada e contribua positivamente para a implementação do processo de mudança. Como foi destacado no capítulo 5, o ponto de partida da liderança integral é o **propósito**. Atuar com propósito nos traz disciplina, foco, método, sentido e engajamento. O processo de mudança integral deve ter um senso de propósito próprio, que seja criado a partir da convergência das induções individuais. Esse propósito comum permite canalizar as energias para tornar a nova realidade desejada uma nova realidade efetiva. Já durante o período de indução individual, um senso de propósito fortemente focado na percepção individual da pessoa sobre o seu trabalho e a atividade da organização já começou a ser estabelecido[184]. Um elemento fundamental do propósito é o fato de que a pessoa transcende seu ego e enfoca algo exterior a si própria, com foco no coletivo. Assim, a transição da indução individual para a indução conduzida e, finalmente, para a indução coletiva é um processo de alinhamento constante de propósitos relacionados à mudança rumo a um propósito coletivo para essa mudança.

No "caso referência", o agente de mudança e a equipe norteadora desenvolveram um propósito coletivo, materializado em uma mensagem que exprimia

---

184. Evidentemente, quanto mais o propósito pessoal estiver convergente com o propósito profissional, maior será a qualidade da indução individual e, consequentemente, da coletiva. Entretanto, não é uma condição obrigatória, sendo que em certos casos o propósito pessoal pode estar de fato relativamente distante do propósito profissional, seja por opção, momento ou situações específicas.

o que se esperava e se planejava em relação à mudança, descrevendo como o departamento ficaria e o foco a ser seguido. Esse propósito coletivo alavancou o alinhamento de energias para a criação de um ímpeto necessário a fim de vencer a tendência à estabilização e harmonizou os pensamentos, sentimentos e ações das pessoas numa direção única. Nesse caso, a equipe norteadora elaborou uma lista com todas as informações e fatos relevantes que tinham acontecido até então no processo de mudança. A lista foi distribuída a todos numa reunião geral e orientações foram dadas de como descrever o que se esperava do departamento, sendo solicitado que formassem quatro grupos e que cada grupo elaborasse um esboço. A equipe norteadora condensou todos os esboços e elaborou a primeira proposta, que foi apresentada a todo o departamento e discutida exaustivamente até se chegar a um quase consenso. Inspirados ou reticentes, todos os presentes saíram convencidos de que as mudanças iriam acontecer, custasse o que custasse. Ou seja, mudar não era uma opção e todos teriam as mesmas oportunidades de preparação e apoio na adaptação. Em todas as reuniões, durante todo o processo de mudança, a mensagem do propósito coletivo era sempre relembrada de forma intencional com o objetivo de garantir que as ações estavam alinhadas com esse propósito e assim orientar as tomadas de decisão. A mensagem elaborada pelas pessoas do departamento foi: "Devido à situação evidenciada por nós e nossa capacidade potencial para mudá-la, temos uma concreta e empolgante oportunidade de transformar o departamento financeiro referência em eficiência, adaptabilidade, inovação e em um lugar onde todos queiram trabalhar".

A mensagem do propósito coletivo elaborada no "caso referência" descreve o que se pretende com a mudança e ao mesmo tempo uma visão do que se espera para o departamento em um futuro ideal. Trata-se de uma mensagem com um propósito desejado e factível, ou seja, com o qual as pessoas se identificam e sentem que é possível atingi-lo. Essa mensagem descreve assim o que John Kotter[185] chama de a "visão estratégica e inspiradora" para a mudança. Trata-se de uma visão compartilhada entre os envolvidos em um processo de mudança que descreve a "grande oportunidade" para as pessoas e a organização, sendo sentida (coração/*heart*) pelos envolvidos e fazendo sentido (cabeça/*head*) para eles. A visão compartilhada, segundo o autor, clarifica como o futuro será diferente do passado e como esse futuro pode se tornar realidade por meio de iniciativas vinculadas diretamente à visão. Nesse sentido, junto à visão compartilhada, Kotter destaca a importância de se definir um conjunto de iniciativas estratégicas focadas e coordenadas que, se desenhadas e executadas com excelência e rapidez, irão tornar a visão estratégica compartilhada uma realidade. Dessa forma, cria-se um

---

185. KOTTER, J. & COHEN, D. *The Heart of Change...* Op. cit. • KOTTER, J. *Accelerate...* Op. cit.

sentimento de "propriedade" do processo de mudança, pois, conforme o autor, a visão estratégica representa cada indivíduo assim como o coletivo, criando um extraordinário nível de engajamento.

Kotter destaca ainda que a visão estratégica deve criar uma imagem futura real, imaginável, desejável, flexível, realizável e ao mesmo tempo simples e comunicável. Alguns exemplos reais do mundo corporativo representam bem a essência de um propósito coletivo na forma de uma visão estratégica compartilhada. Enquanto era CEO da General Eletric, Jack Welch definiu que as diversas unidades de negócio da empresa deveriam ser a número 1 ou a número 2 em seus respectivos mercados[186]. Caso não conseguissem atingir essa posição de liderança nos setores, os negócios deveriam ser vendidos ou os principais competidores adquiridos. Outro exemplo[187] representativo foi o de Paul O'Neill, quando assumiu como CEO da Alcoa em 1987. Em sua apresentação como o novo líder da empresa, O'Neill anunciou que a visão que tinha para recuperar a empresa era alcançar o *status* de "zero acidentes". Apesar de ter causado uma enorme desconfiança inicial, sua estratégia estimulou uma mudança profunda nos hábitos da organização, quintuplicando o lucro líquido da empresa em treze anos. Um terceiro caso que ilustra uma visão inspiradora provém da indústria aeronáutica[188]. Ao assumir seu cargo, o novo CEO de uma fabricante de aviões identificou uma série de não conformidades que se acumulavam ao longo da fabricação, e iam sendo resolvidas ao longo do processo enquanto o avião "caminhava" na linha de produção. Para tornar a mudança possível, o CEO anunciou que "o avião não se movimentará" em sua linha produtiva até que todas as não conformidades fossem resolvidas. Com o tempo, nenhuma equipe quis ser a responsável pela parada na fábrica, o que levou ao protagonismo, planejamento e qualidade no serviço executado. Percebemos assim que, nos casos descritos, a visão inspiradora demarca uma nova etapa na vida da organização, caracterizada por uma mudança considerável em seus componentes internos que estimula uma indução coletiva orientada a um mesmo propósito.

A principal contribuição da criação de um propósito coletivo claro para a mudança é permitir o alinhamento entre a indução individual do agente de mudanças com as induções individuais conduzidas nas pessoas e principalmente na equipe norteadora, permitindo assim a convergência dessas induções e tendo como resultado uma indução coletiva. Esta é movimento de toda a organização rumo a um mesmo objetivo, ou seja, ao mesmo propósito coletivo. Nesse momento, to-

---

186. KRAMES, J. *Jack Welch de A a Z*. Rio de Janeiro: Campus, 2011.

187. DUHIGG, C. *The Power of Habit...* Op. cit.

188. KOTTER, J.P. *O coração da mudança...* Op. cit.

das as induções individuais, ainda que não perfeitamente similares entre si, estão alinhadas em uma mesma direção, como mostra a figura anterior. Cada pessoa participante no processo de mudança consegue enxergar sua contribuição, o alinhamento com sua visão e propósito para a mudança e os benefícios que a mudança trará para suas atividades, para a organização e para a sociedade, se for o caso.

7.3.2 Foco

O período da indução coletiva contempla assim um dos marcos fundamentais do processo de mudança integral, pois representa a convergência de todo o processo rumo a um mesmo caminho. A indução coletiva traz um ingrediente-chave para o sucesso da mudança: o **foco**. Este é a capacidade de atenção que se coloca no que se faz no momento. Daniel Goleman[189] explica que nosso cérebro tem a tendência de economizar energia e, por isso, manter a atenção plena e a concentração em uma atividade exige esforço, e quando dispensamos muita energia para tal, exaurindo nossa atenção, precisamos parar para descansar e perdemos o foco. O foco determina assim o nível de competência com o qual uma atividade será realizada, seja ela no âmbito pessoal ou profissional. Segundo Goleman, existem três tipos de foco: interno, no(s) outro(s) e externo.

O foco interno envolve estar atento aos seus sentimentos, pensamentos, impulsos, valores e intuições, determinando assim nossas atitudes e decisões. Fica evidente perceber o quanto o foco interno descrito pelo autor se enquadra no quadrante superior esquerdo (individual interior) do Modelo Aqal. A indução individual surge justamente de um processo de foco interno.

O foco no(s) outro(s) envolve nossas relações com outras pessoas e está, conforme Goleman, fortemente vinculado ao nosso comportamento de empatia perante os outros, enquadrando-se assim no quadrante superior direito (individual exterior) do Modelo Aqal. Empatia, segundo Goleman, significa a habilidade de sentir o sentimento dos outros e como eles veem o mundo, e pode ser de três tipos: cognitiva, emocional e compassiva. A empatia cognitiva envolve observar o mundo a partir da perspectiva da outra pessoa, e nesse caso, o arcabouço da abordagem integral, especialmente a Espiral dos Níveis de Consciência, permite uma compreensão aprofundada da perspectiva do outro. A empatia emocional está relacionada a sentir o que a outra pessoa está sentindo por meio de percepções verbais e não verbais, e assim experimentar o que elas estão sentindo e não somente como percebem o mundo. Trata-se de uma percepção muito mais sutil,

---

189. GOLEMAN, D. *Focus*: The Hidden Driver of Excellence. Londres: Bloomsbury, 2013.

e a discussão realizada sobre emoções e sombras no capítulo 6 deste livro auxilia a considerar uma abordagem consciente e integral sobre a empatia emocional. E a empatia compassiva compreende agir em prol de ajudar os outros, caso necessário. Para que se possa agir nesse sentido é essencial estar consciente de suas atitudes e suas consequências para com o outro. O conjunto dessas empatias, explica o autor, fornece as bases das competências necessárias para motivar, persuadir e influenciar os liderados, negociar e resolver conflitos, além de estimular e gerir o trabalho em equipe e a colaboração.

Finalmente, o terceiro tipo de foco, o foco externo, está vinculado a "forças maiores" que definem nosso mundo, sejam elas dinâmicas organizacionais ou sistêmicas, como fatores econômicos, tecnológicos e ambientais, destaca Goleman. O foco externo está diretamente vinculado aos quadrantes inferiores do Modelo Aqal, tanto o esquerdo que se relaciona ao ambiente organizacional (coletivo interior) como o direito, relativo ao ecossistema mais amplo (coletivo exterior). A vinculação entre os dois quadrantes é crucial, pois permite que as decisões, estratégias e ações realizadas no âmbito da organização considerem, atuem sobre e mesmo antecipem cenários no ambiente sistêmico. A indução coletiva, dentro do contexto de mudança organizacional, acontece justamente no quadrante coletivo interior e permite, como veremos mais à frente, a evolução para a condução sistêmica, o quarto período da mudança integral.

Com a formulação do propósito coletivo, o foco do processo de mudança migra portanto do individual para o coletivo. E, dentro desse contexto coletivo, o foco pode ser descrito como um ciclo que varia de uma situação de apatia e de ausência de propósito para uma situação de excesso de atividades e tarefas concorrentes, típicas de uma situação de estresse negativo. Imaginando um gráfico em formato de U invertido (de cabeça para baixo: ∩)[190], essas duas situações se encontram nas duas extremidades inferiores do gráfico, enquanto o foco em seu momento ideal de *performance* encontra seu ápice no topo do U invertido (∩). Quando o ciclo de foco da indução coletiva atinge seu ápice, existe na organização um sentimento compartilhado e coletivo de que tudo faz sentido e que a organização e as pessoas estão caminhando na direção correta. E é nesse momento que a indução coletiva acontece em todo o seu esplendor. É o que John Kotter[191] chama de *momentum* a favor da mudança. A energia gerada pela convergência das induções individuais agora não precisa ser mais conduzida; ela é passada de uma pessoa para outra, de um departamento para outro, sem a necessidade de haver um agente de mudança, um processo ou qualquer outro tipo de condutor

---

190. Ibid.

191. KOTTER, J. *Accelerate*... Op. cit.

específico. A energia e o propósito da mudança contaminam a organização como um vírus que se espalha organicamente, no sentido literal da palavra "indução" no campo da Física, que significa a passagem de uma corrente elétrica de um objeto para outro sem a necessidade de eles se tocarem. Esse é o momento-chave no qual a conversão da indução coletiva para a cultura organizacional, a partir do foco no propósito coletivo, deve ser desenhada e aplicada na prática.

7.3.3 O planejamento e a execução do processo de mudança

O planejamento do processo de mudança vai depender das características da organização, da natureza da mudança pretendida e do conteúdo dessa mudança. Diferentes ferramentas e metodologias podem ser utilizadas durante essa fase de planejamento e execução, que sucede a elaboração do propósito coletivo (e da visão estratégica compartilhada) e precede o momento de ápice da indução coletiva inserido na cultura organizacional. A implementação de uma mudança em uma organização, guiada pelo propósito coletivo, gera consequências em toda a sua composição, dependendo obviamente de sua intensidade. Torna-se crucial identificar e compreender tais consequências. Imagine a organização como se fosse uma teia de aranha, e todos os seus componentes espalhados por essa teia. Quanto mais forte um impacto for gerado em determinado local da teia, maior é a reverberação nos demais componentes que não foram diretamente impactados. Este princípio vital foi inclusive percebido e incorporado ao mundo dos negócios pela McKinsey & Company, uma das mais conceituadas consultorias do mundo, que estrategicamente o integrou à sua metodologia de intervenção em mudança organizacional desenvolvendo uma ferramenta denominada 7S's da McKinsey. Trata-se de um modelo que pode ser utilizado para analisar, avaliar e diagnosticar os componentes organizacionais que podem estar envolvidos ou sofrerem intervenções em um processo de mudança. O pressuposto do modelo é que uma organização é composta por um conjunto de sete elementos interligados e interdependentes. Se houver mudança em um elemento, os demais também serão alterados. Os três primeiros elementos, descritos como elementos *hard* por serem mais palpáveis e mais manipuláveis, são a estratégia organizacional (*strategy*), sua estrutura (*structure*) e seus sistemas e processos (*systems*). Os quatro restantes, descritos como *soft* por serem menos palpáveis e menos manipuláveis, são o estilo de liderança (*style*), os recursos humanos (*staff*), o *core competence* da organização (*skills*) e os valores compartilhados (*shared values*).

A coerente condução da mudança por esses sete elementos, presentes em qualquer tipo de organização, favorece o estabelecimento de um ciclo virtuoso e contínuo onde a indução coletiva será potencializada. Nesse momento, o agente de mudança pode realizar uma análise aprofundada dos níveis de consciência equivalentes a cada um dos sete elementos, analisando inclusive as experiências de processos de mudança anteriores na organização com base nesse *framework* que combina os 7S's e os níveis de consciência. Tal exercício permitirá o mapeamento do que Beck e Cowan[192] chamaram de "DNA psicológico" da organização. E com base no propósito coletivo elaborado será possível identificar e planejar quais níveis de consciência deverão estar ativos para entregar o resultado esperado pelo processo de mudança.

Outra ferramenta é a própria análise Swot, que pode ser utilizada para identificar os pontos fortes e fracos, oportunidades e ameaças referentes à mudança desejada. Essa análise pode ser aprofundada considerando cada um dos sete elementos do modelo de 7S's da McKinsey. Uma terceira metodologia que pode ser utilizada para nortear a elaboração do plano de implementação da mudança são as três fases de qualquer processo de mudança descritas por Kurt Lewin[193]: descongelamento, mudança e recongelamento. Durante a primeira fase, as velhas ideias e práticas são "derretidas", abandonas e desaprendidas. Com isso, o *status quo* começa a ser questionado e quebrado, os valores e os comportamentos vigentes perdem força e as pessoas saem de suas zonas de conforto. Cria-se assim uma motivação coletiva para a mudança.

Considerando o processo de mudança descrito neste capítulo, o descongelamento, como descrito anteriormente, já inicia na fase de indução individual, quando o *burning* inicial do agente de mudança gera uma inquietação que desencadeia o descongelamento. E se torna evidente na organização quando as induções individuais conduzidas começam a convergir. A segunda fase, a fase da mudança, é o momento de se introduzir novos valores e comportamentos e de se implementar as novas ideias e práticas para que sejam aprendidas, exercitadas, apreendidas e internalizadas. Essa é a fase na qual a indução coletiva exerce um papel fundamental. A terceira fase é a do recongelamento, quando as novas ideias e práticas são incorporadas definitivamente ao comportamento organizacional, com as mudanças sendo estabilizadas e consolidadas. Esse recongelamento acontece na transição entre as fases de indução coletiva e indução sistêmica, assim como na fase de indução sistêmica em si. A grande importância do modelo de Kurt Lewin é de servir como um *framework* para a elaboração do planejamento de efetivação do processo de mudança.

---

192. BECK, D. & COWAN, C. *Spiral Dynamics...* Op. cit.

193. LEWIN, K. Frontiers in Group Dynamics – Concept, Method and Reality in Social Science: Social Equilibria and Social Change. In: *Human Relations*, 1, 1947, p. 5-41.

No ápice de seu ciclo de foco, a indução coletiva cria o ambiente ideal para a implementação desse planejamento. Um grande número de pessoas na organização começa a se mobilizar em prol desse processo e direcionar seus esforços em direção ao propósito coletivo da mudança. John Kotter[194] descreve essa fase como a criação de um "exército de voluntários", que sentem que querem contribuir para a mudança ao invés do sentimento de dever contribuir, pois eles são livres para escolher se desejam participar da mudança e possuem permissão para tal. É o momento de se criar uma rede de multiplicadores, encorajando a participação e as contribuições durante o processo. Entretanto, o tempo de duração desse ápice é curto porque, assim como no foco individual, o foco coletivo também exige um amplo esforço das pessoas e de toda a configuração organizacional para acontecer, e após um certo período essa energia se esvai. A sequência natural no processo de indução coletiva envolve, portanto, manter o espírito da mudança ativo e constante até que a organização esteja pronta para o descongelamento. Para tal, o elemento central da indução coletiva é a transformação efetiva no comportamento individual e organizacional. Dois fatores fundamentais estão relacionados a essa transformação: a curva de transição individual e a cultura organizacional.

7.3.4 A curva de transição individual

No que tange à curva de transição individual, à medida que o processo de indução individual começa a surgir em uma pessoa, seja ela conduzida ou não, ela passa por um ciclo de resposta à mudança. De acordo com tal ciclo descrito por Scott e Jaffe[195], as pessoas passam por quatro fases de transição quando envolvidas em um processo de mudança: negação, resistência, exploração e comprometimento. Inicialmente acostumadas com a situação atual, a primeira reação da mente das pessoas é rejeitar qualquer mudança nesse cenário, atuando como se nada de diferente estivesse acontecendo em uma tentativa de preservar o *status quo*. A negação pode ser positiva no início de um processo de mudança por minimizar a ansiedade e o desconforto, mas se tornará destrutiva quando da recusa a se aceitar as evidências de que a mudança é necessária. Alguns dos comportamentos comuns nessa etapa de negação são reações como "só vou acreditar vendo", "outras pessoas podem ter que mudar, mas isso não me afetará", "acho que essa mudança será fácil". Visando contribuir para que as pessoas progridam nesse ciclo e passem da fase de negação, dois conjuntos de atividades descritas

---

194. KOTTER, J. & COHEN, D. *The Heart of Change...* Op. cit. • KOTTER, J. *Accelerate...* Op. cit.

195. SCOTT, C. & JAFFE, D. Survive and Thrive in Times of Change. In: *Training & Development Journal*, vol. 42, n. 4, abr./1988.

por John Kotter[196] são cruciais: estabelecer uma comunicação eficaz e remover barreiras. Primeiramente, deve-se fornecer o máximo de informações possível, de modo que as questões centrais que motivam a negação sejam respondidas, tais como: Quais são as mudanças? Por que essa mudança está acontecendo? Qual será o resultado final? O que vai acontecer? O que isso significará para mim? Qual o impacto para mim? O que é esperado de mim? O que é que eu sei e não sei sobre esse processo?

Em seguida, quaisquer barreiras que impeçam que as pessoas, nessa fase, tenham acesso a informações sobre a mudança ou que possam usar para conseguir se alienar totalmente do processo, negando-o veementemente, devem ser removidas. Barreiras podem ser processos ineficientes e burocráticos, regras e procedimentos, crenças ou paradigmas institucionalizados na organização, "feudos" ou grupos de pessoas que se autoprotegem, pressão para o atingimento de metas, acesso limitado a líderes ou outros *stakeholders*, entre outros. A identificação de barreiras, explica Kotter, pode ser realizada analisando-se processos e tentativas passadas de mudança ou de implementação de estratégias que não deram certo ou não tiveram continuidade.

A segunda fase do ciclo de resposta à mudança é a resistência. A mudança geralmente requer comportamentos fora dos padrões previamente estabelecidos e "confortáveis", aumentando assim o sentimento de insegurança. E a insegurança é uma resposta normal à mudança. À medida que as pessoas começam a reconhecer a realidade da mudança, superando a fase de negação, a resistência surge devido a um sentimento de aversão à perda, sendo que aquilo que se pode perder no processo toma uma dimensão muito maior nas mentes das pessoas do que aquilo que se poderá ganhar com a mudança. Por um lado, a resistência fornece às pessoas tempo para testarem o novo terreno e ganharem segurança de que poderão ter sucesso na nova maneira de fazer as coisas. Entretanto, ela pode ser igualmente destrutiva quando o indivíduo se recusa a tentar novas maneiras de proceder – mesmo depois que essas questões tenham sido resolvidas – ou quando se atinge um estado de desesperança. Tal sentimento é exteriorizado por reações emocionais como ansiedade, raiva, medo ou amargura, e caso a pessoa tenha um perfil ativo em relação ao processo, seu comportamento poderá se transformar em uma oposição atuante na busca e no apontamento de falhas, absenteísmo, reclamações e falta de colaboração. Alguns dos comportamentos comuns nessa etapa de resistência são reações como "eles não podem me fazer mudar", "isso

---

196. KOTTER, J. & COHEN, D. *The Heart of Change...* Op. cit. • KOTTER, J. *Accelerate...* Op. cit.

nunca funcionará", "se não cooperarmos, eles não conseguirão realizar a mudança". As fontes de resistência podem ser diversas, como seus hábitos (as pessoas tendem a resistir naturalmente às modificações em suas tarefas rotineiras já internalizadas, ou seja, seus hábitos e costumes), segurança (as mudanças podem ameaçar a estabilidade funcional e o medo de perder o emprego pode provocar reações naturais de autoproteção, contrárias às mudanças), fatores econômicos (quando as mudanças geram readequações salariais ou perda de benefícios, principalmente quando são introduzidas medidas de desempenho que as pessoas não compreendem totalmente), medo do desconhecido (a forma de trabalho que era conhecida e dominada passa a ser desconhecida, causando receio de não conseguir aprender as novas formas de trabalho) e processamento seletivo de informações (rejeição de informações importantes da mudança que possam questionar suas formas de pensar e agir, aprendendo seletivamente somente aquilo que é interessante ou menos prejudicial para a pessoa). Nesse momento é importante trabalhar estratégias de comunicação assertiva e eliminação de barreiras, trazendo à tona elementos que podem auxiliar as pessoas a entenderem as razões de sua resistência, como estarem conscientes de seus limites e possibilidades para agirem sobre questões que estejam dentro de seu controle, compreenderem seus medos e aceitarem que é natural sentirem-se assim, procurarem outras pessoas que tenham um ponto de vista positivo para lhes darem apoio e descobrirem de que forma elas podem incentivá-las a melhor compreender o processo, reconhecendo o que estão perdendo na mudança.

A explicação da origem tanto da negação quanto da resistência fica mais evidente quando compreendemos o nível de consciência pelo qual a pessoa opera, e analisamos sua situação pelos quadrantes do Modelo Aqal. Como exemplo, uma nova configuração organizacional baseada na implementação de equipes autogerenciadas e completamente autônomas, tipicamente de nível VERDE, pode ser interpretada como uma afronta ao modelo "correto" e "tradicional" de se fazer as coisas, no caso de uma pessoa com centro de gravidade no nível AZUL, ou ser interpretada como um formato que vai dispensar muito tempo e energia em discussões e contribuições de todos, um modelo que não forneceria o melhor resultado por tempo gasto para uma mente com centro de gravidade no nível LARANJA.

Quando superada a fase de resistência, acontece a transição para a terceira fase, que é a da exploração. Essa fase se caracteriza por um exame ativo das possibilidades que a nova situação trará. Caso a mudança seja rapidamente percebida como benéfica, as fases de negação e de resistência podem ser rapidamente, até mesmo imediatamente, superadas e a indução individual já coloca a pessoa na fase de exploração, ou ainda de comprometimento. Na fase de exploração, as pessoas aceitam que a mudança está ao seu alcance e começam a ter o desejo de se tornar protagonistas no processo, assim como beneficiar-se dessa nova perspectiva. Nessa fase, a necessidade de participar é grande e a criação de novas ideias, em continuidade ao processo de indução individual, é inevitável e favorável ao processo de mudança. Nessa fase as pessoas compartilham o propósito coletivo e focam sua energia e atenção nesse objetivo, explorando as implicações da mudança para si próprias e para suas responsabilidades com a organização. Pode ser uma etapa consideravelmente caótica para gerenciar, mas cujos benefícios ao processo de mudança serão indispensáveis. Alguns dos comportamentos comuns nessa etapa de exploração são reações como: "isso não é tão ruim", "isso pode funcionar", "essa mudança me dará a oportunidade de..." Para estimular sua transição para a fase de comprometimento, a pessoa deve ter a liberdade de participar ativamente do processo de implementação da mudança e de testar as oportunidades e vantagens possíveis em uma nova situação, investir tempo para explorar alternativas sobre o que e como fazer e então chegar a uma conclusão sobre o processo, ser incentivada a elaborar um plano de sua atuação durante o processo de mudança, ter oportunidades de aprender e praticar novas habilidades relacionadas à mudança, entre outros. Entretanto, a fase de exploração pode vir a ser um problema caso o agente da mudança avalie novas possibilidades indefinidamente, sem escolher uma direção e sem fazer progresso no processo. Além disso, se a expressão dessa energia e entusiasmo for suprimida ou ignorada pelo agente de mudança ou pela equipe norteadora, o indivíduo pode tornar-se cínico em relação ao processo por se sentir ignorado ou excluído, e voltar à fase de resistência. No "caso referência", uma das estratégias principais na fase de exploração foi encorajar o empoderamento dos colaboradores por meio da delegação sobre a condução dos processos de mudanças, como se eles fossem os proprietários do projeto. Eles tiveram autonomia para as decisões importantes, acesso a todas as informações necessárias, liberdade para se expressarem, implementarem ideias, arriscarem-se em mudanças arrojadas sem o receio de errar, e tiveram autoridade para desobstruírem quaisquer empecilhos ou resistências que atrapalhassem o processo, inclusive por parte dos seus superiores. Todas as ações eram sempre acompanhadas de apoio, reforço positivo e recompensas psicológicas por parte da equipe norteadora e do *sponsor* patrocinador das mudanças, no caso, o diretor.

O sucesso na fase de exploração contribui para a transição à última fase do ciclo de mudança, que é a fase de comprometimento. Nesse momento, as pessoas já aceitaram a mudança e estão prontas para torná-la parte de sua vida. Elas decidiram por um plano e estão assumindo a responsabilidade por fazer a mudança acontecer. Há uma sensação natural de unidade, alívio e expectativa. As pessoas começam a olhar para o futuro e a se concentrar no que precisa ser feito para que a nova situação evolua. Há também uma tendência de olhar para trás, de refletir sobre o que aprenderam e de agradecer àqueles que lhes ofereceram apoio. Alguns dos comportamentos comuns nessa etapa de comprometimento são reações como: "não consigo acreditar como eu costumava fazer aquelas coisas", "gosto mais das coisas assim", "fico imaginando o que mais posso fazer". E para sustentar o comprometimento, as pessoas devem ser estimuladas a reconhecer e recompensar a si mesmas pelo sucesso, e receber esse reconhecimento e recompensa da organização; devem ter a liberdade de concentrar sua energia e tempo onde possam efetivamente fazer a diferença, ter autonomia para olhar para frente, para novas situações e outras mudanças no horizonte, e para estabelecerem suas metas de longo prazo no novo ambiente.

Uma análise complementar a essas quatro fases da curva de transição da mudança é o comportamento exteriorizado pelas pessoas envolvidas, que pode ser mais passivo ou mais ativo em relação ao processo de mudança[197]. Caso um indivíduo tenha um comportamento passivo, não se envolvendo diretamente ou se esquivando do processo de mudança, e esteja em uma fase de negação ou resistência, ele provavelmente se comportará como um tradicionalista, procurando "fazer as coisas como sempre foram". Caso ele esteja em fase de exploração, ou até mesmo de comprometimento, ele exercerá mais um papel de expectador, seguindo "o fluxo com a corrente". Por outro lado, caso o indivíduo tenha uma reação mais ativa, e esteja na fase de negação ou resistência, sua influência pode impactar negativa e consideravelmente no processo de mudança, tornando-se um resistente atuante e mobilizador, ou alguém que vai agir pelos bastidores minando todo o processo. Mas se a pessoa estiver na fase de exploração e comprometimento graças à sua energia de reação ativa, ela poderá se tornar um dos principais apoiadores e multiplicadores da mudança pretendida.

A curva de transição individual permite assim compreender o ciclo de resposta de uma pessoa ao estímulo gerado por uma mudança. Entretanto, ela constitui apenas uma parte do todo. Não somente o aspecto individual influencia no processo, mas igualmente o coletivo. Após o ápice da implementação das novas

---

197. Conforme explica Mike Bourne em seu livro *Change Management in a Week*: Managing Change in Seven Simple Steps. Reino Unido: Hachette, 2012.

práticas, a evolução da fase de comprometimento para a mudança efetiva passa indispensavelmente pelo enraizamento da nova realidade ou "forma de fazer" na cultura da organização. É somente quando a cultura organizacional absorve ou se modifica com a mudança iniciada que a indução coletiva é efetivada em sua plenitude, abrindo espaço para o último nível, que é a indução sistêmica.

7.3.5 A cultura organizacional

Um processo integral de mudança cultural – esteja ele relacionado diretamente a um nível de consciência específico (ᵛMEME *Wizards*), ativando novos níveis (*Wizards of Change*) ou atuando com a evolução de níveis (*Spiral Wizards*) – envolve os quatro quadrantes do Modelo Aqal, como retoma a figura a seguir. No período em questão, de indução coletiva, a mudança já se encontra fortemente explícita na organização, resultado principalmente da divulgação e implementação do planejamento do processo de mudança. Neste, os resultados desejados com a mudança em termos de sistemas organizacionais (estruturas, processos e práticas) foram claramente definidos e externamente comunicados (quadrante inferior direito, coletivo exterior).

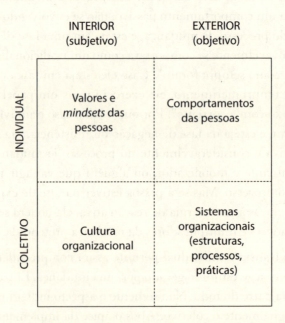

Figura 7.2 (reprodução da figura 2.2 do capítulo 2): Os quatro quadrantes de Wilber aplicados às organizações (ou a qualquer outro sistema social). Fonte: Elaborado pelos autores com base em WILBER (2000).

Com isso, identifica-se quais comportamentos individuais (quadrante superior direito, individual exterior) precisam ser desenvolvidos para entregar os resultados desejados nos sistemas organizacionais. São esses os elementos mais explícitos e cruciais a serem alterados, ou reforçados, em um processo de mudança. O exemplo da empresa de *design* de *websites* que está com um problema constante de atraso na entrega dos seus projetos aos clientes, descrito no capítulo 2, ilustra essa importância. Os prazos dos clientes somente serão respeitados se o comportamento adequado dos funcionários no que tange ao respeito de prazos for estimulado e reforçado, podendo ser vinculado às metas e aos sistemas de avaliação e de bonificação, e se os líderes forem exemplos desse comportamento desejado. Entretanto, a mudança efetiva deve contemplar o incentivo e o cumprimento desse comportamento em todas as situações na empresa, e não somente no que se refere aos prazos dos clientes, como no respeito zeloso ao horário de início e término das reuniões internas e aos prazos internos de entrega. Com isso, essa convergência de comportamentos que se reforçam resulta na disseminação de um valor comum na mente de cada uma das pessoas da organização, que nesse caso seria o valor da "percepção da importância do tempo para si e para os outros". Portanto, uma mudança de comportamento consistente e duradoura somente ocorre quando os valores aos quais os comportamentos estão associados são identificados, estimulados e reforçados.

Nesse momento, pode-se retomar o "DNA psicológico" realizado sobre a organização e analisar com profundidade os níveis de consciência equivalentes aos principais valores suportados na organização. Os valores são os componentes centrais da cultura organizacional. Desse modo, dentro do processo de mudança, o agente de mudança e sua equipe norteadora devem verificar quais são os valores individuais (quadrante superior esquerdo, individual interior) associados aos comportamentos desejados que precisam ser desenvolvidos, e *se* e *como* eles estão presentes ou ausentes nas pessoas. Inicialmente no processo de mudança a indução individual foi gerada a partir dos valores do indivíduo e de sua cognição quanto ao contexto, e esse processo foi conduzido no período de indução conduzida. E no período em questão, de indução coletiva, o agente de mudança e sua equipe norteadora devem identificar, definir e estimular os valores individuais associados aos comportamentos desejados. E isso é feito com base no modelo de liderança integral, considerando os três estilos de condução da indução conduzida (ᵛMEME *Wizards*, *Wizards of Change* e *Spiral Wizards*). E, além dos comportamentos, é importante mapear e identificar todos os sistemas organizacionais (quadrante inferior direito, coletivo exterior), cujo desempenho é afetado pelos valores identificados.

315

Os valores individuais são fundamentais para determinar as características da cultura organizacional que se encontra conceitualmente no quadrante inferior esquerdo (coletivo individual), e ao mesmo tempo são determinados pelos valores coletivos gerados pela cultura organizacional. Essa interinfluência mútua acontece porque as pessoas não são "ilhas isoladas", e sua própria introspecção e análise de seus pensamentos e atitudes (que ocorrem no quadrante superior esquerdo, individual interior) é feita com base em um padrão de normas de conduta dos grupos nos quais estão inseridos, como famílias, amigos e colegas de trabalho, o que é representado no quadrante inferior esquerdo (coletivo interior). Esse quadrante é intersubjetivo e diz respeito ao "encaixe" cultural e à compreensão mútua. Uma única pessoa vivencia assim diferentes realidades de quadrantes inferiores esquerdos, dependendo de quantos grupos ela está inserida, seja ao menos uma em casa, outra no trabalho e outra ainda com seus amigos. Em cada grupo com o qual se relaciona, seus pensamentos e atitudes serão avaliados com base em normas de conduta diferentes, e na maioria das vezes informais. Por isso ela pode ter comportamentos completamente diferentes (quadrante superior direito, individual exterior) e desempenhos coletivos distintos (quadrante inferior direito, coletivo exterior). Esse processo foi brevemente descrito no capítulo 2, em um fluxo reproduzido na figura a seguir.

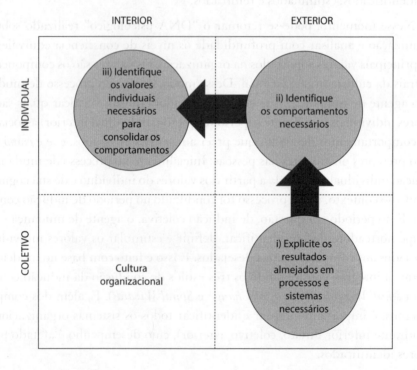

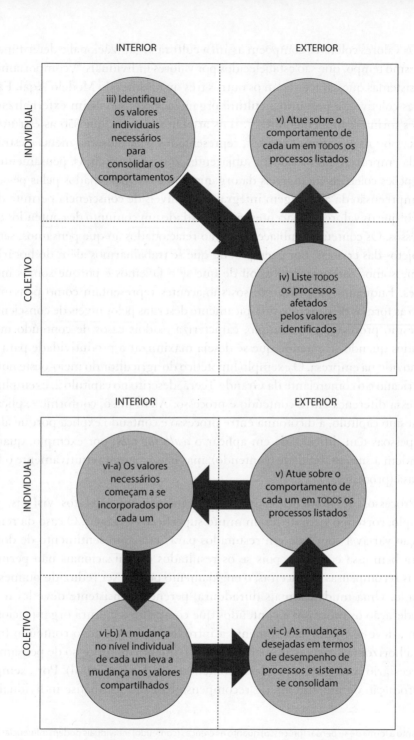

Figura 7.3 (reprodução das figuras 2.4, 2.5 e 2.6 do capítulo 2): Cultura organizacional analisada segundo o Modelo Aqal. Fonte: Elaborado pelos autores.

Os valores coletivos compõem assim a cultura organizacional e determinam, ao mesmo tempo, que são estabelecidos por valores individuais[198], comportamentos e sistemas que caracterizam os outros três quadrantes do Modelo Aqal. Esses valores coletivos, e portanto a cultura organizacional, são assim externalizados de três formas complementares[199]: i) os artefatos visíveis, que são as estruturas e processos; ii) os valores expostos, representados pela filosofia, metas e estratégias da empresa; e iii) os valores subjacentes, que são as crenças, pensamentos e percepções coletivas intangíveis da organização e compartilhados pelas pessoas. A compreensão da abordagem integral e dos níveis de consciência permite desvendar que os valores subjacentes são na verdade um conjunto de conteúdos e de processos. Os conteúdos subjacentes estão relacionados ao que pensamos, sendo os objetos das crenças, por exemplo, de que se trabalharmos além do horário é porque somos comprometidos, ou de que se o fazemos é porque somos ineficientes. Enquanto isso, os processos subjacentes representam como pensamos, sendo as formas de pensamento tipicamente descritas pelos níveis de consciência. O mesmo processo, por exemplo, caracteriza os dois casos de conteúdo mencionados quando se entende que se deseja maximizar a produtividade para ser promovido na empresa. O exemplo hipotético do agricultor do meio-oeste norte-americano e o comerciante da Grande Teerã, descrito no capítulo 2, exemplifica bem essa diferença entre conteúdo e processo. Além disso, conforme explicado no mesmo capítulo, a dicotomia entre processo e conteúdo explica porque algumas pessoas têm dificuldade em aplicar o *walk the talk*, por exemplo, quando defendem a sustentabilidade (conteúdo), mas não separam intuitivamente o lixo em casa (processo).

Processos de mudança baseados unicamente em artefatos visíveis, por exemplo, correm o risco de serem muito superficiais e frágeis. O caso da remuneração variável com base em resultados para "criar um sentimento de dono" ilustra bem essa condição, pois se os resultados organizacionais não permitirem as recompensas financeiras, o engajamento poderá ser reduzido ou mesmo anulado. Uma mudança mais duradoura, perene e consistente deve levar em consideração os processos e conteúdos que compõem a cultura organizacional. Assim, deve-se buscar não somente a introdução de um novo conteúdo (mudança horizontal), mas estimular o desenvolvimento do processo de pensamento necessário para a absorção desse conteúdo (mudança vertical). Por exemplo, a introdução de um sistema de recompensa baseado na análise individual de

---

198. Tanto a forma de se pensar (processo) quanto as crenças (conteúdo) individuais podem influenciar e serem influenciadas pelos grupos nos quais a pessoa está inserida, e mesmo sendo de seu interior individual, não estão isoladas e isentas dessa influência.

199. SCHEIN, E. *Organizational Culture and Leadership*. São Francisco: Jossey-Bass, 2009a.

produtividade e resultados, tipicamente LARANJA, não seria efetiva e duradoura em um grupo de pessoas operando no nível AZUL de consciência. Estes entenderiam melhor uma nova regra para recompensas baseada no "tempo de casa", por exemplo. Nesse caso, uma mudança vertical no processo de pensamento deve ser considerada, além da mudança horizontal no conteúdo do processo de melhoria de desempenho organizacional.

Além disso, se a mudança considerar somente a questão horizontal (conteúdo) ou vertical (processo), ela pode se limitar à análise do comportamento das pessoas (quadrante superior direito, individual exterior), sem considerar a cultura do grupo (quadrante inferior esquerdo, coletivo interior). Para consolidar a mudança, a organização terá que se preocupar com os valores efetivamente compartilhados pelos seus funcionários, tanto no que se refere à mudança vertical como no tocante à mudança horizontal. E assim entramos no quadrante inferior esquerdo (coletivo interior), que é o quadrante cultural. Nós identificamos facilmente a cultura de uma família ou de uma organização quando temos o primeiro contato com elas. É quando percebemos os artefatos tangíveis (comportamentos) que são manifestações dos valores subjacentes que se tornam as normas informais, como "o jeito com que fazemos as coisas por aqui". E por isso duas empresas do mesmo setor, aparentemente similares em produtos, estruturas, processos e capacitação de sua mão de obra, podem ter desempenhos bem diferentes. Isso se explica pelos valores subjacentes que definem a cultura da organização e que influenciam o comportamento das pessoas, como no caso das microparadas apresentado no capítulo 2, no qual em uma das organizações se parava para identificar a verdadeira causa do problema e solucioná-lo, enquanto na outra, menos produtiva, os problemas eram somente remediados por meio de *resets* nos equipamentos.

Portanto, uma mudança cultural exige considerar e atuar sobre os valores dos colaboradores no nível intangível, além de utilizar programas e técnicas que exijam comportamentos em sintonia com os valores buscados, além de sistemas que os permitam e reforcem. Trata-se de uma abordagem que considera os quatro quadrantes do Modelo Aqal. Percebemos assim que os resultados tangíveis de uma organização são fortemente influenciados não somente por elementos tangíveis da estrutura organizacional, mas por questões profundamente intangíveis relacionadas às pessoas. Além disso, mas também por conta disso, a mudança deve considerar que um salto de um nível de consciência organizacional para outro não é um processo evidente. Caso haja uma lacuna de níveis de consciência individuais muito grande entre o nível atual e nível seguinte desejado, deve-se primeiramente trabalhar sobre a consolidação e o alinhamento do nível dominante no grupo de pessoas. A maestria de se combinar os diferentes estilos de condução da indução ('MEME *Wizards*, *Wizard of Change* e *Spiral Wizard*) e os componentes do Modelo *Integral Works*® torna-se assim essencial para garantir que a cultura organizacional se torne uma cultura consciente, consolidando gradualmente as mudanças induzidas e conduzidas ao longo do tempo.

À medida que pequenas dissonâncias vão sendo introduzidas nos processos organizacionais, gerando pequenas lacunas que vão sendo progressivamente preenchidas, são geradas pequenas vitórias que, pouco a pouco, consolidam-se em hábitos a partir da mudança dos *mindsets* presentes na organização. Como não se trata de um processo unicamente racional, a mudança integral considera assim emoções, relacionamentos, sombras e a tríade corpo-mente-espírito, como foi detalhado no capítulo 6. A importância das pequenas vitórias é premente para o sucesso do processo de mudança, pois são elas que fornecerão às pessoas envolvidas as recompensas psicológicas de que aquilo que está sendo feito está gerando resultados concretos. Além disso, elas contribuem para reforçar a indução individual, corroborando os *insights* individuais e estimulando o empoderamento e a modificação de *mindsets* e hábitos em prol da mudança. John Kotter[200] destaca que as vitórias são as moléculas motivadoras dos resultados, e por isso elas devem ser reconhecidas, coletadas e comunicadas rápida e frequentemente, tanto para comprovarem o progresso rumo à mudança quanto para energizar todos os envolvidos. O autor complementa que as pequenas vitórias podem ser concretizadas de várias formas, como ações realizadas, lições aprendidas, processos melhorados, novos comportamentos demonstrados, depoimentos de parceiros e clientes, entre outros. O importante é que as vitórias comunicadas sejam relevantes, tenham sentido para todos e sejam claras, visíveis e tangíveis para que possam ser escaladas, ou seja, replicadas ou adaptadas pelos demais participantes do processo de mudança.

No "caso referência", por exemplo, todo o processo de mudança foi sustentado com base no princípio de gerar e celebrar vitórias rápidas. Estrategicamente, as primeiras ideias implantadas tiveram a intenção de dissipar o pessimismo e o ceticismo de alguns participantes e principalmente dar maior visibilidade às implementações de êxito, bem como criar um ímpeto motivacional para as transformações. Para isso, a equipe norteadora foi orientada pelo agente de mudança a selecionar e implementar imediatamente ideias de fácil e rápida aplicação. Isso para que os envolvidos percebessem que suas iniciativas estavam sendo consideradas e diversas delas sendo aceitas, aplicadas e celebradas. Criou-se um sentimento de que seus esforços estavam sendo valorizados e reconhecidos, gerando sensações de autorrealização nos participantes e doses extras de estímulos para

---

200. KOTTER, J. & COHEN, D. *The Heart of Change...* Op. cit. • KOTTER, J. *Accelerate...* Op. cit.

prosseguirem e até acelerarem outras implementações de maior complexidade. Uma estratégia que incentivou consideravelmente a geração de pequenas vitórias foi o estabelecimento de uma meta individual comum para todos os participantes, inclusive a diretoria e a gerência, de gerar duas ideias de melhoria a cada quinze dias, por pessoa. As ideias poderiam abranger todo o departamento e não poderiam ser criticadas pelos colegas nem gerar despesas adicionais. As apresentações eram feitas em reuniões quinzenais, avaliadas pela equipe norteadora e por uma banca rotativa de demais participantes, e se a ideia fosse aprovada, era imediatamente implementada pelo propositor. Se não fosse aprovada, ela ficaria sujeita a uma revisão na reunião seguinte. No período de vigência dessa meta, foram implementadas melhorias referentes a eliminação de contas e lançamentos dispensáveis e em duplicidades, *layouts* de relatórios e demonstrativos, fluxos de informação, critérios de lançamentos, arranjos físicos dos móveis, mudanças nos sistemas de custo e orçamento, metodologia de cooperação técnica, cronogramas de viagens, escala de férias, dinâmicas de reuniões, metodologia e conteúdo de capacitação, entre outras.

Além disso, o estímulo à geração de pequenas vitórias favorece a eliminação de possíveis barreiras e obstáculos ao processo de mudança. Primeiramente, é importante identificar as forças resistentes à mudança, que podem ser individuais ou organizacionais. As possíveis fontes de resistências individuais, como os níveis de consciência, emoções e sombras, foram profundamente detalhadas nos capítulos anteriores. No âmbito organizacional, são diversas as fontes de resistência, como a inércia da própria estrutura, processos e hierarquias ineficientes, ameaças às distribuições estabelecidas de recursos, de especializações, de *status quo* e de poder, pressões exageradas para alcançar metas trimestrais, complacência, demasiado número de regras e procedimentos, entre outras. Além disso, pode-se analisar se algumas iniciativas de mudança anteriores na organização falharam, e, em caso afirmativo, quais as barreiras que impediram o sucesso. Muitas das pequenas vitórias surgem justamente de ideias que visam eliminar essas barreiras individuais ou organizacionais.

Assim, em resumo, atuando ativamente nos quatro quadrantes, o foco central do processo de mudança integral é resultar em efeitos concretos no comportamento (quadrante superior direito, individual exterior) das pessoas dentro da organização, de forma alinhada com a mudança que está sendo implementada. À medida que esses comportamentos são incorporados, um reforço é gerado nos valores individuais e na cultura da organização. Isso vai impulsionar os resultados desejados, consolidando-os em processos e sistemas, reconfigurando assim a manifestação natural da cultura vigente para uma cultura consciente. Essa cultura favorece o enraizamento da nova realidade na organização, efetivando e consolidando a mudança em sua plenitude e criando-se as condições necessárias para o quarto e último período do ciclo da mudança integral, a indução sistêmica.

7.4 Vivendo com e para a mudança: a indução sistêmica

Ao final do período de indução coletiva, a mudança pretendida na organização já se tornou realidade e os novos elementos trazidos por ela começaram a ser cristalizados no *modus operandi* da organização. Relembrando as fases descritas por Kurt Lewin[201], durante a indução coletiva a mudança foi implementada no ambiente que havia sido descongelado nos períodos anteriores. E nas etapas mais avançadas da curva de transição individual e da modificação da cultura organizacional, a fase do recongelamento inicia quando as novas ideias e práticas são incorporadas definitivamente ao comportamento organizacional, as mudanças sendo estabilizadas e consolidadas. E é justamente na transição entre as fases de indução coletiva e indução sistêmica que esse recongelamento atinge seu auge.

Nesse momento, a "nova forma de se fazer as coisas" já faz parte do cotidiano organizacional, e os valores, comportamentos, culturas e estruturas estão alinhadas com a nova realidade, solidificando a mudança que havia sido iniciada na indução individual. Dessa forma, toda a organização está "caminhando" na mesma direção, como uma entidade única, congruente e sólida, focada nas oportunidades e desafios da nova configuração que resultou da mudança. O "novo" agora já está incutido no sistema organizacional, em suas estruturas, processos e práticas, evidenciando claramente a concretização no quadrante inferior esquerdo do Modelo Aqal, que é coletivo e exterior. Todo o processo de indução, que passou do individual para o conduzido e para o coletivo, agora se define, portanto, por uma característica sistêmica. Todo o sistema da organização está alinhado e age como um indutor e um condutor, concretizando a nova realidade. Esse processo de indução sistêmica está ilustrado à direita da figura 7.1.

Nesse período de consolidação e recongelamento, a organização precisa sustentar tanto a mudança em questão quanto, ao mesmo tempo, a aceleração rumo a novas mudanças, como destaca John Kotter[202]. Primeiramente, a mudança deve ser consolidada articulando-se as conexões entre as novas atitudes e comportamentos e o sucesso da organização, certificando-se de que a mudança será forte o suficiente para substituir os antigos *mindsets* e hábitos, como detalhado anteriormente. E após o sucesso com a nova mudança, ao invés de reduzir

---

201. LEWIN, K. *Frontiers in Group Dynamics*... Op. cit.

202. KOTTER, J. & COHEN, D. *The Heart of Change*... Op. cit.; KOTTER, J. *Accelerate*... Op. cit.

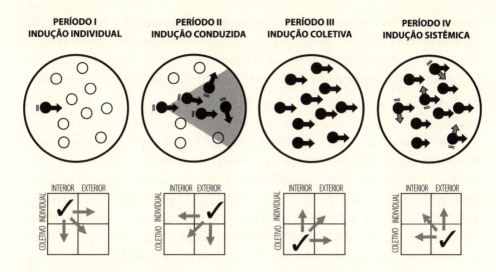

Figura 7.1 (reproduzida): Os quatro períodos de indução no processo de mudança integral.
Fonte: Elaborado pelos autores.

o ritmo, deve-se "pisar ainda mais no acelerador". Isso porque todo o processo de mudança gerou um clima de estímulo à inovação e à realização que deve ser aproveitado e potencializado. Essa credibilidade crescente, como designa Kotter, cria um *momentum* que deve ser estimulado para gerar mais modificações em sistemas, estruturas e políticas, semeando mudanças após mudanças até que a visão da organização se torne realidade. Caso a organização deixe esse *momentum* perder força, a complacência poderá tomar o lugar do comprometimento e do entusiasmo, tornando uma nova mudança ainda muito mais difícil. O autor destaca assim que talvez seja necessário retomar o senso de urgência que havia propulsionado o processo de mudança em seu início para reforçar a concretização das novas formas de atuação.

Além disso, mais pessoas devem ser envolvidas no processo para se tornarem multiplicadoras da nova cultura organizacional. O agente de mudança e sua equipe norteadora devem assim desdobrar o novo modelo organizacional e preencher cada um dos seus componentes essenciais com pessoas cujo centro de gravidade esteja alinhado naturalmente com o que precisa ser feito, como reforçam Beck e Cowan[203]. Isso deve ser feito deixando sempre pequenas lacunas de alinhamento para favorecer o desenvolvimento e, consequentemente, abrir espaço para novas mudanças. Tal processo pode permitir que as pessoas experimentem novas ideias,

---

203. BECK, D. & COWAN, C. *Spiral Dynamics...* Op. cit.

tragam e discutam "más notícias" e, principalmente, apliquem e reforcem as cinco atitudes do líder integral. Assim, as pessoas contribuirão com suas novas perspectivas à nova cultura que está sendo solidificada, ajudando a identificar e eliminar potenciais barreiras que possam existir ou surgir, como explicado anteriormente.

Retomando a figura anterior, perceba que, ao mesmo tempo que todos os atores estão seguindo para uma mesma direção, começa a surgir em determinadas pessoas novos impulsos em outras direções. Isso se explica porque, a partir de um determinado momento, quando o ápice da transição entre a indução coletiva e a indução sistêmica é atingido, naturalmente iniciam-se novos processos de induções individuais. E são essas induções individuais que irão permitir a aceleração descrita por Kotter. Ou seja, dentro de todo esse conjunto sistêmico coerente, interligado, alinhado e focado que caminha no rumo que a mudança provocou, novos pontos de indução começam a surgir inspirados por *insights* gerados pela compreensão individual do novo contexto. Quando uma dessas induções individuais toma força e se torna o ponto focal inicial de um novo estímulo para a mudança, todo o ciclo recomeça, fazendo assim a organização como um todo evoluir. E é esse, exatamente, o ciclo desejado em um processo de gestão e de liderança integral.

Como foi explicado anteriormente, os dois princípios centrais do Modelo *Integral Works*® são o alinhamento e o desenvolvimento. Levando em consideração a organização como um todo, a transição saudável entre os períodos de indução coletiva e de indução sistêmica representam um **alinhamento** entre a própria organização e o processo de mudança, como descrito no parágrafo anterior. Entretanto, se todo esse sistema alinhado não for gradativamente permeado de novas induções individuais, ele ficará estagnado em sua condição atual, eliminando qualquer possibilidade de **desenvolvimento**. De acordo com esse segundo princípio essencial, qualquer elemento da realidade está em constante evolução rumo a uma maior complexidade e maior consciência. Assim, pequenas lacunas de alinhamento devem ser constantemente geradas para que essa evolução ocorra da forma mais saudável possível. A coexistência indissociável entre alinhamento e desenvolvimento permite que todo o sistema organizacional se mantenha em constante evolução.

Assim, considerando a figura previamente apresentada, o primeiro período de indução individual e o quarto período de indução sistêmica são na realidade sobrepostos, sendo ao mesmo tempo distintos e coexistentes. Enquanto o período de indução sistêmica se concretiza, o período de indução individual reinicia, garantindo assim a relação entre alinhamento e desenvolvimento. Dessa forma, o processo de mudança integral na organização acontece conforme o mesmo processo de evolução dos níveis de consciência individual, ou seja, o período de indução seguinte transcendendo e simultaneamente incluindo o período anterior.

O líder integral tem consigo uma grande responsabilidade. A partir do momento em que se torna consciente de suas percepções sobre si mesmo, sobre os outros e sobre o mundo, ele não pode mais, e provavelmente nem consiga, se retrair do seu papel no movimento evolutivo da humanidade. Graças ao entendimento integral que possui do ser humano e do seu entorno, ele deverá gerenciar com sabedoria todos os inúmeros momentos de indução individual que sentirá. Ao alinhar essas induções com o propósito ao qual se dedica, o líder integral poderá realizar escolhas conscientes quanto às suas ações e decisões. E assim poderá conduzir as pessoas ao seu redor a fazer o mesmo, seguir suas induções em direção aos seus propósitos, assumindo essas atitudes e se responsabilizando pelos resultados. O líder integral perceberá assim que se encontra contínua e concomitantemente em variados processos de mudança, de diversas naturezas e origens. Ao se manter alinhado com seus valores, entendendo humildemente que a percepção do mundo é uma interpretação sua e sendo verdadeiro consigo mesmo estando atento ao momento presente, ele terá condições de (co)liderar um movimento de indução coletiva em prol do que acredita e entende como essencial para a evolução saudável das pessoas e das organizações. Ao compreender que sua evolução individual está alinhada com a evolução da humanidade, e que esta, por sua vez, está alinhada com a evolução de todo o Universo, ele perceberá que todos estamos inseridos em uma indução sistêmica coletiva que é ao mesmo tempo o todo e uma parte da nossa evolução.

Epílogo

Parabéns! Você chegou ao final! Final de leitura, mas começo de uma longa jornada. Jornada que deverá ser permeada por diversas consultas a este livro e a outros que recomendamos anteriormente. Se você chegou até aqui, entrou em contato com as principais questões relacionadas à evolução do ser humano e das organizações. A essa altura, você já deve saber o significado da liderança integral e as características de um líder integral.

O líder integral é aquele ou aquela que exerce um papel de liderança operando a partir de níveis de consciência de segunda camada. Valendo-se de processos de pensamento mais complexos, referentes aos níveis AMARELO, TURQUESA e CORAL, esse novo perfil de liderança é capaz de lidar de forma apropriada com a volatilidade, a incerteza, a complexidade e ambiguidade, características dos ambientes Vuca nesse início de milênio. O desenvolvimento dessa nova consciência surge como resultado de um longo e profundo processo de autoconhecimento, conhecimento dos outros e do mundo à sua volta, somado à prática das cinco atitudes saudáveis que envolvem propósito, *accountability,* integridade, humildade e veracidade. O pensamento integral permite assim maximizar a contribuição dos diferentes níveis de consciência para a resolução dos problemas de alta complexidade que afligem a humanidade no século XXI.

Ao reconhecer que a realidade apresenta diferentes perspectivas, quadrantes, linhas e estágios de desenvolvimento, o líder integral cultiva estados saudáveis de consciência, buscando estar presente e consciente de sua realidade a cada momento. Ao mesmo tempo, essa nova liderança cultiva uma vida efetivamente integral, na qual relacionamentos, emoções, sombras e a tríade corpo-mente-espírito recebem a devida atenção ao longo da jornada rumo ao seu propósito. Para um líder efetivamente integral, o propósito é o propulsor de sua busca infinita pela Verdade. Verdade esta que está em permanente construção. Ao mesmo tempo, esse propósito não pode ser um fim para o qual não importam os meios. O respeito aos próprios valores e aos valores dos outros, pressuposto fundamental da jornada integral, inclui uma preocupação sincera com a saúde física, mental e espiritual. Para isso, o líder integral desenvolve práticas que nutrem, da forma mais integrada e sinérgica possível, não só sua tríade corpo-mente-espírito como também suas sombras e seus relacionamentos, em um "abraço" cada vez mais amplo e compassivo abrangendo perspectivas diversas e aceitando a realidade tal como ela é. Essas práticas ampliam sua capacidade de estar presente para lidar com problemas de complexidade crescente, típicos de uma Era Integral que começa a desabrochar.

Ao ler o parágrafo anterior, o leitor pode ter pensado: "Ser um líder integral é algo muito difícil, pois estou longe de apresentar todas essas características!" Nesse ponto, é fundamental lembrar que ser um líder integral não é um alvo a ser alcançado. A liderança integral é um processo, um caminho e uma jornada! E que começou quando você iniciou a leitura deste livro e se motivou a se desenvolver para ajudar sua organização a resolver seus problemas e explorar de forma consciente suas oportunidades. Seu próprio desenvolvimento como pessoa faz parte da evolução da humanidade. É o espírito conhecendo a si mesmo. Portanto, não desanime. Ser um líder integral é estar presente e consciente sempre que possível, sendo capaz de utilizar o conhecimento obtido com cada etapa, como essa leitura, para transformar o dia a dia em uma verdadeira obra de arte.

Agora, é com você! É com cada um de nós. E o melhor é que não estamos sozinhos. Pelo contrário, cada vez mais pessoas estão despertando para a Era Integral, criando um movimento coletivo impulsionador dessa nova consciência. Uma consciência integral e inclusiva que transcende e inclui as particularidades comportamentais, culturais e sociais, e que trata do ser humano e do Universo em sua essência. São Francisco de Assis é, nesse sentido, um dos santos mais admirados por pessoas de outras crenças que não o catolicismo. Protestantes, judeus, mulçumanos, budistas, hindus, umbandistas, espíritas, agnósticos e ateus admiram sua sabedoria, compaixão, respeito pelas diferenças e amor pela natureza. A "Oração de São Francisco" inspirou e continua inspirando pessoas de todas as culturas a cultivarem uma maior presença e levarem uma vida mais integral.

ORAÇÃO DE SÃO FRANCISCO

Senhor, fazei-me instrumento de vossa paz.
Onde houver ódio, que eu leve o amor;
onde houver ofensa, que eu leve o perdão;
onde houver discórdia, que eu leve a união;
onde houver dúvida, que eu leve a fé;
onde houver erro, que eu leve a verdade;
onde houver desespero, que eu leve a esperança;
onde houver tristeza, que eu leve a alegria;
onde houver trevas, que eu leve a luz.

Ó Mestre, fazei que eu procure mais
consolar, que ser consolado;
compreender, que ser compreendido;
amar, que ser amado.
Pois é dando que se recebe,
é perdoando que se é perdoado,
e é morrendo que se vive para a vida eterna.

Inspiramo-nos na "Oração de São Francisco" para elaborar a "Meditação da Jornada Integral". Nela, cada um dos níveis de consciência, das práticas, atitudes e ferramentas de vida integral nos inspiram a estarmos conscientes de nossa atuação como líderes integrais. São Francisco talvez tenha sido um dos primeiros líderes integrais da humanidade. É com ela que nos despedimos de você, caro(a) leitor(a), esperando reencontrá-lo(a) em breve!

MEDITAÇÃO DA JORNADA INTEGRAL

Que eu me torne, a cada dia, um instrumento integral.

Onde eu encontrar fome, catástrofes, refugiados, sofrimento, que eu possa acolher, oferecer conforto e esperança com minhas palavras e atitudes.

Onde eu encontrar tradições, superstições, tribos e crenças tão diferentes daquilo que acredito, que eu possa respeitar.

Que eu possa manter minha determinação, meu empoderamento, minha assertividade. Que o fato de eu saber o que quero não me torne uma pessoa rebelde, teimosa ou egoísta. Que eu possa ter cada vez mais equilíbrio nas minhas emoções.

Onde houver a chantagem, o controle exagerado, o machismo, a desordem, a corrupção e a violência, que eu possa contribuir para trazer a ordem, a direção, o significado e a disciplina.

Que eu seja capaz de aceitar e seguir regras e inspirar por meio do exemplo da minha disciplina, pontualidade, integridade. Que eu cumpra com tudo aquilo que prometer.

Onde houver preconceito, excesso de julgamento, crítica, reclamação, controle, normas, procedimentos, burocracias demasiadas, que eu possa trocar as minhas lentes. Despertar para a importância de aceitar que possam existir modos de pensar e caminhos diferentes. O outro não é perfeito, mas eu também não sou.

Que eu me lembre que o erro do outro pode ser simplesmente a projeção das minhas sombras. Erros são parte do aprendizado, tanto os meus quanto os dos outros.

Que eu aceite e incorpore novos caminhos e verdades, permitindo ao novo entrar na minha vida dando autonomia, deixando o outro SER obter seu progresso e alcançar o seu propósito.

Onde só houver lentes para o dinheiro, o luxo, a competição e a ganância, e a velocidade para se obter metas e resultados se tornar frenética, que eu me lembre da importância da minha saúde física e mental.

Que eu foque no meu trabalho, em vez de me comparar e me incomodar com o sucesso do outro. Que eu desperte para a necessidade de desenvolver mais o SER do que o TER. O que ficará de nossa vida serão nossas histórias e as relações que construímos.

Que eu esteja presente em minha comunidade e sociedade, lutando por causas justas e fazendo minha parte. Que eu possa ser cuidadoso com as outras pessoas, contribuindo para a harmonia nos grupos.

Que eu não perca a sensibilidade com os problemas e dificuldades dos outros. Mas que eu também estimule nas outras pessoas seu senso de autonomia, e possa manter o foco e o fluxo nas reuniões e nos momentos de decisão. Que eu possa me lembrar de manter a produtividade e combater a indecisão e a lentidão de processos.

Que eu aprenda a cada dia a relativizar e flexibilizar, sabendo dizer SIM e dizer NÃO quando necessário. Que eu possa desenvolver a aceitação, a aceitar as diferenças de modo de ser e de agir das pessoas.

Que eu desenvolva em mim e me torne uma fonte de inspiração para que pessoas criem, interajam, agreguem valor, "enxerguem o todo e todos", que saibam utilizar sua sabedoria para transcender e incluir tudo o que for necessário e em sua exata medida.

Que quando eu me sentir pronto possa me comprometer com causas maiores, sendo cada vez mais visionário, mas comunicando-me de modo claro e concreto. Que eu possa mobilizar pessoas.

Que eu possa enxergar vida em tudo o que faço, e o impacto que cada ação minha gera nas outras pessoas e no planeta.

Que eu ajude a cuidar desse mundo a partir da consciência ecológica e da educação. Que eu também possa expandir essa consciência aos outros seres, pois estamos todos integrados.

Que eu cuide de meu corpo, mente, espírito, das minhas sombras e dos meus relacionamentos todos os dias como parte da minha higiene diária.

Que eu me alimente de modo saudável, beba água, me exercite, medite, ore, respeite a mim e ao outro. Que eu me conheça melhor.

Que eu aprenda a cada dia a perdoar, a amar e a reconhecer o valor das pessoas.

Que eu esteja aberto também a pedir perdão, a me deixar ser amado, a aceitar elogios e a reconhecer o meu próprio valor.

Que eu permita que as situações e as pessoas tragam as lições de que preciso para evoluir e aprender.

Que eu possa me ver nessa escala e me modificar a cada dia para evoluir e inspirar pessoas a se tornarem ainda melhores do que já são, a despertarem seu potencial, a se libertarem do sofrimento e a serem felizes.

NAMASTÊ!

REFERÊNCIAS

BECK, D. & COWAN, C. *Spiral Dynamics: Mastering Values, Leadership and Change* – Exploring the New Science of Memetics. Cambridge/Mass: Blackwell Business, 1996.

BOURNE, M. *Change Management in a Week*: Managing Change in Seven Simple Steps. Reino Unido: Hachette, 2012.

BOYATZIS, R. & MCKEE, A. *Resonant Leadership*: Renewing Yourself and Connecting with Others Through Mindfulness, Hope and Compassion. Boston: Harvard Business Press, 2005.

BROWN, B. *Daring Greatly*. Nova York: Gotham Books, 2012.

BUCAY, J. *Quando me conheci: Quem sou? Aonde vou? Com quem?* – As três perguntas que você deve fazer para encontrar seu caminho. Rio de Janeiro: Sextante, 2012.

BUCKINGHAM, M. & CLIFTON, D. *Descubra seus pontos fortes*. Rio de Janeiro: Sextante, 2001.

CASTONGUAY, L.G. & HILL, C. (orgs.). *Insight in Psychotherapy*. Washington DC: American Psychological Association, 2007.

CHOPRA, D.; FORD, D. & WILLIAMSON, M. *The Shadow Effect*: Illuminating the Hidden Power of your True Self. Nova York: Harper Collins, 2010.

CONNORS, R.; SMITH, T. & HICKMAN, G. *The Oz Principle*: Getting Results Through Individual and Organizational Accountability. Nova York: Portfolio, 2004.

CORDEIRO, J. *Accountability*: A evolução da responsabilidade pessoal. Évora, 2013.

CORDEIRO, J.V.B.M.; BEIL, C.E.M. & FUNGHETTO, M.C. Proposta de uma abordagem integral para a organização da produção: Um estudo de caso em uma gráfica paranaense. In: *Anais do 5º Seminário de Sustentabilidade*. Curitiba: FAE Centro Universitário, 2010.

CORDEIRO, J.V.B.M.; PELLEGRINO, A.N. & MULLER, A.V. Proposta e aplicação de um modelo de análise para a gestão do conhecimento em programas de produção enxuta. In: *Anais do XXXII Enegep*. Bento Gonçalves, 2012.

CORDEIRO, J.V.B.M. & WZORECK, L.N. Organização e gestão do conhecimento no chão de fábrica no setor de autopeças. In: *Caderno de Iniciação Científica*, vol. XV, p. 9-16, FAE Centro Universitário, 2014. Curitiba.

COVEY, S.R. *The Seven Habits of Highly Effective People*: Restoring the Character Ethic. Nova York: Free Press, 2004.

_____. *The Seven Habits of Highly Effective Teens*: The Miniature Edition. Filadélfia: Running Press, 2002.

CSIKSZENTMIHALYI, M. *Flow*: The Psychology of Optimal Experience. Nova York: Harper Perennial, 2008.

CUNHA, M.P.; REGO, A. & CASTANHEIRA, F. *Propósito* – Ideias para trabalhar ligado. Lisboa: RH, 2016.

DAMON, W. *The Path to Purpose*: Helping our Children Find their Calling in Life. Nova York: Free Press, 2008.

DUHIGG, C. *The Power of Habit*: Why We Do What We Do in Life and Business. Nova York: Random House, 2012.

DWECK, C. *Mindset*: The New Psychology of Success. Nova York: Random House, 2006.

ESBJÖRN-HARGENS, S. *Tetra-dynamics*: Quadrants in Action. Sebastopol/CA: MetaIntegral Foundation, 2012.

FRIEDMAN, S.D. Total Leadership: Be a Better Leader, Have a Richer Life. In: *Harvard Business Review*, 2014.

GARDNER, H. *Inteligências múltiplas*: a teoria na prática. Porto Alegre: Artmed, 1995.

_____. *Estruturas da mente* – A teoria das inteligências múltiplas. Porto Alegre: Artmed, 1994.

GILLIGAN, C. *In a Different Voice*. Cambridge/Mass.: Harvard University Press, 2009.

GLASS, J.; SIMON, R.W. & ANDERSSON, M.A. The Parenthood "Happiness Penalty": The Effects of Social Policies in 22 Countries. In: *PRC Research Brief*, 2 (7), 2016.

_____. Parenthood and Happiness: Effects of Work-Family Reconciliation Policies in 22 OECD Countries. In: *American Journal of Sociology*, 122, n. 3, nov./2016, p. 886-929.

GLEY, J.K. *Manage you Day-to-Day*: Build your Routine, Find your Focus e Sharpen your Criative Mind. Amazon Publishing, 2013.

GOLEMAN, D. *Focus*: The Hidden Driver of Excellence. Londres: Bloomsbury, 2013.

_____. *Inteligência emocional* – A teoria revolucionária que redefine o que é ser inteligente. São Paulo: Objetiva, 1996.

_____. *A mente meditativa*. São Paulo: Ática, 1988.

GRAVES, C. *Let us Bring Humanistic and General Psychology Together*. Nova York: National Institute of Mental Health, 1973.

_____. Levels of Existence: An Open System Theory of Values. In: *Journal of Humanistic Psychology*, vol. 10, n. 2, 1970, p. 131-152.

GROF, S. *The Adventure of Self-Discovery*. Albânia/NY: Suny Press, 1987.

HILL, P.L. & TURIANO, N.A. Purpose in Life as a Predictor of Mortality across Adulthood. In: *Psychological Science*, 25 (7), jul./2014, p. 1.482-1.486.

HOCK, D. *Nascimento da Era Caórdica*. São Paulo: Cultrix, 1999.

HOFSTEDE, G.; HOFSTEDE, G.J. & MINKOV, M. *Cultures and Organizations*: Software of the Mind. Nova York: McGraw-Hill Books, 2010.

HOLTFORTH, M. et al. Insight in Cognitive-Behavioral Therapy. In: CASTONGUAY, L.G. & HILL, C. (orgs.). *Insight in Psychotherapy*. Washington DC: American Psychological Association, 2007.

JONES, P. *How to Live in the Here and Now*: A Guide to Accelerated Enlightenment, Unlocking the Ower of Mindful Awareness. Reino Unido: John Hunt Publishing, 2009.

KARBAT-ZINN, J. *Wherever You Go, There You Are*: Mindfulness Meditation in Everyday Life. Nova York: Hachette Books, 2005.

KOESTLER, A. *The Ghost in the Machine*. Nova York: Macmillan, 1967.

KOFMAN, F. *Conscious Business*: How to Build Value Through Values. Louisville/Colorado: Sounds True, 2006.

KOLP, A. & RHEA, P. *Integrity is a Growth Market*: Character-Based Leadership. Mason/Ohio: Atomic Dog Publishing, 2005.

KOTTER, J. *Accelerate*: Building Strategic Agility for a Faster-moving World. Boston: Harvard Business Press, 2014.

_____. *A Sense of Urgency*. Boston: Harvard Business Press, 2008.

_____. *O coração da mudança* – Transformando empresas com a força das emoções. Rio de Janeiro: Campus, 2002.

KOTTER, J. & COHEN, D. *The Heart of Change*: Real-life Stories of How People Change their Organizations. Boston: Harvard Business Press, 2012.

KRAMES, J.A. *Jack Welch de A a Z*. Rio de Janeiro: Campus, 2011.

LALOUX, F. *Reinventing Organizations*: A Guide to Creating Organizations Inspired by the Next Stage of Human Consciousness. Bruxelas: Nelson Parker, 2014.

LEWIN, K. Frontiers in Group Dynamics – Concept, Method and Reality in Social Science: Social Equilibria and Social Change. In: *Human Relations*, 1, 1947, p. 5-41.

LIKER, J. & CONVIS, G. *The Toyota Way to Lean Leadership*: Achieving and Sustaining Excellence through Leadership Development. Nova York: McGraw Hill Professional, 2011.

LIMA, S.M.V. & BRESSAN, C.L. Mudança organizacional: uma introdução. In: *Mudança organizacional*: teoria e gestão. Rio de Janeiro: FGV, 2003.

MARTIN, R. et al. Individual Differences in Uses of Humor and their Relation to Psychological Well-being: Development of the Humor Styles Questionnaire. In: *Journal of Research in Personality*, 37 (1), 2003, p. 48-75.

MINTZBERG, H.; LAMPEL, J.; QUINN, J.B. & GHOSHAL, S. *O processo da estraté-gia*: conceitos, contextos e casos selecionados. 4. ed. Porto Alegre: Bookman, 2006.

PASCUAL-LEONE, A. & GREENBERG, L.S. Insight and Awareness in Experien-tial Therapy. In: CASTONGUAY, L.G. & HILL, C. (orgs.). *Insight in Psychotherapy*. Washington DC: American Psychological Association, 2007.

RIBEIRO, L. *Decidir e implementar em um mundo complexo, veloz e incerto* – O modelo gravesiano (espiral dinâmica) aplicado ao *coaching*, a processos de mudança e à arteciên-cia da liderança produtiva. Belo Horizonte: Leitura, 2007.

ROBERTSON, B.J. *Holacracy*: The New Management System for a Rapidly Changing World. Nova York: Henry Holt and Co., 2015.

RHODES, S. *The Integral Enneagram*: A Dharma-based Approach for Linking the Nine Personality Types, Nine Stages of Transformation & Ken Wilber's Operational System. Geranium Press, 2014.

ROSS, B. & SEGAL, C. *The Strategy Workout*: The 10 Tried-and-tested Steps that Will Build your Strategic Thinking Skills. Reino Unido: Pearson, 2015.

SANDBERG, A. *Enriching Production*: Perspectives on Volvo Uddevalla Plant as an Alternative to Lean Production. Estocolmo: Avebury, 2007.

SCHEIN, E.H. *Organizational Culture and Leadership*. São Francisco: Jossey-Bass, 2009a.

_____. *The Corporate Culture Survival Guide*. São Francisco: Jossey-Bass, 2009b.

SCOTT, C. & JAFFE, D. Survive and Thrive in Times of Change. In: *Training & Deve-lopment Journal*, vol. 42, n. 4, abr./1988.

SINEK, S. *Start with Why*: How Great Leaders Inspire Everyone to Take Action. Nova York: Portfolio, 2009.

TANZI, R. & CHOPRA, D. *Super Brain*: Unleashing the Explosive Power of your Mind to Maximize Health, Happiness and Spiritual Well-Being. Potter/Ten Speed/Harmony/Rodale, 2012.

TAYLOR, F.W. *The Principles of Scientific Management*. Nova York/Londres: Harper & Brothers Publishers, 1911.

THELM, G. *Produtividade para quem quer tempo* – Aprenda a produzir mais sem ter que trabalhar mais. São Paulo: Gente, 2016.

WILBER, K. *A visão integral* – Uma introdução à revolucionária abordagem integral. São Paulo: Cultrix, 2008.

_____. *Integral Spirituality*: A Startling New Role for Religion in the Modern and Post-modern World. Boston/Londres: Integral Books, 2006.

_____. *No Boundary*: Eastern and Western Approaches to Personal Growth. Ed. revista. Boston: Shambala, 2001.

_____. *Integral Psychology*: Consciousness, Spirit, Psychology, Therapy. Boston: Shambhala, 2000.

_____. *The Spectrum of Consciousness*. Quest Books, 1977.

WILBER, K.; PATTEN, T.; LEONARD, A. & MORELLI, M. *Prática da vida integral* – Um guia do século XXI para saúde física, equilíbrio emocional, clareza mental e despertar espiritual. São Paulo: Cultrix, 2011.

_____. *Integral Life Practice*: A 21st-Century Blueprint for Physical Health, Emotional Balance, Mental Clarity and Spiritual Awakening. Boston: Shambhala, 2008.

WINSTON, B. & PATTERSON, K. An Integrative Definition of Leadership. In: *International Journal of Leadership Studies*, vol. 1, n. 2, 2002.

WOMACK, J.P.; JONES, D.T. & ROOS, D. *A máquina que mudou o mundo*. Rio de Janeiro: Campus, 1992.

ZIKA, S. & CHAMBERLAIN, K. On the Relation between Meaning in Life and Psychological Well-being. In: *British Journal of Psychology*, 83 (1), fev./1992, p. 133-145.

ÍNDICE

Sumário, 9

Prefácio – Como ler este livro?, 11

Introdução, 13

Parte I – Fundamentos da abordagem integral, 19

1 Rumo a uma Era Integral?, 21

    1.1 Evolução: Pré-história, Antiguidade, Idade Média, Modernidade e Pós-modernidade – A consciência evoluindo em sua eterna busca, 22

    1.2 Contexto: as crises da atualidade – Diferentes contextos e um chamado a evoluir, 32

    1.3 A evolução no contexto atual: complexidade, transcendência e inclusão, 35

2 Visão integral – Um modelo para entender o mundo complexo da atualidade, 39

    2.1 Holarquias e os quatro quadrantes, 41

        2.1.1 Os quatro quadrantes e as organizações, 52

        2.1.2 Os quatro quadrantes na saúde, nas políticas públicas e... na política!, 61

    2.2 Linhas de desenvolvimento, 70

    2.3 Estágios (níveis) de desenvolvimento, 72

    2.4 Estados de consciência, 75

    2.5 Tipos, 83

Parte II – A liderança integral na prática, 87

3 Liderando em um mundo de complexidade e diversidade – Um *tour* pela Espiral da Consciência, 89

   3.1 Origens e fundamentos da Dinâmica da Espiral – O modelo de Graves, 91

   3.2 A Dinâmica da Espiral em ação, 97

4 O líder integral em ação – *Spiral Wizardry* e o Modelo *Integral Works*® de liderança e gestão integral, 174

   4.1 *Spiral Wizardry*, 176

   4.2 O Modelo *Integral Works*® para a liderança e a gestão integral, 186

      4.2.1 Elementos do Modelo *Integral Works*®, 187

      4.2.2 O processo de alinhamento organizacional no Modelo *Integral Works*®, 192

      4.2.3 *Templates* no Modelo *Integral Works*®, 197

5 As cinco atitudes do líder integral, 202

   5.1 Propósito, 209

5.1.1 Colocando o propósito em prática, 215

   5.2 *Accountability*, 227

   5.3 Integridade, 233

   5.4 Humildade, 235

   5.5 Veracidade, 240

6 O líder integral em sua vida – As dimensões da liderança integral, 244

   6.1 Primeira dimensão: relacionamentos e emoções, 245

      6.1.1 O processo de autoconhecimento, 246

      6.1.2 Conexão e desconexão, 249

      6.1.3 A jornada emocional, 250

      6.1.4 Uma questão de *mindset*, 257

      6.1.5 O líder e suas emoções, 260

      6.1.6 O despertar e o adormecer atentos: somos o que pensamos, falamos e agimos, 261

   6.2 Segunda dimensão: sombras, 263

      6.2.1 Mas por que liberar as nossas sombras?, 266

      6.2.2 O processo 3-2-1 da sombra, 267

   6.3 Terceira dimensão: a tríade corpo, mente e espírito, 269

   6.4 Plano de vida integral e o *kit* de ferramentas do líder integral, 273

7 Gestão integral da mudança, 278

    7.1 Sentindo a mudança: o contexto e a indução individual, 280

    7.2 Agindo pela mudança: a indução conduzida, 285

        7.2.1 Diagnóstico do contexto da condução, 288

        7.2.2 Definição do estilo de condução, 289

        7.2.3 Gerando a indução individual conduzida, 294

        7.2.4 Convergência de induções individuais conduzidas, 298

    7.3 Lidando com a mudança: a indução coletiva, 301

        7.3.1 O propósito coletivo, 302

        7.3.2 Foco, 305

        7.3.3 O planejamento e a execução do processo de mudança, 307

        7.3.4 A curva de transição individual, 309

        7.3.5 A cultura organizacional, 314

    7.4 Vivendo com e para a mudança: a indução sistêmica, 322

Epílogo, 327

Referências, 333

CULTURAL

Administração
Antropologia
Biografias
Comunicação
Dinâmicas e Jogos
Ecologia e Meio Ambiente
Educação e Pedagogia
Filosofia
História
Letras e Literatura
Obras de referência
Política
Psicologia
Saúde e Nutrição
Serviço Social e Trabalho
Sociologia

CATEQUÉTICO PASTORAL

Catequese
Geral
Crisma
Primeira Eucaristia

Pastoral
Geral
Sacramental
Familiar
Social
Ensino Religioso Escolar

TEOLÓGICO ESPIRITUAL

Biografias
Devocionários
Espiritualidade e Mística
Espiritualidade Mariana
Franciscanismo
Autoconhecimento
Liturgia
Obras de referência
Sagrada Escritura e Livros Apócrifos

Teologia
Bíblica
Histórica
Prática
Sistemática

REVISTAS

Concilium
Estudos Bíblicos
Grande Sinal
REB (Revista Eclesiástica Brasileira)

VOZES NOBILIS

Uma linha editorial especial, com importantes autores, alto valor agregado e qualidade superior.

PRODUTOS SAZONAIS

Folhinha do Sagrado Coração de Jesus
Calendário de mesa do Sagrado Coração de Jesus
Agenda do Sagrado Coração de Jesus
Almanaque Santo Antônio
Agendinha
Diário Vozes
Meditações para o dia a dia
Encontro diário com Deus
Guia Litúrgico

VOZES DE BOLSO

Obras clássicas de Ciências Humanas em formato de bolso.

CADASTRE-SE
www.vozes.com.br

EDITORA VOZES LTDA.
Rua Frei Luís, 100 – Centro – Cep 25689-900 – Petrópolis, RJ
Tel.: (24) 2233-9000 – Fax: (24) 2231-4676 – E-mail: vendas@vozes.com.br

UNIDADES NO BRASIL: Belo Horizonte, MG – Brasília, DF – Campinas, SP – Cuiabá, MT
Curitiba, PR – Fortaleza, CE – Goiânia, GO – Juiz de Fora, MG
Manaus, AM – Petrópolis, RJ – Porto Alegre, RS – Recife, PE – Rio de Janeiro, RJ
Salvador, BA – São Paulo, SP